LA BIBLIA DE LA GRAFOLOGÍA

El estudio más completo
de los rasgos
de la escritura y de la firma

José Javier Simón

LA BIBLIA DE LA GRAFOLOGÍA

www.edaf.net

MADRID - MÉXICO - BUENOS AIRES - SAN JUAN - SANTIAGO
2015

EDAF, S. L. U.
Jorge Juan, 68. 28009 Madrid
www.edaf.net
edaf@edaf.net

Algaba Ediciones, S.A. de C.V.
Calle 21, Poniente 3223, entre la 33 sur y la 35 sur
Colonia Belisario Domínguez
Puebla 72180, México
Teléfono: 52 22 22 11 13 87
edafmexicoclien@yahoo.com.mx

Edaf del Plata, S.A.
Chile, 2222
1227 - Buenos Aires (Argentina)
edafdelplata@edaf.net

Edaf Antillas/Forsa
Local 30, A-2
Zona Portuaria Puerto Nuevo
San Juan PR00920
(787) 707-1792

Edaf Chile, S.A.
Coyancura, 2270 Oficina 914. Providencia
Santiago - Chile
edafchile@edaf.net

Mayo de 2015

ISBN: 978-84-414-3557-5
Depósito legal: M-13420-2015

IMPRESO EN ESPAÑA   PRINTED IN SPAIN
COFÁS

A la memoria de mis padres.

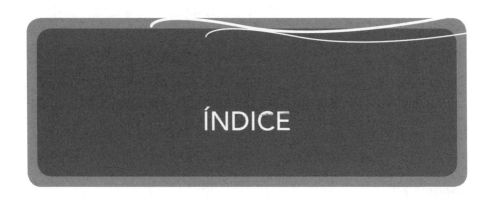

ÍNDICE

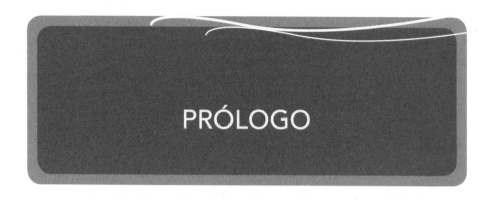

PRÓLOGO

El autor del presente libro me ha pedido que escriba el prólogo, a lo cual ni puedo ni quiero negarme. Primero, porque José Javier Simón es un buenísimo amigo mío, y después porque el libro que el lector tiene ahora en sus manos es un trabajo tan bien hecho que es para mí un honor participar en él. José Javier Simón es un excelente pedagogo. De ello damos fe todas las personas que, a lo largo ya de muchos años, hemos desfilado por sus cursos de grafología, en los que se entrega totalmente.

Simón, como lo conocemos la mayoría de sus amigos, conoce muy bien la grafología porque es un apasionado de esta técnica. Esto no le impide —o quizá le impulsa a ello— hacer ciertas puntualizaciones respecto al lugar que la misma debe ocupar.

Bien advierte que no debe confundírsela con una Ciencia, ya que es parte de ella, si bien hay que concederla el lugar destacado y digno que ha demostrado merecer.

La grafología —como muy bien explica el autor en las páginas que siguen a este prólogo— es una técnica sumamente útil, de la cual nos servimos muy frecuentemente los psicólogos. Su alta fiabilidad como prueba proyectiva hace de la grafología uno de los instrumentos más útiles al servicio del conocimiento de la persona.

En este libro se analiza pormenorizadamente cada aspecto de la escritura, y se valora la información que nos aporta. Con la minuciosidad propia de un erudito enamorado de su materia, Simón nos introduce por los intrincados caminos de una técnica compleja en sí misma, pero mucho más fácil de comprender gracias a la claridad de su exposición. Comienza el autor haciendo un recorrido histórico, de cuál ha sido la trayectoria que la grafología ha seguido a través de los años, desde sus balbuceos, allá en la China milenaria, hasta nuestros días, convertida en asignatura oficial en varias universidades occidentales.

Es indudable que quien tenga en sus manos el presente libro experimenta —cuando menos— una gran curiosidad por esta materia.

Nada tan emocionante como adentrarnos en los vericuetos de la personalidad e ir identificando, rasgo a rasgo, ese entramado de inclinaciones, hábitos, miedos y secretas ambiciones, que conforman la conducta humana.

Las páginas de este libro, *La biblia de la grafología,* transmiten aspectos de tan innegable interés que cautivarán inmediatamente la atención del lector, de manera que se puede caer en la tentación de no dejarlo de la mano hasta haberlo leído.

Pero no se trata de leer deprisa y dejarlo después (quizá con una cierta saturación del tema) sino de hacerlo lenta, sosegadamente, como si se fuera desgranando; saboreando cada capítulo, cada ejemplo, cada explicación, como se saborea un buen vino.

Porque este libro es también el fruto de unos conocimientos, unas experiencias, una exhaustiva recopilación de datos, todo ello tamizado por el tiempo y el proceso de madurez profesional de José Javier Simón.

En fin, el lector tiene ante sí una gran obra, tanto por la extensión de su contenido como por el rigor de sus análisis. Es un práctico libro de consulta que le resolverá todas las dudas que se le presenten en el desarrollo de su actividad grafológica, bien la ejerza como profesión o como *hobby.*

En suma, creo que José Javier Simón ha hecho un gran trabajo y el lector una magnífica adquisición.

Al amigo, mis felicitaciones por haber sido capaz de una dedicación como la que el presente manual requiere. Al grafólogo, mi admiración por el dominio que exhibe de esta técnica. Y a ambos, reunidos en una misma persona, mis mejores deseos de éxito, indudablemente merecido, con esta **«BIBLIA DE LA GRAFOLOGÍA».**

Irene Álvarez
Psicóloga

Capítulo I
INTRODUCCIÓN

Es cierto que cada vez se escribe menos a mano. Las llamadas «nuevas tecnologías» nos han privado de comunicarnos de forma directa y personal. Las cartas manuscritas se han sustituido por «mensajes de texto» o «correos electrónicos». A los personajes famosos ya no se les pide un autógrafo, sino una foto con el móvil. Pero no todo está perdido, porque, aunque cada vez menos, todavía se sigue escribiendo a mano. Sobre todo en colegios y universidades, aunque al salir los alumnos se abalancen sobre el móvil para entrar enseguida en sus «vidas virtuales».

Los apuntes suelen ser manuscritos, y también las notas en agendas de papel o papelitos adhesivos. Las felicitaciones de Navidad también se han pasado al bando electrónico, qué le vamos a hacer.

Sin embargo, el hecho de escribir sigue siendo algo muy personal y, sin tener en cuanta incluso lo de los apuntes y las notas, todavía hay quienes escribimos cartas a mano, aunque sea de vez en cuando.

Al escribir a mano, el papel se toca, se impregna de nosotros, dejamos algo nuestro en ese folio o en esa cuartilla. Y cuando posamos el lápiz, el bolígrafo, la pluma o el rotulador sobre ese papel, hacemos el dibujo de nuestras letras, que son siempre personales. Estamos dejando una huella directa en ese escrito, nada que ver con los mensajes electrónicos, mucho más fríos e impersonales.

También es cierto que se sigue firmando, también cada vez menos con eso de las firmas electrónicas y últimamente con las llamadas «biométricas». Las primeras son archivos con claves más o menos complejas que se adjuntan con los documentos y las segundas son las que se hacen sobre pantallas que captan todos los movimientos de la firma en cuestión y los almacenan en un archivo informático.

Pero aun así se continúan firmando muchísimos documentos: los resguardos de tarjetas, los contratos, los carnets, los pasaportes, los diplomas, las notas escolares, etc.

Y de todo lo que todavía se escribe a mano y se firma sobre papel se pueden deducir muchas cosas acerca de sus autores.

Desde luego que existen métodos para conocer a fondo a las personas sin dejarnos guiar por lo que dicen o escriben. El más utilizado es la propia intuición, es decir, el «me cae bien o mal», que muchas veces está basado es un análisis intuitivo de los gestos, del tono de voz y de mil y un detalles propios de cada persona que un observador sensible es capaz de captar.

También es cierto que existen profesionales del conocimiento profundo de las personas: los tan traídos y llevados psicólogos y psiquiatras que disponen de técnicas para conocer a fondo al «personal» y sacar a la luz sus traumas y sus más íntimos problemas.

Muchas veces estos profesionales se valen de sus famosos «tests» para apoyar sus observaciones en algo más sólido que su propia intuición, y no cabe duda de que tanto la Psiquiatría como la Psicología por mucho que se las critique dan resultados y desde luego son auténticas Ciencias en el sentido absoluto del término.

Entre los tests que estos científicos de la mente humana utilizan los hay de muchos tipos. Algunos se basan en las simples respuestas a cuestionarios más o menos extensos, otros en la resolución cronometrada de problemas de distinta índole, etc.

Hay un grupo de tests cuyo fundamento es la interpretación de elementos en los que la personalidad del analizado «se proyecta». Por ejemplo, al dibujar espontáneamente un árbol (test de Koch), una persona (test de Machover), una familia, etc. El más famoso consiste en interpretar libremente unos dibujos abstractos o «manchas» sobre una serie de láminas (test de Rorschach). En todos estos casos la persona, sin darse cuenta, está plasmando su auténtica personalidad, poniendo al descubierto su «yo» más profundo. En efecto, estos tests llamados técnicamente *proyectivos* sirven para conocer muy en profundidad la personalidad que se proyecta en todos ellos.

Pues bien, uno de esos tests proyectivos es ni más ni menos que la GRAFOLOGÍA, ya que, quien escribe a mano y/o firma, aparte de plasmar gráficamente sus ideas, está también proyectando su personalidad sobre el papel.

Podemos asegurar, por tanto, que la grafología es una excelente manera de conocer a la gente, lo que la convierte en un arma de insospechadas aplicaciones en nuestra sociedad, tanto a niveles personales como laborales y sociales.

Para reforzar todo lo dicho hasta ahora y dejar todavía más claro y matizado el término, nos proponemos responder a la siguiente pregunta:

¿QUÉ ES LA GRAFOLOGÍA?

Lo primero que debemos dejar muy claro es lo que la grafología *no es*. Por ejemplo, no es una ciencia en el sentido estricto, cosa que, sin embargo, suele afirmarse frecuentemente utilizando de manera indebida el término.

Ello no quiere decir que la grafología no tenga carácter científico, que indudablemente lo tiene; lo que ocurre es que se trata de una parte de una ciencia llamada *psicología*, de la que la grafología es un valiosísimo auxiliar. Decir que la grafología es una ciencia equivaldría a afirmar que el Teorema de Pitágoras lo es también, cuando la ciencia es, en este caso, las matemáticas.

También conviene dejar muy sentado que la grafología nada tiene que ver con lo esotérico, es decir, con lo que se denominan «ciencias ocultas» u «ocultismo», términos bajo los que se encuadran materias tales como la cartomancia, quiromancia, astrología, etc., cuya relación con la grafología es inexistente, pese a lo cual en muchas ocasiones se las incluye en apartados similares.

Así pues, queremos que quede muy claro desde el principio que la Grafología no es una Ciencia y mucho menos oculta, sino que es un auténtico «test» psicológico y por tanto científico incluido en el grupo de los llamados «proyectivos». O sea que:

«LA GRAFOLOGÍA ES UN TEST PROYECTIVO»

Sin embargo, ninguno de ellos presenta en conjunto las ventajas que ofrece la grafología, empezando por su facilidad de aplicación. De entrada, el «test grafológico» tiene la ventaja de que a la persona no hay que decirle específicamente que se le va a «pasar un test», lo que podría hacerle tomar sus precauciones psicológicas y ponerse más o menos a la defensiva. Con la grafología esto no es necesario, es más, ni siquiera hay que disponer de la presencia física de la persona, basta con disponer de una muestra lo más amplia posible de su escritura.

Otra cosa importante que conviene dejar muy clara desde el principio es que no se trata de «leer» lo que está escrito. Todo lo que se diga en una carta o un documento escrito a mano está muy bien, pero le interesa más bien poco al grafólogo para su análisis.

En grafología no se tiene en cuenta el contenido, sino que se analizan otras cosas tales como la situación del texto en la página, la distancia entre las palabras y las líneas, los márgenes, el tamaño de las letras, la forma de las mismas, su inclinación, la dirección de los renglones, la velocidad y la presión del trazado, la manera en que las letras se unen unas con otras, la organización general de todo el escrito, etc. Y desde luego que estudiando todo esto sacaremos conclusiones reales sobre la forma de ser auténtica de la persona, y, aunque nunca podremos saberlo todo sobre ella, sí que vamos a tener una amplia y profunda panorámica de su personalidad.

Bien, pues una vez que ha quedado claro el concepto de *grafología*, cabe plantearse las aplicaciones de este magnífico test o, con otras palabras:

¿PARA QUÉ SIRVE LA GRAFOLOGÍA?

Pues fundamentalmente para conocer a las personas en profundidad. En efecto, mediante la técnica grafológica puede elaborarse un informe psicológico completo. En el mismo pueden incluirse todas las características intelectuales (agilidad mental, capacidad de síntesis, claridad de ideas, intuición, lógica, creatividad, etc.). Y continuar con las aptitudes para el estudio y el trabajo, tanto en lo relativo a capacidad (intensidad laboral, constancia, diligencia, concentración, memoria, etc.) como a la actitud que se adopta ante el mismo (práctica o teórica, grado de orden, detallismo, puntualidad, capacidad de organización, dotes de mando, iniciativa, decisión, nivel de aspiraciones, etc.). Para terminar estudiando todas y cada una de las parcelas de la personalidad; si la persona es más o menos intro o extravertida, si se deja llevar más por los sentimientos, o bien es más cerebral, cómo suele ser su estado de ánimo, la energía interna de que dispone o la fuerza de su «yo», su autoconcepto, si es capaz o no de controlarse, la confianza que tiene en sus propias posibilidades, etc.

Se valora también la forma de relacionarse de la persona: si es más o menos sociable, si dice las cosas como las piensa o utiliza la diplomacia, si se adapta o no a diferentes ambientes y situaciones y hasta qué punto le influye lo que pasa a su alrededor, así como la fiabilidad general que esa persona ofrece.

También son sujeto de análisis grafológico otras parcelas tan íntimas como la canalización y el desarrollo de la sexualidad, o tan primarias como la manera de enfocar o canalizar la propia agresividad: el grado de esta, hacia dónde se suele dirigir, su duración, etc.

Asimismo, es posible incluir en el informe grafológico un estudio de las alteraciones de la personalidad, si las hubiera. En efecto, son detectables mediante grafología la existencia de neurosis (pudiéndose especificar si son de angustia, obsesivas, histéricas, depresivas, etc.), de psicosis (como la paranoia, la maníacodepresión, la esquizofrenia, etc.) o de psicopatías, así como de tendencias suicidas y drogodependencias.

Además, mediante la aplicación del test grafológico, no solo es posible el análisis de la persona en un determinado momento, sino que también se puede estudiar su evolución a lo largo de la vida del sujeto. Es necesario para ello disponer del material gráfico adecuado perteneciente a cada época, desde los primeros garabatos y dibujos de la infancia hasta la escritura actual.

La posibilidad de conocer tan a fondo a las personas a través de algo tan aparentemente simple como el análisis de los rasgos de su escritura pone a la grafología en situación de ser utilizada en muchísimas áreas de nuestra sociedad.

¿DÓNDE Y CÓMO SE UTILIZA?

En el campo de la psicología resulta un valiosísimo auxiliar, tanto en sus facetas clínicas como industriales. En las primeras se utiliza como test complementario en los diagnósticos de pacientes, para lo que se usa también en psiquiatría.

Un análisis de los cambios en la escritura a lo largo del tratamiento, permite conocer la evolución del paciente y la incidencia que la terapia está teniendo en la estructura de su personalidad.

La faceta industrial de la psicología también se ve reforzada por la grafología con diversas aplicaciones, la primera de las cuales es la selección de personal. En efecto, un análisis grafológico de los currículums escritos a mano permite hacer una primera selección de los más adecuados para un determinado puesto; posteriormente se elabora un informe más detallado de los candidatos que a lo largo del proceso de selección se perfilan como idóneos.

Pero la grafología no solo permite seleccionar, sino que hace posible mediante análisis periódicos de la escritura del personal la adecuada redistribución del mismo en el organigrama de la empresa.

En educación, la grafología constituye una eficaz ayuda en el conocimiento de la personalidad de alumnos, padres e incluso personal docente, lo que es un importante factor para conseguir unas mejores relaciones entre todos los implicados en el proceso educativo.

Asimismo, cabe resaltar la importancia de la grafología en la orientación vocacional de los jóvenes, de acuerdo con sus capacidades intelectuales, sus aptitudes y su personalidad, todas ellas analizables a través de su escritura.

Existe una rama de la grafología llamada *grafoterapia*, cuyo objetivo es la modificación de determinadas conductas, fundamentalmente de personas jóvenes a través de corregir algunos rasgos de su escritura. No obstante, el éxito de estos tratamientos puede ser debido en gran medida a la relación del joven con la persona que le trata más que a los cambios que se pretenden introducir en su escritura.

Aparte de estas aplicaciones, la grafología es muy útil también en el terreno de las relaciones públicas, ya que permite tener un conocimiento previo de las personas con las cuales se ha de tener una reunión o entrevista de trabajo. En el campo de las ventas, la grafología permite no solo seleccionar vendedores eficaces en las correspondientes selecciones de personal sino conocer las características personales de los potenciales clientes.

Las relaciones humanas tienen también en la grafología un importante auxiliar; por ejemplo, en un tema tan delicado como la búsqueda de pareja y su posterior orientación mediante un tipo de análisis denominado de *compaginación de caracteres*, en el que se hace un estudio de todos aquellos aspectos de la personalidad que resultan claves en una relación. De hecho, la grafología se utiliza, por ejemplo, en muchas agencias matrimoniales cuyos profesionales pueden, gracias a la grafología, conocer datos sobre sus candidatos que de otro modo serían muy difíciles de saber. Además, son detectables, mediante el análisis grafológico de las escritura de los integrantes, las problemáticas familiares, ya sea entre los propios cónyuges, o entre ellos y sus hijos, o bien entre estos mismos entre sí.

De igual forma se puede usar la grafología para deducir cómo van a ser las relaciones entre los miembros de un determinado grupo de personas, o cuáles son los aspectos positivos y negativos que presentan, en el caso de que estas relaciones ya existan.

En relación con la medicina, la grafología tiene sus aplicaciones, en el sentido de proporcionar un conocimiento global de la personalidad del paciente, sobre todo en aspectos como son su capacidad de resistencia y el estado anímico general.

Hay una especialidad de la grafología llamada *grafopatología* que permite diagnosticar algunas enfermedades o problemas de índole físico, incluso de forma precoz.

En el campo jurídico, la grafología juega un importante papel; así, los denominados *peritos calígrafos* dictaminan de manera habitual y muchas veces determinante sobre casos de validez o falsificación de firmas en documentos, identificación de textos escritos, detección de la autoría de anónimos, validez o nulidad de testamentos ológrafos, etc. Este tipo de peritos, entre los que me encuentro, se basan en un minucioso análisis de los rasgos gráficos para realizar su trabajo, haciendo un detallado seguimiento de los mismos con ayuda de diversas técnicas, tanto ópticas lupas, microscopios, negatoscopios, ampliadoras, proyectores, etc., como informáticas: fotografía digital, programas de tratamiento de imágenes, videoespectros, etc.

El testimonio de los peritos calígrafos es muy apreciado en general por jueces y magistrados, quienes ven en ellos a valiosos colaboradores de la Administración de Justicia. Tanto es así que en los Cuerpos de la Seguridad del Estado (como la Guardia Civil y la Policía Nacional) disponen de sus propios gabinetes de expertos en estas técnicas.

Otro apartado en relación con la justicia es la posibilidad de conocer el perfil de la personalidad de los delincuentes a partir de firmas o muestras de su escritura.

Por último, la grafología nos permite también llevar a cabo una labor de investigación de personajes históricos, de los que resulta posible mediante el análisis de sus muestras escritas trazar un perfil psicológico que puede darnos una nueva dimensión del personaje. Para realizar este tipo de análisis es necesario tener un conocimiento lo más exacto posible de las costumbres escriturales de la época de que se trate, con objeto de ajustar a ellas las propias leyes generales de la grafología. Es, por tanto, indispensable tener conocimientos de la llamada *paleografía* (literalmente, «estudio de las escrituras antiguas») para realizar correctamente este tipo de análisis.

Como puede verse, resulta enormemente amplio el abanico de posibilidades que la grafología ofrece en muy diversos campos de nuestra sociedad, lo que no es extraño si partimos de la base de que se trata de una técnica que permite básicamente tener un conocimiento exacto y profundo de la personalidad.

A continuación hacemos un recorrido a través del tiempo para analizar las distintas etapas por las que esta técnica grafológica ha pasado hasta llegar a su nivel actual.

Capítulo II
HISTORIA

La grafología ha pasado por momentos muy distintos a lo largo de su dilatada historia, algunos de gran brillantez, otros de latencia y algunos de oscurantismo.

En la actualidad también existe cierta descompensación, pues, junto a determinados países en los que la grafología alcanza un nivel notable, existen otros en los que resulta mucho menos conocida.

Pero basta ya de preámbulos y vayamos a los hechos históricos concretos que marcan los hitos de la evolución de esta interesante técnica. Empecemos por el principio.

LAS PRIMERAS REFERENCIAS HISTÓRICAS

La grafología es una técnica enormemente antigua, cuyos orígenes se pierden en los anales de la historia, aunque es en Oriente donde se encuentran sus primitivas raíces.

En efecto, ya en China, en el siglo IV a.d.C. comenzaron a emitirse leyes que podían ser consideradas como auténticamente grafológicas, las cuales presentaban notables coincidencias de fondo con las que conocemos en la actualidad. Por ejemplo, un tal *Kuo Jo-hsu* ya afirmaba: «la escritura muestra si procede de una mente noble o de una persona vulgar». También en Japón se utiliza la técnica grafológica desde tiempos inmemoriales a través de los llamados «magos», que descubrían el carácter de las personas mediante el estudio de los palotes trazados en tinta.

Ya en culturas más cercanas a nosotros aunque también alejadas en el tiempo, una de las primeras referencias históricas nos llega a través del filósofo griego de Atenas Demetrio de Falera, cuya cita «la letra expresa el alma» es un auténtico resumen de toda la filosofía grafológica.

El mucho más conocido Aristóteles (384-322 a.d.C.) se interesó también por la relación existente entre escritura y personalidad, como lo demuestra la siguiente frase a él atribuida: «La escritura es un símbolo del habla, y esta un símbolo de la experiencia mental». Trasladándonos de Grecia a Roma, nos encontramos con la sorpresa de que el emperador Nerón (37-68 d.C.) mostraba un innegable sentido grafológico al intentar descubrir en los rasgos de la escritura de sus colaboradores el grado de fiabilidad de los mismos. En efecto, existe una anécdota histórica que presenta al propio Nerón señalando a un personaje de su corte a la vez que exclamaba: «su escritura demuestra que es un traidor», afirmación cargada de indudables matices grafológicos.

Hacia el año 120 de nuestra era el historiador romano *Gayo Suetonio*, publicó un libro llamado *Vidas de los doce césares*, donde dice acerca de la letra del emperador Augusto: «He observado en la letra de Augusto que no separa las palabras y que no pasa a la línea siguiente las letras que le sobran al final de una línea, sino que las coloca debajo, envueltas en un rasgo»*. Naturalmente, no interpretó en absoluto esta peculiaridad.

En la Alta Edad Media, en Europa, la escritura solo era practicada por los monjes, ya que los grandes señores, así como sus vasallos, eran generalmente analfabetos. Como es lógico, esto no favoreció en nada el desarrollo de las técnicas de estudio de las escrituras.

Sin embargo, por influencia de la cultura árabe, en los siglos XII y XIII, el uso de la escritura se va generalizando, llegando a extenderse aún más con la creación de las universidades, ya en pleno Renacimiento.

LOS PIONEROS

En 1575 el médico y filósofo español Juan Huarte de San Juan, publicó un polémico libro titulado *Examen de ingenios para las ciencias* y subtitulado «Donde se muestra la diferencia de habilidades que hay en los hombres, y el género de letras que a cada uno responde en particular», afirmación de innegables tintes grafológicos.

Pero hasta principios del siglo XVII no aparece el primer libro, escrito por el italiano Próspero Aldorisio en que se hacen referencias claras entre la forma de ser de las personas y su escritura, llamando a este conocimiento *Ideografía* en su libro *Idengraphicus Nuntius*, publicado en 1611.

Poco después, en 1622, Camilo Baldi, profesor de Filosofía de la Universidad de Bolonia, publicó un libro titulado *Trattato come de una lettera missiva si cognosca la natura e qualita dello scrittore*, que se convirtió en un auténtico *best seller* de su época.

Cuarenta y dos años más tarde, en 1644, apareció una nueva edición en latín del libro de Baldi, lo que motivó a *Marco Aurelio Severinus* a escribir en Italia otra obra pionera: *Tratado de la adivinación epistolar*, la cual cayó en el olvido al fallecer su autor en 1656.

---

* En la actualidad este rasgo gráfico se interpreta como temor a perder la hilazón de las ideas, así como a dificultades en la planificación.

El matemático y filósofo alemán *Gottfriet Wilhelm Leibnitz (1646-1716)* mostró asimismo interés por el estudio de la escritura, como quedó patente en esta frase entresacada de uno de sus escritos: «En la medida en que no se limite a imitar la del maestro, la forma de escribir expresa algo del temperamento natural». Esto lo escribía *Leibnitz* en 1698.

Poco más tarde, en 1792, otro alemán llamado *Johann Christian Grohmann*, catedrático de Teología y Filosofía de la Universidad de Wittenberg, escribió un libro cuyo título era *Examen de la posibilidad de deducir el carácter a través de la escritura*, en donde señalaba: «Disfrazar la escritura propia resulta tan difícil como disfrazar la fisonomía».

Hacia el año 1820 *Goethe*, el famoso dramaturgo alemán, mostró un vivo interés por la grafología, afirmando que creía en la existencia de «una íntima relación entre el carácter, la inteligencia, el alma, las sensaciones emocionales del ser humano y su escritura».

Y fue precisamente Goethe quien animó a *Johann Kaspar Lavater (1741-1801)*, fisiógnomo suizo y autor de obras sobre la personalidad, a proseguir sus investigaciones grafológicas. Lavater, en efecto, puede ser considerado como uno de los precursores de la grafología, a pesar de no haber establecido leyes grafológicas de importancia. Suya es, no obstante, la frase: «He notado, en la mayoría de los casos, una admirable analogía entre el lenguaje, la marcha y la escritura».

Es evidente que la grafología como tal aún no había nacido, y este autor debía «limitar su ambición a preparar materiales para siglos venideros», como él mismo comentaba.

No obstante, su editor, *Jean Louis Moreau de la Sarthe (1771-1826)*, profesor de la Facultad de Medicina de París, añadió a los escritos de *Lavater* referentes a la escritura observaciones tan precisas que pueden considerarse como un primer tratado de Grafología elemental. Ocurría esto en el año 1806.

Otro precursor de la grafología es *Edouard Hocqart (1787-1870)*, belga de origen, quien, entre otros libros, escribió *L'art de juger l'esprit du caractère des hommes et des femmes sur leur écriture*, publicado en 1814 y donde se explica todo lo relacionado con los gestos en la escritura.

En el año 1823 el inglés *Stephen Collet* hizo un estudio sobre la firma que denominó *Firmas características*, el cual constituye un auténtico preludio de los muchos tratados que posteriormente se escribirían sobre el tema.

Edgar Allan Poe también manifestó afición por la grafología: coleccionaba autógrafos y de forma puramente intuitiva esbozaba perfiles psicológicos de sus autores.

Otra celebridad, en esta ocasión de las artes plásticas, el pintor inglés *Thomas Gainsborough*, tenía una curiosa costumbre evidentemente relacionada con la grafología: gustaba de tener ante sí una muestra de escritura de la persona retratada mientras realizaba el cuadro lo que, según él, «le ayudaba a captar la misma esencia de su personalidad».

En esta misma línea, *Sir Walter Scott (1771-1832)*, el famoso novelista (contemporáneo de Gainsborough) escribía en su obra *Canongate:* «En cuanto a las letras mayúsculas embellecidas con florituras que adornan el principio de cada párrafo, ¿no expresan acaso con intensidad el orgullo y sentido de la propia importancia con que el autor emprendió y realizó su tarea». No podía imaginarse Sir Walter hasta qué punto eran ciertas sus sospechas.

Y es que la mejor grafología, aun sin estar sentadas sus bases ni tan siquiera «bautizada» como tal, interesaba ya en esta época a personalidades del mundo de las artes, las letras, la política, etc.

A los ejemplos ya citados podríamos añadir los de personajes tales como *Balzac, Dickens, Madame de Stäel, Georges Sand, Humbolt, Baudelaire, Alejandro Dumas, Alfonso Daudet, Emilio Zola, Gogol, Chejov, Thomas Mann, Jung, Einstein* y un largo etcétera de personalidades que mostraron públicamente su interés por las aplicaciones aún potenciales de la técnica grafológica.

LAS PRIMERAS BASES SÓLIDAS

No deja de resultar curioso que hayan sido personas pertenecientes al estamento eclesiástico los encargados de poner las «primeras piedras» (de verdad estables) de la grafología.

Efectivamente, en 1830, se fundó en Francia la primera Escuela de Grafología en la que figuraban, entre otros, el padre *Martín, M. Boudinet,* obispo de Amiens, el *cardenal Regnier,* arzobispo de Cambrais y el abate *J.H. Flandrin (1809-1864).* Fue precisamente este último el maestro e iniciador del primer y gran eslabón de la cadena de «hombres clave» para el desarrollo del estudio grafológico.

Nos referimos al abate francés *Jean Hippolyte Michon (1806-1881),* quien, nacido en La RocheFressagne, muestra ya desde su juventud un gran dinamismo intelectual que le permitirá adquirir una extensa cultura. En 1871 funda la Société de Graphologie de Paris, así como la revista *La Graphologie,* que perduran en la actualidad. Tanto es así que esta sociedad ha sido elegida oficialmente como centro cultural de utilidad pública por el gobierno francés.

Pues bien, su fundador, el abate Michon, tras reunir una enorme cantidad de autógrafos y animado por sus amistades —entre ellas *Georges Sand* y el *hijo de Alejandro Dumas*— publica en 1872 el libro *Les mystères de l'écriture,* la más importante obra de grafología escrita hasta la fecha. El prólogo es de un quiromántico y astrólogo aparte de editor llamado Desbarrolles.

Desavenencias entre Michon y Desbarrolles sobre la paternidad de la propia grafología hacen al abate separarse de su colaborador para publicar en 1875 su obra *Système de Graphologie,* libro en el que queda definitivamente acuñado el término. En este libro Michon hace manifestaciones de enorme interés grafológico, como cuando dice: «La escritura es el reflejo visible del pensamiento» o «Toda escritura, como todo lenguaje, es la inmediata manifestación del ser íntimo, intelectual y moral», o también «el signo sigue el movimiento del alma y cambia cuando el alma o el estado de ánimo cambia».

Pero quizá la gran aportación de este autor sea su forma de razonar en grafología, absolutamente clara, huyendo de los criterios ocultistas que hasta entonces habían sido en mayor o menor medida utilizados.

Michon basa su sistema en un estudio profundo de la morfología de los signos gráficos, clasificándolos racionalmente en familias, trabajo que fue realizado después de examinar minuciosamente millares de muestras de escritura.

No obstante, este entusiasta investigador cometió un error de base, como es asignar un valor fijo a los signos, creando la llamada *«escuela de los signos fijos»*, cuyos criterios serán posteriormente superados.

EL DESARROLLO CIENTÍFICO DE LA GRAFOLOGÍA: LOS GRANDES MAESTROS

El término *grafología* propuesto por el *abate Michon* fue universalmente aceptado y el impulso que este personaje dio a la misma es continuado por su discípulo y sucesor *Jules Crépieux Jamin (1859-1940)*, quien se encargó además de corregir los posibles defectos de las teorías de su predecesor.

Crépieux-Jamin es la primera gran figura universal de la grafología moderna, creador de una teoría viable y práctica del análisis de la escritura que se denominó del rasgo-trazo y que suponía la determinación de la individualidad del sujeto, incluyendo personalidad, objetivos, procesos subconscientes de pensamiento y rasgos de carácter.

Otra aportación de *Crépieux-Jamin* la encontramos en su famosa «teoría de las resultantes», según la cual, la suma de dos o más rasgos psicológicos da origen a un nuevo aspecto de la personalidad. Por ejemplo, la ternura más los movimientos hacia los otros dan como resultante la bondad. Todo esto resulta particularmente interesante si consideramos que un gran número de rasgos psicológicos no están reflejados de forma sencilla en la escritura.

Trabajando de esta manera, *Crépieux-Jamin* encontró auténticas familias de resultantes: de la firmeza, del amor propio, de la sensibilidad y, sobre todo, de la inteligencia; esta, según él, inclina a la «superioridad» o a la «inferioridad».

Por otra parte, este auténtico maestro de la grafología piensa que, para la existencia de una personalidad armónica, debe existir un equilibrio entre inteligencia, moralidad y voluntad, aspectos en los que se basan sus análisis grafológicos. Si existen este tipo de equilibrios, nos encontraríamos ante un escrito de carácter superior y sucedería todo lo contrario si no los hubiera, quedando así esbozada la teoría de la superioridad e inferioridad gráficas, que encontrará continuador en la figura del alemán *Klages*, como más adelante veremos.

Las obras más importantes de *Crépieux-Jamin* son *L'écriture et le caractère*, *ABC de la Graphologie* y *Les éléments de l'écriture des canailles*.

Los estudios de *Crépieux-Jamin* interesan al gran psicólogo *Alfred Binet*, quien ve el análisis de la escritura como una técnica aplicable a los tests de personalidad.

Así, en 1905, antes de la publicación de su primer test de inteligencia, *Binet* experimentó con el análisis de la escritura. Para ello utilizó siete analistas a los que entregó la escritura de 37 hombres de éxito y otros 37 de idéntico nivel social, pero que no habían tenido igual suerte. Resultan sorprendentes los porcentajes de acierto que estos incipientes grafólogos obtuvieron al deducir quienes eran los triunfadores mediante el análisis de sus escrituras: 92%, 86%, 83%, 80%, 68%, 66% y 61%.

Fue también *Binet* quien, en otros estudios, fue capaz de determinar la inteligencia y la sinceridad de las personas mediante el análisis de su escritura. En esta misma época, principios de siglo, surge en Alemania un movimiento grafológico auténticamente fundamental para el desarrollo de esta incipiente técnica. Hay que destacar tres nombres claves en esta nueva escuela alemana; se trata de Preyer, Meyer y el antes citado Klages.

El doctor Wilhelm Preyer, catedrático de Anatomía y Fisiología de la Universidad de Jena, analizó las leyes de la espontaneidad, el ritmo y el movimiento, elaborando una auténtica anatomofisiología del grafismo. Fue el primero en descubrir que la escritura emanaba del cerebro y que, por tanto, la Grafología era un auténtico auxiliar de la Psicología.

En su libro *Sobre la psicología de la escritura*, publicado en 1905, Preyer explica, entre otras cosas, cómo llegó a la conclusión de que un escrito realizado por una misma persona, ya estuviera hecho con la mano derecha o izquierda, con el pie o con la boca, siempre tenía formas similares.

Otro doctor alemán, *Georg Meyer*, investigó las variaciones orgánicas, nerviosas, así como las perturbaciones en escritos de enfermos. Consideró como fundamentales tres factores en el trazo: la extensión, la velocidad y la presión. Teniendo en cuenta la disposición anatómica de la mano y realizando experiencias mediante hipnosis, llegó a descubrir que: «los problemas de expresión responden a los rasgos del carácter».

Confiaba de tal modo este médico y psiquiatra alemán en el análisis del trazo escrito que pedía por sistema a sus pacientes que escribieran una línea antes de empezar sus consultas, lo que no dejaba de sorprender a sus colegas. Meyer escribió una obra titulada *Las bases científicas de la grafología*. Pero quizá el personaje auténticamente clave en esta trilogía de grafólogos alemanes es el filósofo *Ludwig Klages*, quien aplicó por primera vez la *teoría psicológica de la Gestalt** a la grafología.

En este sentido, consideró a la muestra de escritura como un todo integrado, antes de pasar al análisis de sus componentes. Introdujo el término «movimiento expresivo» para designar todas las actividades desarrolladas por el sujeto de forma automática, sin la intervención del pensamiento consciente; por ejemplo, andar, correr, hablar, gesticular, expresarse mediante gestos de la cara y —sobre todo— escribir.

Profundizó en la teoría de las resultantes de Crépieux-Jamin, redescubriendo que la posesión de varias características en un sujeto implica la existencia de otras. Así, una persona con sensibilidad, versatilidad, flexibilidad intelectual, autodominio y sociabilidad ha de poseer, indefectiblemente, capacidad de adaptación.

---

* Según esta teoría, la personalidad del individuo ha de ser considerada de manera global.

Es, por otra parte, el introductor del término *Formniveau* o *Formnivel (FN)*, es decir, nivel de la forma entendida esta como calidad global de la escritura.

Klages propone la determinación del FN mediante el estudio del equilibrio de la personalidad, así como de la originalidad. Define psicológicamente al primero como «un equilibrio entre el instinto y la voluntad, que se refleja gráficamente en la regularidad y proporción de la escritura». La originalidad la detecta Klages en los rasgos puramente característicos de cada escritura. Es asimismo creador de nuevos conceptos como los de «constricción» o «liberación», ambos muy sencillos de apreciar en la escritura.

Las obras más importantes de Klages son: *Problemas de Grafología* y *Principios de caracterología*, ambas publicadas en 1910; *Movimiento expresivo y facultad psicomotriz* en 1913 y —sobre todo— *Escritura y carácter* en 1917, esta última traducida al castellano.

Klages, aparte de haber creado escuela en su país, ejerció también su influencia sobre otro personaje de enorme relieve en la historia de la técnica grafológica; nos referimos al doctor suizo Max Pulver.

Pulver, asociado al Instituto de Psicología aplicada de Zúrich, amigo y socio de Carl Jung y colega del doctor Hermann Rorschach, se encontraba en inmejorables condiciones para aplicar la psicología analítica a la grafología, siendo esa precisamente su gran aportación.

Además, Freud ya había elaborado su famoso psicoanálisis, lo que también contribuyó a dar base científica a las aportaciones grafológicas de Pulver.

Considera este que «la escritura supone una auténtica proyección del individuo, expresión de su naturaleza física y psíquica», y no solo de su moralidad y su carácter, como defendían las teorías de Klages.

Para Pulver, «la escritura consciente es un dibujo inconsciente», frase que puede ser considerada como auténtico resumen de su aportación a la grafología.

Max Pulver es el creador de la llamada Escuela Simbólica, que se basa en la interpretación de las cinco zonas: superior, inferior, izquierda, derecha y central, lo que tiene una aplicación generalizable a todo tipo de tests proyectivos.

Aparte de esto, *Pulver* afirmó —desde un punto de vista filosófico— que «el espíritu se manifiesta en el psiquismo del hombre», por lo que su preocupación fundamental es la búsqueda de la *«cualidad existencial del ser»*, entendida esta como síntesis de los aspectos físicos, psíquicos y espirituales del individuo; llega a afirmar de forma categórica que: «el texto gráfico expresa íntegramente dicha cualidad existencial».

Dice también el gran maestro suizo que la impresión general en el análisis de un texto escrito es debida a la «alternancia rítmica del movimiento y la pausa. El ritmo está íntimamente relacionado con la originalidad del individuo y constituye la expresión de su yo».

Finalmente sostiene Pulver que «en todo grafismo existe una lucha entre la impulsividad y el autocontrol, siendo deseable la existencia de un equilibrio entre ambos».

En definitiva, encontramos en este grafólogo una mezcla de la intuición de Michon, el sistematismo de Crépieux-Jamin y la sensibilidad simbólica de Klages.

Las obras capitales de Max Pulver son *Persona, carácter y destino, El impulso y el crimen en la escritura, La inteligencia en la expresión de la escritura* y, sobre todo, *El simbolismo en la escritura*, publicada en 1931.

Y, ya para terminar con esta auténtica galería de maestros consagrados en el estudio de la escritura, no podemos olvidar a un autor que, quizá sin el renombre de Klages o Pulver, consiguió sin embargo conjuntar las teorías de ambos.

Se trata de Walter Hegar, quien publicó el libro *Grafología por el trazo* (1938), en el que trata de encauzar los análisis grafológicos hacia terrenos de naturaleza aún más científica, sistematizando y verificando las teorías concebidas hasta entonces.

Hegar asocia la teoría de la expresión de *Klages* y la de las zonas de la escritura de Pulver para, partiendo de ellas, profundizar respecto a un elemento básico en la escritura: el trazo.

Dice este autor: «El trazo es —en gran parte— expresión, al provenir del órgano motor de la mano y ser prácticamente un reflejo».

Hegar considera cuatro elementos a la hora de calificar el trazo: grosor (apoyado o ligero), pastosidad (nítido o pastoso), carácter rectilíneo (derecho o curvo) y rapidez (rápido o lento). Combinando estos cuatro elementos resultan 16 tipos de trazos.

Señalar por último que —al igual que Crépieux-Jamin, Klages y Pulver— Hegar buscó el equilibrio en la escritura, tratando en todo momento de diferenciar lo natural de lo adquirido.

Capítulo III
LA GRAFOLOGÍA
EN EL MUNDO

A continuación vamos a hacer un recorrido por los diversos países en los que la grafología alcanza un nivel notable, relacionando tanto las personas como las instituciones que a ello han contribuido.

Empezaremos por la que se puede considerar la auténtica cuna de la grafología, es decir en nuestra vecina Francia.

Al hablar de la historia, ya hemos citado a los grandes maestros franceses como el abate Michon o Jules Crépieux-Jamin. El primero de ellos fue, como sabemos el fundador en 1871 de la Société Française de Graphologie (SFDG), con sede en París, que continúa en plena vigencia, siendo además la asociación de mayor prestigio a nivel mundial.

En la actualidad está presidida por Véronique de Villeneuve, siendo vicepresidentes Monique Riley y Christian Dulcy y algunos de sus miembros Catherine Mangaud, Claudie Soulié, Martine Servan, Caroline Baguenault, Marianne Dubois, Laurence Grandchamp des Raux, Serge Lascar, Christine Lecat-Fayard, Catherine Marchal, Henriette Mathieu, Madeleine de Noblens, Béatrice Prou, Laure Rostand, Martine Sevenet, Myriam Surville y Catherine Vanlerberghe.

Reconocida como «de interés público» desde 1971, tienen un programa de estudios encuadrado en la Enseñanza Superior Libre, con la autorización del Rectorado de París. Se trata de dos módulos para preparar el examen para la obtención del diploma de la asociación al que se accede tras superar dos pruebas, unas escrita y otra oral.

En esta famosa asociación se edita, nada menos que desde 1879, la revista trimestral *La Graphologie* en la que aparecen publicados trabajos y colaboraciones de autores de todo el mundo.

Existe además actualmente en Francia un Colegio de Grafólogos profesionales, fundado en 2011 y llamado el Syndicat des Graphologues Professionnels de France, que proviene de la fusión de dos sindicatos: el Groupement des Graphologues Conseils de France (GGCF) y el Syndicat des diplômés de la Société Française de Graphologie

(SGDS). Su presidente es Claude Toffart-Derreumaux. Este organismo regula en el vecino país el ejercicio profesional de la grafología, garantizando tanto la honestidad como la competencia de sus miembros.

Aparte de la Société hay en Francia otras importantes asociaciones en relación con la grafología. Por ejemplo, la Association Lyonnaise de Graphologie, cuya presidenta es Véronique Chomel; la Société de Graphologie d'Aquitaine, presidida por Marie-Thérèse Reiffers; la Association de Graphologie du Sud-Est, cuya presidenta es Ghislaine Desgrees du Lou; la Association de Graphologie du Nord-Pas de Calais, presidida por Claire Fromentin; la Association de Graphologie de Bretagne et Pays de Loire, cuya presidenta es Marie Lacassagne; Association de Graphologie Midi-Pyrénées, que está presidida por Olivia de Bellefon y, por último, el Groupement des graphothérapeutes; Rééducateurs de l'écriture que dedican su actividad a la antes citada grafoterapia.

Tanto la asociación como el sindicato de grafólogos franceses pertenecen a la llamada Association Déontologique Européenne des Graphologues (ADEG), fundada en 1990. Y que tiene como objetivos que sus miembros practiquen una grafología de calidad y de un elevado nivel científico.

Aparte de sus instituciones, Francia cuenta con una excelente bibliografía grafológica clásica. Destacamos a continuación las obras más interesantes dentro de cada especialidad.

En grafología general son muy recomendables *Génétique de l'écriture* de H. Gobineau y R. Perron, ambas con un marcado carácter estadístico.

Relacionadas directamente con la psicología podemos destacar, basadas en Jung, *L'âme et l'écriture*, de Anja Teillard y *Psychologie de l'écriture*, del Dr. Jean Charles Gille, y siguiendo las directrices del psicoanálisis freudiano merecen mención las publicaciones del centro *L'évolution graphologique*, de Loucien Bousquet, así como la obra de P. Menard.

Fundamentada en la obra de Szondi, se escribió *Introduction à la psycologie du moi* del anteriormente citado Dr. Gille y Mme. Lefebure, y basadas en la teoría de la Gestalt, aparecen obras como *Les graphologies dans les sciences psycologiques*, de Robert Brechet.

Como estudiosos de los temperamentos* en el sentido clásico de los mismos bilioso, sanguíneo, nervioso y linfático en relación con la grafología destacan, entre otros, André Lecerf, Sussane Delachaux, Maurice Delamain, H. de Saint Morand, Muzinger y los doctores P. Carton y R. Mompin.

Los caracteres** propuestos por Le Senne son tratados desde el punto de vista grafológico por autores como Robert Denis, Torkomian, G. Beauchataud, Emile Caille, René Resten, Rivière y A. Vosesec.

Las aplicaciones médicas de la grafología pueden encontrarse ampliamente estudiadas en la obra de autores como Streletski, Duparchy Jeannez, E. de Rougemont, Rogues de Foursacs y los ya citados Gille, Teillard y Resten, mientras que los aspectos

---

* y ** Tanto *temperamentos* como *caracteres* son conceptos ampliamente superados por la psicología actual.

puramente fisiológicos y nerviosos de la grafología los tratan H. Callewaert, Maurice Periot, Brosson o el mencionado Streletski. Este último autor se ha ocupado, junto con otros como Trillat y Olivaux de los aspectos terapéuticos que constituyen la rama denominada *grafoterapia*, la cual no deja de plantear serias dudas como metodología científica, según ya hemos explicado.

Louis Vauzanges y el citado Gille han estudiado la relación existente entre escritura y ritmo musical, llegando a sorprendentes conclusiones.

Una visión quizá más práctica de la grafología es la selección de personal, aspecto en el que ha profundizado Gaussin, así como los citados Torkomian, Denis, P. Foix, L. Bosquets, S. Delachaux, Gille y Trillat.

El análisis grafológico de todas y cada una de las letras del alfabeto, lo que se conoce como Grafología inductiva alfabética, ha sido abordado por autores como Le Noble, René Salberg, y los citados Loucien Bousquet, Marguerite Surany y —sobre todo— Roseline Crépy.

Del reflejo de los problemas infantiles en la escritura se ha ocupado fundamentalmente Jacqueline Peugeot, publicando también sobre este tema F. Goodenough, Ada Abraham, J. Boutonier, André Lecerf, Alfred Tajan y Louis Corman, entre otros.

Y después pasamos a otro de los países con más tradición grafológica como es Italia.

El padre de la grafología italiana es, sin duda, el fraile franciscano Girolamo Moretti (1879-1963) que en 1905 empezó a elaborar un método original para trabajar con esta técnica. En 1914 publica bajo pseudónimo su primera obra *Manuale di Grafologia* que luego se convirtió en el famoso *Tratatto di Grafologia. Inteligenza e sentimento* del que se han hecho numerosas reediciones.

A instancias de su discípulo y colaborador, el también religioso padre Lamberto Torbidoni, fundaron dentro de su propia orden, en la localidad italiana de Ancona, el Studio grafológico Fra Girolamo que en 1969 pasará a ser el Istituto grafológico G. Moretti que ahora añade a su denominación el adjetivo «internacional». En su sede se comenzó a publicar en 1971 la famosa revista *Scrittura*, que continúa su labor pedagógica y divulgativa hasta nuestros días. También en la actualidad los estudios de grafología tienen un carácter oficial en Italia, entregándose diplomas y masteres universitarios a los que estudian esta especialidad en la universidad de Urbino.

Otra importantísima entidad italiana de grafología es la llamada «Associazione Grafologica Italiana» (AGI), que fue fundada 1976 a la sombra de la del padre Moretti y otra vez por iniciativa —entre otros— del citado Torbidoni. Actualmente está presidida por Roberto Bartolini, siendo vicepresidenta Alesasandra Millevolte.

Por cierto, que Lamberto Torbidoni escribió junto a Livio Zanin algunas obras importantes como *Grafologia. Testo teorico-pratico*, que sigue teniendo vigencia en la actualidad.

Un continuador de las teorías de Moretti fue el psicólogo Marco Marchesan, cuya obra fundamental es *Tratado de Grafopsicología*, que fue publicada en 1950. Fundó en Milán el Istituto di Indagini Psicologiche, que ahora dirige su hijo Rolando. Aquí se empezó a editar la *Rivista di psicologia della scrittura* que, a partir de 1972 se llama *Rivista Internazionale di Psicologia e Ipnosi*.

En Roma tienen su sede la Scuola Superiore di Grafologia, fundada en 1984, y el Istituto Superiore di Grafologia, cuyo presidente es Alberto Bravo.

Es importante la Associazione Grafologi Professionisti (AGP) fundada en 1994 y presidida por la doctora Marisa Aloia hasta 1999. En la actualidad el presidente es Roberto Travaglini, con Raffaele Caselli como vicepresidenta.

Hay que citar asimismo a la Associazione Consulenti Grafologi tiene delegaciones en cada región de Italia y ofrece un Master in Consulenza Grafologica que se imparte en la Universidad LUMSA de Roma. El presidente honorario es el profesor Sergio Deragna y la presidenta la doctora Simonetta Scerni.

También interesante es la Associazione Internationale di Psicologia della Scritura (AIPS), presidida por Antonello Pizzi, siendo vicepresidente el español Rafael Cruz Casado y que cuenta entre su profesorado con grafólogos tan distinguidos como Cinzia Ariazzi, Sergio Bello, la argentina Ariana Ortiz o Donatella Nepi.

En Turín destaca la Associazione Nazionale Italiana per l'Analisi della Scrittura (ANIAS), fundada por el Dr. Michele Maero, donde se imparten cursos tanto de Grafoanálisis como de Pericia Caligráfica. La Associazione Studi e Ricerca Grafologica, con sedes en Padova y Pescara, está presidida por Silva Bertuzzo.

Por otra parte, la Associazione Italiana Ricerca Grafologica (ARIGRAF), fundada en 1981 por Nicole Boille Calendreau, discípula de Anja Teillard y presidida actualmente por Carla Poma, siendo vicepresidenta Elena Manetti y presidenta de honor Raffaele Caselli.

El profesor Oscar Venturini, al amparo de la Universidad Popular de Trieste fundó en 1975 la Associazione Grafologica Triestina que luego se convirtió en el Istituto Italiano di Grafologia di Trieste.

Con raíces francesas existe en Italia la Associazione Italo-Francese di Grafologia (AGIF), fundada en 1981 por Jeanne Rossi Lecerf y ahora presidida por Paola Urbani.

Es interesante también la labor del Centro Scienze Umane – Istituto Superiore Esperti Scrittura, (ISFES-SCG) con sede en Torino y dirigido por Silvana Bevilacqua y Grazia Crepaldi.

La Associazione Italiana Educacione Sanitaria Grafologica (AIESGRAF) incluye entre sus servicios a los derivados de la psicografología.

Con relación a la pericia caligráfica, hay que destacar la labor de Evi Crotti, Carlo Margni y Oscar Venturini, autores del manual de consulta grafotécnica titulado *La Perizia in Tribunale*, publicado en 2011.

Los profesores Michel D'Alesandro y Natael Mazza, entre otros, fundaron en Nápoles la Associazione Grafologi Giudiziari, en 1970, que enfoca su actividad grafológica en los Tribunales de Justicia.

Y en Padua encontramos el centro llamado Il Segno, Istituto di Grafologia e Perizie grafiche, dirigido por la doctora Michela Bertoli.

Por su parte, Giuseppe Giordano es el responsable del 'Istituto di Grafologia Forense, sito en Mesagne (Brindisi).

Como otras autoras clásicas de libros de grafología podemos citar a la actriz y grafóloga Marianne Leibl, que publicó en los años 50 *Caratterologia Grafologia* y *Grafologia Psicologica*, así como a la reconocida grafóloga Carla Vanini que sacó a la luz en 1980 su *Manual Práctico de Grafología.*

En Suiza también existe una gran tradición grafológica, no en vano es la patria de uno de los grandes maestros, el mismísimo Max Pulver, quien contribuyó de forma decisiva a la difusión grafológica a nivel mundial, sobre todo cuando en 1931 publicó *Symbolik der Handschrift (El simbolismo en la escritura),* como ya hemos reseñado anteriormente.

Tres años antes, en 1928, se fundó en Neuchâtel la Société de Graphologie, que agrupaba a los grafólogos suizos de la época. Años después, concretamente en 1950, el propio Max Pulver funda la Société Suisse de Graphologie (SSG), en la que se editaba el boletín *Scripta,* dirigido por otro eminente grafólogo suizo, G.E. Magnat con la colaboración de colegas de tanto prestigio como Marcel Meyer, J. Weis, Mme. Fischer Thevenaz, M. de Trey y Mosdorf entre otros.

Esta famosa asociación, con sede en Zúrich y donde se utilizan conjuntamente los idiomas alemán y francés, está presidida en la actualidad por Annemarie Pierpaoli, siendo vicepresidenta Marie-Anne Nauer.

La llamada Schweizerische Graphologische und Schriftpsychologische Berufsvereinigung, (SGB) (Grafología suiza y Asociación profesional de la Psicología de la Escritura), fundada en 1942 por Pfarrer Schreiber y ahora presidida por Rosmarie Bolliger, también juega un importante papel en el ámbito de la grafología suiza.

Asimismo, la Asociación Suiza de Grafólogos (Verban Schweizerischer Graphologen») (VSG), dirigida por Monika Ziegler, ejerce una notable labor tanto pedagógica como consultiva.

Aunque no esté especialmente dedicada a la grafología, en la Association Professionelle Suisse de Psychologie Appliquée (SBAP), fundada por el profesor Hans Biäsch en 1952, se incluyen cursos de Grafología como especialidad.

No podemos dejar de citar a la Société Romande de Grafologie, fundada en 1983 y con sede en Ginebra, que tiene como presidenta a la doctora Angelika Burns y vicepresidenta Irene de Escoriaza.

Y, por último, la Escuela de la Asociación de Grafólogos de habla alemana (Schule des Verbandes Deutschsprachiger Graphologen) con sede en Zúrich, hace una importante labor pedagógica y a su vez edita una revista de grafología llamada *Graphito.*

En Alemania existe una importante pléyade de grafólogos, situándose así entre los países en que la grafología es utilizada con mayor profusión e investigada con más profundidad.

Adquiere allí gran relieve la denominada grafología inductiva alfabética, consistente en el estudio profundo y detallado de cada una de las letras del alfabeto, así como de los números y signos de puntuación.

Empezaremos por hablar de los continuadores directos de la obra de Klages, de la que ya explicamos sus principales directrices. Pues bien, entre los sucesores de este gran padre de la grafología se encuentran autores tan importantes como Rudolf Pophal, Muller, Enskat y Roda Wieser.

El primero de ellos, Pophal, estableció una relación de causa-efecto entre la fisiología del cerebro (del cual depende la motricidad) y el gesto gráfico que se refleja en el papel mediante la escritura.

Por su parte, Muller y Enskat defendieron la necesidad de modulaciones del movimiento para que exista un auténtico ritmo en la escritura.

Roda Wieser, grafóloga de origen austríaco, estudió el llamado «ritmo de base», fijándose en la naturaleza de los trazos, lo que le sirvió, por ejemplo, para investigar grafismos de delincuentes. Sus trabajos fueron continuados por el profesor Heiss.

Otros grafólogos de esta escuela son Félix Lehmann, Jacoby, Dettweiler, Niederhoffer, Engelmann, Knobloch, Wittlich y Thea Stein.

Como dato curioso, citar que otros dos integrantes de este movimiento, concretamente Lewinson y Zubin, inventaron un sistema de análisis grafológico mediante ordenador.

En cuanto a instituciones oficiales, la grafología se estudia oficialmente en Alemania en las Universidades de Berlín, Hamburgo, Maguncia, Kiel, Friburgo, Heidelberg y Tubinga.

No es de extrañar, por tanto, que el 80% de los psicólogos alemanes utilicen la grafología al tratar a sus pacientes, tanto a la hora del diagnóstico como en un posterior seguimiento de su evolución.

Beatrice von Cossel, que fue delegada en Alemania de la Société Française de Graphologie, llegó a afirmar al respecto que, en su país, los psicólogos prefieren la grafología a los tests convencionales al ser esta, según sus propias palabras»… más rápida, más barata y dar resultados más seguros para las empresas».

Y, por su parte, Ursula Avé-Lallemant estudió durante años la escritura de niños y adolescentes en relación con otros tests, alguno de su invención. Estableció así las bases de lo que denominó *Grafología dinámica*, creando una importante escuela grafológica.

En Alemania tiene su sede la llamada International Association for Dynamic and Clinical of Handwriting, fundada por el antes citado Christian Dettweiler en 1986.

Citaremos también al eminente grafólogo alemán Helmut Ploog, presidente de la Germany's Proffesional Association of Certified Graphologists/Psychologists y autor del libro *Handwriting Psycology*.

Nos trasladamos ahora a Bélgica para ver cuál es el «panorama grafológico» en este país.

Entre los autores belgas clásicos, destacan por la importancia y profundidad de su obra A.M. Cobbaert, Jacques de Backere y Max Guyot.

No podemos olvidar a la eminente grafóloga y profesora de Física de la Universidad de Bruselas, Jeanne Dubouchet, quien en su obra *La analogía de los fenómenos físicos y psíquicos y la escritura,* comparó las leyes de la grafología con las de la Física, sacando de ello interesantes conclusiones.

En 1972 se fundó la Société Belge de Graphologie, cuyo presidente era Fernand Liénart de Jeude, siendo vicepresidentes André Dagnely y Guy Carel. En 1999 fue nombrada presidenta Isabelle le Marie de Romsée-Doat y justo en ese mismo año se funda Le Groupement de Graphologues Professionnels de Belgique, con Jeanine Caron como presidenta. En 2002 se fusionan ambas como Association Belge de Graphologie nombrándose presidenta a la citada Isabelle le Marie a la que sucedió en 2008 Françoise Coenraets.

En Suecia se emplea la grafología en combinación con otros tests, fundamentalmente en orientación escolar y selección de personal. Los grafólogos suecos se agrupan en la Svenska Skriftpsykologiska Föreningen, con sede en la ciudad de Falun.

La Asociación Holandesa de Grafólogos (Nederlandse Orde van Grafologen)» (NOG), fundada en 1926, junto a la Sociedad Holandesa de Grafología (Dutch Graphological Society), son todo un síntoma de que también allí, en Holanda, la grafología goza de prestigio y aceptación.

No en vano son de este país grafólogos de tanto prestigio como el profesor J.J. Wittemberg, defensor de la polivalencia psicológica de los signos. Aparte de él citaremos a Bernard Bloemsma, Van Duyvendijk, los doctores Oudshoorn y H. Schneider, Thérése Steimetz y Sulzer, alumno de Pulver. Sin olvidar a Mme. Maresi de Monchy que llegó a ser Presidenta de la Asociación Holandesa y a su vez impartió clases en la de Chile.

En Dinamarca encontramos también una asociación llamada Danske Grafologer (grafólogos daneses) que agrupa a los profesionales de esta materia.

Sin embargo, en la República Checa la grafología se dio a conocer ya desde 1918 de la mano del ya citado Robert Saudek, así como del menos conocido Vilem Schoenfeld. Desde 1948 y hasta 1989 la grafología estuvo prohibida en todo el territorio de la antigua Checoslovaquia. En la actualidad y desde 1992 los grafólogos checos se agrupan en la llamada Česká grafologická komora ·(ČGK) o Cámara de Grafología Checa, con sede en Praga.

En la vecina Eslovaquia también existe la Slovenska Grafologicka Spolocnost (SGRS) o «Asociación Grafológica Eslovaca», con sede en la ciudad de Zilina.

Y en Hungría existe desde 1930 la «Magyar Írástanulmányi Társaság» o «Academia Húngara de la Escritura», con sede en Budapest, que preside la experta grafóloga húngara Thin Véghné Gyorgyi.

Ahora nos «aislamos» un poco para llegar al Reino Unido, país en el cual la grafología también tiene una marcada tradición y es utilizada en la actualidad.

Empezaremos por citar a Robert Saudek, de origen checo y auténtico pionero de la grafología en Inglaterra. Baste decir que sus obras han sido traducidas al alemán, holandés e incluso a su lengua natal, el checoslovaco.

Hay dos libros de Saudek que han dejado huella en la literatura grafológica; el primero, publicado en 1925 es una excelente introducción a la Grafología titulándose *The Psychology of Handwriting.*

Posteriormente, en 1928, publicó *Experiments with Handwriting*, obra más profunda y original que la anterior en la que nos habla de sus experimentos grafológicos basados en la filmación del acto de escribir, así como de los signos de deshonestidad y la forma de detectarlos en la escritura.

Saudek falleció en 1935, pero su labor no fue en vano, pues dejó tras él una auténtica pléyade de continuadores de su obra entre los que destacan Hans Jacoby, Eric Singer, Klara Roman, Frank N. Freemann, Helga Eng y Middleton entre otros.

En cuanto a asociaciones destacar The British Institut of Graphologists, fundada en 1983 por Francis T. Hilliger, discípulo del antes citado Dr. Eric Singer. Imparten un curso de grafología, dirigido por John Beck, superado el cual entregan un B.I.G. Diploma. Cuentan con profesionales tan prestigiosos como Ruth Rostron, Anne Cummings, Brigitte Applegarth, Elaine Quigley, Erik Rees, Diane Simpson, Jacqui Tew, Tracey Trussell, Margaret Webb, y Margaret White.

Es asimismo importante The British Academy of Graphology, fundada en 1985 por Renna Nezos, fundadora asimismo del London College of Graphology y del Hellenic Institute of Graphology en Atenas, este último en 1999. En 2005 presidió la citada Association Déontologique Européenne des Graphologues (ADEG) y es autora de importantes obras como *Graphology*, *Advanted Graphology* y *Judicial Graphology*. En esta asociación se publica cada cuatro meses la revista *Graphology*.

Otra institución inglesa es The London College of Graphology, que imparte cursos validados por la citada British Academy con tres años de duración, reconocidos por la también citada ADEG. Cuentan con grafólogas de tanto prestigio como Bernardette Keefe, Penny Clark o Sarah Mooney, que ejerce como presidenta.

Aunque pequeño en extensión, en Israel la grafología es de uso muy común a todos los niveles, tanto privado como institucional.

Uno de los grafólogos israelíes de más prestigio fue Arie Naftali. Nacido en Prusia, vivió en Alemania y luego en Italia estudiando medicina e interesándose por la grafología. Se integra en el recién fundado Estado de Israel donde organiza el Departamento de Criminología. De vuelta a Alemania, se doctora en Medicina y estudia grafología con el antes citado psiquiatra Rudolf Pophal, lo que le permite volver a Israel y fundar en 1969 The Naftali Institute of Handwriting Analysts donde combina ambas ciencias. En 1978 fundó, junto con otros grafólogos, la Israeli Society for Scientific Graphology. Falleció en Jerusalén en 1990, siendo su hija Michal Naftali quien continúa al frente del instituto que lleva su nombre.

Otra gran figura de la grafología israelí es, sin duda, Hava Ratzon, una de las fundadoras de la citada asociación de la llegó a ser primero presidenta y luego presidenta honoraria. Estudió grafología desde muy joven en Bélgica, después Zúrich, con el mismísimo Max Pulver, entre otros maestros de la grafología. Estudió también psicología y pedagogía, publicando en el año 2002, ya con 91 años, un libro en hebreo sobre grafología infantil y juvenil.

No podemos dejar de citar a Israel Odem, que ideó un nuevo sistema de valoración de la escritura basada en las diferentes inclinaciones según las que estableció nueve tipos. Asimismo, el doctor R. Pockorny, alemán residente en Israel, es autor de un método grafológico original adaptado para el ordenador. En una línea parecida se encuentra Zwi Popowski, de ascendencia francesa, que elaboró un sistema informático para valorar 36 rasgos de la escritura mediante los que se obtienen valoraciones de alrededor de 200 aspectos psicológicos.

Anna Koren fundó en 1976, en la ciudad de Haifa, el Graphology Center que lleva su nombre, donde se ofrecen servicios de consultaría y formación grafológicas. Es autora, entre otros, del libro *The Secret Self.*

Y Pnina Arieli, especializada en análisis de documentos, también es fundadora, en 1993, del The Institut of Graphological Analysis a través del cual se elaboran informes periciales caligráficos.

Dafna Yalon es una grafóloga especializada en escritura y dibujos infantiles, que fue presidenta de la citada Israeli Society for Scientific Graphology. Junto con el también grafólogo Rudi Danor, es autora del libro Towards Scientific Graphology (Hacia la grafología Científica) publicado en 1992. Cabe citar también a las notables grafólogas israelís Dalia Agmer, Martha Ben Assa y Ruti Abarbanel, entre otros.

La India es casi un continente en donde la grafología tiene un cierto papel. Así, el International Institute of Graphology (IIG), fundado y dirigido por Sadip Subhash Arsude mantiene sedes en las ciudades de Pune y Bombay.

En las Islas Filipinas se encuentra una joven entidad fundada en 2002 y llamada The Philippine Graphological Society (PGSI) que está presidida por Jennifer J. Guasis. En la misma ciudad también actúa el Grafológiai Intézet o Instituto de Grafología, fundado en 1991 y presidido por Agard Thomas.

Pero es en el continente americano donde realmente la expansión de esta técnica es total y absoluta.

Empezaremos por uno de nuestros países hermanos en los que esta técnica científica tiene una gran tradición, de tal manera que existen «allá» numerosas escuelas grafológicas de gran prestigio. Nos referimos a la Argentina.

El primer grafólogo argentino que ha pasado a los anales de la historia es Federico Aberastury (1905-1986), quien mantuvo correspondencia con Crépieux-Jamin y Saudek, entre otros. Fundó la primera Sociedad Argentina de Grafología y fue un notable investigador que nos dejó interesantes artículos sobre la materia.

Otro conocido investigador argentino fue Pedro G. d'Alfonso, profesor de tests gráficos en la Universidad Católica Argentina, quien desarrolló importantes trabajos sobre grafología simbólica y micrografología.

Tampoco podemos olvidar a Curt Augusto Honrot (de origen alemán), verdadero creador de la llamada Escuela de Grafología Emocional, al continuar los trabajos del vienés Rafael Shermann. Publicó, junto con el doctor Ramón Ribera, dos importantes obras: *La escritura infantil* y *Grafología, Teoría y Práctica.*

El profesor Ángel Zarza prosiguió la labor de Honrot en el Gabinete de Psicometría del prestigioso Instituto Neuropsiquiátrico José T. Borda, donde actualmente se encuentra la conocida emisora de radio La Colifata.

Otro gran investigador argentino es Amado J. Ballandras, fundador del Instituto de Superior de Humanidades, al que no podíamos olvidar en esta relación. Su labor la ha continuado su hija, Graciela Ballandras.

Lo mismo sucede con un grupo de grafólogas argentinas que aplicaron la grafología fundamentalmente a la Selección de Personal. Se trata de Mariana Dreyfus, Margarita Coire y Marga Pels.

También se desenvolvieron en este campo, aplicando la grafología como técnica principal en selección de personal y organización de empresas, Edith Deutsch, de la Universidad de Buenos Aires y Ch. Burmeister, graduada en Psicología y Grafología por la Universidad de Berlín.

Otros grafólogos argentinos de relieve fueron Carlos J. Biedma, María L. Souquier de Ocampo, M.E. García Arzeno, dedicado a la investigación de técnicas proyectivas gráficas en general; María Elina Echevarría y Noemí Beatriz de Segura, especialistas en interpretación de garabatos y dibujos infantiles; Mercedes Estublier de Bernat, profesora de grafología y tests de la Escuela Superior de Psicología profunda, Adela Nieto de Tejedor, Denise Thibard, Beatriz Villamarín, Hilda Ansiporovich, Walter Hesse, Alberto Blasi, Encarnación E. de Martí, Mario Elisei, María Teresa de Coire, Julio Christensen, el profesor Ramón C.L. Carballo, que dirigió la Academia Argentina de Grafología y Técnicas Psicológicas modernas, etc.

En la actualidad tenemos que destacar a Mercedes Gorráiz Tenembaun, discípula del profesor Manuel Kirschbaum que lo fue en la Escuela de Nuevas Técnicas Psicológicas. Antigua presidenta del Colegio de Graduados en Grafología de la Argentina, fundado por Pedro José Voglia y ahora presidido por Octavio Tenembaun y que cuenta entre sus miembros con grafólogos tan prestigiosos como Ricardo Fernández, Rodolfo Castro, Enrique Mosquera o Mónica Clementoni, a su vez directora del Instituto de Enseñanza Grafológica MAC de Buenos Aires.

No podemos dejar de citar a la profesora Graciela Tomati, autora de obras tan interesantes como La Grafología como Técnica Proyectiva Gráfica, en colaboración con el antes citado profesor R. Fernández.

También es importante destacar la labor de otros profesionales como Carlos Gatti, Sara Carrepucia, Alberto Auré, María Elena Disandro, Estela Pereyra Baker, Jorge Baltar, Ricardo Pavese, Cecilia Amarante, el profesor Rubén Óscar Giusso o María del Carmen Doyharzábal, presidenta de la Asociación de Grafólogos Públicos de la ciudad de Buenos Aires.

Otras instituciones de interés son el Centro de Estudios Superiores Augusto Vels, donde se imparten estudios de grafología oficialmente reconocidos y que cuenta con profesionales de tanto prestigio como María del Carmen Laje, autora de *Grafología infantojuvenil*, entre otras obras.

Eso sin olvidar al Instituto Superior Emerson de Buenos Aires, dirigido por Adriana Ziliotto y en donde se puede cursar la carrera de Técnico Superior en Grafología y que cuenta con un amplio y competente equipo de profesores.

Asimismo, existe desde 2004 la Asociación de Grafólogos Oficiales de la República Argentina, (AGORA), presidida por Adriana María Ziliotto.

Por último, la Sociedad Panamericana de Grafología, fundada y presidida por Julio Cavalli, maestro de la denominada *Grafología gestáltica* (basada en la escuela alemana de la Gestalt), está implantada en numerosos países de Hispanoamérica.

En América del Norte, los Estados Unidos son una gran potencia en grafología, haciendo gala de un enorme sentido práctico, con multitud de escuelas y diferentes metodologías.

Basándose en las teorías de la grafología europea, empezaron por preparar cursos de grafología por correspondencia* que tuvieron gran éxito entre los estudiantes. Por ejemplo, Edith Macomber Hall, del New York Institute of Science los empezó a comercializar en los primeros años del siglo xx.

Un poco antes, en 1882, una periodista llamada Mary Hanna Booth se interesa por la grafología y toma clases con una grafóloga inglesa. A su vez importa libros ingleses sobre la materia y publica diversos artículos en prensa.

De esta forma la grafología se fue haciendo popular hasta que en 1892 Hugo von Hagen, que era miembro de la Sociedad de Grafología de París, funda en Boston la primera American Graphological Society.

Una figura importante en estos inicios fue Louise Rice, alumna de la citada Hanna Booth, que —en 1924— terminó fundando The Rice Institute of Graphology en Nueva York, que en dos años pasó a ser la segunda y definitiva American Graphological Society, nombrando vicepresidenta a la que fue su maestra y formando grafólogos como Helen King, Nadya Olyanova, Dorothy Sara, Shirley Spencer o Muriel Stafford.

En 1922 se publica *The Psychology of Handwriting*, escrito por Harry H. Balkin (actor) y William Leslie French, periodista. El primero hacía escribir al público durante sus giras y ambos se basaron en un libro escrito por Clifford Howard en 1903.

Sin embargo, fue DeWitt B. Lucas, que trabajó como grafólogo en la armada americana durante la Primera Guerra mundial quien, al terminar esta, se encargó de promocionar la grafología a través de un curso a distancia entre 1916 y 1925.

La grafología empieza a ser universitaria en Estados Unidos de la mano de June Etta Downey, jefa del departamento de Psicología de la Universidad de Wyomig quien, a riesgo de ser «mal vista», publicó en 1920 *Grapholoy and the Psycology of Handwriting.* En el mismo año se publica *Applied Graphology,* escrito por Albert L. Smith. Este libro sigue teniendo tal éxito que se considera «de texto» en muchas escuelas de negocios en la actualidad.

---

* No deja de ser curioso que, aunque el autor no sea americano, este libro también fuese en principio un curso por correspondencia.

Pero es un experto en cursos por correspondencia, Milton N. Bunker, quien va a ser el gran divulgador de la grafología estadounidense desde 1934 hasta 1960. Sin embargo, fue criticado, entre otros, por su profesora Louise Rice, al dar demasiado valor a los llamados «signos fijos» de la escritura, creando una manera de analizarla que denominó *Graphoanalysis*. También fue acusado de utilizar términos y métodos usados por otros grafólogos. No obstante, en 1929, fundó la International Graphoanalysis Society, con sede primero en Kansas y luego en Chicago.

A Bunker le sucedieron como presidentes Narce Caliva, V. Peter Ferrara y a este su hija Kathy Kusta. En esta sociedad trabajaron prestigiosos grafoanalistas como el doctor James C. Crumbaugh, Bill Harms, Emilie Stockholm o John Steele.

Durante la llamada Gran Depresión de los años 1929 y siguientes, los grafólogos americanos sobrevivieron a duras penas, existiendo una gran competencia entre ellos, particularmente entre Bunker y Rice.

Estas circunstancias adversas, unidas a las peores de la Segunda Guerra mundial y años siguientes, hacen que muchos grafólogos europeos quieran abrirse camino en Estados Unidos, proliferando los cursos por correspondencia.

Como dato curioso, reseñar las investigaciones de la grafóloga Thea Stein-Lewinson, de origen alemán, que ideó un sistema de interpretación de la escritura a partir de lo que ella llamó «curvas de ritmo» y llegó a trabajar para la CIA.

En la década de los cincuenta del pasado siglo aparecieron nuevas escuelas como la Handwriting Analysis Workshop Unlimited (HAWU) fundada por Charlie Cole y el Scriptology Institute Inc (S.I.Inc.) de K.K. Golson, en California. La primera se convirtió en la American Handwriting Analysis Foundation (AHAF), actualmente presidida por Sheila Lowe, siendo vicepresidenta Linda Larson.

También es muy destacable la labor del grafólogo de origen austriaco Felix Klein, fundador y presidente de la National Society for Graphology, la cual continúa impartiendo sus cursos por correspondencia a través de Evy Tishelman Karambelas, a su vez alumna de Janice Klein.

Asimismo, procedente de Viena, el doctor Alfred Kanfer realizó unas interesantísimas investigaciones sobre la detección precoz del cáncer a través de la escritura a base de descubrir determinadas anomalías en el trazo analizando centenares de muestras microscópicamente.

El abogado, filósofo y escritor francés Paul de Sainte Colombe introdujo en Estados Unidos la llamada grafoterapia, que trata de intentar cambiar aspectos de la personalidad modificando la escritura

En la actualidad existen no pocas asociaciones grafológicas en este inmenso país, como la American Association of Handwriting Analysts, que antaño fue presidida por el citado Klein y que ahora cuenta con prestigiosos profesionales como Adda Manley, Kitty Holm, Liz Mils, Ellen Bowers, Sally Mosko o Marie Griffin.

La American Board of Forensic Document Examiners se dedica a realizar informes periciales caligráficos y está presidida por Kirsten A. Singer, siendo vicepresidenta Lisa

Hanson. Parecida función desempeña The American Society of Questioned Document Examiners, fundada por Albert S. Osborn en 1942 y actualmente presidida por James A. Green. Y en la misma línea se encuentra la National Association of Document Examiners (NADE), fundada en 1979 y ahora presidida por Heidi H. Harralson.

También es importante la American Society of Professional Graphologists, con sede en Nueva York, presidida por Patricia Siegel y con Luis Vaisman como vicepresidenta.

Como continuador de la enseñanza a distancia de Bunker, citaremos la Handwriting University International con sede en Los Angeles, dirigida por Bart Baggett, que ofrece todo tipo de cursos de grafología al más puro estilo americano.

Y más al norte, en Canadá, nos encontramos con la Association des Graphologues du Québec, fundada en 1972 por Lionel Couture de Chicoutimi. Actualmente está presidida por Élaine Gagnon, con Chantale Bizier como vicepresidenta.

Fundado en 1982, l'Institut de Psychographologie de Montréal (IPGM), otorga un diploma reconocido por la asociación anteriormente citada.

Existe asimismo L'Institut Grapho-Logique, con sede en Quebec y dirigido por la experta grafóloga Clorilda Lavoie, en colaboración con la Association Grapho-Logique, fundada en 1999 por Nicole Fillion et Pauline Gagnon, entidades canadienses igualmente importantes.

Nos vamos ahora de nuevo a Sudamérica, a un gran país como Brasil, donde también la grafología tiene una gran importancia y tradición. Entre los grafólogos brasileños clásicos empezaremos por citar al doctor Roberto das Neves, quien estudió grafología en Francia y España, siendo director del Instituto de Investigaciones Grafológicas de Río de Janeiro.

En la Sociedade Brasileira de Grafología, fundada en 1977, hay que destacar por su importancia a los que fueron presidente, J. de Gouveia, Doctor en Psiquiatría, y vicepresidenta, Odette Serpa Loevy, discípula indirecta de Max Pulver. En la actualidad está presidida por María Irene Lena dos Santos.

También hay que destacar a José Carlos Almeida Cunha, Regina Swartzman, Elisabeth Romar, Edwin André Leib, Paulo Sergio de Camargo, Dóris Vivian Meyer, Luisa Gubitosi de Medeiros, Basia Sinenberg, Renato Monteiro Freire, Ana Cecilia Amado Sette, y Eduardo Evangelista, entre otros muchos.

En Chile destaca la Sociedad de Grafoanalistas de Chile, fundada en 2003 por Claudio Silva Hernández, que actualmente dirige el Centro de Estudios Grafológicos de Chile (CEG).

Más antigua es la consultora de selección de personal Grafoweb, fundada en 1997 por Carmen David Allendes y donde se utilizan como herramienta las técnicas grafopsicológicas.

El Instituto de Grafología Grafos, fue fundado en 2010 por el psicólogo Rodrigo Farías Veloso, a su vez diplomado en Pericia Grafopsicológica por la Universitat Autónoma de Barcelona. Cuenta, entre otros, con profesionales como María Eugenia Correa, Adriana Guila Sosman o Jaime San Pedro Bravo.

En el campo de la docencia y la divulgación hay que destacar la labor de la conocida grafóloga chilena Eli Olguin Muller.

Y no podemos dejar de citar a la psicóloga y grafóloga Pamela Ried Molina, ejecutiva y socia de la consultora Background, donde ejerce su tarea realizando selección de personal y capacitación desde 1987.

En México existe un indudable interés por la grafología, destacando la grafóloga Inés Emmaus, directora y fundadora de la Asociación de Grafólogos y Psicólogos México-Alemania A.C., actualmente Grafología Aplicada A.C., que es licenciada en Pedagogía y Psicología por la Universidad de Berlín, entre otros títulos.

Es notable la labor de Augusta Ewald de Terzi, Graduada en Grafología e Historia del Arte por las Universidadesa de México y Viena, discípula de la anterior y conocedora de las grafologías alemana e italiana.

Sin olvidar a Olivia Hernández Landa, Psicóloga Clínica, que realizó la tesis *Psicografología: un nuevo método de investigación proyectiva* y estudió grafología en Francia e Italia y es miembro fundador de la Sociedad Mexicana de Criminología. Actualmente actúa como perito en los tribunales mejicanos.

El Colegio Mexicano de Grafología fue creado en el año 2000 y cuenta con profesionales como María del Carmen Muñoz Barroso, Jorge Guillén Mandujano y Carlos Morquecho García.

En el Instituto Nacional de Desarrollo Jurídico (INADEJ) se pueden realizar estudios de diversa índole, todos en relación con la Justicia. Y dentro de ellos, cursos de pericia caligráfica, que imparten peritos de renombre como Anatolio González Emigdio, Nancy Jiménez Luzán, Josefina Quintero Barrera, Martina del Rosario Álvarez Muñoz o José de Jesús Celaya Chimalpopoca.

Otros grafólogos mejicanos de prestigio son Víctor Piña Arreguín, que desarrolla su trabajo en Psicografología.com de la que es director general y Roberto Espinosa Villagrán, integrado en la Sociedad Mexicana de Grafología Científica (SOMEGRAF), fundada en 2011.

En Colombia hay que destacar a Alberto Posada Ángel como un auténtico pionero de la materia en este país. Escribió *Grafología y grafotecnia* en 1952, todo un clásico.

Asimismo, al Doctor en Derecho y Ciencias Políticas por la Universidad de Antioquia, Luis Gonzalo Velázquez Posada, Presidente Honorario de la Asociación de Grafólogos Forenses de Colombia y autor de libros como *El dictamen grafotécnico. Su técnica y apreciación judicial* (1994) o «Falsedad documental y laboratorio forense» (2004).

La asociación Grafólogos Bogotá, fundada en 1997 por Richard Poveda Daza y perteneciente a la Asociación Nacional de Medicina Legal y Ciencias Forenses, cuenta entre sus profesionales con Viviana Parra Cardenas, entre otros.

En Venezuela existe la Asociación Venezolana de Grafología y Grafotecnia, presidida por Anamaría Correa Feo, y que tiene un convenio con el Instituto Superior Emerson de Buenos Aires. Cuenta con profesionales como Lucía Montanari, Isabel Ramos, Sergio Ramos y Juan Pablo Correa Feo, entre otros.

En Bolivia, en el año 2011 se constituye la sociedad Escriviendo SRL, cuya gerente Liana Mehmet, Licenciada en Ciencias económicas y titulada en EE.UU. como Máster Certificado en Análisis Grafológico.

El abogado y experto calígrafo Pedro Miguel Lollett Rivero está al frente de Grafotécnica, centro donde se imparten cursos y talleres de la especialidad.

En Uruguay existe la Asesoría Grafística Integral (AGI), fundada en 1983 por Carmen Borbonet Nabón, actual directora, que hizo sus estudios de grafología y selección de Personal en la Escuela Superior de Psicología Profunda de Buenos Aires.

Más recientemente, en 2009 y presidida por el doctor Hebert Mariño se fundó la Asociación de Grafólogos del Uruguay, ahora presidida por Lía Murissich.

Y en Paraguay existe asimismo el llamado Centro de Estudios e Investigaciones Grafológicas de Itapúa que lleva a cabo una notable labor formativa e investigadora.

De vuelta a nuestras latitudes, en concreto a la península ibérica, vemos el panorama grafológico en nuestro vecino país Portugal, donde también la grafología tiene un bien merecido prestigio.

Fue el abogado y perito calígrafo Abilio Monteiro quien escribió el primer libro portugués sobre el tema: *O carácter revelado*, publicado en Oporto en 1908.

A mediados del siglo xx destacaron unos profesores universitarios que publicaron interesantes artículos: Mateus Neves, Delfim Santos y Francisco de Castro Carneiro. Asimismo, destacó Manuel Lopes da Silva que, en 1986, presentó en España una ponencia sobre la escritura de Jack El Destripador.

Pero hay grafóloga portuguesa que destacó no solo en su país, sino también en Francia. Se trata de Leonor de Pombal quien, en 1971, presenta su libro *Poésie et graphologie. Étude sur le graphisme de poètes portuguais modernes et contemporains*, escrito en francés, como se deduce de su título.

Es muy destacable también la labor, tanto en el terreno de la investigación como de la docencia de Francisco Queiroz, autor del Curso de Introdução à Psicologia da Escrita, que se imparte en la Facultad de Letras de la Universidad de Oporto, así como en la de Psicología y Ciencias de la Educación de la Universidad de Coimbra.

Asimismo, es importante la labor de Afonso Henrique Maça Sousa, autor de *Grafologia, um percurso grafoescritural*, editado por la Universidad Autónoma de Barcelona y publicado en Oporto en el año 2012.

Hemos dejado para el final el estudio de las perspectivas que la grafología presenta en nuestro propio país, España.

Dejando aparte la aproximación al tema, ya comentada, que en el siglo xvi hizo el médico y filósofo Juan Huarte de San Juan, es en 1902 cuando se publica el primer libro español de grafología, escrito por un francés afincado aquí y llamado Michel de Champourcin. Su título *¿Qué es la grafología?*. Unos años después, en 1913, se publica el segundo, que tiene como autores a Cirilo Serrano de Casas y Lorenzo González Agejas. Se trata de *Nociones de grafología: modo de conocer a una persona por su escritura.*

Pero fue una mujer, llamada Matilde Ras, la que —a raíz de la publicación de su obra *Grafología* en 1917— hizo que la opinión pública española empezase a tomar auténtico interés por la grafología, ya en franca expansión en el resto de Europa.

Nacida en Tarragona en 1881, perteneció a una familia de intelectuales, ya que el padre era arquitecto y la madre se hizo maestra en Francia. Su hermano mayor estudió filosofía y tuvo una influencia decisiva en su formación. Además, sería el padre de otra importante grafóloga como lo fue Silvia Ras, sobrina, por tanto, de Matilde.

Tras una serie de viajes y cambios importantes en su vida (viaje a Cuba, muerte de su padre, segunda boda de su madre y paso por Tarragona, Soria, Zaragoza, Barcelona y —finalmente— Madrid), Matilde demuestra su interés por la literatura y escribe cuentos infantiles. También se interesa por el dibujo y llega a ser profesora con tan solo 18 años. Le gusta traducir versos de poetas franceses y se encanta leer a Voltaire. Frecuenta las librerías de viejo y allí encuentra el *Método práctico de Grafología* de Michon.

Empieza a interesarse por la grafología que utiliza como juego de salón con gran éxito hasta que sus amigos franceses le consiguen «La escritura y el carácter» de Crépieux-Jamin cuya traducción realizará ella misma, publicándose en 1933.

En contacto con la Société de Graphologie de Paris desde muy joven, llega un momento en que se decide a popularizar la grafología en nuestro país y lo empieza a conseguir con sus colaboraciones en la revista *Por esos mundos,* dirigida por el cineasta Benito Perojo y donde mantiene un consultorio grafológico. Sus amigos franceses le envían muestras de escritura de personajes de la Primera Guerra Mundial que le sirven para escribir su primera obra *Grafología: estudio del carácter por la escritura,* en 1917, con un prólogo en francés del mismísimo Crépieux-Jamin.

En 1923 y gracias a una beca se traslada a París y estudia con este auténtico «padre de la grafología». Aprovecha para aprender pericia caligráfica con el maestro Edmundo Sollange Pellat. También le interesa la grafopatología que estudia con los doctores J. Rogues de Fursac y Camilo Streletsky. Este último es —además— grafólogo y le ayuda a profundizar aún más en sus conocimientos en esta materia.

De vuelta a España comienza su actividad grafológica con gran éxito, realizando multitud de informes y colaborando en el diario *ABC* y su revista *Blanco y Negro*. Colabora también en otras publicaciones nacionales como *La Voz,* el *Heraldo de Madrid, Mundo Hispánico,* etc., así como en numerosos diarios y revistas de América del Sur, Portugal y Francia. Tuvo una estrecha relación con Elena Fortún (creadora del personaje literario Celia), con quien compartía sus ideas feministas de vanguardia, y una interesante correspondencia. Cabe destacar su labor docente, centrada fundamentalmente en el Instituto Internacional de Boston en Madrid y realizada con peculiar estilo, fruto de su acusada personalidad. Su segundo libro se publica en el año 1929 con el título *Grafología: las grandes revelaciones de la escritura.* Por estas fechas, realiza también la parte correspondiente a grafología de la famosa Enciclopedia Espasa, en la que describe magistralmente el término.

Años después, concretamente en 1945, publicará *La inteligencia y la cultura en el grafismo* y —a continuación— *El retrato grafológico, Historia de la escritura y Grafología* y *Los artistas escriben.* Su última obra, *Lo que sabemos de grafopatología,* fue publicada el año anterior a su fallecimiento, que tuvo lugar en Madrid en 1969.

Por todo lo expuesto podemos afirmar que la figura de Matilde Ras resulta decisiva al valorar el hecho de la implantación de la grafología en España, y más aún, es ella quien cataliza la difusión de esta técnica en nuestro país. El testigo de Matilde Ras es recogido en Barcelona por Augusto Vels, cuyo prestigio irá creciendo progresivamente hasta llegar a ser considerado como un auténtico baluarte de la grafología a nivel internacional.

Su nombre auténtico era Augusto Alfonso Velasco Andreo y nació en la localidad murciana de Puerto Lumbreras en 1917. Empezó a estudiar música, pero las necesidades familiares le llevaron a convertirse en funcionario de Telégrafos, como había sido su padre.

En plena Guerra Civil cayó en sus manos un libro de la citada Matilde Ras y decidió estudiar grafología trasladado a Barcelona, empieza a colaborar con *El Correo Catalán* (cuyo director le aconsejó el seudónimo), interpretando escrituras de lectores.

También hizo estudios de Asistente Técnico Sanitario (ATS) y se diplomó en psicología. Su fama como grafólogo empieza a crecer al impartir distintos cursos, algunos en el SEU de la Universidad de Barcelona. Así es nombrado corresponsal de la Société Française de Graphologie.

En 1945 publica su primer libro, *Tratado de Grafología,* y empieza a colaborar con empresas seleccionando personal para las mismas. Enseguida crea un método personal que llama *Grafoanálisis* y enseguida publica *El Lenguaje de la escritura,* en 1949.

Continúa su labor en empresas, pero ya como director de Recursos Humanos y en 1961 aparece su obra maestra *Escritura y personalidad.*

Tres años más tarde presenta en la Cátedra de Psicopedagogía de la Universidad de Barcelona la tesis de la religiosa Mercedes Almela con el título de *Grafología Pedagógica,* lo que supone un espaldarazo para su método grafoanalítico.

De esta forma, en 1970 publica *La selección de personal y el problema humano en las empresas,* pasando a ser el director del llamado Instituto de Directores de Empresa. Dos años después es nombrado director de personal de la Banca Mas Sardá a la vez que publica su *Diccionario de grafología.*

Colabora con la Escuela de Medicina Legal de Madrid, tanto en grafología como en su vertiente de pericia caligráfica. Y en el año 1980 contribuye a constituir la Asociación Profesional de Grafólogos de la que pronto se desliga para fundar la Agrupación de Grafoanalistas Consultivos (AGC) en 1984. Asimismo, en 1982, es cofundador de la Sociedad Española de Grafología (SOESPGRAF), presidida por el profesor Mauricio Xandró.

Otras obras suyas son *Manual de grafoanálisis* (1991), *Grafología estructural y Dinámica* (1994) y de manera póstuma *Grafología de la A a la Z,* justo en el 2000, año de su fallecimiento.

Vels contribuyó no solo a la difusión y consideración académica de la grafología en España, sino a la formación grafológica de autores tan importantes como Carlos Muñoz

Espinalt, fundador en 1950 del Instituto Belpost para la enseñanza de la grafología por correspondencia y autor de obras como *Grafología de la firma* (1956) o *Guía práctica de la grafología* (1975).

De la mano de Muñoz Espinalt se han formado a su vez grafólogos tan importantes como Adolfo Nanot Viayna, M.ª del Carmen Santos, el padre Francisco Lacueva o M.ª Rosa Panadés, autora por cierto de un útil *Prontuario de Grafología* (1971).

Otro gran puntal de la grafología es el profesor Mauricio Xandró, pseudónimo de Pedro Gelmán Belda González, nacido en Bilbao en 1924. En los años cuarenta empezó a estudiar grafología con las obras de grafología de forma autodidacta, estudiando las obras de Albert de Rochetal y luego del propio Crepieux-Jamin. Después realiza un curso en el Centro Belpost-Tecnopost de Barcelona, bajo la dirección de Augusto Vels y, a principios de 1950, amplía sus estudios con Matilde Ras. Tiene, pues, como primeros maestros a las dos grandes figuras que introdujeron la grafología en nuestro país. En 1968 estudia grafología en el Instituto Salazar y Castro, dependiente del Consejo Superior de Investigaciones Científicas, y en 1972 se diploma en Grafopsicología, Grafopatología y Selección de Personal por la Universidad Complutense de Madrid (Facultad de Medicina). Posteriormente, él mismo dictará cursos de grafología, grafopatología y selección de personal en dicha Facultad, bajo la supervisión del doctor Bonifacio Piga Sánchez-Morate, vicedecano de la Facultad y Catedrático de Medicina Legal.

Desde 1967 mantiene una colaboración con el Instituto de Orientación Psicológica EOS, tanto en el plano grafológico como en el desarrollo de especialidades: grafología infantil, grafoterapia, pericia caligráfica, test gráficos, psicología del rostro, etc.

Gran divulgador, el profesor Xandró ha colaborado en los medios, tanto en prensa como en radio y televisión. Podemos citar los diarios *Pueblo*, *Ya*, *Marca* o incluso *El Heraldo* de Caracas, o el *Jornal de Noticias* de Oporto y emisoras como Radio Bilbao, Radio Popular o Radio España, entre otras. En la pequeña pantalla hemos podido verle en programas como *Fin de Semana*, *Todo es posible en domingo* o *Esta es su vida*, explicando aspectos de la grafología y realizando análisis grafológicos de personajes famosos.

En 1975 funda la Sociedad Española de Grafología (SOESPGRAF) donde se imparten cursos de grafología presenciales, así como a distancia. Estos últimos a través de Cursos Politec, centro autorizado por el Ministerio de Educación y Ciencia. Esta sociedad tiene delegaciones en distintas localidades tales como Móstoles, Barcelona, Valencia, La Coruña, Vigo, Vitoria y Granada.

Autor prolífico, en sus comienzos escribió cuentos infantiles, novelas y biografías. Luego escribió importantes tratados de grafología, empezando por *Grafología y Psicología* (1949) a la que sigue *Grafología elemental* (1955) traducida al inglés y al portugués. Diez años más tarde publica *Grafología y complejos* y, en 1971, *Grafología para todos*, también traducida al portugués. En 1972 ve la luz *El análisis grafológico sencillo* y dos años después la que puede ser considerada su obra maestra *Grafología Superior*. Sus dos últimas obras son *Grafología y Recursos humanos* (1995) y *Grafología profunda* (1999).

Muy reconocido a nivel internacional, ha sido distinguido con la Medalla de Oro al Mérito Tecnológico que otorga FEDINE, y con el reconocimiento de Perito Grafólogo Oficial *Honoris causa*, otorgado por el Instituto Universitario Emerson, de Argentina. Posteriormente, también con el de Profesor *Honoris causa* en Psicología por la Universidad de Flores (Argentina).

Aparte de las citadas, existen en nuestro país multitud de asociaciones y entidades en relación con la grafología.

Empezaremos por citar la Asociación Grafopsicológica de España (AGE), con sede en Madrid. Fundada en 1979, actualmente está presidida por Juan Luis Allende del Campo, siendo presidenta de honor su fundadora Berta Andrés Metgé. Aparte de su labor divulgadora y de investigación, allí se imparten cursos de grafología y pericia caligráfica, además de publicar la prestigiosa revista *Gramma*.

En Barcelona se encuentra la Agrupación de Grafoanalistas Consultivos (AGC), fundada por el propio Augusto Vels en 1984, como antes dijimos. Entre los socios fundadores hay que destacar la figura de Jaume Tutusaus, autor de la trilogía llamada Grafología para grafólogos. Y también la de Francisco Viñals Carrera, doctor en Ciencias Jurídicas y Sociales y actual Presidente de la entidad. Lo es asimismo de la Asociación Profesional de Peritos Calígrafos de Cataluña, así como fundador de la especialidad de pericia caligráfica judicial, primero en la Universidad Complutense de Córdoba y más tarde en la Universidad Autónoma de Barcelona.

Junto a M.ª Luz Puente Balsells (antropóloga, grafoanalista, criminóloga y perito calígrafo por el departamento de Medicina Legal de la Facultad de Medicina de la Universidad Complutense de Madrid), el profesor Viñals ha publicado obras como *Psicodiagnóstico por la escritura* (1999), *Pericia caligráfica judicial* (2001), *Grafología criminal* (2006), y *Grafología y ciencia* (2010), entre otras.

Como Miembro de Honor, esta asociación tiene a Emilio Mira y López, psiquiatra y uno de los artífices de la grafología universitaria, y como presidente de honor al religioso suizo Joseph Seiler, considerado como el mayor experto a nivel mundial en Historiografía de la Grafología. Decir, por último, que publican un interesante anuario llamado *Grafoanálisis*.

El perito caligráfico Félix del Val Latierro, en su libro *Grafocrítica* (1963) expuso lo que llamó «Decálogo de los principios científicos», en que se apoya la grafotecnia, que constituyen la base de la denominada pericia caligráfica que, como ya dijimos, sirve para determinar la autoría de un escrito o una firma.

En 1989 el grafólogo y perito calígrafo Andrés Meyniel Royán funda la Asociación Nacional de Grafología y Grafotecnia, presidida por Marisa Benítez. Autor de un *Tratado de grafocrítica* publicado en 1992 y fallecido prematuramente, su labor es continuada por su esposa, Soledad Puebla.

La Asociación Nacional de Peritos Judiciales fue fundada en 1992 por Tomás Martín Sánchez (autor de *Peritación caligráfica*, 1987) que, junto con su esposa Ángeles Muñoz Menéndez, también fueron pioneros en este campo en nuestro país.

Otra asociación a considerar es el Círculo Hispano-Francés de Grafología, con sede en Madrid y presidida por Amparo Botella de Figueroa, prestigiosa grafóloga y perito calígrafo judicial, donde se imparten cursos para obtener el diploma de la Sociedad Francesa de Grafología, de quienes son corresponsales. Asimismo, tienen un Área de Pericia Caligráfica y Documentoscopia al frente de la cual está Francisco Álvarez Sánchez. También publican una revista llamada *Los papeles del Círculo* y realizan interesantes trabajos de investigación.

Asimismo, en el ámbito pericial es importante la Asociación Colegial Profesional de Peritos Calígrafos y Técnicos en el Análisis de la Escritura (APPTAE), presidida por Tomás Alonso de Corcuera y que cuenta con profesionales como María Alcarazo, Ester Barja, M.ª Rosario Casas, Alicia de Diego, Pilar Espinosa, Yolanda Espinosa, y Ángeles Fernández López, entre otros.

La Asociación de Peritos Colaboradores con la Justicia de la Comunidad de Madrid, en su apartado de calígrafos, presenta una lista en que aparecen expertos como Carmen Gómez Barajas, Luis Saavedra del Río, Pilar Espinosa Martín, Yolanda Espinosa Martín, María José Mingo Zapatero o Rafael Martín Sánchez. Este último es autor de *Documentoscopia – Método para el peritaje científico de documentos,* publicado en 2010.

En Barcelona se encuentra el Gabinete Jurídico Pericial Orellana, fundado en 1961 por Juan Francisco Orellana Gómez que, junto a su hermano Rafael, realizan una importante labor en el ámbito de la pericia caligráfica judicial.

La Asociación Española de Grafología, Investigación y Peritos Calígrafos (AEGIP) cuenta con especialistas como Francisca Cáceres González y Helena Huarte Tirapu, entre otros.

En 1998 se fundó la Asociación Internacional de Grafología Científica, presidida por la psicóloga y grafóloga Carmen Muñoz Delgado y de la que es presidente honorífico el autor de estas líneas. Su actividad se centra sobre todo en la investigación, contrastando los resultados de análisis grafológicos con los obtenidos mediante otros tests.

En el País Vasco hay que destacar la Euskadico Grafologia Elkartea (Sociedad Grafológica de Euskadi), cuya presidenta de honor es Carmen Carrasco, estando ahora presidida por su hija Alicia Martínez Carrasco, y donde se imparten cursos, seminarios, conferencias, etc. Y en Galicia la Sociedade Galega de Grafoloxía, presidida por José Ramón Vázquez Martínez, y que cuenta con profesionales como Luis Ángel Santa Cruz Simón.

Existe además la Asociación Profesional de Peritos Calígrafos Grafólogos de Galicia, cuyo presidente es Álvaro González Magariños, contando con Gregorio Alonso Bosch para el área de pericia caligráfica y Francisco Javier Alonso Rebollo para el de grafología.

Y en Asturias existe la Asociación Colegial de Peritos Calígrafos de Asturias, (ACPCA), cuyo presidente es Manuel José Moreno Ferrero, autor del libro *Grafología psicológica* publicado en 2007.

La Federación Española de Expertos en el Análisis Documental, con sede en Granada, engloba otras tres asociaciones y está presidida Jesús Barrón Martín, manteniendo delegaciones en todo el país.

Y citar también a la Sociedad Andaluza de Grafología y Pericia Caligráfica (SAGPC), que cuenta con profesionales en todas las provincias y donde se imparten cursos de ambas técnicas.

Por último, tenemos que hacer una mención especial a los Departamentos de Grafística de los Cuerpos de Seguridad del Estado, Policía Nacional y Guardia Civil, respectivamente, que han dado profesionales de la talla de Ana Blanco, Claudio Belinchón, Miguel Mediano Rubio o José de la Uz Jiménez, este último autor del libro *Manual de Grafística* publicado en 2013.

Citaremos a continuación otros grafólogos españoles de reconocido prestigio, empezando por Joaquín Allegret, que fue profesor de Grafopsicología en la Escuela de Medicina legal de la Universidad Complutense de Madrid; Eufrasio Alcázar Anguita, profesor de Caligrafía, Doctor en Filosofía y Letras y maestro, autor de *La escritura del niño* (1954) y *Técnica y Peritación Caligráficas* (1959); Arcadio Baquero, periodista, profesor y gran divulgador de la grafología; M.ª José Barón, especializada en grafología infantil; Germán Belda, continuador de la obra de su padre, el profesor Xandró; Pilar Besumán, especialista en grafoterapia; Mariano Bosom, que realizó interesantes investigaciones sobre la inteligencia; Concha Capelo, alumna de Matilde Ras y seguidora del *Método Vels;* Carmen Castañeda Rubio, autora de *Iniciación a la Grafopsicología infantil;* Encarna Catalán, especializada en grafología Infantil y selección de personal; Orencia Colomar, autora de *Grafología* (1985); Buenaventura Deusedes, psiquiatra especializado en la compaginación de caracteres; Josep María Escolá, traductor de la obra de Roda Wieser; Vicente Escriche, seguidor de la obra de Raymond Trillat; M.ª Ángeles Esteban Castro que, junto con su esposo, Luis Martínez Villa, (ambos peritos calígrafos), escribieron *Grafología* (1977); Magdalena Ezcurra, Doctora en Química Analítica por la Universidad del País Vasco y perito calígrafo especialista en tintas y pigmentos; Nuria Foch de Sales, que tradujo el *ABC de la grafología* de Crépieux-Jamin; Esperanza Fonta Villuendas, psicóloga, cofundadora y presidenta hasta 1998 (en que falleció) de la AGC; Ángel Gálvez Robles, perito calígrafo ejerciente en Murcia y autor de un reciente e interesante libro: *Grafología – El conocimiento de la escritura manuscrita* (2015); Antonio García-Granero, médico y grafólogo que creó escuela en Valencia; María del Mar García Martín, especialista en grafología infantil; Alexandre Gasser i Parsé, criminólogo que ha dirigido diversas tesinas de investigación grafológica; Francisco Lacueva, discípulo de Muñoz Espinalt que publicó *La clave de la grafología;* Angelina Ladrón de Guevara, iniciadora de los cursos de grafología en la Escuela de Medicina Legal de la Facultad de Medicina de la Universidad Complutense de Madrid y que publicó junto a Silvia Ras *Grafología morfológica* (1972); Laura Lizancos Mora, maestra, psicopedagoga, grafóloga y perito calígrafo ejerciente en Galicia; Vicente Lledó, que fue creador de una nueva rama de la Grafoterapia y cuya labor continua su hija Rebeca Lledó; Chantal Melin, diplomada por la SFDG de París y profesora de grafología en Madrid y Alicante; José M.ª Mena, catedrático y especialista en fonética, autor de investigaciones sobre la formación de los grafemas en el cerebro; M.ª Dolores Mora Domingo, psicoanalista y secretaria de la antes citada Asociación Profesional de Peritos Calígrafos de Cataluña; Jordi Morera Jansa, autor —entre otras obras— de «La selección de vendedores mediante la grafología»; Julia Moya Alvaro, especialista en grafología patológica y peritaje caligráfico que ejerce en Valencia; Eduardo Pérez de Mora, miembro de AGC y de AG, fue profesor de las Jornadas de Grafología en la Universidad de Murcia; Matilde Priante, especialista en selección de personal y autora de *Grafología*, una guía para describir la personalidad a través de la escritura (2006); Carlos Ramos Gascón, psicólogo, miembro fundador de SOESPGRAF, investigador y autor de *Grafología, sexualidad y pareja*, entre otras obras; Silvia Ras, sobrina y alumna de Matilde Ras y autora de *Grafotecnia. Grafología interpretativa* (1973) y *Grafología y escritura de los Reyes de España* (1993), junto a otro antes citado en colaboración con A. Ladrón de Guevara; Ana de Richoufftz, psicóloga y cofundadora de la AGC; Josep Sadurní Selva, colaborador de Vels, a quien sustituyó en la presidencia de la AGC y especialista en selección de personal; Josep Sadurní Villaronga, hijo del anterior, fue el informático que realizó el programa del método Vels de Grafoanálisis en 1987; Isabel Sánchez Bernuy, maestra, grafopsicóloga por la Escuela de Medicina Legal, alumna y colaboradora durante años del profesor Xandró, autora de obras como *Grafología y aplicaciones*, *Grafoterapia y autoestima*, *Grafoterapia y análisis transaccional* y *Grafoselección por competencia*, entre otras; M.ª Carmen Santos, autora de *Grafología práctica* (1970); Rosa Torrents Botey, autora de *Grafología* (1987); José Villacis González, economista y especializado en grafopatología, autor de libros como *Grafología y grafopatología* (1993) o *La virtud del Sr. Rosebaud* – Juicio a *un grafólogo* (2003), entre otros muchos; Palmiro Viñas Ciruelos, perteneciente a la AGC y autor de libros como *El simbolismo espacial en la grafología y los tests proyectivos*, *La grafología y los tests proyectivos en la percepción del arte* (ambas exaecuo con Amadeo Palliser) y *Sociografología*, entre otros.

Aunque hemos intentado hacer una lista lo más exhaustiva posible, por supuesto que hay más asociaciones y profesionales de la grafología en España y en el mundo y sería imposible citarlos a todos.

Capítulo IV
LAS ESCUELAS O MOVIMIENTOS GRAFOLÓGICOS

Entendemos por *escuela* o *movimiento grafológico* la tendencia a tratar la grafología desde un determinado punto de vista, por encima de épocas y nacionalidades. Existen en este sentido tres escuelas o movimientos diferenciados: la escuela mímica, la simbólica y la emocional.

La primera de ellas, la escuela mímica, a la cabeza de la cual se encuentra el abate Michon, tiene como idea básica el hecho de que la escritura refleja con absoluta fidelidad los gestos inconscientes que realizamos por el hecho de ser «animales gesticulantes». Incluso mediante técnicas de sugestión e hipnosis fue contrastada la influencia de los estados de ánimo sobre los gestos que hacemos al escribir.

Surgió así, gracias al impulso del doctor Sollange Pellat, la primera división de los movimientos gráficos en grupos de gestos denominados «modos»; según el insigne Crépieux-Jamin, estos son siete que, a su vez, se subdividen en 181 géneros gráficos.

Los siete modos gráficos son: orden, tamaño, forma, dirección, inclinación, velocidad y presión. El estudio de los mismos constituye la temática central de este libro, ya que su conocimiento resulta absolutamente fundamental para abordar otros aspectos relacionados con el estudio de la personalidad a través de la escritura.

Aparte de esta escuela mímica, existen otras escuelas grafológicas de enorme importancia como, por ejemplo, la ya citada escuela simbólica, fundada por el grafólogo suizo Max Pulver. Según sus teorías, que aún hoy siguen vigentes y son de gran utilidad en la interpretación de todos los tests proyectivos, el hombre se mueve —al escribir sobre el papel— entre «el cielo y el abismo, entre el pasado y su futuro».

Así pues, la zona superior de la escritura (o de cualquier tipo de realización proyectiva: garabatos, dibujos, etc.) simboliza el mundo de las ideas, que se concreta en aspectos teóricos, creativos o espirituales; es el predominio de lo intelectivo, así como de la tendencia hacia posiciones de dominio.

En la zona inferior se refleja todo lo que es material e instintivo, así como lo eminentemente práctico, físico; también es la zona de la estereotipia (contrapunto de la creatividad), o bien de la creatividad empírica, basada en datos muy concretos en relación con cuestiones de carácter puramente material. Simboliza también la subordinación ante la autoridad en general, ya sea esta de contenido psicológico o tenga un sentido más cotidiano.

Si tenemos en cuenta que normalmente empezamos a escribir en la parte izquierda y desde ahí nos trasladamos hacia la derecha, caminando simbólicamente desde nuestro «yo» hacia los demás, desde nuestro pasado hacia lo que está por sucedernos, resulta lógico pensar que la zona de la izquierda esté en directa relación con el pasado en lo temporal y la introversión en lo personal. También se asocian a esta zona todo el simbolismo de la figura materna, de la familia de origen, así como de la timidez y la inhibición en general.

Por el contrario, toda la zona derecha está simbólicamente relacionada con las expectativas vitales y la extraversión, así como con la sociedad considerada como grupo. La iniciativa y las realizaciones de los proyectos —simbólicamente situados en la izquierda— son también contenidos asociados a esta zona.

En el centro están simbolizadas las tendencias egocéntricas, es decir, el «yo» del sujeto que escribe; en lo temporal esta zona es el tiempo presente, a caballo entre el pasado de la zona izquierda y el futuro de la derecha; también es la zona del autocontrol.

Estas interpretaciones no solo son aplicables a las diferentes zonas del texto, sino que también lo son a las partes de este: párrafos, líneas, palabras o incluso a cada una de las letras.

El texto en su conjunto simboliza el «yo manifestado» por el sujeto, es decir, es la imagen que el autor quiere dar ante la sociedad, o sea su «yo social», mientras que el «yo íntimo» o admitido por el propio sujeto está en correspondencia con la firma.

Hay que considerar también el simbolismo del papel o, en general, de la superficie sobre la que se proyecta la expresión gráfica, ya sea escritura, dibujos, garabatos, etc. Pues bien, este sustrato —sea cual sea— simboliza el tiempo y el espacio vitales; se trata del «terreno» del autor, de su territorio vital considerado desde un punto de vista psicológico.

Por último, es muy importante tener en cuenta que al principio de cualquier expresión gráfica el consciente actúa en mucha mayor medida que al final de la misma; es decir, cuando se comienza a escribir (o a hacer garabatos, dibujar, pintar, etc.), la persona ejerce un control mucho mayor sobre sus movimientos. Sin embargo, a medida que se avanza en la escritura —o en cualquier «tarea gráfica»— surgen con mucha mayor espontaneidad los rasgos naturales, propios de cada persona.

Así pues, cuanto más hacia arriba y a la izquierda de la realización gráfica nos situemos, mayores son los «controles conscientes» que el autor ejerce sobre sus movimientos gráficos, los cuales van poco a poco siendo más espontáneos, dejando paso a los contenidos inconscientes que aparecen con más frecuencia en las zonas inferior y derecha.

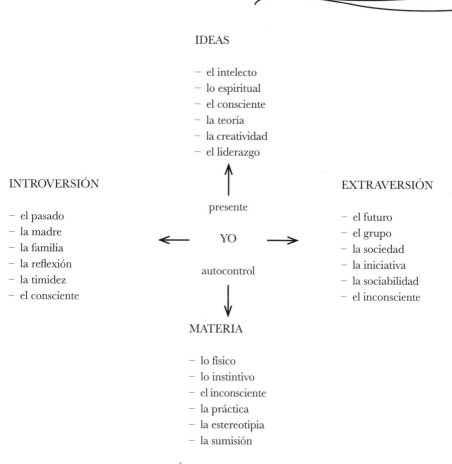

IDEAS

- el intelecto
- lo espiritual
- el consciente
- la teoría
- la creatividad
- el liderazgo

INTROVERSIÓN

- el pasado
- la madre
- la familia
- la reflexión
- la timidez
- el consciente

presente

YO

autocontrol

EXTRAVERSIÓN

- el futuro
- el grupo
- la sociedad
- la iniciativa
- la sociabilidad
- el inconsciente

MATERIA

- lo físico
- lo instintivo
- el inconsciente
- la práctica
- la estereotipia
- la sumisión

LA SIMBOLOGÍA EN LOS TESTS PROYECTIVOS

Fig. 1. *Aquí se resume la teoría de la escuela Simbólica de Max Pulver, que explica el significado de las diferentes zonas tanto del escrito, como de cualquiera de las partes del mismo (párrafos, líneas, palabras, letras) o incluso de otro tipo de expresión gráfica: garabatos, pinturas, dibujos, etc.).*

Existe aún otra escuela grafológica, la denominada escuela emocional, que surgió en Alemania gracias al eminente grafólogo Rafael Shermann, quien le da el primer impulso. Sin embargo, fue Curt August Honroth quien le confiere auténtico prestigio, en colaboración con el doctor Ramón Ribera y el profesor Zarza.

Podemos afirmar que, en líneas generales, la grafología emocional se basa en las modificaciones que tienen lugar en determinadas partes de la escritura, generalmente palabras o frases con un determinado contenido emotivo para el autor.

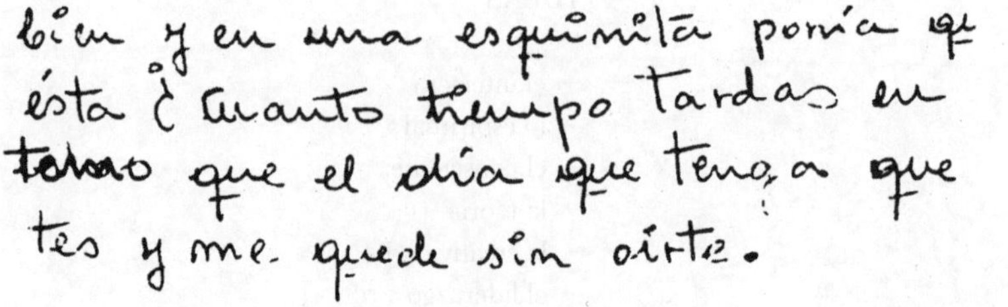

Fig. 2. *La influencia de las emociones en la escritura: no cabe duda de que el miedo a no oír al destinatario ha sido la causa de la rectificación en la palabra «demo».*

También el ambiente que rodea a la persona que escribe influye sobre las características de su escritura. Dicho ambiente puede ser de naturaleza física (temperatura, sonido ambiental, útiles de escritura, postura adoptada al escribir, etc.), o bien de índole psicológica (depresión, euforia, angustia, etc.).

Es un hecho que la escritura cambia según haga frío o calor; haya silencio o ruido, se escriba con pluma, bolígrafo o rotulador, sentado o de pie, etc. El estado anímico y las circunstancias personales ejercen también una notable influencia en la escritura, de manera que se puede saber en qué situación se encontraba una persona al escribir una determinada muestra, sobre todo si se dispone de otras para comparar.

En todo este tipo de detalles, a veces de enorme trascendencia, basa sus consideraciones esta escuela de grafología emocional.

Una vez desarrolladas las directrices básicas de cada una de estas escuelas, de las cuales se derivan gran parte de las leyes de la grafología actual, falta saber si es posible el surgimiento de otras nuevas que aporten vías inéditas para el desarrollo de esta increíble técnica proyectiva.

Capítulo V

EL ACTO PSICOBIOLÓGICO DE ESCRIBIR

La escritura es un hecho tan cotidiano que difícilmente nos pararemos a pensar en la enorme cantidad de mecanismos, tanto de índole psíquica como fisiológica que se ponen en funcionamiento cuando nuestra pluma o bolígrafo se desliza sobre el papel dibujando esos signos convencionales que llamamos «letras».

Merece, pues, la pena hacer algunas reflexiones sobre lo que el hecho de escribir supone desde un punto de vista que hemos denominado *psicobiológico*.

En efecto, la escritura y todo tipo de grafismo en general se realizan mediante actos extraordinariamente complejos, en los que participa todo el individuo. Se trata de una conducta de las llamadas voluntarias o reflexivas que ha de pasar por un período de aprendizaje basado tanto en la experiencia como en la capacidad del ser humano para relacionar los objetos y los seres, así como para deducir las leyes que rigen en su entorno.

En este aprendizaje escritural, el sistema nervioso juega un importantísimo papel, así como el aparato locomotor y los órganos de los sentidos. Efectivamente, para conseguir una correcta escritura son necesarias, en líneas generales, las siguientes condiciones:

- comprender tanto lo que se oye como lo que se ve.
- elaborar la expresión del lenguaje.
- programar los movimientos escriturales adecuados.
- dibujar los correspondientes signos gráficos.

Podemos, pues, descomponer el proceso escritural en tres fases: recepción, integración y expresión.

La recepción de estímulos puede producirse tanto en los órganos auditivos y visuales como en las terminaciones nerviosas de la piel o en los propios músculos y nervios. Al escribir oímos, vemos —lo que nos rodea y lo que escribimos—, tocamos y sentimos la presión de la mesa, del papel, del útil de escritura, etc. y ponemos en movimiento a la vez una gran cantidad de músculos gracias a los impulsos nerviosos.

El cerebro (responsable de los movimientos conscientes o voluntarios) y la médula (de los movimientos reflejos), envían estos impulsos a los órganos correspondientes: hombro, brazo, antebrazo, muñeca, mano y dedos.

Estos últimos actúan de manera perfectamente coordinada: la articulación de la muñeca hace movimientos de flexión y extensión, armonizados por la acción combinada de los dedos. El antebrazo, por su parte, hace que la mano vaya variando paulatinamente su posición; el codo permanece fijo, lo que convierte a los renglones de escritura en arcos de enorme radio, haciéndolos prácticamente rectilíneos.

El papel se sujeta con la otra mano, convenientemente inclinado; la cabeza, a su vez, se inclina hacia la izquierda y la mano se desliza sobre el papel gracias a la acción combinada de los músculos del antebrazo. Se ponen también en movimiento las articulaciones del codo y del hombro. En total son nada menos que alrededor de 500 músculos los que entran en acción.

El deslizamiento de la mano por el antebrazo se regula gracias a la sensibilidad —tanto superficial como profunda— de los dedos anular y meñique, de las estructuras cubitales de la mano y de la cara interna del antebrazo.

Los tres dedos que sujetan el útil de escritura (índice, pulgar y anular) realizan movimientos de flexión y extensión, formando de esta manera las letras. El índice interviene sobre todo en los movimientos que van hacia abajo y el pulgar en los que se dirigen hacia arriba. El control de las curvas, así como la dirección y el sentido de la escritura se consiguen gracias a la coordinación de los dedos citados.

A todas estas conclusiones se ha llegado mediante la observación de filmaciones realizadas exclusivamente con el fin de investigar sobre este complejo mecanismo biológico que es la escritura, en el que no olvidemos que es el individuo en su conjunto el que está comprometido.

Por tanto, aparte de los órganos directamente implicados (dedos, manos, brazo, hombro, etc.), existen otros que están íntimamente correlacionados con ellos: corazón, pulmones (y sistemas circulatorio y pulmonar en general), aparato digestivo, sistema nervioso, etc.

Así pues, en lo que a escritura se refiere y desde un punto de vista biológico, el individuo debe ser considerado de manera global.

El máximo investigador de estos aspectos fué Freeman, que estudió cinematográficamente todos los movimientos y posibles colocaciones de la mano al escribir. La participación de cada dedo fue estudiada por Obici. Otros investigadores de estos temas son Goldscheider, Kraepelin, Javal y Roman, utilizando aparatos tales como la balanza especial de Kraepelin, el *graphodyno* o el *grafómetro*.

En la actualidad empieza a haber muchas más posibilidades, desde la grabación en vídeo de los movimientos escriturales hasta las pantallas que permiten recoger todos y cada uno de los pasos que el escribiente da sobre ellas al escribir o firmar, haciendo un registro informático de los mismos. Es lo que se llama *escritura o firma biométricas*.

También hay bolígrafos como el llamado Lernstift (impulsado por Falk y Mandy Wolsky) que tienen «memorizados» los movimientos necesarios para cada letra y vibran cada vez que esos movimientos son teóricamente incorrectos.

Pasando al plano más psicológico, en la escritura actual de un sujeto no solo se reflejan sus vivencias más recientes, sino que se encuentran igualmente plasmadas todas aquellas situaciones que han ido modelando, a lo largo de su vida, su personalidad actual.

No hay que olvidar la influencia de los padres y educadores, cuyos modelos de escritura tiende el niño a imitar, pudiendo quedar en las escrituras de adultos rasgos heredados de estas imitaciones infantiles y juveniles. Este tipo de rasgos será tanto menos significativo cuanto mayor haya sido la evolución personal del propio individuo.

Una vez comentadas las fases de recepción de estímulos y expresión gráfica de los mismos, analizamos a continuación la fase central del proceso de escritura, es decir, la integración.

Esta tiene lugar en el cerebro, fundamentalmente a nivel de la corteza del mismo en donde se unen las sensaciones (visuales, auditivas, táctiles, etc.) y las vivencias personales actuales y pasadas, para dar como resultado los pensamientos e ideas que, convenientemente tamizados, se plasmarán de modo gráfico sobre el papel.

Para ello, y según hemos explicado, el individuo utilizará los resortes anatómicos y fisiológicos que coordinados por millones de células nerviosas (o neuronas) localizadas en la zona del cerebro conocida como «centro motor de la escritura», harán posible ese extraordinario acto cotidiano que llamamos «escribir».

Capítulo VI

CURIOSIDADES GRAFOLÓGICAS

La grafología presenta multitud de aspectos verdaderamente curiosos, que contribuyen a hacerla todavía más atractiva de lo que ya de por sí es. Seguro que ha pensado en ellos más de una vez, así que vamos a intentar resolver sus dudas.

Por ejemplo, la escritura de los zurdos, ¿se puede analizar igual que la de los diestros?, ¿y los escritos realizados con otros órganos distintos de las manos?, ¿cómo escriben los ciegos?, ¿se puede analizar un escrito a máquina?, ¿influye para algo escribir en un idioma extranjero?, ¿siempre se puede saber si una escritura o una firma ha sido falsificada?, ¿y el sexo y la edad de la persona que ha escrito?

Todas estas preguntas y algunas más tienen respuesta en este capítulo. Empezamos por la última:

EL SEXO Y LA EDAD EN LA ESCRITURA

Mediante el análisis de la escritura no siempre es posible conocer el sexo y la edad del autor, aunque sí es posible hacerlo en algunos casos.

En relación con el sexo, es cierto que existen una serie de rasgos de la escritura típicamente femeninos —curvas, bucles, lazadas, adornos, etc.— y otros teóricamente masculinos, tales como ángulos, presión firme, sencillez en la forma de las letras, etc.

Pero si esto fuera siempre así equivaldría a admitir que solo existen los prototipos sexuales masculino y femenino, cuando lo cierto es que los individuos de un sexo siempre presentan características que se suponen —según patrones más o menos tradicionales— del sexo opuesto.

Por tanto, a través de la escritura —fiel reflejo de la personalidad— no siempre resulta fácil deducir el sexo biológico, ya que es posible encontrar un predominio más o menos acusado de rasgos teóricamente femeninos en letras de varones, lo mismo que hay escrituras de mujeres que no responden a los modelos de letras en teoría femeninas. Como ejemplos valgan los dos siguientes:

Fig. 3. *Escritura con curvas y adornos, que podría ser teóricamente femenina y que, sin embargo, ha sido realizada por un varón.*

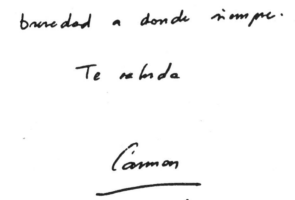

Fig. 4. *Escritura sencilla, angulosa, presionada, rasgos en teoría masculinos, aunque la muestra ha sido realizada por una mujer.*

Algo semejante ocurre con la edad, cuya evaluación a través de la escritura es empresa muy arriesgada, ya que en ella se refleja más la mental o psicológica que la temporal.

La madurez mental se traduce en rasgos de sencillez en la escritura: ausencia de adornos innecesarios, mayúsculas sencillas, inclinación vertical o moderadamente inclinada, uniformidad en general (de tamaño, presión, etc.), así como orden y buena ejecución del escrito. La firma legible y la rúbrica sencilla también son factores positivos a valorar.

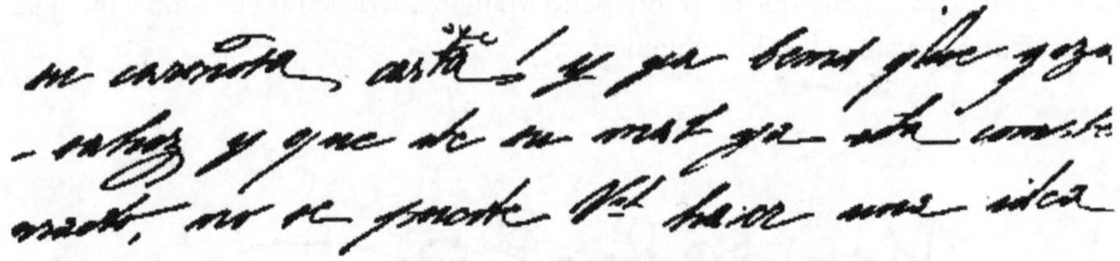

Fig. 5. *Escritura de rasgos caligráficos muy característicos, lo que nos permite deducir que se trata de una persona mayor, como es en realidad, aunque existen adornos, inclinación excesiva y cierta tendencia al desorden.*

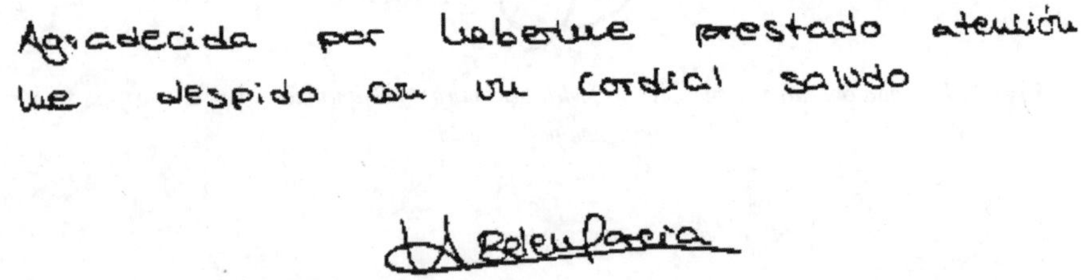

Fig. 6. *Escritura redondeada y sencilla tanto en minúsculas como en mayúsculas así como vertical y uniforme, con firma legible y rúbrica sencilla, lo que implica un grado notable de madurez psicológica que contrasta con la juventud de la autora (19 años).*

LA ESCRITURA DE LOS ZURDOS

La escritura —aunque se realice con las manos— está regulada por el cerebro, y se pueden localizar las áreas que la rigen en cualquiera de los dos hemisferios en que este se divide. La mayoría de las personas escriben con su mano derecha, estando localizada dicha actividad en el hemisferio cerebral izquierdo. Sin embargo, existe un porcentaje de la población —aproximadamente un 10%— que prefieren, de forma espontánea, escribir con su mano izquierda.

Son los llamados *zurdos escriturales,* que normalmente lo son también para el resto de actividades y cuya zona cerebral activa para regular la escritura se localiza en el hemisferio cerebral derecho.

A las personas que, siendo en realidad zurdos, utilizan normalmente la mano derecha, se les denomina *zurdos contrariados;* esto puede dar origen a ciertas alteraciones psicológicas, en directa relación a la forma en que se ha producido la «contrariedad» sobre todo si esta ha sido más o menos traumática en forma de prohibición del uso de la mano izda.

Pero incluso los zurdos no contrariados no pueden evitar ser víctimas de una serie de dificultades ambientales (no olvidemos que la sociedad está hecha para diestros) y todas esas trabas les pueden afectar, especialmente en las primeras etapas de esta, es decir, infancia y adolescencia. Y ello puede influir, qué duda cabe, en su escritura.

Fig. 7. *Letra de un niño zurdo de seis años, algo irregular, en la que las palabras casi no están separadas.*

En general, los niños zurdos son más tardíos en hacer una letra «bonita», siendo frecuentes las letras hechas al revés, a veces en todo el escrito, dando origen a la llamada escritura «en espejo».

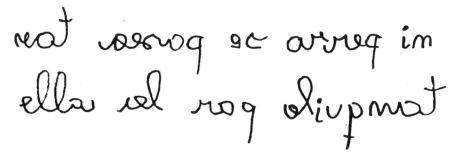

Fig. 8. *Escritura «en espejo» de una niña zurda de 8 años; para leerla hay que hacerlo al trasluz o mirando el escrito en un espejo.*

La orientación espacial de los zurdos está por regla general menos desarrollada que la de los diestros y, además, al escribir con la izquierda, no pueden evitar ocultar con la mano lo que escriben; todo esto propicia el que las líneas pierdan su rectitud y la separación entre palabras y letras sea irregular, aparte de que el trazado «a izquierdas» hace más difícil la unión entre las letras. Por último, la inclinación también puede verse afectada, haciéndose a la izquierda en lugar de a la derecha.

Todas estas circunstancias deben ser tenidas en cuenta a la hora de analizar la escritura de una persona zurda, pues de no hacerlo así, el informe grafológico puede verse alterado en sus conclusiones finales.

Otra posibilidad es que la persona sea capaz de escribir tanto con la mano izquierda como con la derecha, presentándose esta habilidad ya en la infancia o adquiriéndola posteriormente, en la edad adulta. En ambos casos siempre existirá una mano con la cual se escribe con mayor soltura, apareciendo con mejor ejecución la escritura realizada con ella.

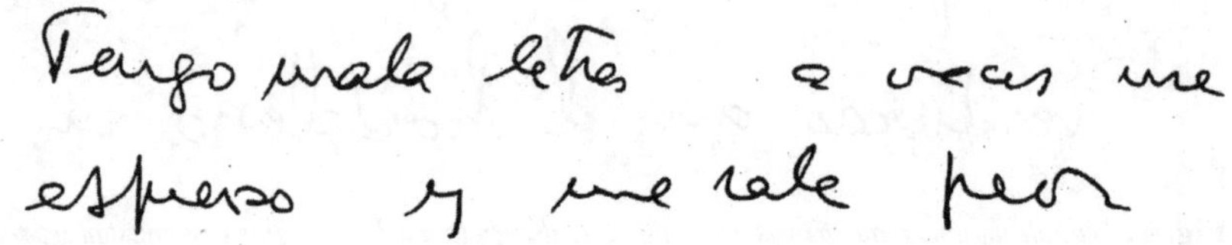

Fig. 9. *Escritura realizada por un «ambidextro escritural» con la mano derecha. Destaca la irregularidad y la desigual separación entre palabras.*

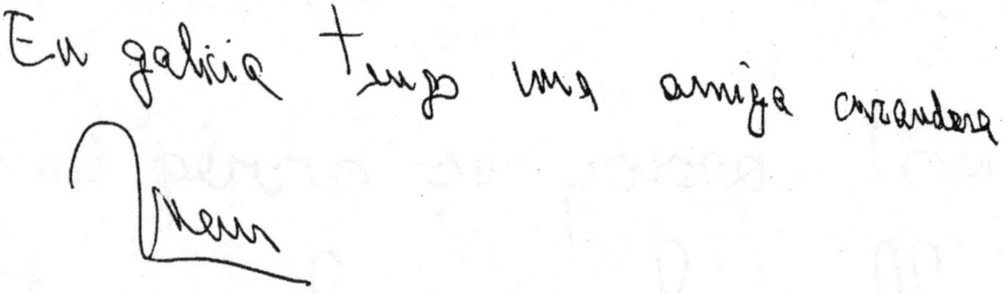

Fig. 10. *Muestra realizada por la misma persona con la mano izquierda, apareciendo más temblores y cambiando la inclinación que pasa a ser hacia la izquierda.*

Las leyes grafológicas que utilizaremos en el análisis de la escritura de estas personas, llamadas «ambidextros escriturales» serán las mismas que se utilizan para el resto, pero procuraremos aplicarlas sobre muestras realizadas con la mano con la que el individuo en cuestión escribe con mayor destreza.

LA ESCRITURA NO MANUAL

Es evidente que la mayoría de las personas, cuando escriben «a mano», utilizan lógicamente la mano izquierda o la mano derecha. Sin embargo, hay personas que, por accidentes, enfermedades o malformaciones congénitas, no pueden disponer de las manos que, en principio, parecen imprescindibles para escribir.

No obstante, respondiendo a esa necesidad de expresión plástica tan característica del ser humano, estas personas suelen aprender a escribir con otros órganos tales como la boca, los pies o bien mediante aparatos especiales que les permiten sostener el útil de escritura.

Al principio de este aprendizaje, los escritos no se pueden analizar grafológicamente con un mínimo de fiabilidad; no obstante, a medida que vayan cogiendo soltura estarán cada vez más en condiciones de someterse a un análisis grafológico, el cual será ya perfectamente posible en el caso de que la persona recupere su escritura de forma totalmente fluida y espontánea.

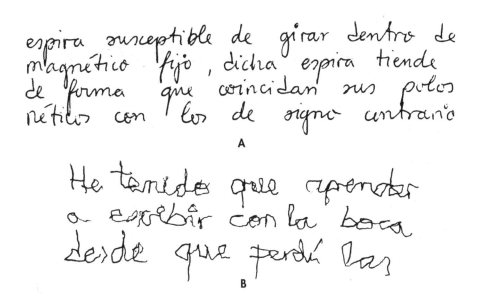

Fig. 11 (A y B). *Escritura anterior y posterior al accidente que privó de las manos a esta persona, la cual aprendió a escribir con la boca; obsérvese la coincidencia de rasgos a pesar de la deformación general de la letra y de su aumento de tamaño, ya que se trata de una etapa inicial del aprendizaje.*

Y es que la personalidad está localizada en el cerebro, expresándose, entre otras muchas cosas, mediante la escritura, importando menos de lo que en principio puede parecer el órgano que ejecute las órdenes cerebrales, siempre que consiga hacerlo con cierta soltura.

Por tanto, también en los casos de escritura no manual —salvo en el período de reeducación escritural— es posible la realización de un análisis grafológico, siguiendo las leyes generales de la grafología.

LA ESCRITURA DE LOS ACCIDENTADOS

Algo semejante ocurre en el caso de personas que, a causa de algún accidente, se ven afectadas en algún órgano básico para la escritura: dedos, mano, muñeca, brazo, antebrazo, hombro, etc.

Si la lesión es recuperable —excepto sobre las muestras realizadas en período de rehabilitación— el análisis grafológico se realizará con normalidad.

En el caso de que existieran secuelas, estas se reflejarán en la escritura, y habrá que tenerlo muy en cuenta al realizar el análisis, comparando las muestras anteriores y posteriores al accidente.

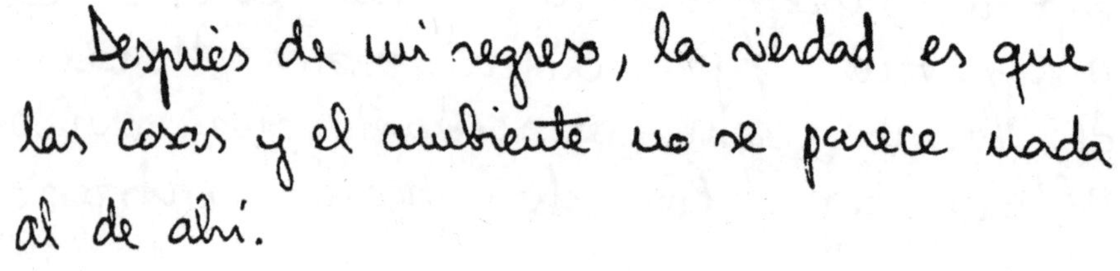

Fig. 12. *Escritura realizada por una persona antes de sufrir un accidente que le imposibilitó la utilización del dedo pulgar de la mano derecha.*

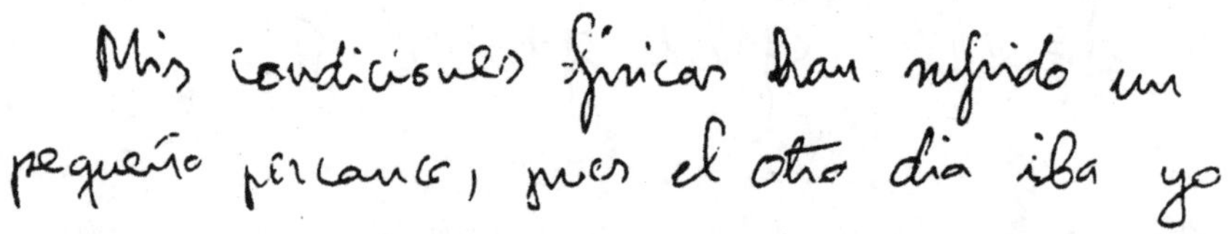

Fig. 12 bis. *Muestra de la misma persona después del accidente: obsérvese como es menor la presión a la vez que han aumentado los temblores.*

Cuando las lesiones afectan de tal forma al individuo que lo obligan a cambiar de mano hábil para escribir, hay que considerar esta circunstancia, incluso una vez superado el período de aprendizaje, pues esta persona está habilitando una nueva zona de su cerebro como centro motor de su escritura, y eso es algo que lleva su tiempo y entraña no pocas dificultades.

Por tanto, habrá que considerar como normales las deformaciones que puedan producirse en su escritura, sin que puedan ser achacadas a cambios en su personalidad.

LA ESCRITURA DE LOS CIEGOS

Si tenemos en cuenta que la vista es un sentido absolutamente fundamental en el acto biológico de escribir, se comprende que la pérdida de la visión es un trastorno difícilmente superable en este sentido.

Tanto es así, que aquellas personas que no reciben ningún tipo de sensación luminosa en sus ojos son prácticamente incapaces de escribir normalmente, debiendo recurrir a los sistemas especiales que luego comentaremos.

Nos referimos a los invidentes totales, entre los que hay que distinguir aquellos que lo son de nacimiento de los que perdieron la vista —por accidente, enfermedad, etc.— en una determinada época de su vida.

Los invidentes de nacimiento están prácticamente inhabilitados para escribir manualmente. Los invidentes secundarios, dependiendo de su grado de entrenamiento, son capaces de escribir, aunque con gran esfuerzo y existiendo casi siempre problemas de legibilidad en sus escritos.

Es muy curioso que en estos casos la escritura conserve los rasgos que tenía en la época inmediatamente anterior a la pérdida de la visión.

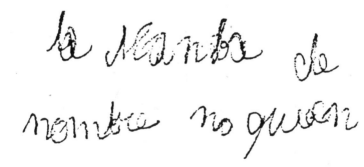

Fig. 13. *Escritura de un invidente secundario que perdió la vista por un accidente a los 7 años; para realizar esta muestra tuvo que realizar un enorme esfuerzo de memoria visual y recordar las formas de las letras según las escribía a esa edad.*

Si la invidencia no es absoluta, existiendo un grado de visión en alguno de los ojos o en ambos, el sujeto será capaz de realizar escritos convencionales con mayor o menor destreza, según su grado de entrenamiento.

Pese a las dificultades de legibilidad y distribución espacial que suelen existir en este tipo de escritos, es posible —no obstante— hacer algunas valoraciones grafológicas al respecto, considerando las circunstancias de su realización.

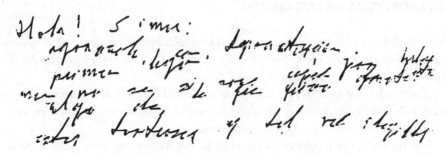

Fig. 14. *Muestra realizada por un invidente casi absoluto: la legibilidad es difícil, así como la ordenación del espacio gráfico.*

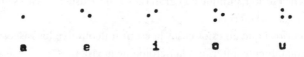

Fig. 15. *Escritura realizada por un invidente con la ayuda de la «regleta».*

EN UN LUGAR DE LA MANCHA

Fig. 16. *Esta es la clave de puntos correspondiente a las cinco vocales del alfabeto en el Sistema Braille.*

Un sistema que era utilizado por los invidentes de manera esporádica era la llamada «regleta», que consistía en una pequeña regla metálica con hendiduras que representan los contornos de las letras, por lo que sirven de guía al útil de escritura.

Sin embargo, en la actualidad, los invidentes recurren a otros métodos de escritura.

Curiosamente se sigue utilizando el método inventado por Louis Braille en 1824, a base de puntos en relieve que simbolizan letras, números y signos de puntuación y permite la lectura mediante el tacto.

Mediante este sistema es posible la lectura de libros, revistas, carteles o simples teclas, como las de los ascensores que suelen tener escritos así los números de los pisos y las instrucciones de alarma.

Los ordenadores para invidentes tienen teclados en Braille, y existen también impresoras que son capaces de imprimir texto en este sistema. Los reconocedores ópticos de caracteres (OCR) permiten pasar cualquier texto a pantalla, impresora (tinta o braille), convertirlo en voz o pasarlo a una «línea Braille» que es un dispositivo con puntos que suben y bajan de forma dinámica permitiendo así la lectura del texto.

Más cómodos son los programas informáticos de «síntesis de voz» que permiten literalmente «dictar» el texto al ordenador que lo escribe de manera automática. Y también reconocerlo y leerlo con voz, como antes apuntamos.

De esta forma y gracias a su ingenio y fuerza de voluntad, los invidentes han conseguido adaptar los procesos de lectura y escritura a su especial situación.

LOS DEFECTOS DE VISIÓN Y LA ESCRITURA

Si una persona tiene defectos en su vista, sin que lleguen a ser alteraciones graves, y escribe habitualmente sin corregirlos —por desconocerlos— o circunstancialmente —por no disponer del instrumento corrector—, su escritura se verá indudablemente afectada, así como algunos aspectos del análisis grafológico que se hiciera sobre la misma.

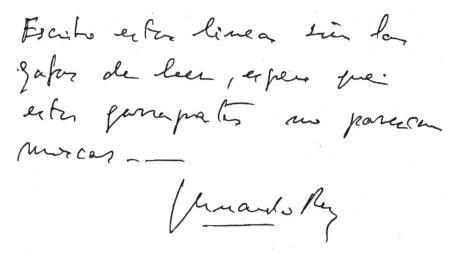

Fig. 17. *Ejemplo de modificaciones en la escritura por defectos en la visión no compensados: líneas escritas por el conocido actor Fernando Rey en un momento en el que no disponía de las gafas adecuadas.*

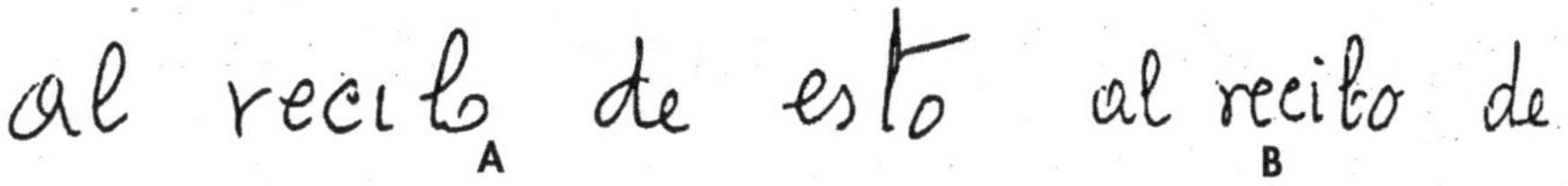

Fig. 18. *Muestras de escritura realizadas, una tras otra, por una persona que padece vista cansada o presbicia: la 1.ª sin gafas, la 2.ª con ellas; obsérvese la diferencia de tamaño en un intento de ver mejor lo que escribe, así como de presión, mayor cuando no tiene gafas por la tensión inconsciente que ello le produce.*

LOS ESCRITOS A MÁQUINA

A pesar de que la grafología se centra fundamentalmente en muestras de escritura realizadas a mano, también en aquellas hechas mediante instrumentos, como pueden ser máquinas de escribir, imprentas, ordenadores, etc., pueden caber algunas interpretaciones de carácter grafológico.

Para ello hay que centrarse en aquellos rasgos gráficos que no dependen de la manualidad de la escritura, como son la presión y la precisión con que las teclas han sido golpeadas (si se trata de una máquina de escribir antigua), los márgenes utilizados, la separación de las líneas, el orden, la pulcritud, las equivocaciones si las hubiera, etc.

De esta forma es posible la realización de un somero estudio grafológico que nos dará algunas pautas de la personalidad de su autor.

```
        EXPERIENCIA PROFESIONAL:

A       Al año y medio,aproximadamente, de finalizar mis estudios de Bachi
        ller Superior, empezé a trabajar en una pequeña empresa privada cu
        ya dedicación era la venta y reparación de televisores. El cometi-
        do a realizar era, principalmente, atender llamadas telefónicas de
        clientes, a la vez que atendía otras tareas administrativas.
        La duración de mi trabajo allí fue de cuatro años. Al cabo de este
        tiempo dejé mi empleo debido a discrepancias de opiniones persona-
        les con el encargado del mismo.
                                                            ...//.
```

```
B           Muy sres nuestros:


                Contestando a la oferta de trabajo, publicada en el

            diario el Pais, me dirijo a vds. con la seguridad de que

            mis servicios han de ser de su interés.


                Sin otro particular y esperando su contestación, les

            saludo atentamente.
```

Fig. 19. *Es grafológicamente significativa la diferente disposición de los márgenes, líneas, párrafos, etc., en cada una de estas dos muestras de escritura.*

Si, además, el escrito estuviera firmado, la parte escrita a máquina se utiliza simplemente para complementar el análisis grafológico de la propia firma, siempre que tengamos seguridad de que el escrito ha sido mecanografiado por la misma persona que lo firma. En caso contrario, nos limitaremos al análisis grafológico de esta del que, lógicamente, extraeremos mucha más información que sobre lo escrito a máquina.

Por otra parte, el material mecanografiado es susceptible de ser peritado caligráfica-mente para obtener datos sobre la máquina o impresora con que fue realizado. O bien si varios documentos fueron hechos con una misma impresora, etc.

LA ESCRITURA EN TAQUIGRAFÍA

Este sistema que permite escribir muy rápido mediante una serie de signos convencio-nales y cuyo origen es muy antiguo, fue adaptado en España por el valenciano Francisco Martí, a principios del XIX.

Aunque eventualmente se utilice en la actualidad, los sistemas de grabación con posibilidad de pasar voz a texto de manera inmediata limitan mucho su uso.

En el caso de que se nos presentase un texto en taquigrafía, posiblemente de otra época, la verdad es que sus posibilidades de interpretación grafológica son ciertas, ya que al escribir así se hacen dibujos rápidos que dejan al descubierto muchos aspectos inconscientes del autor, mostrando más espontaneidad que un manuscrito normal.

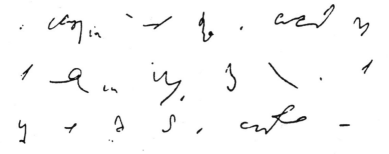

Fig. 20. *Muestra de escritura en taquigrafía.*

Sería ideal saber taquigrafía para interpretar mejor estos textos, pero de lo contrario, siempre se pueden analizar rasgos independientes del tipo de trazos, como la dirección de las líneas, la presión, los márgenes.

Hay que prescindir, como es lógico, de las interpretaciones relativas a la velocidad de la escritura, ya que, al utilizar taquigrafía, esta se incrementa de manera notable.

LOS ESCRITOS EN IDIOMAS EXTRANJEROS

Cuando se escribe en un idioma que no es el materno, la escritura tiende a sufrir una serie de modificaciones tanto en su estructura —tamaño, forma, velocidad, presión, etc.— como en su fluidez y espontaneidad.

Psicológicamente, al escribir en una lengua que no es la que se ha aprendido en la infancia, el sujeto se siente menos distendido y sus mecanismos de defensa inconscientes entran en acción, lo que tiene su reflejo en la escritura.

Si se trata de hacer un análisis grafológico de un escrito realizado en un idioma distinto del originario, deberemos tener en cuenta esta circunstancia, o bien conseguir otra muestra escrita en el idioma vernáculo.

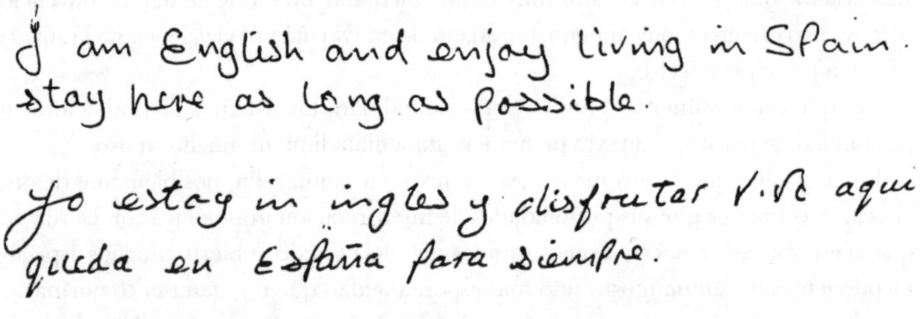

> *I am English and enjoy living in Spain. stay here as long as possible.*
>
> *Yo estoy in ingles y disfrutar V.Vd aqui queda en España para siempre.*

Fig. 21. *Escrito realizado en nuestra lengua por una persona cuyo idioma natal es el inglés; debajo del mismo aparece su traducción manuscrita por la misma persona. Obsérvense las diferencias de velocidad, inclinación, forma, dirección de las líneas, etc.*

ESCRITURAS FALSIFICADAS

Hay algunas personas que, bien de manera esporádica, bien de forma continuada, intentan disimular su propia escritura o imitar la ajena, con intención de engañar o delinquir.

Desde el simple estudiante que falsifica la firma de los profesores o del padre, o «se aplica» en retocar las notas escolares, hasta el auténtico profesional de la estafa que se dedica a falsificar documentos, pasando por los que modifican fechas o falsifican firmas en contratos, cheques, letras, finiquitos, etc. O bien los que intentan disimular su letra (generalmente utilizando solo mayúsculas) para redactar escritos anónimos con intenciones generalmente nada positivas.

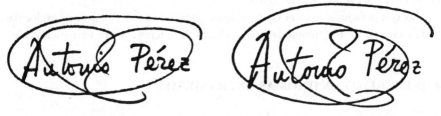

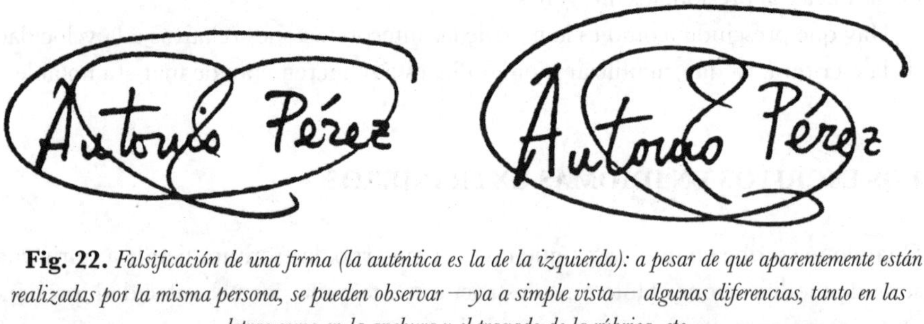

Fig. 22. *Falsificación de una firma (la auténtica es la de la izquierda): a pesar de que aparentemente están realizadas por la misma persona, se pueden observar —ya a simple vista— algunas diferencias, tanto en las letras como en la anchura y el trazado de la rúbrica, etc.*

En todos estos casos, mediante el análisis comparativo de todos los aspectos grafológicos de la escritura, se puede determinar la autoría de un escrito o de una firma.

Para ello se utilizan utensilios que permitan ampliar los rasgos tanto como sea posible, desde las tradicionales lupas, microscopios, negatoscopios, etc., a otras más actuales como la fotografía digital, los sistemas de tratamiento de las imágenes, los videoespectros tanto de luz blanca como de rayos infrarrojos, ultravioletas, etc.

Todo esto corresponde a una especialidad denominada *Pericia caligráfica*, cuyos profesionales son los conocidos *peritos calígrafos*, que elaboran sus informes con validez en juzgados y tribunales, previa su ratificación oral ante los mismos.

LAS DEFORMACIONES PROFESIONALES DE LA ESCRITURA

Una de las posibles circunstancias ambientales que más pueden contribuir a alterar la expresión por escrito de una persona es precisamente su propia profesión.

De todos es conocida la deformación que sufre la escritura de los médicos cuando extienden recetas, o la de los estudiantes al tomar sus apuntes de clase.

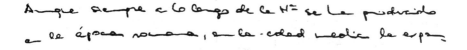

Fig. 23. *Deformación de la escritura de un estudiante cuando toma apuntes: los dos primeros renglones corresponden a su letra normal.*

Algo semejante ocurre con la firma de los que se ven obligados por su trabajo a firmar casi continuamente, lo que prácticamente los «obliga» a reducir al máximo sus rasgos y su estructura.

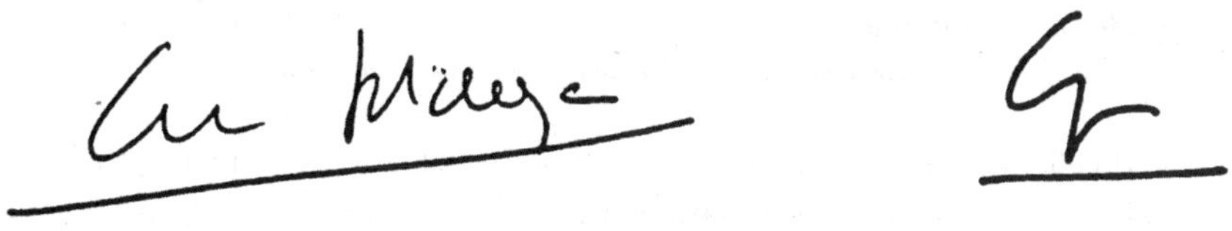

Fig. 24. *Simplificación de la firma de este ejecutivo, debido a la necesidad de firmar diariamente numerosos documentos de trabajo.*

También es parecido el caso de aquellos profesionales que, precisamente por serlo, se ven obligados a utilizar una firma muy diferente a la que harían si no tuvieran esa profesión. Quizá los casos más claros los encontramos en los notarios, que utilizan firmas más o menos complejas con signos casi cabalísticos cuando firman profesionalmente, así como los artistas cuyo nombre artístico no coincide con el suyo propio, por lo que su firma profesional suele ser bastante diferente a la personal.

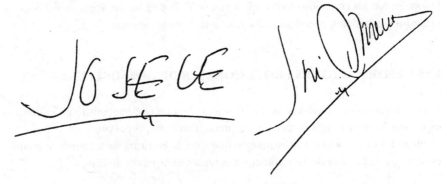

Fig. 25. *Firmas respectivamente artística y personal del humorista «Josele».*

También existen personas que —sin ser notarios ni artistas— se transforman en parte cuando desempeñan su trabajo, es decir, tienen una «personalidad laboral» diferente en mayor o menor medida de la suya propia. No es de extrañar, por tanto, que la firma del trabajo sea también distinta a la que hacen en sus cartas o escritos personales.

Fig. 26. *Notables diferencias entre la firma laboral (a la izda.) y personal (a la dcha.), que presuponen un importante cambio de actitud de esta persona en estos dos ambientes.*

Por todo ello, hay que procurar que el análisis grafológico no se realice exclusivamente sobre este tipo de muestras, claramente modificadas por la presión profesional, aunque sea interesante tenerlas en cuenta, pues nos van a aportar más datos sobre la persona, sobre todo en lo que a sus facetas laborales se refiere.

ESCRITURAS DE BAJO NIVEL CULTURAL

Hay personas que tienen un nivel de lectura y escritura muy bajo, de manera que a duras penas consiguen realizar una muestra escrita. El aprendizaje resulta fundamental en el acto de escribir y, si este prácticamente no ha existido, será difícil que la personalidad se exprese espontáneamente en la escritura.

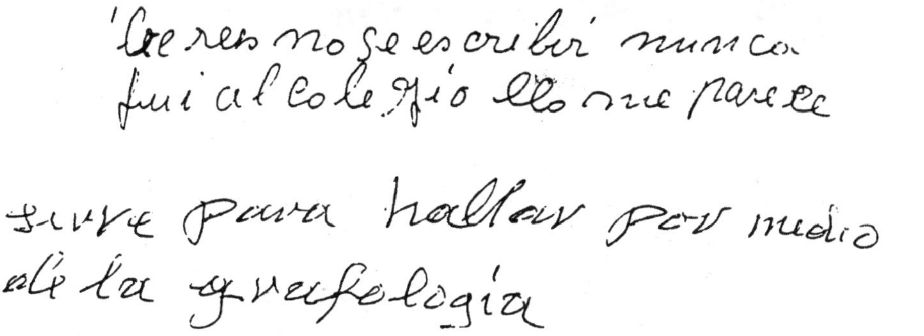

Fig. 27. *Escrituras de muy bajo nivel, realizadas con enorme esfuerzo y muy difíciles de valorar desde un punto de vista grafológico.*

Para realizar análisis grafológicos de estas escrituras hay que centrarse en aspectos poco relacionados con el aprendizaje, tales como la presión, el predominio de las zonas, la situación de la firma, etc., prescindiendo de datos como la velocidad o la ejecución de las letras.

Todo esto se extrema cuando la persona es totalmente analfabeta, aunque sí al menos sabe escribir su firma, se podría aventurar un breve análisis sobre ella, siempre en la línea anteriormente apuntada. Cuando se firma solo con palotes, solo se puede emitir un somerísimo análisis basado en su situación, presión, tamaño, proyección, etc.

Es decir, que cualquier tipo de muestra escrita es susceptible de ser analizada, pero conviene tener presentes las circunstancias en que se realizó y —desde luego— el nivel cultural del autor; cuanto más bajo sea este, mucho más difícil será valorar grafológicamente su escritura.

Capítulo VII
LAS MUESTRAS GRÁFICAS A ANALIZAR

A la hora de realizar un análisis grafológico es fundamental disponer de una muestra de escritura lo más amplia y completa posible, siempre que se haya escrito espontáneamente y que dispongamos del mayor número de elementos analizables.

Estos requisitos se suelen cumplir en una carta de más de una hoja, fechada y firmada. Mejor si está dirigida a una persona de confianza, ya que —generalmente— la escritura será más espontánea. La fecha nos proporciona una muestra de números, y la firma —como veremos en el último capítulo— pone de manifiesto los aspectos más ocultos de la personalidad. Tanto es así que es interesante disponer de todas las firmas de la persona: la «firma oficial» de documentos, banco, etc., la «firma de amigos», el «visé» o «visto bueno» del trabajo e incluso algunas firmas de épocas anteriores.

El papel es importante que no sea pautado, es decir, que carezca de líneas, cuadrículas, etc. Mejor siempre papel blanco, o de otro color, pero sin pautar. Tampoco valen muestras realizadas sobre un papel colocado sobre otro con renglones («falsilla»).

Decimos todo esto porque cualquier tipo de pautas en el papel —aparte de restar espontaneidad al escrito— nos priva de elementos tan importantes como la dirección de las líneas o los márgenes.

El tamaño del papel conviene que sea tipo folio o semejante (DIN A-4) por ser este el formato más generalizado. Las escrituras en papeles tamaño cuartilla o similar pueden distorsionar en parte un análisis, al obligar al autor del escrito a ceñirse a otro tipo de condicionamientos psicológicos respecto a las variables espacio y tiempo, representados simbólicamente en el tamaño del papel.

Algo similar ocurre con los escritos en tarjetas de visita, felicitaciones, tarjetas postales, «blocs» de notas, etc. Son preferibles, por tanto, las muestras de escritura realizadas sobre folios, salvo que el autor esté habituado a otro tipo de formato —por ejemplo, las cuartillas— en cuyo caso preferiríamos este material por su mayor espontaneidad.

El color del papel —con tal de que este no sea pautado— tiene menos importancia desde el punto de vista grafológico. Por supuesto, el hecho de escribir sobre papel blanco no se interpreta, pues es lo normal. Sin embargo, el papel color crema, denota un acusado sentido estético, siendo los papeles de color azul, rosa o amarillo sintomáticos de los deseos de originalidad.

En cuanto al útil de escritura, será siempre preferible aquel con el cual el sujeto se sienta más cómodo por usarlo con más asiduidad. Conseguiremos así que el grado de espontaneidad sea el máximo posible en lo que a este aspecto se refiere.

Si la persona sujeto de análisis no tiene preferencias por ningún útil en particular, le ofreceremos el bolígrafo, útil con el que los rasgos quedan perfectamente señalados sobre el papel y la presión ejercida sobre este es apreciable en su auténtico valor.

Las plumas no son recomendables si la persona no está habituada a ellas. Los rotuladores, al engrosar los trazos, obligan al autor a aumentar el tamaño natural de su escritura y los lapiceros, aparte de inducir a irregularidades en los trazos debido a su propio desgaste a medida que se escribe, distorsionan asimismo el análisis de la presión, al influir en esta su mayor o menor grado de dureza.

Así pues, si podemos dar a elegir entre varios útiles, escogeremos el bolígrafo y preferiblemente de punta normal, pues los de punta fina tienden a disminuir el tamaño de la escritura, a la vez que pueden distorsionar la presión.

El color de la tinta, si se sale de lo corriente, nos puede dar algunos datos complementarios sobre la personalidad el autor, siempre que sea utilizado de forma habitual o preferente.

Por ejemplo, el uso habitual de la tinta roja nos pone en antecedentes sobre posibles desarreglos imaginativos del autor, así como de una cierta agresividad. La tinta verde nos habla de originalidad rayana en la extravagancia, mientras el uso de tonos violetas expresa espiritualidad. La tinta azul o negra, al ser los más utilizados, carecen de interpretación específica, si bien la utilización habitual del negro es síntoma de posibles tendencias depresivas, así como de elegancia; esta última característica se asocia también a la tinta color sepia.

También hay que considerar, a la hora de analizar grafológicamente un escrito, las circunstancias ambientales en que ha sido realizado. Estas pueden ser —como vimos al explicar la escuela emocional— tanto de índole física como psicológica, pudiendo llegar a ejercer tal influencia que el análisis de una muestra puede variar sensiblemente.

Así pues, debemos elegir muestras de escritura realizadas en circunstancias normales, tanto en el aspecto físico (ausencia de fatiga, temperatura agradable, ambiente de silencio, postura adecuada, útil y papel habituales, etc.), como en el psicológico (estado de ánimo normalizado, ausencia de preocupaciones angustiosas, tiempo suficiente, etc.).

Resumiendo, la muestra «estándar» para realizar sobre ella un análisis grafológico es una carta o escrito realizado con espontaneidad sobre un folio blanco, con fecha y —sobre todo— firmado con una o varias firmas.

Si tenemos oportunidad, podemos también pedir al sujeto que nos escriba palabras que empiecen con mayúscula desde la «A» hasta la «Z», con objeto de disponer no solo de toda la colección de mayúsculas, sino de la relación de estas con las letras siguientes.

Es asimismo interesante que el sujeto efectúe en la muestra a analizar alguna que otra operación matemática sencilla, para disponer de números realizados espontáneamente.

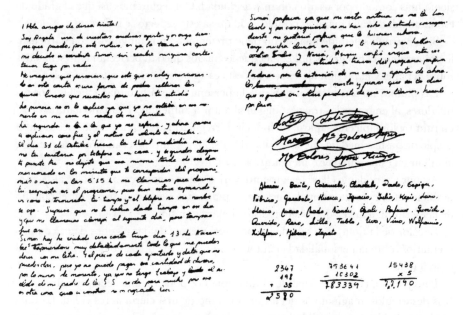

Figura 28. *Una carta escrita en más de un folio, todas las firmas que la persona suele realizar, palabras que empiecen por mayúscula de la «A» a la «Z» y operaciones matemáticas sencillas, constituyen una buena muestra para realizar un análisis grafológico.*

Es importante —como ya hemos apuntado— que el escrito conste de varios folios, incluso es preferible disponer de escritos realizados en momentos diferentes, lo que disminuiría la influencia ambiental.

En cambio, no es recomendable realizar un análisis grafológico sobre muestras de escritura tales como notas, apuntes, textos copiados, etc., pues carecerían de las condiciones mínimas apuntadas.

Las fotocopias —en el supuesto de que estén bien realizadas— tienen el inconveniente de distorsionar la presión, aspecto importante que no se puede considerar en estos casos. Algo semejante ocurriría con las antiguas copias realizadas con calco. Las fotografías digitales o las muestras escaneadas pueden dar mejor calidad, aunque siempre son preferibles los originales.

Si se quiere analizar la personalidad actual del sujeto, los escritos deberán ser recientes. En el caso de disponer de muestras de escritura de diferentes épocas de la vida, es posible hacer un análisis de evolución de la personalidad.

Podemos realizar también un análisis de la compaginación de caracteres de una pareja; para ello sería necesario disponer de muestras de escritura adecuadas de cada uno de los componentes de la misma, para proceder a un estudio de los puntos que —psicológicamente— pueden tener más importancia en una relación.

Si el analizado es un niño de corta edad, deberemos recurrir al garabato o al dibujo como muestra. Para ello, pondremos a su disposición papel en blanco, lápices, bolígrafos y rotuladores de colores diferentes, proponiéndole que dibuje lo que quiera, en un ambiente lo más relajado y con la mayor espontaneidad posible.

En el caso de que el niño ya sepa escribir, aparte de los dibujos, obtendremos muestras de su escritura, a las que aplicaremos las reglas de la grafología infantil, si el niño tiene menos de 10 u 11 años.

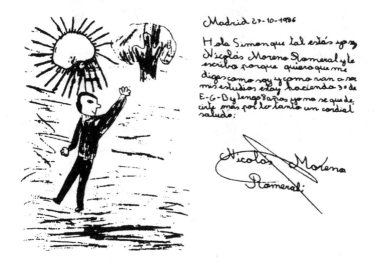

Fig. 29. *Dibujo de un niño de 8 años, junto a una muestra de su escritura firmada.*

Si se trata de analizar grafológicamente las relaciones entre determinado grupo de personas, deberemos disponer de material de escritura adecuado de cada una de ellas, lo mismo que si se trata de informes de candidatos a un puesto en una selección de personal. Para ello es interesante pedir una exposición por escrito y firmada de sus aspiraciones y méritos para ocupar el puesto.

Todo lo anterior está relacionado con la muestra ideal, ¿pero qué ocurre si no conseguimos una muestra adecuada? O dicho de otra manera, ¿cuál es la muestra gráfica mínima sobre la que es posible realizar un análisis grafológico?

Pues a veces una sola frase, unas palabras o incluso unas letras, si se analizan en profundidad, nos van a permitir realizar al menos un perfil psicológico del autor.

También de muestras en apariencia tan poco adecuadas como los «escritos anónimos» en los que normalmente se disimula la escritura o los «grafiti» y las «pintadas» que se encuentran cada vez con más profusión en paredes y lugares muchas veces insospechados, pueden llegar a obtenerse datos para un somero análisis grafológico. E incluso de los rótulos publicitarios, sobre todo si se trata de letras que reproducen o, al menos, recuerdan a la escritura manuscrita.

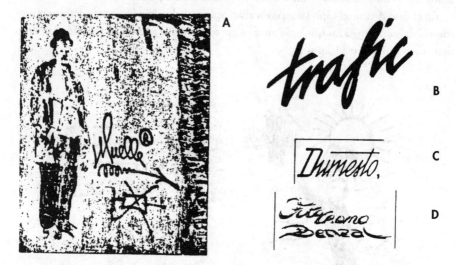

Fig. 30 (A, B, C y D). *La forma, la dirección de las líneas, la inclinación, la morfología de cada letra y otros muchos parámetros grafológicos pueden valorarse en «pintadas» (A), carteles (B) o anuncios publicitarios (C y D).*

Pero mucho mejores que este tipo de muestras son los dibujos realizados inconscientemente sobre materiales diversos como servilletas, trozos de papel, márgenes de periódicos, etc., de los que se pueden extraer contenidos psicológicos de notable valor, como veremos enseguida.

Es muy frecuente que, en ocasiones, dispongamos solo de la firma de una persona como única muestra de su escritura; este material, escaso en sí mismo, ofrece sin embargo la ventaja de simbolizar los aspectos más íntimos de la personalidad, lo que podríamos llamar el «yo admitido» por el propio sujeto.

Capítulo VIII
LOS DIBUJOS «DISTRAÍDOS»

Nos referimos aquí a esos dibujos que todos hacemos cuando no sabemos qué hacer y disponemos de un bolígrafo o «algo que escriba» y un papel.

Las situaciones pueden ser de lo más diverso: mientras se habla por teléfono, esperando a alguien en una cafetería, en una reunión, escuchando una conferencia, etc. Y el papel sobre el que estos dibujos son realizados puede ir desde una simple servilleta hasta el margen de un periódico o el reverso de una factura.

Es curioso, pero en todos ellos hay una enorme cantidad de contenidos inconscientes, en mayor grado cuanto más abstracto sea el dibujo en cuestión.

Las interpretaciones son muy diversas, en función de la forma de los trazos, de su energía o de aquello que representan.

Por ejemplo, el predominio de la línea recta —formando o no figuras geométricas— es sinónimo de energía y dureza, así como de una preponderancia de la actividad mental.

Por el contrario, aquellos dibujos en los que la curva es el rasgo dominante, aparte de significar suavidad, gracia y simpatía, indican también que el autor se guía más por el sentimiento que por la razón, es decir, que se mueve más por motivaciones de tipo afectivo. Si la curva toma aspecto de espiral, es un claro síntoma de narcisismo, así como de tendencia a las obsesiones.

Un dibujo hecho a base de círculos concéntricos expresa que el autor del mismo está angustiado por sus propios problemas, de los cuales le cuesta salir debido a su excesiva prudencia.

Según la fuerza y la rapidez del dibujo, se pueden distinguir garabatos lentos y sin energía, frente a los rápidos y enérgicos.

Los primeros indican la pasividad y tendencia depresiva del autor, mientras los segundos son la expresión gráfica de un carácter vital y luchador.

Si un garabato está excesivamente presionado y ennegrecido, nos indicaría una elevada agresividad, unida a angustia y tendencias depresivas.

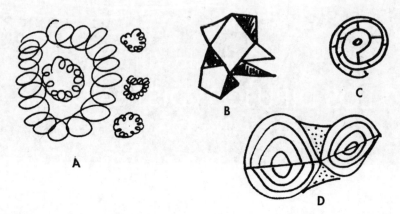

Fig. 31 (A, B, C y D). *Ejemplos de dibujos realizados de manera distraída: el «A» es absolutamente curvo y con tendencia a la espiral (sentimiento y obsesiones), mientras que el «B» es recto y parcialmente ennegrecido (raciocinio y tendencias depresivas). El «C» es una espiral de trazo lento semejante a círculos concéntricos separados por «rayitas», lo que añade cerebralidad al narcisismo propio de la espiral. Por último, el «D» representa una tendencia a la doble personalidad por estar escindido tanto en el eje vertical como horizontal; también hay círculos concéntricos y un ligero punteado, símbolo de obsesiones perfeccionistas.*

Cuando los dibujos representan objetos, resultan ser mucho más ricos en contenidos psicológicos. Por ejemplo, los dibujos que presentan formas puntiagudas, tales como cuchillos, lanzas, flechas, puñales, árboles de copa picuda, espadas, etc., significan agresividad dirigida hacia los demás.

Los dibujos de barcos, coches, aviones, grandes máquinas, o bien de tronos, coronas, escudos heráldicos, casas lujosas, o incluso los dibujos de escaleras, indican el carácter dominante del autor, así como sus deseos de sobresalir, de ser superior y poderoso.

Aquellos que adoptan símbolos sexuales, representando más o menos lejanamente una vagina o un pene, cómo cajas, bolsos, copas de botellas, vasos, jarrones, barcos, etc. O bien, palos, paraguas, cigarros, mangueras, revólveres, submarinos o lápices, serán normalmente realizados por personas preocupadas de alguna manera por el sexo.

El dibujo de medios de locomoción, como los barcos, aviones, coches, etc., citados en los apartados anteriores, pueden significar también el deseo de cambio de ambiente, aparte de las interpretaciones ya apuntadas.

Si se dibujan flores, son evidentes las necesidades afectivas y, en general, los dibujos de recipientes cerrados son un índice de reserva e introversión. En cambio sí se dibujan abiertos, es síntoma de que el sujeto está intentando ver claro dentro de sí mismo, es decir, de tendencia a la introspección personal.

Fig. 32 (A, B y C). *El barco es un dibujo con múltiples interpretaciones: por una parte, es un medio de locomoción (cambio de ambiente), por otra es un símbolo sexual y —además— se trata de un objeto puntiagudo, que expresa agresividad hacia los otros. La escalera, en este caso un tanto «desvencijada» y ennegrecida (poca energía y depresiones), expresa no obstante los deseos de superioridad, quizá subconscientes en este caso concreto. Por último, el cuchillo tiene connotaciones tanto agresivas como sexuales.*

Por último, veamos la interpretación de los dibujos de los distintos tipos de animales. Si estos son pequeños y de carácter pacífico, nos expresan el sometimiento del autor a las normas establecidas.

Si aparte de pequeños son agresivos, quiere decir que existen resentimientos no manifestados, mientras que si son grandes y pacíficos, la integración social es adecuada.

En el caso de que los animales dibujados sean grandes pero agresivos, el autor se opondrá de forma decidida a cualquier tipo de autoridad que se intente ejercer sobre él.

Señalar, por último, que el dibujo de serpientes es síntoma inequívoco de angustia y represión instintiva.

Conviene aclarar que todas estas interpretaciones son tanto más seguras y fiables cuanto mayor sea la tendencia de la persona a dibujar un determinado tipo de garabatos o dibujos inconscientes. La interpretación de casos aislados o muestras insuficientes disminuye, cómo es lógico, la validez de los resultados.

Fig. 33 (A y B). *No cabe duda de que el cocodrilo es más agresivo que la tortuga, y mucho más grande en tamaño real que esta, por lo que simboliza la resistencia ante todo tipo de autoridad, si bien por el trazado y el aspecto general del dibujo no parece que el antiautoritarismo sea excesivo en su intransigencia. La tortuga —por pequeña y pacífica— es síntoma de todo lo contrario, es decir, de aceptación de las normas.*

Capítulo IX
EL ANÁLISIS DE LOS SOBRES

Al elaborar un análisis grafológico debemos utilizar todo el material gráfico disponible, normalmente cartas o escritos más o menos espontáneos que a veces se ven complementados por dibujos, notas, etc.

Sin embargo, existe un tipo de muestra gráfica que, en muchas ocasiones, nos será remitido junto con la carta a analizar: nos referimos al sobre que la contiene, auténtica «avanzadilla grafológica» de las aptitudes y personalidad de su autor, siempre que este sea el mismo que ha escrito la carta objeto de análisis, circunstancia que es importante comprobar.

Si estamos absolutamente seguros que sobre y carta han sido escritos por la misma persona, el primero constituye un interesante material gráfico, en el que suelen abundar las mayúsculas y los números, tanto en el anverso como en el reverso, donde normalmente se escribe el remite.

El análisis grafológico de los sobres se realiza teniendo en cuenta una série de factores, como son la situación de las señas o el grado de orden de las mismas; también es interesante la valoración de las posibles diferencias existentes entre sobre y texto.

La situación de las señas responde a la ubicación psicológica del «yo» en el espacio vital disponible, en este caso el sobre de la carta, por lo que la interpretación se basa en la simbología de las diferentes zonas*.

Siguiendo el plano horizontal, cuanto más hacia la izquierda del sobre se sitúen las señas, mayores serán los vínculos psicológicos con el pasado, la familia de origen, la madre, etc., así como la introversión y el talante reflexivo. Por el contrario, las señas situadas en la parte derecha del sobre indican deseos de comunicación, de establecer contactos sociales. Si están en la zona central, existe un equilibrio entre estas dos tendencias, por ser el centro la zona del autocontrol.

---

* Ver el capítulo IV, «La simbología en los tests proyectivos».

El eje vertical expresa la importancia que se concede al mundo de las ideas, de la imaginación, de lo teórico —zona superior—, frente a la realidad material y los planteamientos puramente prácticos que se ubican en la zona inferior, en este caso, del sobre.

Cuando las señas se sitúan en el centro del mismo, las interpretaciones son menos ricas en contenidos, ya que se trata de la zona «normal» para situarlas. En general, es síntoma de autocontrol, de comedimiento en las relaciones, así como de equilibrio entre el mundo de las ideas y el de la propia realidad.

Un caso especial es aquel en el que las señas se condensan excesivamente en el centro del sobre, poniéndose así de manifiesto la presión ambiental a que el autor siente que está sometido.

Fig. 34. *Señas en el centro del sobre, con notable tendencia a la concentración.*

El contrapunto al caso anterior son las señas que se distribuyen por todo el espacio del sobre, como claro síntoma del afán de protagonismo de su autor, así como de su propensión a invadir terrenos psicológicos que no son de su incumbencia.

Pero, aparte de la situación, también el orden de las señas resulta un factor importante a considerar. Cuanto más ordenado y limpio esté el sobre, más lo será su autor, por lo que ya antes de abrir la carta hay que desconfiar de la pulcritud y capacidad de organización de aquellas personas que escriben cartas con sobres desordenados o con tachaduras, enmiendas, borrones, manchas, etc.

Basta pensar que el sobre es la presentación de la carta y —por ende— de su autor, así que si este ya aparece incorrectamente escrito, por regla general, no se puede esperar ninguna «maravilla» en lo que a la carta se refiere.

Por el contrario, un sobre correcto y ordenado no presupone que la carta lo sea, ya que el autor puede —de forma más o menos inconsciente— desear dar una buena imagen inicial que no se corresponda con la auténtica.

También puede ocurrir lo contrario, es decir, un sobre desordenado junto a un texto de la carta en perfecto orden. La justificación de este caso se halla normalmente en la prisa u otras circunstancias «estresantes» en las que el sobre ha sido escrito.

Fig. 35. *Señas desordenadas y ocupando todo el espacio del sobre.*

Un caso extremo de orden lo constituyen los sobres escritos en caracteres de imprenta, que expresan los deseos de claridad y precisión del autor, así como su tendencia a racionalizar.

Fig. 36. *Sobre escrito en caracteres de imprenta, con las señas situadas en la zona izquierda.*

Pero, aparte de las ya comentadas respecto al orden, existen otros tipos de diferencias entre las grafías del sobre y del texto, siempre —claro está— que ambos hayan sido escritos por la misma persona.

Una de las más llamativas es la inclinación de las letras, que se relaciona directamente con la afectividad, por lo que es frecuente que las letras del sobre —antesala un tanto «burocratizada» de la carta— sean más verticales que las de esta.

Sin embargo, puede ocurrir lo contrario, y ser las letras del sobre más inclinadas a la derecha que las de la carta, lo que indica una cordialidad inicial que luego puede desvanecerse.

Las diferencias de inclinación «drásticas» entre sobre y carta —sobre inclinado a la derecha y carta a la izquierda o viceversa— suelen poner de manifiesto la existencia de una problemática más o menos profunda en lo que a la afectividad se refiere.

Todo lo que hemos analizado referente a las señas del sobre puede aplicarse con semejantes criterios al remite de la carta, tanto en lo que respecta a su situación como al orden y semejanzas o diferencias respecto al texto.

Por cierto, que estas no solo son las relativas a la inclinación, sino también a todos los parámetros grafológicos como tamaño, forma, dirección de las líneas, velocidad, presión, cohesión, etc.; sin embargo, no vamos a entrar en la descripción minuciosa de todas ellas dado que la interpretación de estas diferencias es muy semejante a la que haremos de la existente entre la escritura del texto y la firma de una carta, que estudiamos en el último capítulo dedicado a la firma y la rúbrica.

Fig. 37 (A y B). *Señas situadas respectivamente en las zonas superior e inferior, que nos ponen de manifiesto —ya en el sobre— el predominio de los contenidos simbólicos correspondientes.*

Capítulo X
LA ORGANIZACIÓN GENERAL DEL ESCRITO

Cuando se presenta ante nosotros una página en blanco sobre la que nos proponemos escribir, se empiezan a desencadenar en nuestra mente toda una serie de complejos mecanismos psicológicos de los que normalmente no solemos ser conscientes.

Y es que ese papel blanco que se presenta a veces tentador, otras temible y, las más, cotidiano, nos está ofreciendo de manera simbólica todo un mundo de posibilidades. Ese papel representa todo lo que tenemos a nuestra disposición en la vida, lo que podríamos llamar nuestro «mundo vital».

Es decir que, en el fondo, al escribir lo que hacemos es «vivir» en un sentido tan simbólico como amplio y genérico del término. Y el papel sobre el cual escribimos, no es otra cosa que el ambiente sobre el que se desarrolla nuestra «escritura-vida» en la que va incluido el tiempo como factor determinante.

Así pues, cuando nos ponemos a escribir, sobre todo si lo hacemos «a mano», estamos «viviendo» en esa vida que el papel en blanco nos ofrece, y en él, queramos o no, vamos a representar —siempre simbólicamente— todos nuestros gozos y nuestras miserias, nuestras ilusiones y decepciones, todo lo que llevamos dentro de sabios o de ignorantes, de realistas o de soñadores, de justos o de parciales y —en general— de personas humanas, con toda la compleja carga de matices que eso entraña.

Por todo ello, antes de realizar un estudio pormenorizado de los rasgos de una escritura es importante tener una «visión panorámica» de la misma, empezar a detectar cómo se siente y se sitúa la persona que escribe ante la vida en general y frente a todo lo que le rodea, para lo que conviene analizar en principio cómo organiza y sitúa el texto en su conjunto respecto al papel.

La organización interna del escrito es importante para tener una primera idea de cómo se encuentra la estructura general de la personalidad, y para ello nada mejor que analizar de qué manera se distribuyen las líneas, las palabras e incluso las letras dentro del propio texto, así como si estas últimas están mejor o peor hechas.

Todo esto se refiere al llamado orden interno, mientras la situación del texto con relación al papel se concreta en la magnitud y el grado de regularidad de los márgenes, que nos hablarán de cuál es la ubicación psicológica del analizado frente a las personas y circunstancias que le rodean.

En definitiva, todo lo anterior puede resumirse en el siguiente cuadro:

ORGANIZACIÓN GENERAL

- ORDEN INTERNO
  - Ejecución
  - Distribución en el texto
- MÁRGENES

El primer aspecto relativo al orden interno del escrito es la ejecución, es decir, el grado de perfección con que cada letra ha sido realizada.

Para calibrar esto se puede recurrir a la comparación con modelos caligráficos, pero no siempre resulta objetivo; por ello se recurre al aislamiento de cada letra de las que la rodean, simplemente tapando estas con los dedos o con sendos trocitos de papel. Si operando así conseguimos reconocer todas y cada una de las letras o una gran mayoría de ellas, la escritura está bien ejecutada, siéndolo menos a medida que exista un mayor porcentaje de letras irreconocibles una vez aisladas de las que le anteceden y preceden.

Según la ejecución, se clasifican las escrituras en tres grupos: bien ejecutadas, normalmente ejecutadas y deficientemente ejecutadas.

Es evidente que una letra bien ejecutada es perfectamente legible, si bien las legibles no siempre tienen por qué tener una perfecta ejecución.

La ejecución de los grafismos está en relación directa con la más o menos perfecta realización de las actividades, de manera que las personas que hacen «mejor letra», tien-

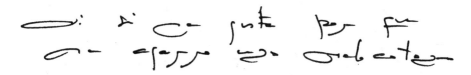

Fig. 38. *Escritura bien ejecutada: las letras son reconocibles una a una; por supuesto es absolutamente legible, aunque las líneas están algo juntas —no demasiado— siendo correctas las separaciones entre palabras y letras. Se trata, pues, de una escritura internamente ordenada.*

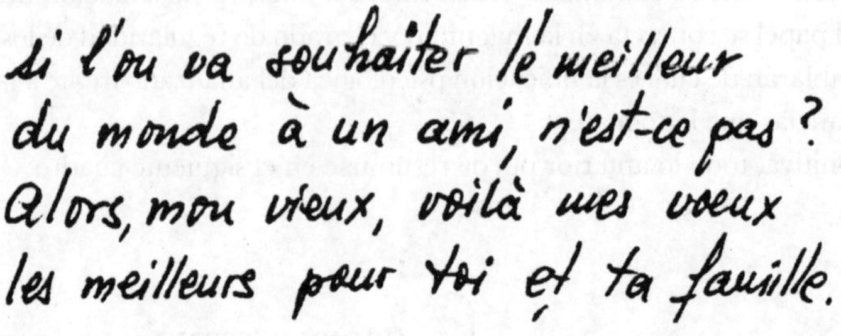

si l'ou va souhaiter le meilleur du monde à un ami, n'est-ce pas ? Alors, mon vieux, voilà mes voeux les meilleurs pour toi et ta famille.

Fig. 39. *Escritura de mediana ejecución, aunque el texto resulta legible. Obsérvese la excesiva separación de palabras y letras que contrasta con la condensación de las líneas. Predomina, por tanto, el desorden interno.*

den también a hacer mejor todo lo que se les plantea, pues su carácter es más estable, constante y tenaz que el de aquellos cuya escritura resulta de ejecución más deficiente.

Por supuesto que las circunstancias ambientales tienen que tenerse muy en cuenta a la hora de valorar la ejecución de la escritura. Cuando se escribe con tranquilidad, se hace mejor letra que si se está nervioso o con prisas, está claro.

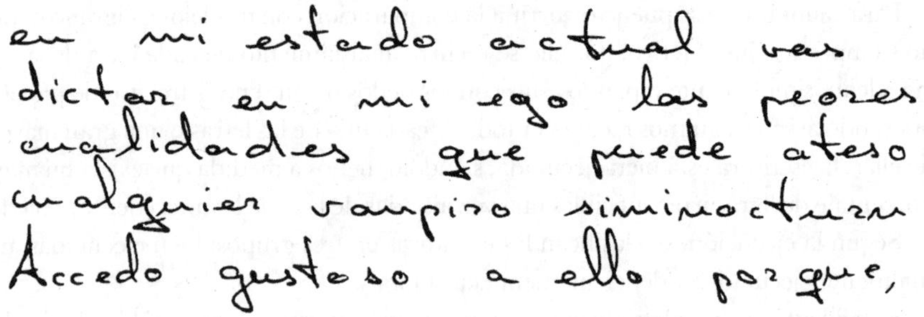

Fig. 40. *En este caso la ejecución es deficiente, de manera que una gran parte de las letras están hechas «a medias». También la aglomeración de líneas contribuye a la confusión general del texto.*

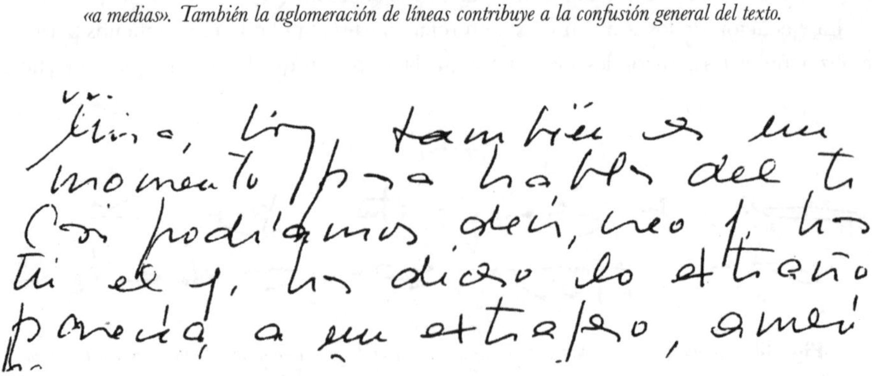

Fig. 41. *Escritura de ejecución muy deficiente, con rasgos que parecen sacados del alfabeto árabe que hace casi imposible su legibilidad.*

El segundo aspecto dentro del apartado relativo a orden interno es la distribución de elementos gráficos en el texto.

Antes de explicar cada uno de los tipos de escritura que —según este parámetro— pueden considerarse, es necesario aclarar cuáles son las distancias que se consideran normales en la disposición de líneas, palabras y letras.

Para ello es necesario dejar claros tres conceptos básicos en la morfología de la escritura, como son los de «cuerpo medio», «crestas» y «pies.

Las dos últimas denominaciones pueden resultar un tanto estrambóticas, pero las preferimos a las traducciones literales de los términos franceses *hampe* —asta o mango— y *jambe* —pierna—, que aparecen en numerosas publicaciones.

Se llama *cuerpo medio* de la escritura a la zona central de la misma, donde se encuentran tanto los óvalos («aes», «oes» y partes centrales de letras como la «b», la «d», la «g», etc.) como las letras que no poseen ningún tipo de prolongaciones; por ejemplo la «c», la «e», la «n», etc.

Las partes superiores de las letras que las poseen («b», «d», «f», «h», «k», «l» y «t») se denominan «crestas».

De igual forma, las partes inferiores de las letras «f», «g», «j», «p», «q» e «y», así como algunas formas de la «z», se conocen como «pies» de la escritura.

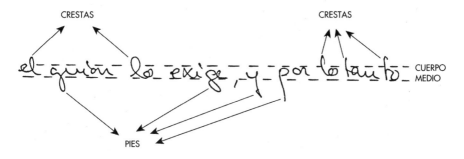

Fig. 42. *Las partes fundamentales de la escritura: el «cuerpo medio» o parte central, las «crestas» o zonas sobresalientes hacia arriba de determinadas letras (las «eles» y las «tes» en el ejemplo) y los «pies» o zona inferior de las letras que los poseen en su estructura, en este caso las «ges», la «y» y la «p».*

Además de estas tres zonas fundamentales —cuerpo medio, crestas y pies—, hay que considerar otros integrantes de la escritura desde un punto de vista grafológico, como son los signos de acentuación (todo tipo de acentos), las letras mayúsculas y los signos de puntuación.

Estos últimos son los puntos de las «íes», los puntos, las comas, los signos de interrogación, los de admiración, los paréntesis, las diéresis, los guiones y las comillas.

Si proliferan en exceso los signos de puntuación, podemos afirmar que el autor del escrito es persona dada a las exageraciones en general, así como que tiende a dejarse llevar por sus impulsos, siendo fácil presa de las emociones. Se corresponde también con caracteres obsesivamente preocupados por la perfección, sobre todo si la letra es pausada.

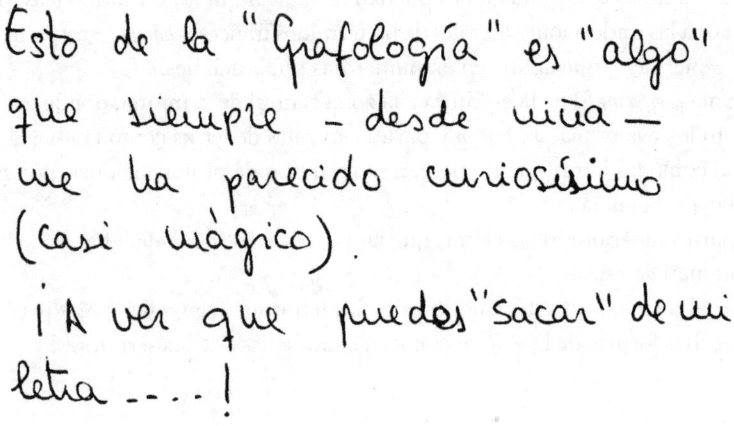

Esto de la "Grafología" es "algo" que siempre — desde niña — me ha parecido curiosísimo (casi mágico).
¡A ver que puedes "sacar" de mi letra ....!

Fig. 43. *Signos de puntuación excesivamente abundantes en letra más bien pausada, lo que rebela un carácter obsesivo y perfeccionista, que se confirma con las rectificaciones en las palabras* curiosísimo *y* puedes.

Por el contrario, cuando las signos de acentuación y puntuación son deficientes o incorrectamente situados, ello indica que estamos ante personas descuidadas, que sufren frecuentes «despistes» y olvidos. Puede indicar también un escaso conocimiento de las reglas gramaticales (se suele dar en letras de bajo nivel), o bien un espíritu de rebeldía ante las normas, en el caso de que estos signos se omitan a propósito.

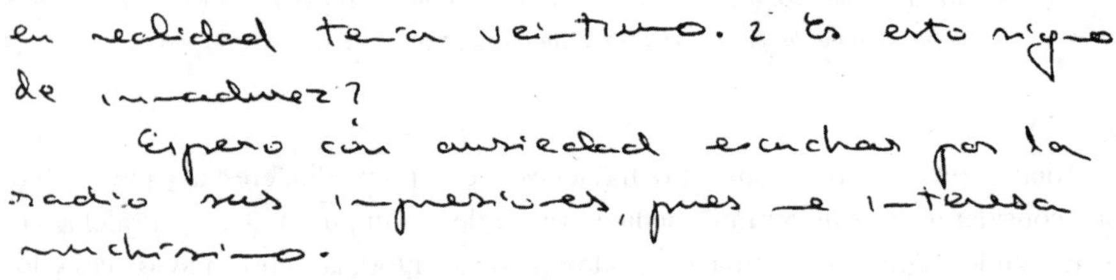

en realidad tería veintiuno. ¿ Es esto signo de inmadurez?
Espero con ansiedad escuchar por la radio sus impresiones, pues me interesa muchísimo.

Fig. 44. *Los puntos de las* íes *se han omitido en tres ocasiones en esta pequeña muestra, manifestando la tendencia al descuido de esta persona, que no se preocupa demasiado la ejecución de su escritura, pese a lo cual esta es legible.*

Se dice que una escritura es condensada entre líneas cuando estas se separan a tal distancia que permite que los pies de las letras de cada renglón rocen con las crestas de las letras del renglón siguiente, o bien existan zonas de interferencia, es decir, que si se desplazasen los pies de las letras de un renglón, «chocarían» con las crestas del renglón siguiente.

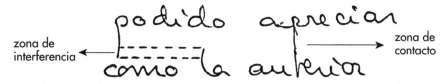

Fig. 45. *Líneas condensadas: entre la primera «p» y la «b» existe una zona que llamamos «de interferencia», mientras que entre la segunda «p» y la «b» se produce una superposición o contacto.*

La distancia normal entre líneas es aquella que posibilita que no haya interferencias ni contactos entre crestas y pies, lo que —si estos son proporcionados— tiene lugar cuando entre cada dos líneas consecutivas existe una distancia equivalente a 5 o 6 veces la altura del cuerpo medio de la escritura en cuestión.

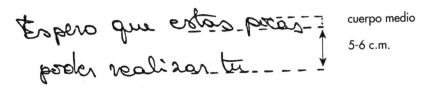

Fig. 46. *Separación considerada como normal: entre línea y línea caben unas 5 o 6 veces el cuerpo medio de la escritura y las crestas no rozan ni interfieren con los pies.*

Otro caso distinto se plantea cuando la separación entre líneas supera la norma, quedando los renglones más o menos separados entre ellos, así como las crestas y pies de las líneas consecutivas, lo que da lugar a la escritura espaciada entre líneas.

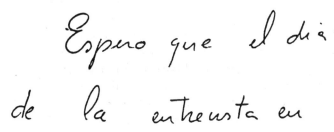

Fig. 47. *Escritura de líneas espaciadas: el «aire» pasa sin dificultad a través de los renglones, dada la notable distancia entre estos que propicia la inexistencia de roces o interferencias entre las crestas y los pies.*

A cada uno de estos tres tipos de escritura según la separación de sus líneas corresponde una diferente interpretación:

- Si las líneas están correctamente separadas, ello indica que hay claridad en las ideas, así como sentido del orden y de las distancias —tanto físicas como psicológicas— y un adecuado aprovechamiento de la energía.
- Cuando las líneas son condensadas, puede haber cierta tendencia a la confusión en los razonamientos, intentándose por otra parte lograr el máximo rendimiento en las inversiones, tanto de tiempo como de dinero, esfuerzo, etc.
- Por último, las líneas espaciadas son un síntoma de que la energía se disipa, lo que puede dar lugar a un rendimiento por debajo de las propias posibilidades. Pueden existir también ciertas dificultades para relacionarse con los demás (ya que hay tendencia al aislamiento), así como escrúpulos de carácter físico.

Otro parámetro de gran interés grafológico es la distancia que dejamos entre palabras consecutivas, ya que estas son importantes unidades del texto escrito. Hay que tener en cuenta que cada palabra es algo en sí mismo, escribirla supone un trabajo, una «tarea» y además muchas de ellas tienen contenidos muy específicos, representando ideas concretas.

Por tanto, es fundamental ver la disposición que las palabras ocupan en cada línea del texto; si están muy juntas o muy separadas, si más o menos siempre se deja la misma distancia entre ellas o no, etc.

La distancia normal entre dos palabras consecutivas de un texto manuscrito es la equivalente a la anchura de dos óvalos de la propia escritura.

Si esta medida quiere ser obtenida con exactitud, será necesario calcular la media aritmética de la anchura de los óvalos del escrito, y multiplicar por dos el valor hallado, pero normalmente se puede apreciar si la separación es correcta, excesiva o escasa mediante observación directa, sin necesidad de realizar estos cálculos.

Como ya hemos apuntado, las palabras son, dentro de la simbología grafológica, una representación de las ideas, por lo que cuando estas aparecen de forma desordenada en la mente, también las palabras se distribuyen de forma más o menos anárquica sobre el papel, ocurriendo lo contrario si la manera de razonar es coherente y ordenada.

Por tanto, en el caso de que la separación entre palabras sea correcta, existe orden en las ideas, que se extrapola a otras facetas del carácter como es la corrección en las relaciones sociales. En general es este un rasgo de equilibrio. (fig. 38).

Si las palabras están separadas más de lo normal —escritura espaciada entre palabras—, ello es un claro síntoma de los esfuerzos del autor para intentar separar las ideas en su mente y tratar así de ver los planteamientos con la mayor claridad posible. (figs. 39, 41 y 47).

Por otra parte, la separación excesiva de palabras es un exponente de la elevación del nivel de ansiedad al tomar decisiones importantes; se considera, pues, este rasgo como determinante de la denominada «angustia de decisión». Expresa además el deseo de tener una visión panorámica de las situaciones.

El hecho de estar las palabras excesivamente separadas favorece la aparición de columnas en blanco distribuidas entre el texto, lo que se conoce con el nombre de «cuchillos», si la longitud es de 3 o 4 líneas, o «chimeneas», si las columnas en blanco son aún más alargadas (Fig. 49).

Cuando ocurre lo contrario —escritura condensada entre palabras—, el campo de visión es más reducido, lo que puede suponer un menoscabo del sentido crítico; el autocontrol es menos riguroso y el subjetivismo hace su aparición.

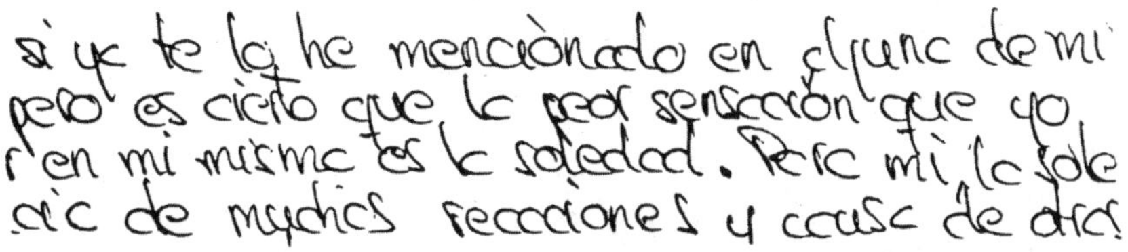

Fig. 48. *Palabras condensadas con distancia inferior a dos óvalos entre ellas. Las líneas también se condensan, existiendo numerosos puntos de contacto, no solo entre crestas y pies, sino también entre estos y el cuerpo medio. Por último, aparecen bastantes letras que se superponen y/o adosan con las que les anteceden o preceden.*

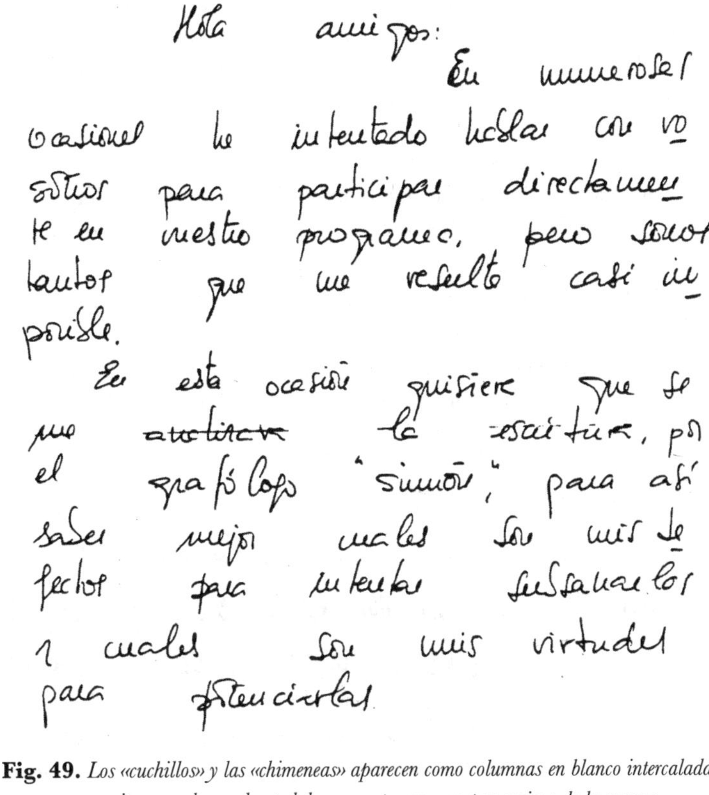

Fig. 49. *Los «cuchillos» y las «chimeneas» aparecen como columnas en blanco intercaladas en esta escritura, en la que las palabras se separan muy por encima de la norma.*

Por último, la distancia entre letras dentro de las palabras también es un rasgo de interés grafológico. Las letras son las unidades menores del escrito, que simbolizan los pasos que tenemos que dar para conseguir realizar algo definido, concretamente las palabras —cuando escribimos— y los trabajos o las cosas que, en general, hacemos en la vida cotidiana.

Se considera normal que esta distancia entre letras sea aproximadamente igual a la anchura de un óvalo de la propia escritura analizada, pero sin tener en cuenta los rasgos de unión que anularían —lógicamente— su valor. Así pues, lo que se mide el espacio comprendido entre los centros geométricos aproximados de cada letra.

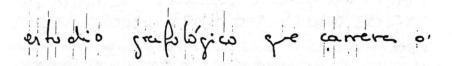

Fig. 50. *Las líneas verticales pasan por el centro geométrico de cada letra y la distancia entre ellas nos permite deducir la que existe entre cada dos letras consecutivas. En este caso hay irregularidad, con letras bastante próximas como las de la sílaba «lo», mientras otras aparecen mucho más alejadas entre sí que la norma (la anchura media de los óvalos); por ejemplo la «u» y la «d» de la primera palabra. En general, esta escritura tiende a espaciar las letras.*

Es importante tener en cuenta que, al medir las distancias entre las letras «m» o «w» y las que les siguen o preceden, deben considerarse cada una de las dos partes de que constan estas letras por separado.

Según que la distancia entre letras sea inferior o superior a la norma, hablaremos de escritura condensada (fig. 51) o espaciada entre letras (figs. 39, 41 y 44), y si la separación media es la correcta, es decir, la correspondiente a la anchura de un óvalo, estaremos ante una escritura correctamente espaciada entre letras (figs. 38 y 43).

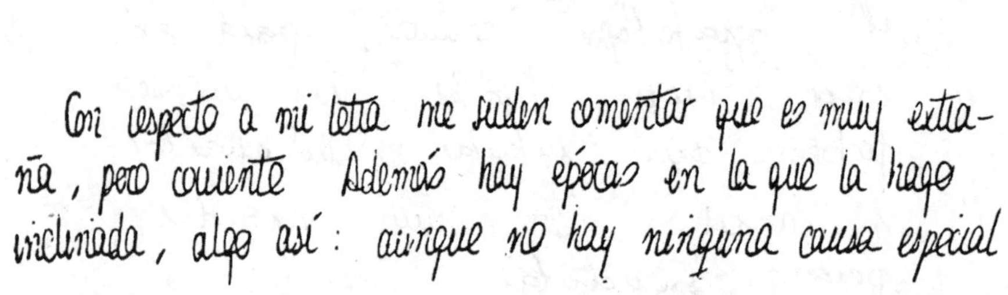

Fig. 51. *Escritura condensada entre letras que le dan ese aspecto «apretado» a pesar de que entre las palabras la separación es correcta. Las líneas también se condensan, existiendo zonas de interferencia entre «crestas» y «pies».*

Cabe también la posibilidad de que las letras se adosen e incluso se superpongan entre sí. Decimos entonces que se trata de escrituras de letras adosadas o superpuestas (fig. 48).

Si una escritura es espaciada entre letras, ello implica que se tiende a sobrevalorar lo ajeno, así como a ceder terreno ante las presiones ambientales. Es asimismo un rasgo de autocrítica y, por último, de desaprovechamiento de la energía.

Por el contrario, si una escritura condensa sus letras, debemos pensar en el subjetivismo del autor (que «cierra sus filas» al igual que sus letras), lo que puede propiciar dificultades en sus relaciones con los demás. Este rasgo refuerza la búsqueda del máximo rendimiento en todo tipo de inversiones.

Cuando las letras se adosan, es decir, se sitúan unas «pegadas» a las otras, existirá ansiedad en mayor o menor grado, junto a temores sin fundamento y todo tipo de obsesiones. Los problemas se analizan con poca objetividad y los estados depresivos pueden hacer su aparición.

Algo parecido tiene lugar cuando las letras se superponen, acentuándose los diagnósticos anteriores.

En cambio, si la escritura está correctamente espaciada entre letras, existirá un autoconcepto equilibrado, así como tendencia a la objetividad en general.

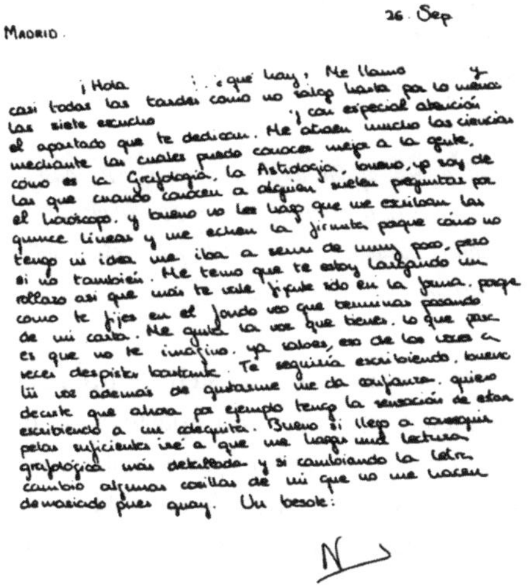

MADRID. 26. Sep

¡Hola : ¿qué hay? Me llamo y
casi todas las tardes como no salgo hasta por lo menos
las siete escucho y con especial atención
el apartado que te dedican. Me atraen mucho las ciencias
mediante las cuales puedo conocer mejor a la gente,
como es la Grafología, la Astrología, bueno, yo soy de
las que cuando conocen a alguien suelen preguntar por
el horóscopo. Y bueno no les hago que me escriban las
quince líneas y me echen la firmita porque como no
tengo ni idea me iba a servir de muy poco, pero
si no también. Me temo que te estoy largando un
rollazo así que más te vale fijarte sólo en la forma, porque
como te fijes en el fondo veo que terminas pasando
de mi carta. Me gusta la voz que tienes. Lo que pasa
es que no te imagino. Ya sabes, eso de las voces a
veces despista bastante. Te seguiría escribiendo, bueno
tu voz además de gustarme me da confianza. Quiero
decirte que ahora por ejemplo tengo la sensación de estar
escribiendo a una amiguita. Bueno si llego a conseguir
pelas suficientes iré a que me hagan una lectura
grafológica más detallada y si cambiando la letra
cambio algunas cosillas de mí que no me hacen
demasiado pues guay. Un besote.

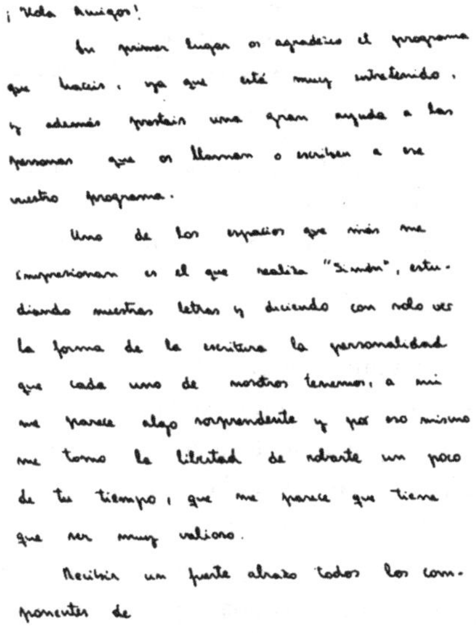

¡Hola Amigos!
En primer lugar os agradezco el programa
que hacéis, ya que está muy entretenido,
y además prestáis una gran ayuda a las
personas que os llaman o escriben a
vuestro programa.
Uno de los espacios que más me
impresionan es el que realiza "Simón", estudiando vuestras letras y diciendo con sólo ver
la forma de la escritura la personalidad
que cada uno de nosotros tenemos, a mí
me parece algo sorprendente y por eso mismo
me tomo la libertad de robarte un poco
de tu tiempo, que me parece que tiene
que ser muy valioso.
Recibir un fuerte abrazo todos los componentes de

Figs. 52 y 53. *Escrituras respectivamente, condensada y espaciada. En la primera destaca la condensación de líneas, así como de algunas palabras; el hecho de que sobre papel en la parte inferior confirma la teoría de que se trata de una tendencia de la personalidad —buscando cerrarse en sí misma— y no de aprovechar más la energía. La espaciada lo es entre palabras y líneas, mientras en las letras es menos ostensible aunque tienden a ello. Se deja, pues, demasiado terreno a los demás, ya que existen importantes fisuras en la propia personalidad, a la vez que se desaprovechan oportunidades, que es lo mismo que esta persona hace con el papel.*

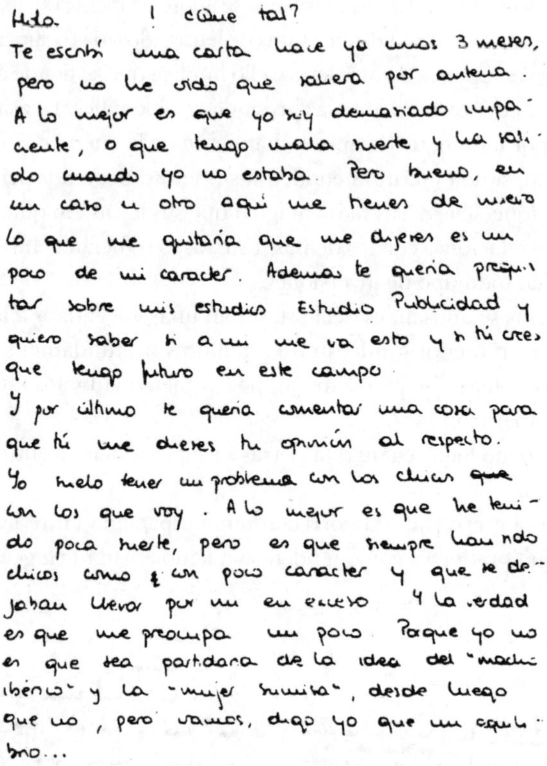

Hola.   ¡cómo tal?
Te escribí una carta hace ya unos 3 meses,
pero no he oído que saliera por antena.
A lo mejor es que yo soy demasiado impaciente, o que tengo mala suerte y ha sali-
do cuando yo no estaba. Pero bueno, en
un caso u otro aquí me tienes de nuevo.
Lo que me gustaría que me dijeras es un
poco de mi carácter. Además te quería preguntar sobre mis estudios. Estudio Publicidad y
quiero saber si a mí me va esto y si tú crees
que tengo futuro en este campo.
Y por último te quería comentar una cosa para
que tú me dieras tu opinión al respecto.
Yo suelo tener un problema con los chicos que
con los que voy. A lo mejor es que he tenido poca suerte, pero es que siempre han sido
chicos como ¿? con poco carácter y que se de-
jaban llevar por mí en exceso. Y la verdad
es que me preocupa un poco. Porque yo no
es que sea partidaria de la idea del "macho
ibérico" y la "mujer sumisa", desde luego
que no, pero vamos, digo yo que un equilibrio...

Fig. 54. *Escritura correctamente espaciada en general, a pesar de que las líneas no estén separadas 4 o 5 alturas del cuerpo medio, lo que se compensa, porque no existen roces entre pies y crestas, debido a su escasa longitud. Las palabras y las letras se distribuyen de manera bastante correcta, por lo que el texto resulta armónico en su interior.*

Si, tanto en el caso de analizar la distancia entre letras como la existente entre palabras o líneas, se observara que estas son variables a lo largo del escrito, aparte de ser un
rasgo reforzante de la emotividad así como del carácter versátil del autor, deberemos
diagnosticar su propia variabilidad en cuanto al diagnóstico apuntado en cada caso.

Pero normalmente lo que se hace es considerar en conjunto la espaciación o condensación de líneas, palabras y letras, considerando tres tipos de escrituras, a saber: correctamente separada, espaciada y condensada, según predomine una u otra tendencia.

En general, la tendencia a la condensación (tanto de líneas como de palabras o
letras) que aparece en la escritura condensada expresa el deseo inconsciente del autor
de defenderse ante los demás. Recordemos que el texto simboliza al sujeto que escribe,
moviéndose en su medio ambiente representado por el papel, y que la ocupación de
este supone —aparte del aprovechamiento de la energía en todas sus vertientes— la
expresión de mecanismos de defensa ante dicho ambiente.

Todo lo contrario sucede si en el escrito aparecen considerables espacios en blanco debido a la separación entre alguno o todos los elementos estudiados, ya sean líneas, palabras o letras, lo que sucede en la escritura espaciada.

El diagnóstico general sería —aparte la deficiente canalización energética— un insuficiente nivel en los mecanismos de defensa psicológica, con menoscabo de la denominada «fuerza del yo». Se tiende a ceder excesivo terreno a los demás, no estableciéndose los límites de las competencias propias y ajenas.

Si se trata de una escritura correctamente separada, el sujeto se mostrará asertivo y marcará los límites oportunos en sus relaciones sociales, aparte de canalizar adecuadamente la energía en todos los aspectos.

Una vez estudiados estos tres parámetros gráficos —legibilidad, ejecución y distribución en el texto—, cuyo análisis es fundamental en cualquier escrito, pasemos a considerar dos modos generales de escritura que surgen de la globalización de los mismos.

Se trata de las escrituras denominadas respectivamente ordenada y desordenada, cuya definición e interpretaciones son las siguientes:

- **Escritura ordenada**: es aquella que estando bien ejecutada, presenta una correcta distribución de espacios entre líneas, palabras y letras.

  Las escrituras ordenadas corresponden a personas de ideas claras, con capacidad de reflexión y de razonamiento lógico. En el trabajo poseen capacidad de organización y canalizan bien la energía, por lo que su rendimiento suele ser satisfactorio.

  Por otra parte, los sentimientos suelen controlarse mediante la razón, y el estado de ánimo es fundamentalmente estable. Son también considerables el autocontrol y la fiabilidad en general.

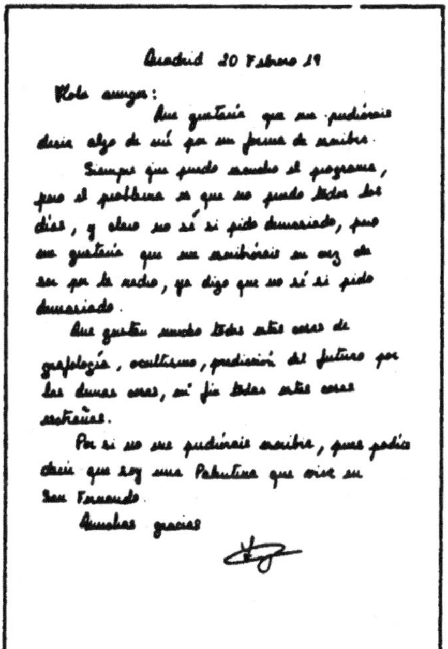
Madrid 20 Febrero 19
Hola amigos:
Me gustaría que me pudiérais decir algo de mí por mi forma de escribir.
Siempre que puedo escucho el programa, pero el problema es que no puedo todos los días, y claro no sé si pido demasiado, pero me gustaría que me escribiérais en vez de ser por la radio, ya digo que no sé si pido demasiado.
Me gustan mucho todas estas cosas de grafología, ocultismo, predicción del futuro por las demás cosas, en fin todas estas cosas extrañas.
Por si no me pudiérais escribir, pues podéis decir que soy una Palentina que vive en San Fernando.
Muchas gracias

Fig. 55. *Escritura ordenada, al ser bien ejecutada a la vez que la distribución de líneas, palabras y letras se ajusta bastante a las normas consideradas como correctas.*

- **Escritura desordenada:** se da esta denominación a las escrituras que presentan deficiente ejecución y/o distribución en el texto.

Este tipo de escrituras corresponden a personas con dificultades de organización en general, así como tendencia a la irreflexión y a la confusión de las ideas.

Destaca, sin embargo, la intuición como forma de captar el ambiente, predominando los aspectos sentimentales en su personalidad.

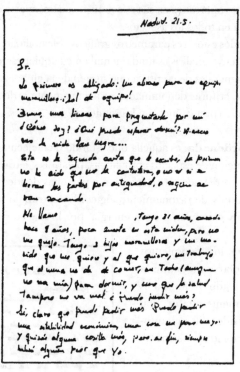

Fig. 56. *Escritura desordenada, por ser deficiente su ejecución e irregular la distribución en el texto de líneas, palabras y letras.*

Después de analizado el orden interno de un escrito, el siguiente paso para estudiar su organización general es la observación de los márgenes, entendiéndose por tales las cuatro zonas existentes entre el texto escrito y los bordes del papel. Para analizarlos adecuadamente conviene disponer —como adelantamos en el capítulo 6— de varios folios de escritura. De lo contrario, los márgenes superior e inferior estarían condicionados, el primero por el encabezamiento y el segundo por la propia extensión del escrito. También hay que disponer del máximo número de líneas posible, para realizar un adecuado estudio de los márgenes izquierdo y derecho.

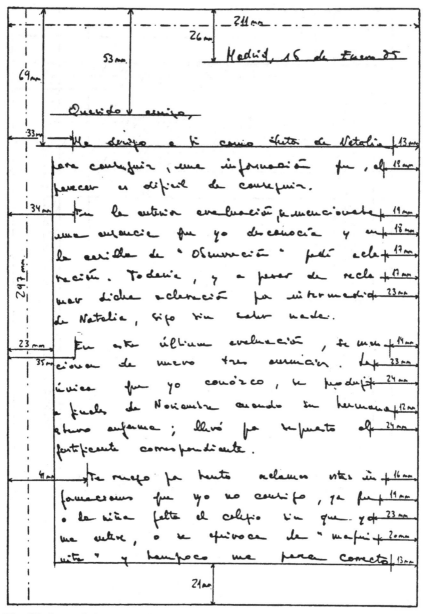

Fig. 57. *Para medir los márgenes de un escrito se puede proceder, como se aprecia en este ejemplo, teniendo en cuenta que es correcto realizar una aproximación cuando se aprecia una notoria homogeneidad, como sucede en este caso en el margen izquierdo. Los resultados han sido:*
Fecha (26/297=9%); Introducción (53/297=18%); M.SUP. (69/297=23%); M.INF.
(21/297=7%); M.IZDO. (23/211=11%); M.DCHO. (media-18/211=18%); Puntos y aparte
(media-36/211=17%). (El documento original tiene formato DIN A-4).

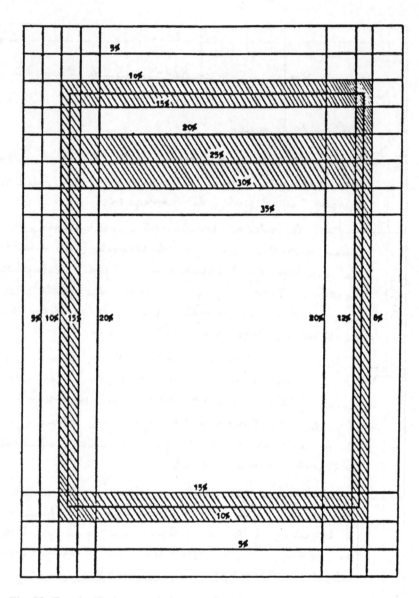

Fig. 58. *Esta plantilla tiene marcados los porcentajes de la anchura y altura de la página de papel, con objeto de poder medir los márgenes con rapidez y comodidad. Las zonas rayadas señalan los intervalos de las medidas consideradas como normales; en la parte superior hay dos: la primera corresponde a los de la segunda página y siguientes, y la segunda señala los de la primera página desde la introducción.*

Recomendamos la realización de plantillas semejantes a esta en los formatos más frecuentes de escritura (folio, DIN A-4 y cuartilla) para utilizarlas en la medición de los márgenes por transparencia, superponiéndolas sobre los escritos. Si los márgenes izquierdo y/o derecho fuesen muy irregulares, pueden medirse línea por línea, para luego realizar la media aritmética correspondiente, como se ha efectuado en el margen derecho del ejemplo anterior.

En general, el análisis grafológico de los márgenes nos ofrece una panorámica del sujeto —representado por la totalidad del texto escrito— desenvolviéndose en el tiempo y espacio vitales, simbolizados por el papel.

Analicemos pues, con el máximo detalle, cada uno de los cuatro márgenes y, para ello, lo primero es saber medirlos con objetividad, para lo que hemos incluido al principio de este capítulo un ejemplo práctico, así como una plantilla que facilita y agiliza la medición.

MARGEN SUPERIOR O INICIAL

Simboliza la distancia a la que se siente el sujeto que escribe de su destinatario. Hay que entender el término *distancia* tanto en el aspecto personal —afectos, sentimientos, etc.— como en el social: posición relativa de ambas personas en cuanto al orden jerárquico establecido.

La medición del margen superior debe realizarse teniendo en cuenta la distancia existente desde la línea inferior de escritura del primer renglón hasta el borde superior del papel, como puede verse en la figura 57.

Se considera normal un margen superior que suponga de un 20 a un 30% de la longitud total del papel, si se trata de la primera página, considerándose la distancia entre la introducción («Estimado......», etc.) y el borde superior del papel.

La fecha («Madrid, 21 de Mayo de 20...») y el encabezamiento («Sr. D......, Director de......»), cuando existan, nos servirán —al considerar su posición respecto al citado borde superior— como elementos secundarios de ese margen. Se consideran normales unos porcentajes del 5 al 10% para la fecha y del 10 al 15% para el encabezamiento.

La primera línea del escrito después de la introducción se considera normalmente situada si lo está entre un 25 y un 35% del borde superior del papel.

Pero más significativo aún, por su mayor espontaneidad, resulta el margen superior que aparece a partir de la segunda página, del que se consideran como valores normales porcentajes desde un 10 a un 15% de la longitud del papel.

Si estos o los anteriores porcentajes son superiores a la norma, se interpretará como un síntoma de protocolo, de querer «guardar las distancias» respecto al destinatario.

En el caso de que los márgenes superiores estén por debajo de los valores considerados como normales, se deduce un sentimiento de proximidad respecto a la persona a quien se dirige la carta o el escrito.

Si apenas se deja margen superior, este sentimiento puede convertirse en excesos de confianza e invasión del terreno psicológico de los demás. Además, por suponer un mayor aprovechamiento del papel, significa economía en todos los sentidos: tiempo, dinero, esfuerzo, etc.

Esta última interpretación es válida para todos los restantes márgenes —inferior, izquierdo y derecho— que, cuanto más pequeños sean, presuponen una mayor atención del autor en lo que al sentido del ahorro se refiere.

MARGEN INFERIOR

Al estudiar grafológicamente este margen, pretendemos averiguar el modo de cambiar de página que tiene el autor del escrito; si es reacio a dejar de escribir en una hoja y pasar a la siguiente, el margen inferior será menor que en el caso de que ocurra lo contrario.

Por tanto, este margen solo es analizable en un escrito de una sola página si está ocupada por el texto prácticamente en su totalidad pues, en caso contrario, dependería de la extensión del propio texto.

Esto es lo que sucede con la última página de un escrito de varias, por lo que el margen inferior de la última tampoco es un dato demasiado fiable.

Así pues, mediremos este margen en todas las páginas de un escrito de varias excepto en la última, a menos que el texto de esta ocupe prácticamente todo el papel.

La medición se realizará teniendo en cuenta la distancia existente desde la línea inferior de escritura del último renglón hasta el borde inferior del papel (ver fig. 57), considerándose normal que esté comprendida entre un 10 y un 15% de la longitud total de este.

La simbología grafológica del margen inferior se corresponde con el autocontrol y la autodisciplina, sobre todo a la hora de interrumpir o no las tareas; nos habla, por tanto de la adaptabilidad a nuevas situaciones.

Cuando terminamos de escribir una página, nos enfrentamos de forma inconsciente al hecho de cambiar nuestro campo de operaciones representado por el papel.

Si hay resistencias ante este cambio —margen inferior pequeño o inexistente—, existirán también reacciones a los cambios en general, así que la adaptabilidad será baja por lo que a este rasgo se refiere, sobre todo si al final de la página se observa un agrupamiento de los últimos renglones y palabras.

El margen inferior pequeño supone también un cierto temor a que —por el hecho de tener que cambiar de hoja— se pierda el hilo de los razonamientos, lo que indicaría ciertas dificultades para hacer asociaciones lógicas.

Por otro lado, al suponer un ahorro de papel, se prefieren los aspectos prácticos a los meramente estéticos y se tiende a la economía en todos los sentidos.

Si el margen inferior es por el contrario grande (superior al 15% de la longitud total de la página), significa una deficiente canalización tanto de la energía como del tiempo. Predominan aquí los aspectos teóricos, siendo también este un rasgo que refuerza el sentido de la estética.

El paso precipitado de una a otra hoja de papel, dejando márgenes inferiores considerablemente grandes, es un síntoma gráfico que indica deseos de cambiar de ambiente con excesiva frecuencia, lo que puede ser síntoma de dificultades para profundizar en las situaciones.

Otro rasgo relacionado con los márgenes superior e inferior es la llamada «postdata», consistente en esas líneas que al final de muchos escritos tienen como finalidad puntualizar o aclarar alguno de los aspectos tratados, añadir algo nuevo que se olvidó al escribir el texto o, simplemente, hacer alguna consideración final.

La existencia de postdata en la mayoría de los escritos supone una tendencia obsesiva por parte del autor, así como un perfeccionismo de carácter más o menos narcisista. Si se pone solo de forma esporádica, prácticamente carece de interpretación grafológica.

En cuanto a la distancia entre postdata y final del texto, supone un dato más a tener en cuenta en relación con la distancia psicológica a que el autor se siente del destinatario del escrito*, ya que, a pesar de estar situada en el margen inferior, la postdata supone un margen superior secundario, pues se trata de otra zona de comienzo de escritura.

MARGEN SUPERIOR

MARGEN INFERIOR

Fig. 59. *Ejemplos teóricos de los diferentes márgenes superiores e inferiores.*

La situación de la postdata en zonas inconvenientes (márgenes, borde muy inferior del papel, zonas alrededor de la firma, etc.) supone falta de sentido estético y escasa aptitud espacial, todo lo contrario que si la posición de la postdata es armónica con las de texto y firma.

---

* Algo semejante ocurre con la distancia a que se sitúa la firma del texto, como veremos en el capítulo correspondiente.

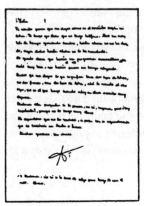 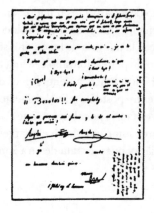 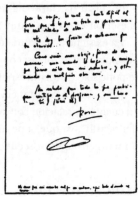

Postdata correcta   P. en márgenes   P. alejada del texto

Fig. 60. *Diferentes postdatas entre las que contrasta la situación normal de la primera con la de las otras dos: la que aparece en el margen derecho y la que se sitúa a una considerable distancia del texto.*

A pesar del interés grafológico que, sin duda, ofrece el estudio de los márgenes superior e inferior, lo cierto es que los más ricos en contenidos son los que se dejan respectivamente a la izquierda y derecha del papel, los cuales analizamos en las siguientes páginas:

MARGEN IZQUIERDO

Para su interpretación grafológica conviene recordar que en la zona izquierda del papel, donde este margen se localiza, se encuentran contenidos simbólicos relacionados con las etapas ya vividas por el individuo: su pasado en general, su familia de origen, la figura materna, etc.

También la tendencia a recordar (nostalgia) y la facilidad para hacerlo (memoria), el llamado «súper-yo» (conjunto de principios éticos y normas coercitivas de educación), así como la idea de Dios para las personas creyentes.

Por tanto, al escribir en esta zona, estamos teniendo en cuenta —aunque no lo pensemos abiertamente— todos estos contenidos relacionados con la zona izquierda del papel.

Además, hay que considerar que cuando empezamos a escribir cada línea, lo hacemos con mucho más cuidado y atención que al final, por lo que es frecuente que el margen izquierdo resulte más ordenado que el derecho. La estética y la economía también tienen su expresión en este margen, según su magnitud y grado de ordenación.

Tampoco olvidemos que el texto escrito en su conjunto supone una representación simbólica del «yo» y que, al estar más o menos desplazado hacia la izquierda o derecha, indica la tendencia hacia la retracción o expansión de la persona respecto del ambiente.

Así pues, aparte de las consideraciones económicas y estéticas apuntadas, y todo lo relativo al orden consciente (tanto en sus aspectos espaciales como temporales), en este margen se proyecta también el grado de intro-extraversión de la persona que escribe.

Para su medición se considera la distancia entre el borde izquierdo del papel y el rasgo situado más a la izquierda de la primera letra de cada línea o renglón de escritura. Al realizar la media de estas distancias y dividir este resultado por la anchura total del papel, obtendremos el tanto por ciento que representa el valor medio del margen izquierdo (véase fig. 57).

Se considera normal un margen izquierdo medio comprendido entre un 10 y un 15% de la anchura del papel.

Si este margen es inferior al 10%, su tamaño se considera pequeño, lo que supone una tendencia al ahorro en todos los sentidos: dinero, tiempo, esfuerzo. Supone también vinculación al pasado que puede concretarse en apego a la familia de origen, gusto por recordar momentos pretéritos, adaptación a costumbres tradicionales, etc. Es también un signo importante de introversión.

Por el contrario, si el margen de la izquierda supera el 15% del ancho del papel, se le considera grande, lo que interpretamos como signo de extraversión y deseo consciente de contacto social, así como de cierta desvinculación con el pasado en general. La energía tiende a gastarse, pues este es un rasgo de generosidad en todos los sentidos.

En el caso de que este margen sea muy pequeño —inferior al 5%— o prácticamente inexistente, es decir, cuando se empieza a escribir casi en el borde izquierdo del papel, podemos hablar —en principio, de introversión, y —en otro orden de cosas— de sentido del ahorro, incluso en detrimento de la estética.

El margen izquierdo muy grande, superior al 20%, indica deseos de vivir de forma holgada, siendo asimismo evidente la tendencia al desaprovechamiento de la energía en general y del tiempo en particular. También puede ser un síntoma de deseos de alejarse psicológicamente de la figura materna, de sus raíces, de sus orígenes, etc.

Si el margen izquierdo es normal (entre un 10 y un 15%), esto se considera un síntoma de equilibrio en todos los aspectos señalados anteriormente.

La casuística expuesta corresponde al tamaño de este margen; veamos ahora los casos que aparecen al considerar la regularidad del mismo:

- *Margen izquierdo regular.* La distancia de las primeras letras de cada renglón al borde izquierdo del papel es muy semejante.
  Indica buen gusto estético, equilibrio, orden consciente y autocontrol.
- *Margen izquierdo rígido.* Como si hubiera sido trazado con una regla.
  Es síntoma de escrúpulos en lo referente al orden, así como meticulosidad excesiva rayana en la rigidez.

- *Margen izquierdo desigual.* Las primeras letras de cada línea se encuentran a diferentes distancias del borde izquierdo del papel.
  Se interpreta como síntoma de desorden (tanto espacial como temporal), luchas internas, emotividad y deficiente autocontrol.

Pero aparte de estas, existen otras posibilidades del margen izquierdo atendiendo a su forma:

- *Margen izquierdo creciente.* A medida que se escribe, este margen va siendo gradualmente mayor.
  Este rasgo indica tendencia a la precipitación, existiendo un considerable nivel de impaciencia por alcanzar los objetivos prefijados. Los presupuestos en general —esfuerzos, dedicación, gastos, tiempo, etc.— suelen a sobrepasarse y los impulsos conscientes son difícilmente controlables.
- *Margen izquierdo decreciente.* Se reduce el tamaño a medida que avanza el escrito, lo que indica la existencia de un freno inconsciente que coarta las iniciativas. Se suelen rebajar objetivos y presupuestos, existiendo inhibición y timidez, contra las que se lucha de manera consciente. Hay vinculación al pasado, así como a la familia de origen, y —de manera especial— a la figura materna.
- *Margen izquierdo convexo.* A partir de una determinada distancia empieza a aumentar, siendo máximo a mitad del escrito; después disminuye hasta quedar a la misma distancia que al principio.
  Supone una retracción final de las tendencias expansivas existiendo —como en el caso anterior— luchas internas de carácter neurótico.
- *Margen izquierdo cóncavo.* Se empieza a escribir dejando un margen que se va estrechando primero para volver luego a ensancharse, de forma que al final su tamaño es semejante al del principio.
  Existe en estos casos un proceso reflexivo que propicia la contención y el retraimiento ante una expansión que —en el fondo— se considera excesiva, aunque se termine cediendo ante ella.
  Es, por tanto, una manifestación de luchas internas entre el consciente y el inconsciente, lo que favorece la aparición de neurosis*.
- *Margen izquierdo en zig-zag.* Supone avances y retrocesos alternativos en el margen, indicativos de luchas interiores que dan lugar a continuos cambios y rectificaciones en la conducta. Las neurosis pueden ser más profundas que en los casos anteriores.

---

* Se llaman *neurosis* a alteraciones de la personalidad más o menos leves, que las personas utilizamos como forma de defensa ante los problemas que la vida nos plantea; son de muchos tipos: de histeria, obsesivas, de angustia, etc.

MARGEN IZQUIERDO

Fig. 61. *Ejemplos teóricos de los diferentes tipos de margen izquierdo.*

Hemos venido utilizando —y continuaremos haciéndolo— los términos psicológicos *consciente* e *inconsciente* y todavía no los hemos explicado en profundidad. Esto sería entrar en cuestiones psicológicas que rebasan las pretensiones de este libro, pero sí nos parece interesante dar una idea básica del significado de los mismos. Y lo hacemos ahora porque tienen una relación directa con el tema «márgenes», particularmente el izquierdo y el derecho.

Pues bien, empezaremos diciendo que existen tres niveles en el cerebro humano desde un punto de vista psicológico; por un lado, en la zona más superficial, se localizan las funciones del pensamiento consciente, donde tienen lugar los procesos mentales de los que el individuo tiene conocimiento.

Pero hay también muchos procesos de pensamiento de los que no se tiene conciencia y que suponen la explicación de conductas que aparentemente no parecen tenerla. Estos procesos pertenecen al inconsciente, que podríamos definir como la parte oculta de la personalidad que normalmente no es «pensada», aunque contiene, a saber: todas las experiencias vividas por el individuo (inconsciente personal), las de toda la humanidad (inconsciente colectivo), los instintos más elementales (inconsciente instintógeno) y las normas recibidas a través de la educación, la sociedad y la cultura que constituyen lo que se conoce como «super yo».

Entre ambos, consciente e inconsciente, localizados en la superficie el primero y en las zonas más profundas del cerebro el segundo, existe otro elemento que los pone en contacto, denominado «preconsciente».

Desde un punto de vista grafológico, es muy importante tener en cuenta que en los comienzos de un escrito predominan los trazos realizados bajo el control del consciente. Sin embargo, y a medida que se avanza a lo largo y ancho del papel, el dominio pasa a ser —de forma paulatina— de la parte inconsciente.

Podemos, por tanto, establecer un gradiente que, desde la zona izquierda superior —consciente por excelencia— se dirige hacia la inferior derecha, regida por el inconsciente. Esto es válido no solo a lo largo de un escrito, sino que también es aplicable a muestras más reducidas de escritura tales como páginas, párrafos, líneas, palabras, letras e incluso trazos aislados.

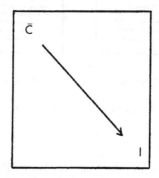

Fig. 62. *Gradiente de consciencia, que va desde la zona superior izquierda «C», que es la más consciente, hasta la inferior derecha «I», mucho más rica en contenidos inconscientes.*

MARGEN DERECHO

Existen en este margen muchos más contenidos de carácter inconsciente que en el izquierdo, pues hacia él apunta el «gradiente de consciencia» que se puede considerar a lo largo del escrito, según acabamos de explicar.

Cuando al escribir nos acercamos hacia el borde derecho del papel, sin darnos cuenta, nos estamos asomando a una especie de precipicio, de «abismo vital», en cuyo fondo se encuentran todos los aspectos que nos preocupan —queramos o no— profundamente; por ejemplo, las relaciones con los demás (que dependen del grado de intro-extraversión), la toma de decisiones, el porvenir en general, etc., son aspectos que habitualmente pueden causar niveles de ansiedad más o menos importantes.

En otro orden de cosas, también tienen relación con este margen el orden de tipo inconsciente, así como el control de los gastos en sus facetas económica, temporal, energética (esfuerzo, dedicación, etc.), sin olvidarnos del sentido estético.

Para su medición se procede de manera semejante que en el izquierdo, lo que se puede ver con toda claridad en la figura 57, aunque en muchas ocasiones bastará una apreciación ocular del mismo para catalogarlo.

Consideramos que existe equilibrio y control en todos los aspectos antes citados cuando el margen derecho es normal —de un 8 a un 12% de la anchura del papel— y regular, es decir, sin variaciones apreciables a lo largo del escrito.

Según el tamaño, además del normal, pueden considerarse varios casos:

- *Margen derecho pequeño:* es decir, inferior al 8% de la anchura del papel.
  Se interpreta como extraversión y sociabilidad, así como cierta precipitación en la toma de decisiones e intento de control de los gastos en los aspectos antes señalados en detrimento del sentido estético. Es también un rasgo que refuerza la agresividad como modo de defensa ante las presiones ambientales. Todas estas interpretaciones se incrementan en el caso siguiente.

- *Margen derecho ausente:* de forma que las últimas letras de cada renglón estén prácticamente situadas en el borde derecho del papel.
  Podemos hablar aquí de necesidad angustiosa de contacto social: se buscan afectos de forma desesperada. También la irreflexión y la agresividad son factores generalmente asociados a este tipo de margen.
  Por otra parte, y al igual que sucede en el caso de margen inferior pequeño, el hecho de resistirse inconscientemente a cambiar de línea hay que interpretarlo como síntoma de temor a perder la hilazón de las propias ideas, así como a la existencia de dificultades de adaptación más o menos importantes.

- *Margen derecho grande:* superando el 12% de la anchura total del papel, lo que es síntoma de introversión en general, frecuentemente acompañada de un apreciable grado de timidez, así como de angustia ante la toma de decisiones. Se antepone el sentido estético al aprovechamiento práctico de la energía.

- *Margen derecho muy grande:* siendo la distancia media al borde del papel superior al 20% de su anchura. En este caso la retracción fruto —entre otros factores— de la propia inseguridad personal, está presente de forma importante. El nivel de angustia es también elevado, existiendo dificultades de contacto así como indecisión. La canalización de la energía es deficiente, ya que este tipo de margen implica un desaprovechamiento del papel y, por otro lado, se refuerza la vinculación al pasado, la familia de origen y la figura materna, al suponer un desplazamiento del texto hacia la zona izquierda.

Dependiendo de la regularidad, podemos distinguir dos tipos fundamentales de margen derecho:

- *Margen derecho regular:* si la distancia desde el final de cada renglón al borde del papel se mantiene prácticamente constante.
  Es un síntoma de que se mantiene el orden a todos los niveles. Hay también un importante grado de autocontrol que permite una buena canalización de los impulsos.
  Se concede importancia a la estética y, en las relaciones sociales, hay más bien reserva, siendo el autocontrol —en gran medida— de carácter inconsciente.
- *Margen derecho irregular:* en algunos renglones se llega casi al borde del papel y en otros el final de línea queda mucho más atrás sin motivo aparente.
  En este caso hay que hablar de una fuerte emotividad, así como de problemas de orientación espacial y cierta desorganización del tiempo y la energía en general. La afectividad no está resuelta, y las relaciones con los demás pueden tener alternativas imprevistas. La capacidad de decisión es baja, pudiendo existir tanto bloqueos como actuaciones de tipo irreflexivo.
  Hay también dificultades en lo que se refiere a los mecanismos de defensa ante el medio, que pueden presentar fisuras más o menos importantes.

En cuanto a la forma del margen, se pueden distinguir varios casos:

- *Margen derecho creciente:* las líneas van progresivamente distando más del borde derecho del papel, a medida que avanza el escrito.
  Esto indica una lucha entre los planos consciente e inconsciente de la personalidad. Se tiende a la introversión e incluso al aislamiento, aunque conscientemente se intenta luchar contra ello. En el fondo hay desconfianza en las propias posibilidades, así como un elevado nivel de ansiedad subyacente.
- *Margen derecho decreciente:* es el caso en que los finales de línea se van aproximando cada vez más al borde del papel.
  Existe aquí también la lucha consciente-inconsciente, pero con resultados opuestos a los del planteamiento anterior: se intentan refrenar los impulsos inconscientes

que llevan a la sociabilidad y a la entrega de afectos, siendo de carácter consciente los temores que provocan los bloqueos iniciales.

• *Margen derecho condensado:* si las palabras se amontonan al final de las líneas, como resultado de no calcularse adecuadamente los espacios y resistirse el autor a cambiar de renglón.

Esta última circunstancia indica las resistencias a los cambios en general, a lo que hay que añadir dificultades de organización y previsión, así como limitado sentido estético.

Estudiamos a continuación una serie de casos especiales, de curiosa denominación, el primero de los cuales está directamente relacionado con el margen derecho: se trata de los llamados «fantasmas».

• *Fantasmas:* son una especie de huecos blancos que pueden aparecer en el margen derecho del papel, como consecuencia de retracciones consecutivas en los finales de línea.

Si están situados en la parte superior de la página, se interpretan como temores de raíz angustiosa, que se proyectan sobre futuros acontecimientos de la propia vida del autor y afectan a su capacidad de decisión. Todo ello se encuadra en el plano consciente.

Si esto mismo ocurre en la parte inferior del texto, la interpretación es la misma, salvo que en este caso los planteamientos tienen lugar desde un punto de vista inconsciente. En ambos casos se trata de síntomas de carácter neurótico.

Cuando la separación entre palabras supera la norma (recordemos que la distancia normal son dos óvalos de la propia escritura), se producen fenómenos como los que a continuación se reseñan:

• *Cuchillos:* se trata de márgenes interiores más o menos largos, como resultado de la separación excesiva de palabras. Cuando no tienen una longitud apreciable, sino que son fruto de la casualidad, no se interpretan. En caso contrario, responden al deseo más o menos angustioso de separar las ideas en la mente, simbolizadas por las palabras en el papel.

Este rasgo supone en el autor la denominada «angustia de decisión», que consiste en una elevación del nivel de ansiedad motivada por el hecho de tener que tomar resoluciones importantes.

A veces los cuchillos se alargan de forma considerable, cambiándose su denominación por la de «pasillos» o «chimeneas».

• *Chimeneas o pasillos:* son «cuchillos» de gran longitud, por lo que es aplicable la misma interpretación que en el caso de estos, incrementándose —lógicamente— la intensidad de los rasgos apuntados.

Si el espacio en blanco aparece en forma de bolsas situadas en medio del escrito se le denomina «cascada».

MARGEN DERECHO

Fig. 63. *Ejemplos teóricos de márgenes derechos, incluidos los especiales.*

- *Cascadas:* al igual que en los casos de cuchillos y chimeneas, son una expresión de la angustia, que aparece aquí como más intensidad y motivada por mecanismos de carácter inconsciente.

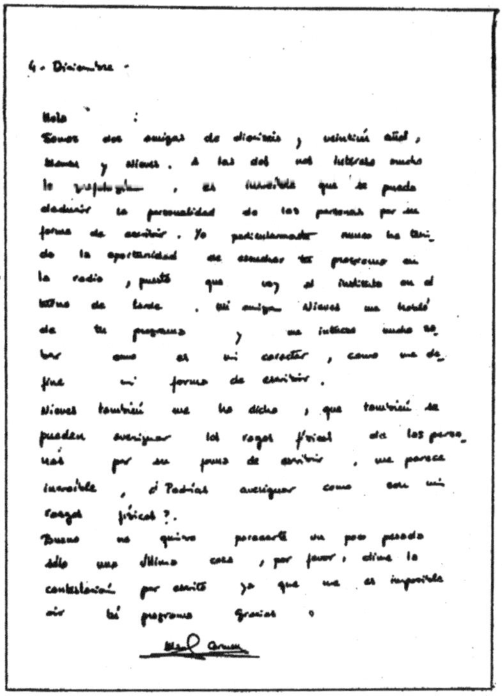

Fig. 64. «*Cascadas*».

No es frecuente encontrar con tanta claridad esas bolsas blancas que pueden aparecer en medio del escrito y que reciben el nombre de «cascadas». En este caso la más clara aparece entre los renglones 10, 11 y 12 alrededor de las siguientes palabras y sílabas: «de», «tu», «ber», «como», «fine» y «mi».

Otros rasgos interesantes de esta escritura son los «fantasmas» tanto en la zona superior como inferior, que contrastan con el orden del margen de la izquierda, en el que los puntos y aparte son coincidentes con el mismo.

RELACIONES ENTRE MARGENES

En muchas ocasiones, más que tener en cuenta las características de un determinado margen, en un escrito nos interesa considerar la relación que existe entre ellos. Los casos más importantes se especifican a continuación:

- *Margen superior grande e inferior pequeño:* lo que supone un sentimiento de distancia respecto del destinatario del escrito. Refuerza las consideraciones de tipo práctico frente a las de carácter estético, pues el texto se desplaza hacia la zona inferior del papel.

- *Margen superior pequeño e inferior grande.* Implica un deseo de acercamiento hacia la persona a quien se escribe. Por otro lado, hay intentos conscientes de aprovechamiento de la energía, aunque existan pérdidas de la misma de carácter inconsciente. Se tiende a cuidar la forma, así como a las innovaciones, al existir impaciencia por cambiar de hoja.

RELACIONES ENTRE MÁRGENES

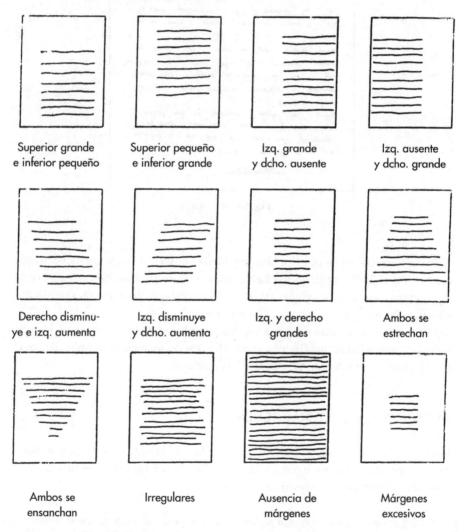

Superior grande e inferior pequeño	Superior pequeño e inferior grande	Izq. grande y dcho. ausente	Izq. ausente y dcho. grande
Derecho disminuye e izq. aumenta	Izq. disminuye y dcho. aumenta	Izq. y derecho grandes	Ambos se estrechan
Ambos se ensanchan	Irregulares	Ausencia de márgenes	Márgenes excesivos

Fig. 65. *Pueden apreciarse aquí las más importantes relaciones entre márgenes.*

- *Margen izquierdo grande y derecho ausente.* Denotan un elevado nivel de extraversión, al existir un desplazamiento del texto hacia la zona de la derecha. Estos márgenes son igualmente un síntoma de la capacidad de decisión, aunque en este sentido haya riesgos de impulsividad rayana en la irreflexión.

- *Margen izquierdo ausente y derecho grande:* movimiento primario de todo el texto hacia la izquierda: timidez, retracción e introversión en suma.

- *Margen derecho disminuye e izquierdo aumenta:* decisión y extraversión inconscientes, frenadas en el plano consciente. En el fondo se desea establecer contacto con los demás, ya que el texto termina desplazándose hacia la derecha.

- *Margen izquierdo disminuye y derecho aumenta:* en este caso existen temores inconscientes que suponen la retracción, aunque el autor se esfuerza por comunicarse.

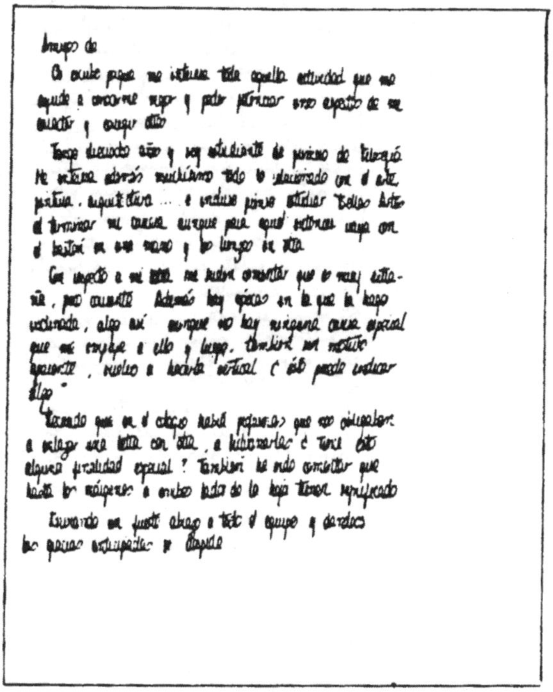

Fig. 66. *Margen izquierdo pequeño y derecho muy grande, lo que supone un desplazamiento del texto hacia la zona de la izquierda: apego al pasado, timidez, retracción, introversión, en suma. El margen superior es muy pequeño —proximidad al destinatario— y el inferior no puede apreciarse al tratarse de una única página. Los puntos y aparte son regulares, descentrados hacia la izquierda y verticales, reforzando las interpretaciones del margen izquierdo. Por otro lado, la letra está bien ejecutada —y es, por tanto, legible— siendo las líneas condensadas mientras las palabras y las letras están correctamente separadas. La escritura resulta ser internamente ordenada, aunque desencuadrada en sus márgenes, lo que da como resultado una mediana organización general.*

- *Ambos márgenes* —izquierdo y derecho— *son grandes:* elevado nivel de angustia, como resultado de desajustes internos de la personalidad más o menos importantes.

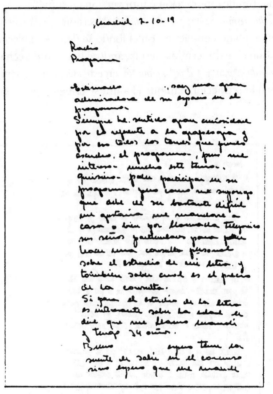

Fig. 67. *Margen izquierdo muy grande y derecho pequeño, lo que expresa deseos de huida del pasado, así como de contactar con los demás; sin embargo los entrantes o «fantasmas» en el margen derecho indican ciertas reticencias o temores a relacionarse.*
Los puntos y aparte coinciden con el margen izquierdo, siendo una letra legible aunque no bien ejecutada y con tendencia a la condensación. Por ello es un ejemplo de escrito internamente desordenado y desencuadrado, en total, desorganizado.

- *Ambos márgenes se ensanchan:* problemas de la personalidad localizables en el plano consciente. Es notable la inseguridad que este rasgo representa, dado que el texto adopta la forma de «pirámide invertida», figura fácilmente desestabilizable.
- *Ambos márgenes se estrechan:* alteraciones neuróticas de raíces inconscientes. En este caso hay una apreciable búsqueda de seguridad, ya que se intenta dar al texto una forma trapezoidal que se apoya en la base más amplia.

- *Márgenes izquierdo y derecho irregulares:* desorden y confusión generales; dificultades de adaptación e inestabilidad afectiva.

- *Ausencia de márgenes:* la ocupación total del papel que supone, simboliza el deseo de aprovechamiento del tiempo y espacio vitales. Por otro lado, son patentes las defensas psicológicas que quien así escribe pone en funcionamiento. Se tiende a no dejar resquicios a los demás, intentando así salvaguardar la propia persona. Tendencias exhibicionistas y posible verborrea.

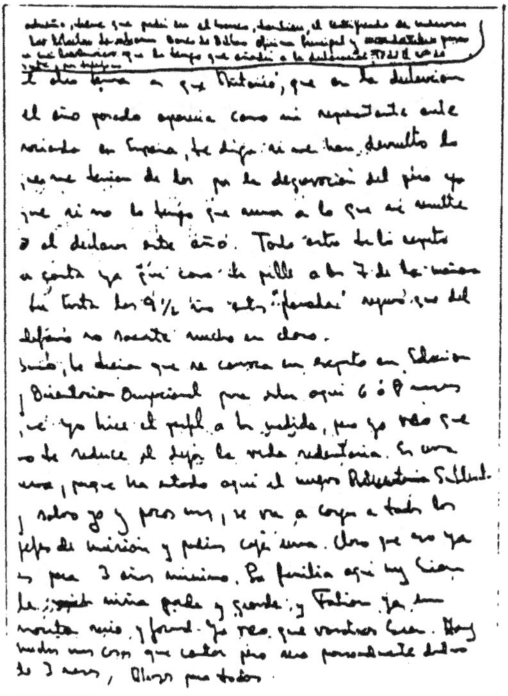

Fig. 68. *Ausencia de márgenes: se aprovecha al máximo el papel y, por ende, se tiende a aprovechar la energía, a la vez que la persona se defiende psicológicamente de los demás a base de no cederles el más mínimo terreno.*

La letra es semilegible y de ejecución deficiente, siendo más o menos correcta la separación de líneas, mientras palabras y letras aparecen espaciadas.

Señalar también la presencia de una postdata en el margen superior, rasgo que denota originalidad rayana en el «snobismo», así como un deseo de aprovechar al máximo el tiempo, el dinero y las posibilidades en general, incluso prescindiendo de consideraciones estéticas.

- *Márgenes excesivos:* caso opuesto al anterior en el cual el ambiente —representado por las zonas blancas del papel— rodea a la persona de manera que se vivencia como angustiosa. Supone también inhibiciones, frustración general, sentimientos de inferioridad y tendencia al aislamiento, como resultado de una introversión profunda. Podemos hablar, por tanto, de una personalidad coartada.

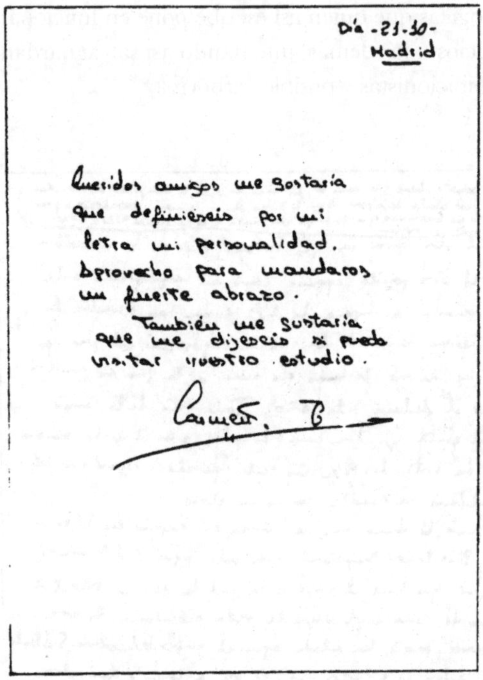
Día -21-10-
Madrid

Queridos amigos me gustaría
que definieseis por mi
letra mi personalidad.
Aprovecho para mandaros
un fuerte abrazo.
También me gustaría
que me dijeseis si puedo
visitar vuestro estudio.

Carmen. B

Fig. 69. *Márgenes excesivos: esta persona se siente rodeada por un ambiente hostil, lo que le produce temores y angustia. No obstante, hay una tímida intención de relacionarse reflejada en el margen derecho ligeramente decreciente, a la vez que el izquierdo crece, como queriendo escapar de su aislamiento. Por otra parte es una letra legible y de ejecución normal. Las primeras líneas aparecen correctamente separadas, siendo condensadas las del último párrafo; las palabras y las letras también guardan desiguales distancias entre ellas, por lo que podemos decir que la distribución en el texto es irregular.*

- *Márgenes rellenos de texto:* denotan poco relieve personal y escaso sentido de la estética, interpretaciones que se suavizan bastante si se trata de una carta familiar o íntima.

  En cualquier caso, lo cierto es que si el texto aparece en los márgenes, es todo un síntoma de que se tiende a invadir el terreno ajeno, pues el margen no es lugar —al menos teórico— para escribir. Por otro lado, no cabe duda de que se quieren aprovechar al máximo todo tipo de recursos, que es lo que se hace con el papel al escribir en sus márgenes. También existirá tendencia a la reiteración, que se pondrá de manifiesto —entre otros aspectos— en la repetición de argumentos en conversaciones ya agotadas (Ver «postdata en márgenes» en la fig. 60).

- *Márgenes ocupados con despedida y firma:* ligeros fallos en la distribución y planificación del tiempo y del espacio, así como de la economía, esfuerzo, etc.; por otra parte, este rasgo suele aparecer en escrituras de personas cordiales y espontáneas.
- *Textos cruzados:* después de ocupada la página con el texto, se le da media vuelta a la misma y se escribe encima. Es un intento de alargar el tiempo, ya que se duplica la eficacia del papel. Expresa también el sentido críptico del autor, así como su propia confusión y escasas preocupaciones estéticas.

Se trata aquí este tema por ser una forma de ocupación anormal del papel, relativamente frecuente a primeros del siglo pasado, pero actualmente en desuso.

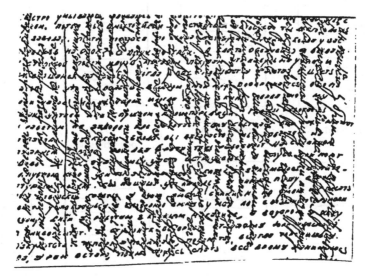

Fig. 70. *Texto cruzado realizado con caracteres eslavos, lo que aún hace más complicada su transcripción.*

En relación con los márgenes, existen unos reforzantes de los mismos que son los llamados «puntos y aparte». Conviene, en primer lugar, dejar bien claro que en Grafología no se corresponde esta denominación con su homónima caligráfica.

Efectivamente, se conocen por «puntos y aparte grafológicos» aquellas zonas del papel —generalmente ocupadas por la mayúscula correspondiente— donde se empieza a escribir después de un punto y aparte caligráfico.

La consideración de estos puntos y aparte supone la aparición de un margen izquierdo secundario, que sirve para paliar o reforzar las interpretaciones extraídas del estudio de los auténticos márgenes, sobre todo del margen izquierdo.

Las distintas posibilidades surgen al considerar la regularidad o la posición de los puntos y aparte:

Según la regularidad distinguimos:

* Puntos y aparte regulares o en línea.
* Puntos y aparte irregulares.

PUNTOS Y APARTE

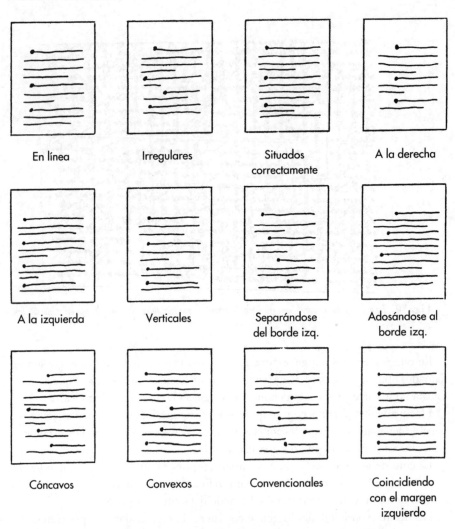

Fig. 71. *Ejemplos teóricos de los diferentes tipos de «puntos y aparte grafológicos».*

Según la posición, existen los siguientes casos:

- puntos y aparte situados correctamente. (Se considera normal su colocación a un 20-25% de la anchura del papel.)
- puntos y aparte descentrados hacia la derecha.
- puntos y aparte descentrados hacia la izquierda.
- puntos y aparte verticales.
- puntos y aparte crecientes (separándose del borde izquierdo).
- puntos y aparte decrecientes (adosándose al mismo).
- puntos y aparte cóncavos.
- puntos y aparte convexos.

La interpretación de cada uno de estos casos es semejante a las dadas en el apartado dedicado al margen izquierdo, al ser los puntos y aparte un rasgo similar, directamente relacionado con dicho margen. No obstante, hay dos casos que merecen ser comentados:

- *Puntos y aparte convencionales:* se empieza a escribir debajo de cada punto final del renglón anterior. Indican que el autor desea mantener un orden absolutamente genuino y personal, así como temores a perder la orientación.
- *Puntos y aparte coincidiendo con el margen izquierdo:* lo que cada vez resulta más frecuente, quizá por la comodidad que supone al escribir en el ordenador, que hace se vaya extendiendo también a los escritos a mano.

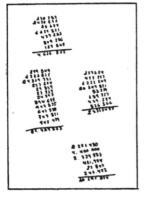 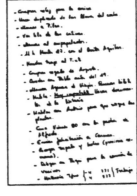 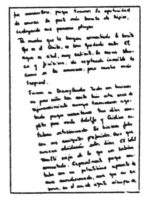

Fig. 72. *Columnas de números (en cuatro operaciones de suma), lista de actividades y carta, todo ello realizado por la misma persona. Obsérvese cómo los márgenes, sobre todo el izquierdo, que aumenta espectacularmente, se mantienen en los tres tipos de escritos.*

No obstante pueden existir deseos inconscientes de regresión hacia el pasado, la familia de origen, etc. Por otra parte, se prefieren las consideraciones de tipo práctico a las puramente estéticas.

Un rasgo paralelo a los márgenes lo constituyen las columnas de números, sean o no para operar sobre ellos, o bien las listas o relaciones de personas u objetos.

Y es que los márgenes suelen ser constantes para cada persona; si no fuera así, deberíamos pensar en una clara tendencia a la desorganización en general, tanto espacial como temporal, así como la falta de asentamiento en los propios planteamientos personales. A continuación nos ocupamos de sacar conclusiones generales sobre todos los aspectos de la organización general del escrito que hemos ido analizando a lo largo de este capítulo.

Ha quedado claro que el texto en su conjunto es una representación del «yo» que se desenvuelve en unas condiciones ambientales simbolizadas por el papel*, el cual se puede quedar más o menos ocupado dependiendo de cómo se condensen o espacien las líneas, palabras y letras y del tamaño que tengan los márgenes. Según esto se consideran los siguientes casos:

- *Papel ocupado:* si hay preponderancia del espacio escrito frente al blanco restante, lo que se interpreta como síntoma de la existencia de mecanismos de defensa psicológicos frente al ambiente que rodea al individuo; es decir, que se deja poco terreno a los demás, cerrándose la persona en sus propios planteamientos.

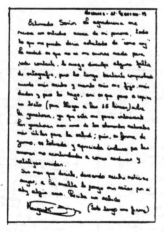 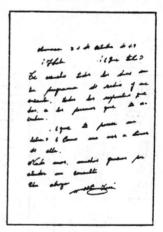

Fig. 73. *Ejemplos de papel ocupado y desocupado.*

---

* Siempre que, como es lógico, se haya utilizado todo el papel disponible; no son interpretables ni los casos en que la manifiesta escasez del texto haga que quede papel en blanco, ni aquellos en que la falta de disponibilidad de más papel lleve a la condensación forzada del texto escrito.

• *Papel desocupado:* cuando se impone el blanco frente al texto escrito, lo que significa que el autor cede excesivo terreno a los demás, mostrándose escasamente asertivo**. Es también síntoma de ansiedad y tendencia al aislamiento.

Si los márgenes superior, inferior, izquierdo y derecho, los puntos y aparte, y los rasgos complementarios si los hubiera (fecha, encabezamiento, firma y postdata) son correctos según los valores considerados como normales, estaremos ante una escritura encuadrada. En estos casos se puede hablar de importantes dotes de organización, así como de asertividad y equilibrio psicológico general. No sucede igual cuando los márgenes y demás rasgos antes señalados no son correctos: nos encontramos entonces con una escritura desencuadrada, cuya interpretación es la antítesis de la anterior, aunque es necesario tener muy en cuenta el grado de irregularidad existente.

Cuando en un escrito existe un orden interno adecuado, tanto en lo que se refiere a ejecución de los signos gráficos y distribución de los mismos en el texto (separación de líneas, palabras y letras), decimos que se trata de una escritura ordenada; por el contrario, si existen deficiencias en todos o en parte de los mencionados aspectos, la escritura es desordenada. Si, por último, consideramos no solo el orden interno o la organización de los márgenes, sino ambas cosas a la vez, es decir, la organización general del escrito en su conjunto, surgen dos tipos genéricos de escritura: organizada y desorganizada.

La *escritura organizada* es aquella que presenta un adecuado orden interno, es decir, es legible, bien ejecutada y correctamente distribuida en líneas, palabras y letras, siendo también los márgenes proporcionados. Este tipo de escrituras está en relación con inteligencias claras y capacitadas para organizar; el rendimiento laboral es alto, pues se trata de personas ordenadas, puntuales, con buen sentido de la orientación y capaces de planificar correctamente su trabajo. En su personalidad predomina la razón sobre los sentimientos, siendo importantes la fuerza del «yo» y el autocontrol.

Las relaciones sociales tienden a la asertividad y los gastos (de dinero, tiempo, esfuerzo, etc.) se canalizan adecuadamente; es también un rasgo de fiabilidad, así como de equilibrio psicológico en líneas generales. Por el contrario, si existen en la escritura desarreglos tanto en el orden interno como en los márgenes, esta se llama *escritura desorganizada*. Las connotaciones de este tipo de escritura son opuestas a las de la organizada, tanto más cuanto más difiera de las características gráficas de esta, es decir, cuanto mayor sea la distorsión de los parámetros en juego.

Así pues, una escritura desorganizada implica cierta confusión en las ideas y, aunque eleva el grado de intuición respecto a la organizada, significa, sin embargo, dificultades en la canalización de la energía, así como defectos de orden y organización. Todo ello hace que disminuya el rendimiento laboral.

** La asertividad es una cualidad personal que permite expresar libremente —superando la timidez— las opiniones, sentimientos, emociones, necesidades, etc., sin invadir el terreno de los demás, a la vez que se defiende el propio de forma adecuada.

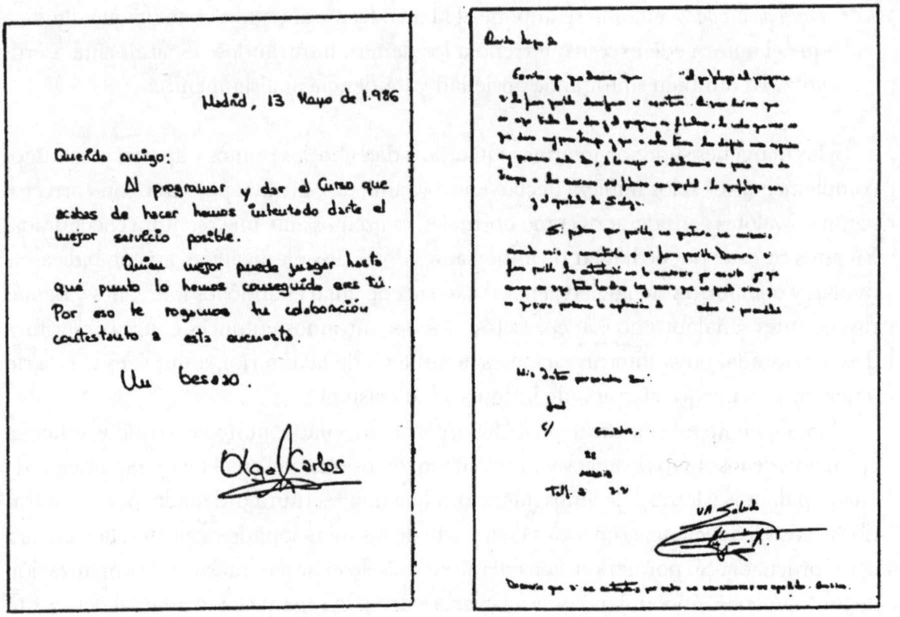

Fig. 74. *Escrituras respectivamente encuadrada y desencuadrada.*

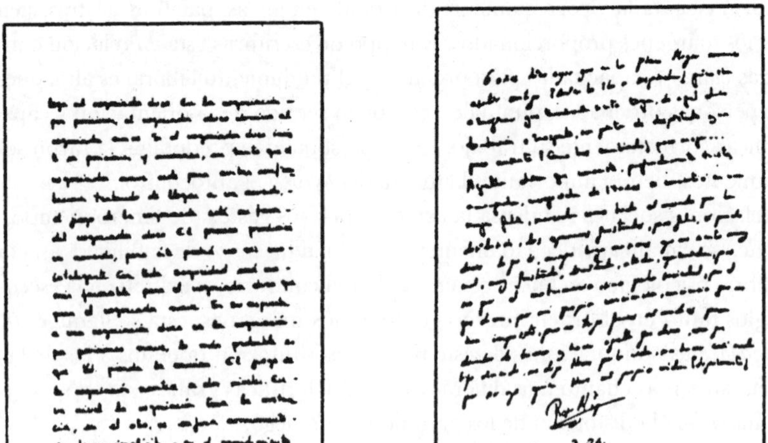

Fig. 75. *Ejemplos de escrituras organizada y desorganizada.*

Con relación a los sentimientos superan los frenos de la razón, siendo la fuerza del «yo» de menor nivel que en el caso anterior, a la vez que existen fallos en el autocontrol.

El comportamiento social puede ser más espontáneo, pero menos asertivo y los gastos de todo tipo se canalizan de forma menos coherente que en el caso de la escritura organizada.

Capítulo XI
EL TAMAÑO DE LA ESCRITURA

La dimensión de las letras es una de las variables más importantes cuando se analiza una escritura desde un punto de vista grafológico.

Y también es una de las cosas en que más nos fijamos al ver un escrito: «¡Qué letra más pequeña haces!» o «¡Vaya letras tan enormes, gastarás muchísimo en papel!», son comentarios habituales.

Lo cierto es que el tamaño de las letras, tanto mayúsculas como minúsculas, así como la longitud de las crestas y los pies y las proporciones existentes entre ellos, nos facilitan una valiosa información grafológica.

En lo que a factores de inteligencia se refiere, se relaciona el tamaño con la tendencia a considerar en principio las situaciones de forma general —tamaño grande—, o bien empezar por tener en cuenta los detalles: tamaño pequeño. Este rasgo expresa, por tanto, si el autor es propenso a la generalización o al detallismo.

Las aptitudes laborales también tienen su reflejo en la mayor o menor amplitud de las letras, que resulta ser una medida de la capacidad de trabajo y el grado de concentración que es posible mantener a lo largo del desarrollo de una determinada tarea.

La iniciativa de las personas y su nivel general de aspiraciones vienen en parte expresados en el tamaño de su escritura, así como la inclinación hacia puestos de mando o subordinación. En general, se decantan hacia puestos directivos quienes hacen más grande la escritura, mientras que quienes escriben más pequeño se adaptan mejor a ser dirigidos.

Este rasgo es asimismo válido para estudiar algunos factores de la personalidad, como la introversión frente a la extraversión, o la propia energía general del individuo, que determina la mayor o menor fuerza del «yo».

Señalar —por último— que también la estimación que de sí misma tiene una persona, es decir, su propio autoconcepto, así como la confianza en sus posibilidades, pueden ser valorados mediante el estudio de este rasgo grafológico tan importante como es el tamaño de la escritura.

Pero para llegar a esa valoración, es fundamental saber cómo se puede medir objetivamente este parámetro.

FORMA DE MEDIR LA ESCRITURA

Existen en la escritura diferentes partes que es necesario medir por separado; a saber: cuerpo medio, crestas, pies y mayúsculas.

En todos estos elementos es muy importante medir según la inclinación de las letras, siendo este tipo de medidas las que están grafológicamente tabuladas e interpretadas.

Para medir el cuerpo medio, pueden utilizarse varios procedimientos; el más preciso consiste en medir una por una la parte central de cada letra, siguiendo su inclinación de la forma más aproximada posible.

En las letras que presentan algún trazo en vertical esto resulta más fácil que en las que son redondeadas, pues en este caso es a veces complicado conocer la inclinación, por lo que en ocasiones deberemos guiarnos por la de las letras anteriores o posteriores.

Si se desea una medida menos precisa, pero más rápida y cómoda de realizar, se pueden trazar dos líneas que se apoyen con la mayor aproximación posible sobre las zonas superior e inferior de las letras, y que —precisamente por ello— se denominan líneas superior e inferior de la escritura.

Al medir la distancia entre esas líneas tendremos una medida bastante aproximada del valor del cuerpo medio, siempre según la inclinación de las letras. Cuánto más variables sean tanto esta como el propio tamaño, mayor será el error cometido en este tipo de mediciones, que tienen sin embargo la ventaja de ser bastante más rápidas que las realizadas letra por letra.

Cuando se trata de medir las crestas o los pies, nos enfrentamos al problema de saber cuál es el límite exacto entre cuerpo medio y cresta o pie, sobre todo en el caso de que la letra medida no presente ningún tipo de óvalo, como pueden ser los casos de las letras «f», «j», «k», «l» y «t».

Se hace aquí necesario recurrir a la comparación con el cuerpo medio de las letras adyacentes, siguiendo las líneas superior o inferior de la escritura.

Si se pretende medir crestas, la referencia será —por tanto— la línea superior de escritura de las letras adyacentes; en el caso de los pies será la línea inferior de escritura de dichas letras.

En el caso de letras con crestas o pies que presenten un óvalo o una parte central más o menos definida, letras «b», «d», «g», «h», «p», «q» e «y», el proceso de medida es mucho más sencillo.

La medida de las mayúsculas no presenta mayores dificultades, debiendo medirse desde el trazo más superior al más inferior según la inclinación que presente la propia letra mayúscula o las adyacentes; esto último en el caso de que no aparezca en la letra una inclinación claramente definida.

Otro parámetro a tener en cuenta cuando se trata de medir una escritura es la anchura de los óvalos de las letras que los poseen; son estas la «a», la «b», la «d», la «g», la «h», la «m» (cuya anchura se considera como de dos óvalos), la «n», la «ñ», la «o», la «p», la «q», la «u», la «v» y la «y».

Aunque alguna de estas letras no se puede decir que posea un «óvalo» tal y como estos se entienden, si es cierto que todas ellas presentan una parte central más o menos redondeada.

El número de medidas a realizar en cada uno de los casos es muy variable, estando en función de la extensión de la muestra de escritura de la que disponemos, así como del grado de precisión que se considere necesario alcanzar en un determinado tipo de informe.

Por regla general, este número de medidas oscilará entre 10 y 30, procurando que la elección de las letras o rasgos a medir se realice de una manera lo más aleatoria posible, para evitar errores debidos a una elección subjetiva de los rasgos; por ejemplo, escoger las crestas o los pies más llamativos por su forma, los óvalos más redondeados, o las letras que estén al comienzo del escrito.

Para que esto no ocurra, es conveniente tener un criterio de elección objetivo: sugerimos la división de la muestra escritural en tres zonas: inicial, media y final para —dentro de cada una de ellas— seguir un método fijo de selección. Escogeremos, por ejemplo, los rasgos o letras pares o impares a partir de uno dado, o bien los que ocupen los lugares múltiplos de tres, cuatro, etc., en función de la mayor o menor extensión de la muestra a medir.

FORMA DE MEDIR LA ESCRITURA

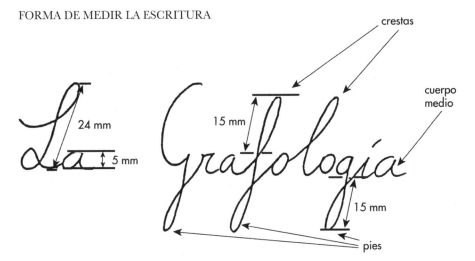

Fig. 76. *Ejemplo de medida de la altura del c.m. (letra por letra), crestas, pies y mayúsculas.*

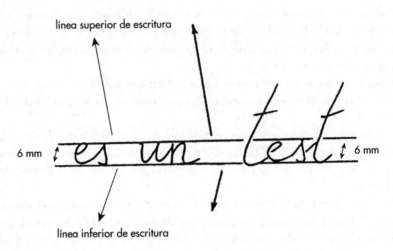

Fig. 77. *Medida de la altura del c.m. utilizando las líneas superior e inferior de escritura y de la anchura de los óvalos.*

De todas estas medidas se procede a calcular la media aritmética, a base de sumarlas y dividir el resultado de la suma por el número de medidas realizadas. Así obtendremos una serie de valores correspondientes a la altura y anchura del cuerpo medio, a las crestas, los pies y las mayúsculas y —simplemente dividiendo— podremos calcular las proporciones entre ellos.

TAMAÑOS Y PROPORCIONES NORMALES

Existen unos valores de cada uno de estos parámetros que se consideran como normales. Son los siguientes:

- el cuerpo medio se considera normal si sus valores medios oscilan entre los 2,5 y los 3,5 milímetros.
- las crestas han de medir entre dos o tres veces el tamaño del cuerpo medio para ser valoradas como normales.
- los pies tiene idéntica valoración que las crestas.
- las mayúsculas se interpreta que son normales en lo que a su tamaño se refiere si miden entre tres o cuatro veces la altura del cuerpo medio.

Cómo puede apreciarse, tanto el tamaño de las crestas cómo el de los pies y las mayúsculas se consideran en función de la altura media del cuerpo medio de la propia escritura, por lo que para la correcta valoración de estos tres parámetros se procederá a realizar —como decíamos— el cociente o división entre los valores medios de estos (crestas, pies y mayúsculas) y el de referencia (cuerpo medio).

Un proceso semejante seguiremos con el valor correspondiente a la anchura media de los óvalos que habrá de compararse con la altura del cuerpo medio. En este caso se trata de ver cuál de estos valores supera al otro y en qué medida.

Según estas valoraciones del tamaño, podemos establecer la siguiente clasificación de las escrituras:

LAS ESCRITURAS SEGÚN EL TAMAÑO DEL CUERPO MEDIO

Cuando decimos que una letra es grande o pequeña, en realidad nos referimos al tamaño de la altura de su cuerpo medio, que resulta ser, por tanto, el «punto clave» de este tema.

Según la altura media del cuerpo medio (valga la redundancia), las escrituras se clasifican en las siguientes clases:

• *Escritura de cuerpo medio normal:* si el cuerpo medio está comprendido entre 2,5 y 3,5 mm.

Este tipo de escritura presupone un equilibrio en todos los aspectos relacionados con el tamaño, es decir, capacidad para ver las cosas tanto en general como en detalle, potencial de trabajo y aspiraciones de nivel intermedio, pudiéndose adaptar tanto a puestos directivos como subordinados. Por otro lado, el grado de intro o extraversión dependerá de las circunstancias, siendo la energía general de carácter medio, así como el autoconcepto.

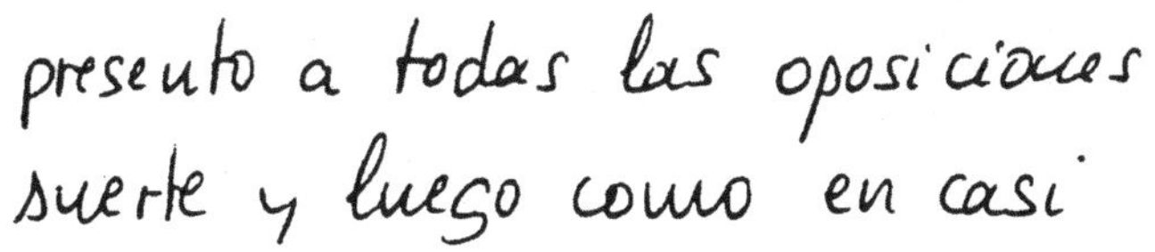

*presento a todas las oposiciones
suerte y luego como en casi*

Fig. 78. *Escritura de cuerpo medio normal (sobre los 3 mm), ligeramente irregular y con las crestas y pies algo cortos.*

• *Escritura pequeña:* cuando el c.m. (cuerpo medio) tiene una altura media entre 1,5 y 2,5 mm.

La escritura pequeña es propia de personas más bien detallistas, con capacidad de concentración y que —en general— aceptan bien el hecho de ser dirigidas. Más bien introvertidas, pueden autolimitarse tanto en sus relaciones como a la hora de valorar sus propias potencialidades.

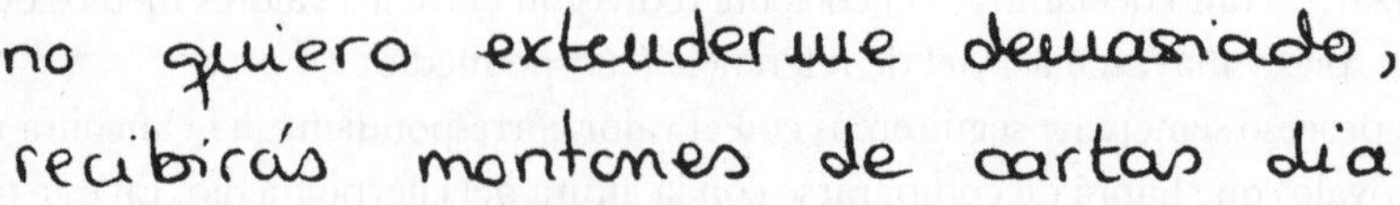

no quiero extenderme demasiado,
recibirás montones de cartas día

Fig. 79. *Escritura pequeña (c.m. sobre los 2 mm), siendo cortos las crestas y los pies, lo que favorece el predominio del cuerpo medio.*

- *Escritura muy pequeña:* c.m. menor que 1,5 mm.

Este tipo de escritura de tan pequeña es propia de personas extremadamente minuciosas, que cuidan al máximo todos y cada uno de los detalles de la tarea que estén realizando. Su capacidad de observación es extraordinaria, aunque tengan ciertas dificultades para obtener una visión panorámica de las cosas; sobre todo si la letra no es muy ordenada.

Personalmente son introvertidos, siendo su energía limitada, lo que puede llevarles a desconfiar de sus propias posibilidades y a considerarse por debajo de sus méritos reales.

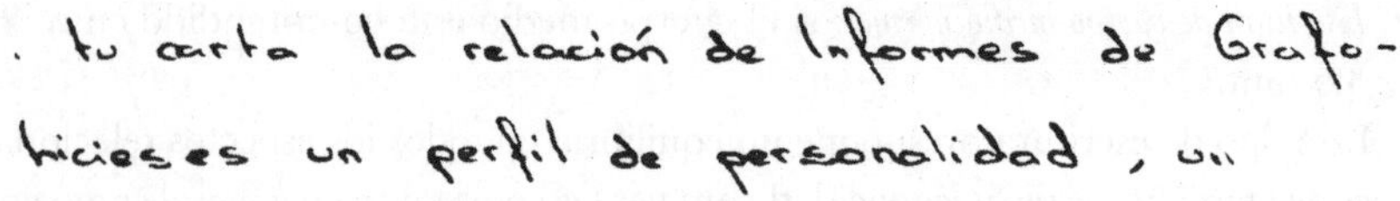

. tu carta la relación de Informes de Grafo-
ticies es un perfil de personalidad , un

Fig. 80. *Ejemplo de escritura muy pequeña, de apenas 1 mm de altura, lo que no es obstáculo para que las crestas, pies y mayúsculas tengan las proporciones que se pueden considerar como normales.*

- *Escritura grande:* c.m. entre 3,5 y 4,5 mm.

La escritura grande es propia de personas extravertidas, que viven de cara al exterior y se relacionan socialmente con gran soltura. Es también notable su capacidad de trabajo, aunque les puede costar concentrarse —más si la letra es desorganizada— así como fijarse en los detalles. Sin embargo, su visión panorámica de las situaciones es excelente, lo que contribuye a su vocación directiva, de acuerdo con un elevado autoconcepto.

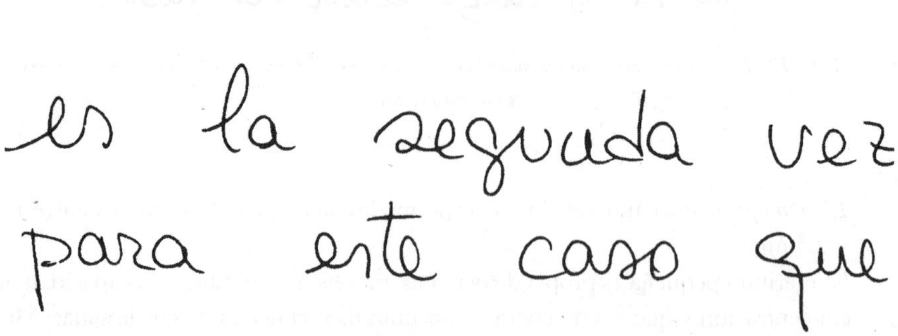

es la segunda vez
para este caso que

Fig. 81. *Escritura de c.m. grande (sobre los 4 mm) con ligeras irregularidades. Las crestas y pies están por debajo de las proporciones normales.*

- *Escritura muy grande:* c.m. mayor que 4,5 mm.
  Cuando la escritura adopta un tamaño tan grande, hay que pensar en personas tremendamente expansivas, quizá en exceso, que tienen notables dificultades para interiorizar sus vivencias, mimetizándose con el ambiente en el que se desenvuelvan. Todo lo ven desde planteamientos muy generales, pero les cuesta mucho centrarse en detalles y precisiones, así como conseguir la adecuada concentración. Su autoconcepto puede rayar en la megalomanía, sobrevalorando notablemente sus propias cualidades, existiendo el riesgo de que la energía se disperse.

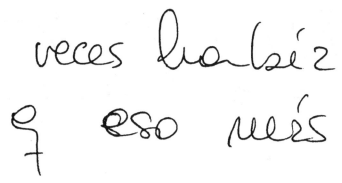

Fig. 82. *Escritura muy grande (sobre los 6-7 mm), con pies más o menos normales (ligeramente reducidos) y crestas algo pequeñas.*

LAS VARIACIONES DEL CUERPO MEDIO

La altura del cuerpo medio de las diferentes letras de un escrito, aparte de por su valor, también puede ser estudiada según su mayor o menor uniformidad a lo largo del mismo. Surgen así los siguientes tipos de escritura:

- *Escritura de tamaño regular:* es aquella en la que el c.m. mantiene sus valores más o menos constantes a lo largo del escrito (Figs. 79 y 80).
  La regularidad del tamaño del cuerpo medio de escritura es un claro síntoma gráfico de predominio de la lógica, así como de la constancia en el trabajo y la capacidad de concentración en el mismo. El orden, tanto en sus aspectos espaciales como temporales, también se asocia con la regularidad del tamaño.
  En los factores de personalidad, esta constancia en la altura del cuerpo medio de las letras supone el predominio de los aspectos razonadores frente a los sentimentales, así como un autocontrol adecuado en situaciones más o menos comprometidas. Se poseen oportunas resistencias frente a la influencia ambiental, considerado el ambiente como el conjunto de personas y circunstancias que rodean al individuo.

- *Escritura de tamaño irregular:* el c.m. presenta notables variaciones de forma más o menos aleatoria a lo largo de todo el escrito.

  La irregularidad del tamaño supone la captación intuitiva del ambiente, así como una mayor versatilidad, entendida esta como capacidad para realizar tareas de muy diferente índole, incluso de forma casi simultánea. Sin embargo, el orden y la capacidad de concentración son menos importantes que en el caso anterior, predominando el sentimiento sobre la razón.

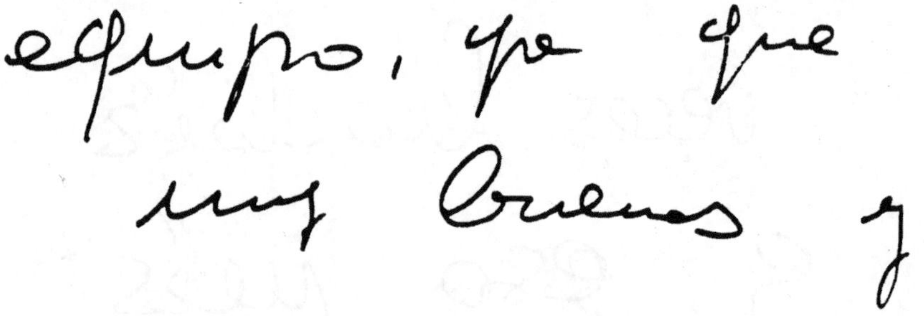

Fig. 83. *Cuerpo medio irregular: desde los 6 mm de la 1.ª «q», hasta los 1,5 mm de la última «o», esta escritura presenta una manifiesta irregularidad en el tamaño, no solo del c.m., sino también de crestas y pies.*

Puede haber también algunos fallos en el autocontrol, pero, por el contrario, ser mayor la espontaneidad en planteamientos y actuaciones, así como la capacidad de adaptación. Esta última es también apreciable en los cambios del tamaño global de la escritura en función del espacio gráfico disponible: cuartilla, folio, etc.

La siguiente cuestión es la relativa al carácter creciente o decreciente de la propia escritura. Desde un punto de vista psicológico, este rasgo gráfico expresa si el sujeto prefiere ir de lo particular a lo general o viceversa.

Esto representa además un índice de la capacidad para superar las dificultades, es decir, está directamente relacionado con la mayor o menor resistencia a la frustración del propio individuo. Si la letra es decreciente, se podría decir que la persona «pierde gas» al realizar cualquier actividad, todo lo contrario de la creciente que implica que se va «revitalizando» a lo largo de las realizaciones.

Además, la letra decreciente expresa las aptitudes para la observación, así como la empatía, entendida esta como capacidad para conectar profundamente con las personas. Hay que tener en cuenta que al escribir vamos del «yo» a los demás y, si las letras son cada vez más pequeñas, esto simboliza que la persona es capaz de «irse metiendo en la piel» de aquellos que tiene a su alrededor.

Por el contrario, si la escritura es creciente, estas capacidades no estarán tan desarrolladas, expresando este rasgo el carácter ingenuo del autor, así como algunas reticencias para contactar con los demás y adaptarse a nuevos ambientes.

Pero veamos las definiciones exactas de estos dos tipos de escritura, así como los ejemplos correspondientes:

- *Escritura creciente:* si el tamaño del c.m. va en aumento, lo que puede ocurrir a lo largo del escrito o bien dentro de cada párrafo, línea o palabra.

Fig. 84. *Creciente en palabras: puede observarse el aumento de tamaño de las letras finales de cada palabra.*

- *Escritura decreciente:* cuando el tamaño del c.m. es cada vez menor. Igual que en el caso anterior esto puede ocurrir bien a lo largo de todo el escrito o bien dentro de cada párrafo, de cada línea o incluso dentro de las propias palabras.

Fig. 85. *Decreciente en palabras: es evidente la disminución del tamaño de las letras en cada palabra.*

Otro tipo de variaciones son las llamadas «bruscas», por su carácter extemporáneo, si bien suelen darse con determinada frecuencia en aquellas escrituras en las cuales se presentan.

- *Escritura con aumentos bruscos de tamaño:* a lo largo del escrito aparecen letras de tamaño ostensiblemente mayor que el de las restantes. En ocasiones esto sucede solo con algunas letras en particular, siendo la «o», la «a», la «r» y la «s» las más frecuentes en este sentido.

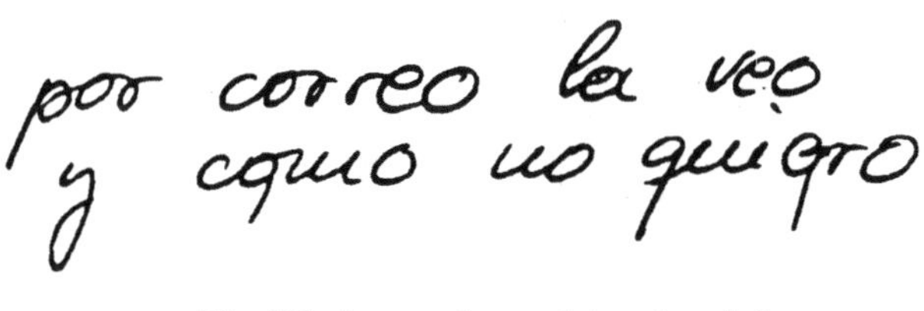

Fig. 86. *Aumentos bruscos de tamaño en la letra «o».*

Los aumentos bruscos de tamaño son una muestra de agresividad primaria, manifestada con explosiones de «genio» propiciadas por una cierta irritabilidad de fondo. Las pérdidas momentáneas del control también se relacionan con este rasgo.

• *Escritura con disminuciones bruscas de tamaño:* es el caso opuesto al anterior, aunque no existen letras con una especial predisposición a disminuir su tamaño.

Las disminuciones bruscas de tamaño expresan fallos en la autoconfianza, así como ligeros estados depresivos de corta duración y retraimientos momentáneos por parte del sujeto.

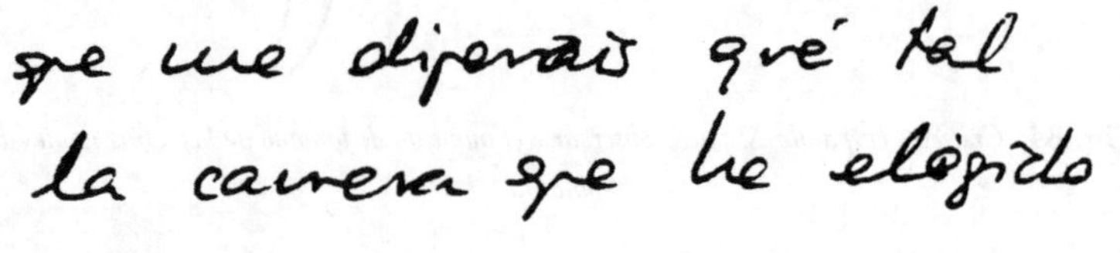

Fig. 87. *Disminuciones bruscas de tamaño, sobre todo en las «ues» de «que».*

LA RELACIÓN ALTURA-ANCHURA DEL CUERPO MEDIO

Según el cuerpo medio de la escritura sea más o menos alto que ancho —sobre todo en lo que hace referencia a los óvalos—, se consideran las siguientes clases de escritura:

• *Escritura sobrealzada:* si las letras son más altas que anchas, lo que se detecta de manera objetiva dividiendo la media de la altura del c.m. por la media de la anchura de los óvalos. Este cociente será mayor que uno en este caso.

La escritura sobrealzada supone un sentimiento de orgullo que surge de un elevado autoconcepto. Por ser un movimiento hacia la zona superior, es síntoma de idealismo y creatividad, así como de actitud teórica ante la vida.

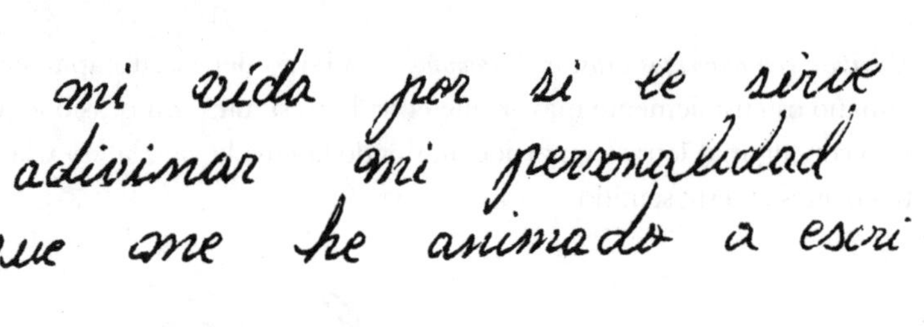

Fig. 88. *Escritura sobrealzada: las letras presentan una altura superior a su propia anchura, como puede apreciarse en las «oes» y óvalos en general, lo que da a la letra un aspecto de estar alargada hacia arriba.*

• *Escritura rebajada:* al contrario que la anterior, el cociente entre altura del cuerpo medio y anchura de óvalos será menor que la unidad, al ser más anchos que altos.

La escritura rebajada expresa un sentimiento de opresión ante las dificultades de la vida. Los planteamientos son prácticos —al incrementarse la zona inferior— y el concepto de sí mismo puede verse menoscabado.

Fig. 89. *Escritura rebajada; como puede apreciarse, hay una especie de «peso» sobre la escritura que literalmente la «aplasta» sobre el renglón.*

Estos casos se refieren al tamaño del cuerpo medio; a continuación reseñamos otros relacionados con crestas, pies y mayúsculas, respectivamente:

EL TAMAÑO DE LAS CRESTAS

Las crestas son la parte más llamativa de la zona superior de la escritura, estando en directa relación con todo lo que se refiere al mundo de las ideas en general.

Según el tamaño, se establecen tres categorías por su magnitud y otras dos por la regularidad:

- Escritura de crestas altas: si la altura de estas supera en más de tres veces la del cuerpo medio (Fig. 94).
- Escritura de crestas normales: en el caso de que la altura media de las crestas esté comprendida entre dos y tres veces el valor del cuerpo medio (Fig. 80).
- Escritura de crestas bajas: cuando la altura de las crestas es inferior al doble de la altura del cuerpo medio (Figs.: 78, 79, 81, 82 y 89).

Las crestas altas implican capacidad para imaginar y crear, sobre todo en el sentido abstracto del término. También es síntoma de autoestima y resistencia ante las imposiciones. Por el contrario, las crestas bajas muestran la modestia del autor respecto a su propia persona, su carácter eminentemente práctico y la preferencia hacia los planteamientos más o menos estereotipados.

Otra característica interesante del tamaño de las crestas es su grado de regularidad, según el cual se puede hablar de dos tipos de escrituras:

- *Escritura de crestas de tamaño regular:* cuando la altura de las diferentes crestas no presenta variaciones notables (Figs. 79, 80, 81 y 88).

- *Escritura de crestas de tamaño irregular:* si hay sensibles desigualdades entre ellas, como ocurre en las escrituras n.º 83, 84 y 85.

La regularidad o irregularidad de las crestas tiene que ver con la existencia o no de dudas en la expresión de la propia creatividad y de los otros conceptos expresados en el párrafo anterior: autoconcepto, resistencia a la autoridad, etc. También se relacionan respectivamente la primera con el predominio de la razón, y la segunda con el del sentimiento.

EL TAMAÑO DE LOS PIES

Los pies de la escritura son el exponente máximo de la zona inferior de la misma, donde se reflejan todos los planteamientos de carácter práctico y material.
Al igual que en el caso de las crestas, hay cinco categorías a tener en cuenta, tres en lo que se refiere a los valores en sí y otras dos a su nivel de regularidad:

- Escritura de pies prolongados: si la longitud de estos supera más de tres veces la altura del c.m.

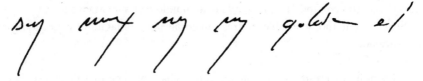

Fig. 90. *Escritura de pies prolongados.*

- Escritura de pies normales: es el caso en que la longitud media de los pies está comprendida entre dos y tres veces la altura del c.m. (Figs. 80, 86 y 88).
- Escritura de pies cortos: si la media de los pies es inferior al doble del c.m.

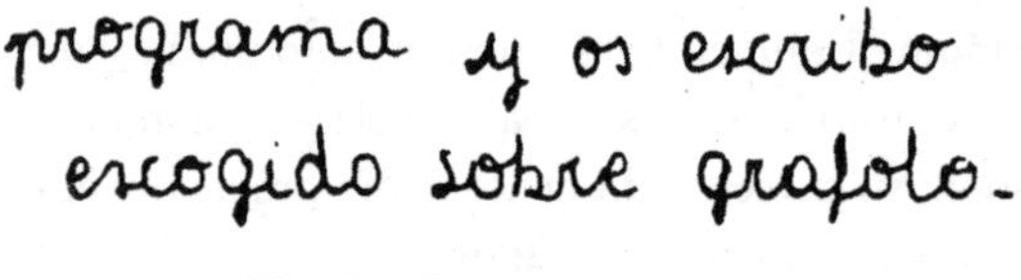

Fig. 91. *Escritura de pies cortos.*

La longitud de los pies expresa la forma que la persona tiene de desenvolverse dentro del mundo instintivo. Caben en él todos los aspectos relacionados con lo más primario de la personalidad que, desde un punto de vista psicoanalítico, se conoce como el «ello».

La sensualidad, entendida como capacidad de disfrutar a través de los sentidos, es así analizable a través de estos rasgos gráficos.

Las preocupaciones por la economía también pueden detectarse en la excesiva prolongación de los pies que, en general, refuerza el hecho de tener una actitud eminentemente práctica ante la vida, frente a la más teórica que supone un acortamiento de los mismos.

- Escritura de pies de tamaño regular, como sucede en las escrituras de las figuras 79 y 88.
- Escritura de pies de tamaño irregular: ejemplo, la escritura n.° 83.

La irregularidad del tamaño de los pies se interpreta como expresión de las dudas tanto en el campo instintivo como en el material, no existiendo tales incertidumbres si los pies son más o menos regulares en lo que a su longitud se refiere.

RELACIONES ENTRE CRESTAS, PIES Y CUERPO MEDIO

Entre los tres parámetros anteriores crestas, pies y cuerpo medio caben una serie de relaciones que también merecen ser consideradas ya que tienen mucho que ver con el predominio de los aspectos teóricos —crestas altas y pies cortos— frente a los prácticos: crestas bajas y pies prolongados. En ambos casos encajan como interpretaciones aparte de estas las correspondientes a cada uno de ambos rasgos por separado.

- *Escritura de crestas altas y pies cortos:* que equivale a un predominio de la zona superior de la escritura, expresión de la tendencia hacia lo mental y abstracto en detrimento de lo puramente material. Cabe también interpretar un temor ante vivencias de tipo primario en que prevalecen los instintos en estado más o menos puro.

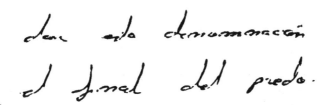

Fig. 92. *Crestas altas-pies cortos.*

- *Escritura de crestas bajas y pies prolongados:* expresando el predominio de planteamientos reales, así como de preocupación por la propia economía y capacidad para entrar en el mundo instintivo sin reticencias.

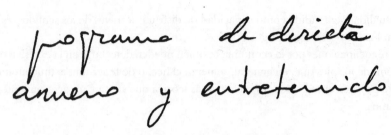

Fig. 93. *Crestas bajas-pies prolongados.*

- *Escritura de crestas altas y pies prolongados:* lo que implica una tendencia a la dicotomía entre el mundo de las ideas y el de la realidad. Es un índice de creatividad que, dependiendo de la existencia de otros rasgos, puede o no ser llevada a la práctica. Al suponer la existencia de dos fuerzas opuestas en sentido vertical, indica que hay tensiones como resultado de esa lucha interna entre lo real y lo ideal.

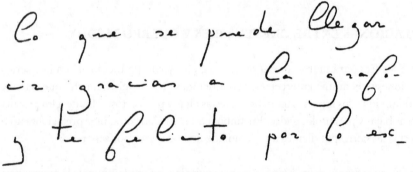

Fig. 94. *Crestas altas-pies prolongados, con un cuerpo medio de muy escasa entidad, expresión de esas tensiones que provocan en la persona las luchas internas entre lo que se piensa como ideal y lo que la propia realidad ofrece.*

- *Escritura de crestas bajas y pies cortos,* lo que implica el predominio del cuerpo medio, denominación con la que también se conoce a este tipo de escritura (Figs. 79, 81 y 89).

  En estos casos la «vocación egocéntrica» es evidente. Tengamos en cuenta que se trata de una preponderancia de la zona central de la escritura, donde se localizan los dominios del «yo». Suele estar asimismo este rasgo en relación con una marcada necesidad afectiva de carácter primario.

EL TAMAÑO DE LAS MAYÚSCULAS

Las mayúsculas son —grafológicamente hablando— una de las más significativas representaciones del «yo», por lo que resulta fundamental realizar un análisis exhaustivo de las mismas.

Al igual que en los casos de crestas y pies, no se puede decir que unas mayúsculas sean grandes o pequeñas en sí mismas, sino que hay que valorarlas en relación con la altura del cuerpo medio de la escritura de que se trate. Se contemplan los siguientes casos:

- *Escritura de mayúsculas grandes:* cuando el tamaño medio de estas supera las cuatro veces el cuerpo medio de la propia escritura.

Fig. 95. *Mayúsculas proporcionalmente grandes, al superar por más de cuatro veces el tamaño del cuerpo central de la escritura.*

- *Escritura de mayúsculas normales:* si su tamaño medio está comprendido entre tres y cuatro veces el del c.m. (Fig. 80).
- *Escritura de mayúsculas pequeñas:* estamos en este caso cuando la media de sus alturas no llega a triplicar el valor del c.m.

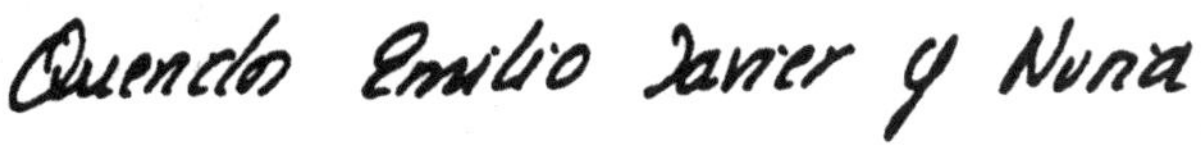

Fig. 96. *Mayúsculas relativamente pequeñas, ya que apenas superan por dos veces el tamaño de la parte central de la escritura.*

El tamaño de las mayúsculas es un rasgo gráfico con una enorme importancia desde el punto de vista psicológico, al ser como decíamos al principio una de las más directas expresiones del «yo». Su tamaño se relaciona, por tanto, con el autoconcepto, siendo uno de los rasgos más definitorios del mismo.

La autoconfianza, así como la fuerza del «yo» en general, también son aspectos analizables a través de este rasgo que, por otro lado, permite conocer el nivel de aspiraciones, así como el grado de iniciativa de una persona.

También es posible, a través del tamaño de las mayúsculas, apreciar si el sujeto está más predispuesto a ostentar el mando o si, por el contrario, prefiere ser dirigido.

Pero no solamente habremos de observar si las mayúsculas son grandes o pequeñas, sino también si su tamaño se mantiene o no a lo largo del escrito. Según esto, se puede hablar de dos tipos de escrituras:

- *Escritura de mayúsculas de tamaño regular:* si no hay variaciones sustanciales, como sucede en las escrituras n.° 80 y 96.

Si las mayúsculas son casi siempre iguales en altura, el autoconcepto está definido, es decir, que la persona se valora a sí misma de una manera estable, se mantienen constantes sus iniciativas y aspiraciones. Refuerza también todo lo relacionado con el orden, la lógica, la razón y la constancia.

- *Escritura de mayúsculas de tamaño irregular:* si existen unas notables diferencias entre ellas en lo que a su altura se refiere.

Hay que hablar aquí de dudas en el autoconcepto, de forma que habrá momentos en que la persona se valorará mucho más que en otros. Algo parecido sucede con sus aspiraciones, que aparecerán como oscilantes, siendo variable también la capacidad de iniciativa, todo ello en función de las circunstancias.

Aparte de esto, las mayúsculas suelen variar su tamaño en escrituras de personas más bien intuitivas, versátiles, sentimentales, espontáneas y adaptables.

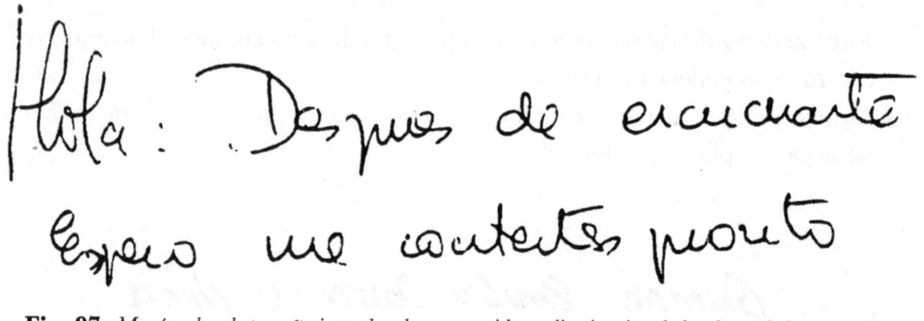

Fig. 97. *Mayúsculas de tamaño irregular: hay una evidente disminución de la altura de las mayúsculas, lo que resulta más notorio al darse en un texto tan escaso.*

LA ESCRITURA EN MAYÚSCULAS

Por su relación con los puntos anteriores comentamos aquí este tema, aunque podría ser igualmente incluido en el apartado de la forma. Se trata de la escritura en mayúsculas, que puede hacerse de manera habitual, esporádica o subrepticia.

- *Escritura habitual en mayúsculas:* cuando la persona utiliza normalmente y en todo tipo de escritos las letras mayúsculas.

Si casi siempre se escribe en mayúsculas, indica un deseo de ocultación de las debilidades, procurando dar la mejor de las imágenes de sí mismo. Está, pues, este rasgo en relación con el narcisismo y un concepto elevado de sí mismo. Laboral y personalmente existen ambiciones, incluso se tiende a superar las propias posibilidades. Son personas que no solo prefieren los puestos directivos, sino que los buscan como manera de satisfacer sus expectativas, siempre considerables. Su visión global es muy amplia, como corresponde a un rico panorama vital, característica básica de las personas que así escriben.

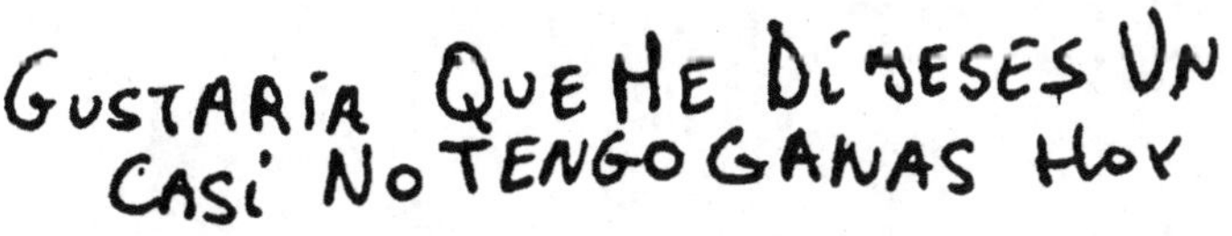

GUSTARíA QUEHE Dí·9ESE$ UN
CASí NoTENGOGANAS HoY

Fig. 98. *Escritura habitual en mayúsculas: obsérvese que se trata de parte del texto de un escrito dirigido a una persona conocida, lo que es indicativo de que el autor/a utiliza las mayúsculas habitualmente.*

• *Escritura parcial en mayúsculas:* se considera este caso cuando, a pesar de que se escriba en minúsculas, algunos escritos se hacen en mayúsculas, o bien estas se usan en determinados párrafos o palabras de los escritos.

La interpretación general sería el deseo de enfatizar lo que se escribe con mayúsculas, o bien darle claridad a esa parte del texto; por ejemplo, en apuntes o notas. Sin embargo, también pueden estar subyacentes en mayor o menor medida las interpretaciones dadas en la escritura que habitualmente se hace en mayúsculas.

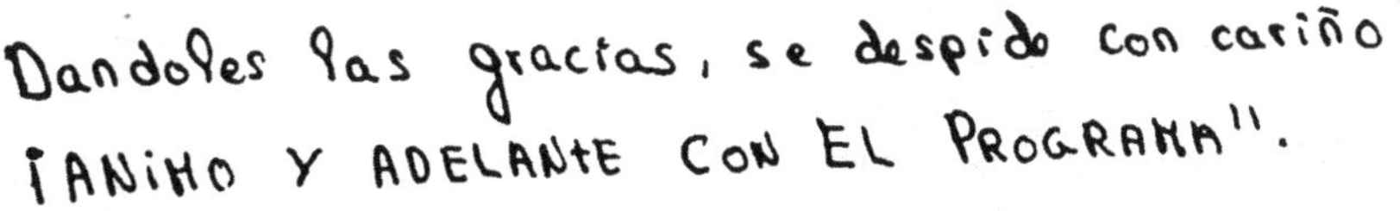

Dandoles las gracias, se despide con cariño
¡ANiHo Y ADELANtE CoN EL PRoGRAMA¡¡.

Fig. 99. *Escritura parcial en mayúsculas: la frase final realza así su sentido y entonación.*

• *Escritura con mayúsculas entre minúsculas:* en la que las mayúsculas aparecen de manera un tanto subrepticia, a veces bastante disimulada, entre las minúsculas.

En este caso concreto caben las interpretaciones dadas para la escritura habitual en mayúsculas, aunque el sujeto procura no expresarlas. Este encubrimiento de intenciones será mayor cuanto más difíciles de descubrir en el texto sean las mayúsculas intercaladas. Los deseos de reconocimiento social también están presentes, aunque se mantengan por lo general encubiertos.

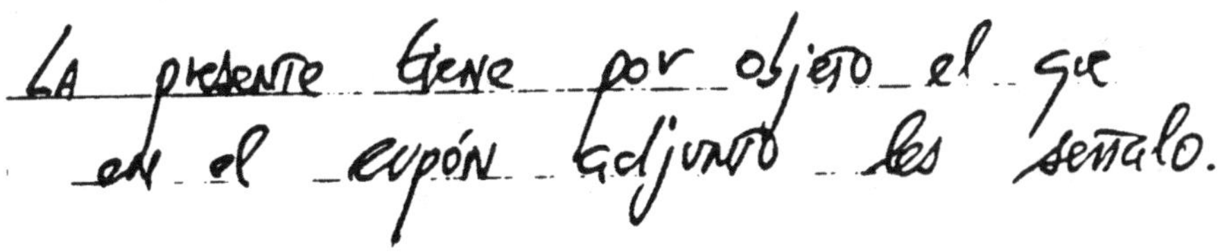

La presente tiene por objeto el que
en el cupón adjunto les señalo.

Fig. 100. *Mayúsculas entre minúsculas: en concreto la «A» la «N» y la «T» tienen la estructura de letras mayúsculas, pese a que ortográficamente deberían ser minúsculas.*

Capítulo XII

LA FORMA DE LA ESCRITURA

La forma que adopta la escritura de una persona es una expresión de su apariencia externa, representando, por tanto, la imagen que damos de nosotros mismos, proyectándola hacia los demás.

Así, una escritura con muchas puntas ya está poniendo de manifiesto el carácter más o menos «duro» de su autor, mientras otra más curva nos habla —de entrada— de que pertenece a una persona mucho más flexible. Igualmente, quien utiliza adornos más o menos aparatosos al escribir, será persona mucho más exagerada y «pomposa» que quien hace una escritura sencilla y escueta.

Pero esto son solo ejemplos que no deben inducirnos a pensar que la forma es un parámetro grafológico poco interesante por superficial; nada de eso, sino que —al contrario— en ella se esconden importantes contenidos simbólicos, tanto a niveles conscientes como inconscientes.

Lo que sí es cierto es que se trata de un parámetro bastante subjetivo, que depende en gran medida de las apreciaciones del observador, por lo que difiere de manera substancial de otros cuya observación puede apoyarse en datos numéricos como es el caso del tamaño, la inclinación, la dirección de las líneas, la velocidad, etc.

Por tanto, la apreciación de los diferentes aspectos de la forma de la escritura exigirá poner en juego al máximo las dotes intuitivas del observador, fundamentadas siempre en la lógica que la comparación con ejemplos claros proporciona. Pensando en ello hemos procurado seleccionar muy bien los que aparecen ilustrando cada uno de los apartados, el primero de los cuales abordamos a continuación:

EL NIVEL DE LA FORMA

Llamamos nivel de la forma a la categoría que puede atribuirse a una escritura considerada en su conjunto.

Esta definición tan escueta puede parecer clara en principio, pero la verdad es que inmediatamente después de leerla uno se plantea la manera en que —ateniéndose a ella— pueda determinar con una cierta precisión el nivel que alcanza una escritura.

Y la cosa no es tan fácil, sobre todo pensando que no hay verdaderas reglas a las que acudir, sino que tenemos que apelar a la intuición grafológica del observador.

Sea como sea, el caso es que las escrituras aparecen clasificadas en tres grandes apartados según presenten un nivel de la forma alto, medio o bajo, lo que esperamos aclaren los ejemplos que al respecto hemos seleccionado.

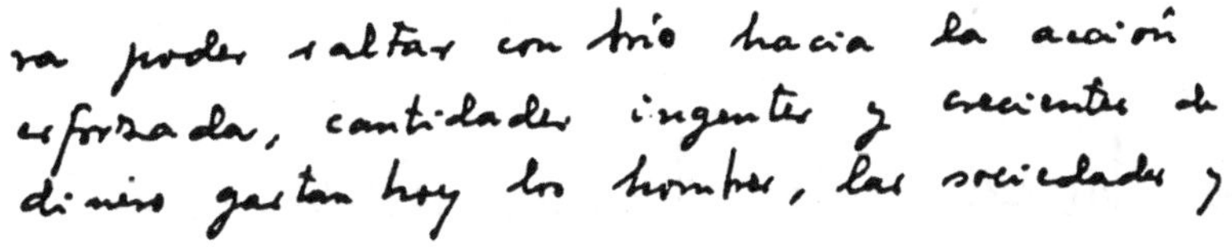

Fig. 101. *Escritura de D. Pedro Laín Entralgo: la capacidad de síntesis y la sencillez aparecen reflejadas en la escritura de este ilustre Doctor en Medicina, catedrático, académico, filósofo y ensayista, cuyo nivel de la forma es ciertamente muy elevado.*

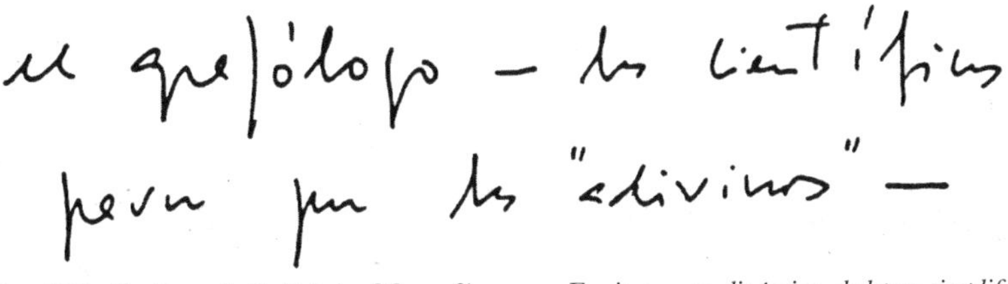

Fig. 102. *Grafismo de D. Federico Mayor Zaragoza. Escritura muy dinámica, de letras simplificadas al máximo y realizadas con una elegancia fuera de toda duda por el Dr. Mayor Zaragoza, prestigioso investigador en el campo de la Bioquímica, político y ex Presidente de la UNESCO.*

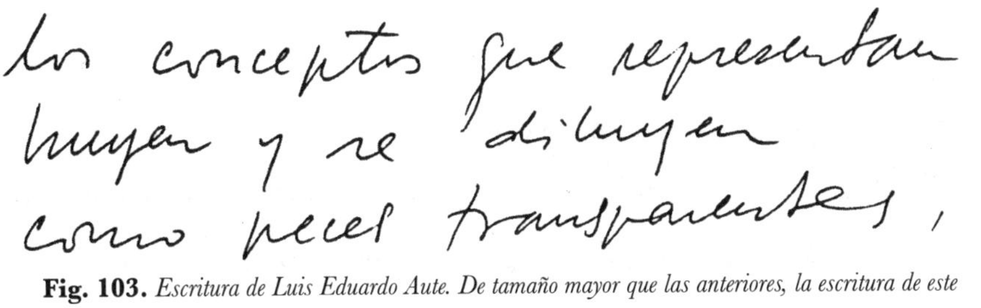

Fig. 103. *Escritura de Luis Eduardo Aute. De tamaño mayor que las anteriores, la escritura de este cantautor y artista plástico, denota su gran nivel personal, tanto por fluidez y delicadeza de los trazos como por la sencillez de las formas de las letras.*

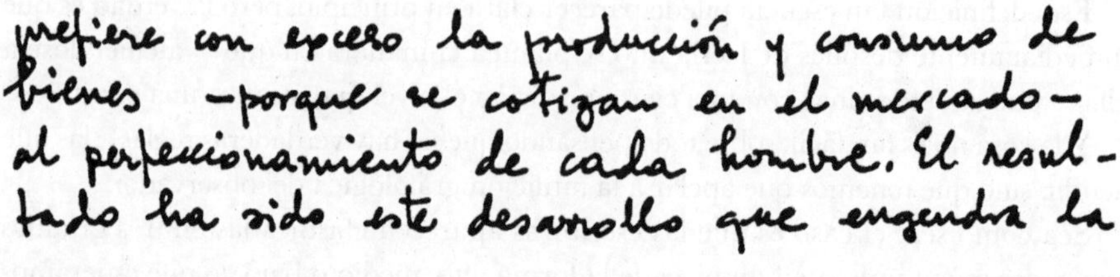

prefiere con esmero la producción y consumo de bienes —porque se cotizan en el mercado— al perfeccionamiento de cada hombre. El resultado ha sido este desarrollo que engendra la

Fig. 104. *Escritura de D. José Luis Sampedro. El prestigioso economista, escritor y académico, utilizaba un grafismo que expresaba su marcada personalidad dentro de unos trazos de formas absolutamente normales y cotidianas.*

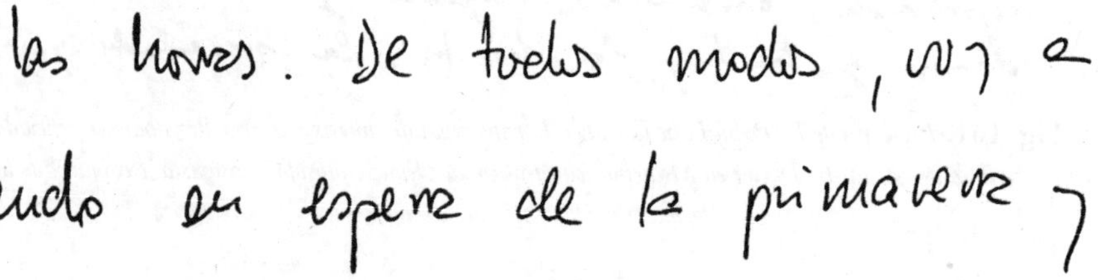

las horas. De todos modos, voy a endo en espera de la primavera

Fig. 105. *Grafismo de Imanol Arias. Este popular actor deja entrever su gran preparación cultural y su elevada categoría personal en una escritura escueta en la forma a la vez que rica en matices..*

El nivel de la forma se relaciona directamente con la capacidad intelectual y el nivel personal considerado en su conjunto. Nos mide la valía general de la persona, sus potencialidades genéricas, muy elevadas en el caso de los cinco grafismos anteriores

A continuación se presentan tres grafismos con un nivel de la forma medio, si bien dentro de esta categoría caben diferentes apreciaciones:

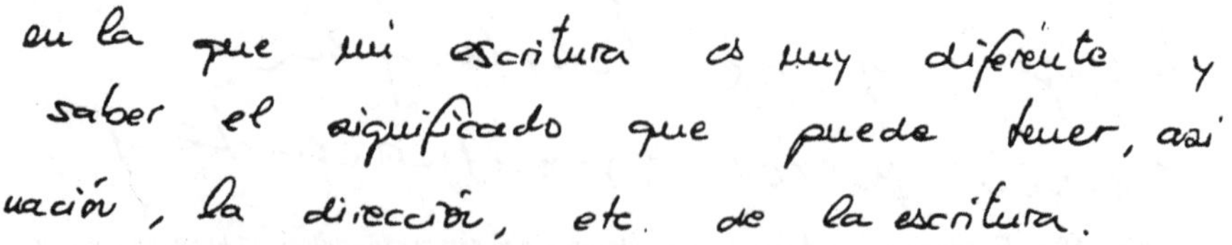

en la que mi escritura es muy diferente y saber el significado que puede tener, así uación, la dirección, etc. de la escritura.

Fig. 106. *Escritura de nivel medio-alto. Los trazos son ágiles y bastante personales dentro de su simplificación, lo que nos lleva a catalogar así a esta escritura.*

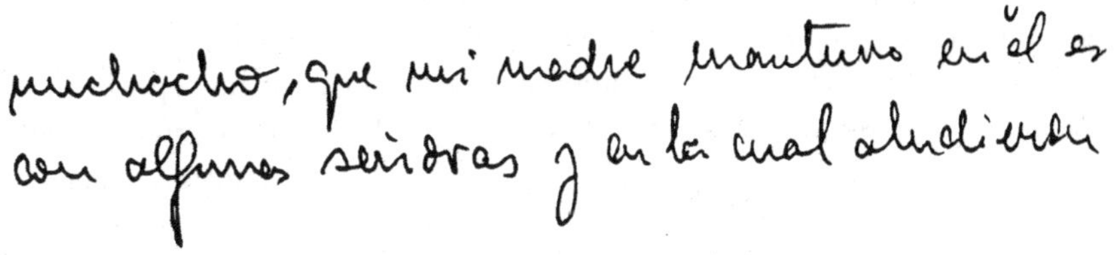

*muchacho, que mi madre mantuvo en él es
con algunas señoras y en la cual aludieron*

Fig. 107. *Escritura de nivel medio.*
A pesar de lo imperfecto de la ejecución de algunas letras y de las tensiones que denotan los trazos,
es indudable el estilo personal y la cultura que expresa este grafismo.

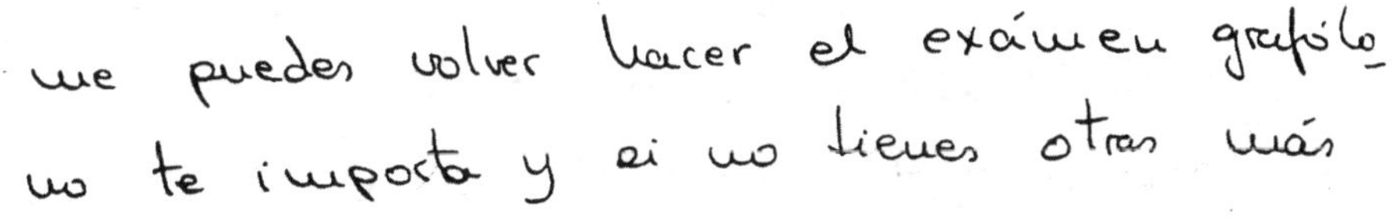

*me puedes volver hacer el examen grafoló-
no te importa y ei no tienes otras más*

Fig. 108. *Escritura de nivel medio-bajo.*
Trazos simplificados y cotidianos que dejan entrever una cierta vulgaridad en las formas, aunque estas
se mantienen todavía dentro del nivel medio.

A
*paisajes ; para realizar este viaje
sacar dinero , pues aunque hemos
pegatinas , lotería y hemos hecho*

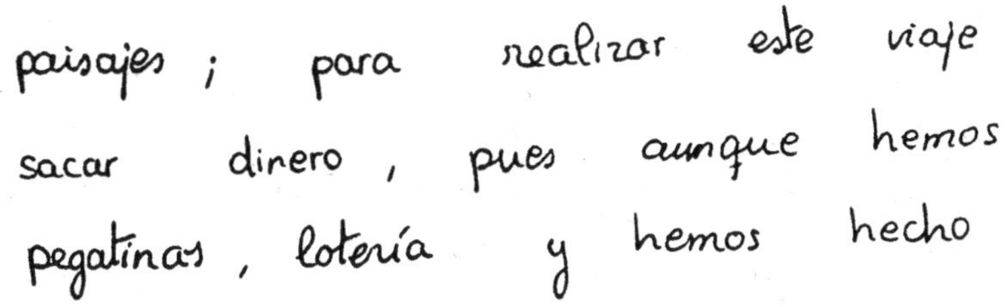

B
*Para que me saques de dudas. Y si acaso están
me gustaría que me dieses un poco como
do que dedicas a los famosos, bueno también*

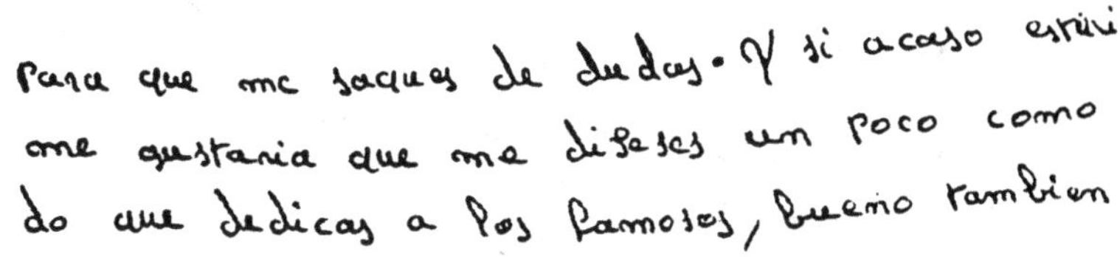

C
*si esto en la escritura lo puedes ver,
pues tengo gran "curiosida" par saberb
También te digo que tengo un niño pequeño*

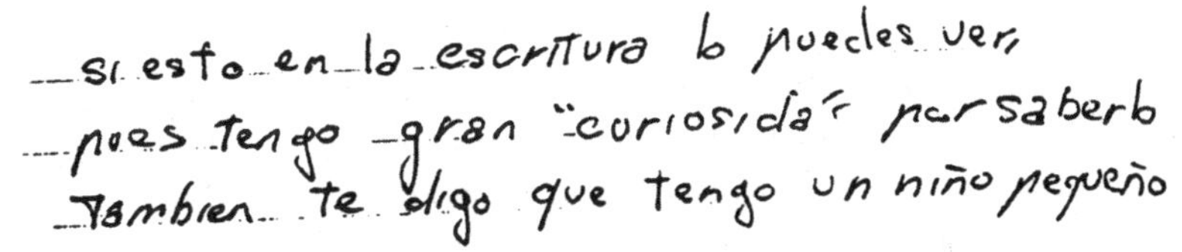

Fig. 109. *Escrituras de nivel de la forma bajo.*
Estos grafismos denotan un nivel cultural no muy elevado, sobre todo el «B» y —desde luego— el «C».
En todos ellos se aprecian personalidades más bien estereotipadas, con un relieve personal poco acusado.

Las escrituras que aparecen a continuación corresponden a un nivel de la forma bajo, el cual decae progresivamente en los tres siguientes ejemplos.

En cualquier caso, este tipo de escrituras mantienen un nivel muy superior a las que presentamos a continuación: en todas ellas es evidente lo limitado de sus posibilidades tanto a nivel intelectual como personal, y ello a pesar de los denodados esfuerzos que sus autores han realizado para elaborar un grafismo adecuado a las necesidades de comunicación escrita.

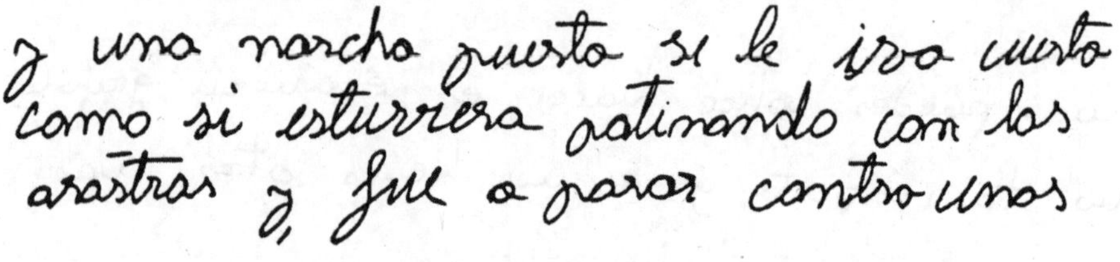

A

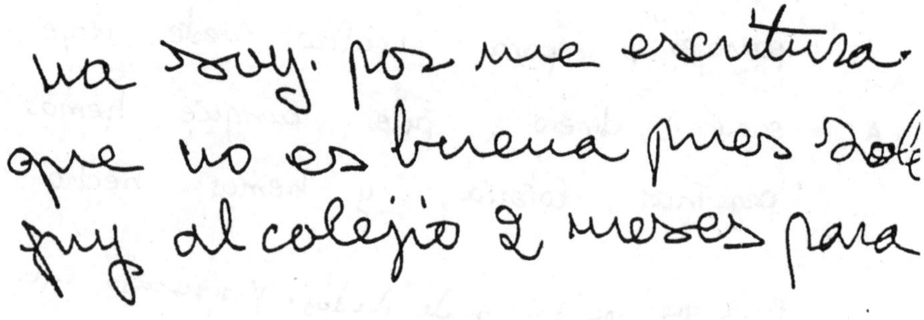

B

Fig. 110. *Grafismos de muy bajo nivel de forma.*
Es evidente la dificultad con la que han sido trazadas las letras, que pone de manifiesto la falta de costumbre de escribir que estas personas tienen, así como que su nivel cultural no es muy elevado.

A pesar de que el nivel de la forma de una escritura está de acuerdo en principio con las posibilidades intelectuales de la persona, es importante aclarar que, a medida que el este disminuye —y especialmente en los casos en que es muy bajo— las influencias culturales son más notables, pudiendo existir «inteligencias naturales» muy interesantes en personas cuyo grafismo es torpe por falta de cultura y/o costumbre de escribir.

Por último, volver a insistir sobre lo subjetivo que resulta la apreciación de esta característica grafológica de las escrituras, que hace muy difícil su valoración. Esperamos que los ejemplos anteriores hayan contribuido a aclarar este parámetro de tanto interés como es el nivel general de la forma de la escritura, aunque será la propia experiencia la que le permitirá hacer valoraciones certeras en este aspecto.

ÁNGULO Y CURVA

Como decíamos al comienzo de este capítulo, el predominio del ángulo en la escritura está de acuerdo con personalidades más bien «duras», mientras que, si es la curva lo que prevalece, los caracteres son mucho más flexibles.

Pero esto es algo muy general en lo que se puede y debe profundizar mucho más, pues no hay que olvidar que estamos ante una de las características de mayor importancia grafológica, considerada desde los comienzos de esta técnica como uno de los pilares básicos en los que asentar los estudios sobre la personalidad a través del análisis de la escritura.

En la actualidad sigue teniendo una gran significación, por lo que es un punto a considerar de manera predominante en cualquier trabajo de grafología.

Pues bien, empecemos por definir lo que se entiende —desde un punto de vista grafológico— por escrituras angulosa y curva, respectivamente.

Se dice que una escritura es angulosa cuando en ella aparecen ángulos en zonas en las que caligráficamente deberían existir curvas como, por ejemplo, las uniones entre letras, los óvalos, las crestas, los pies y —en general— muchas partes de letras en las que el trazo curvo es lo característico.

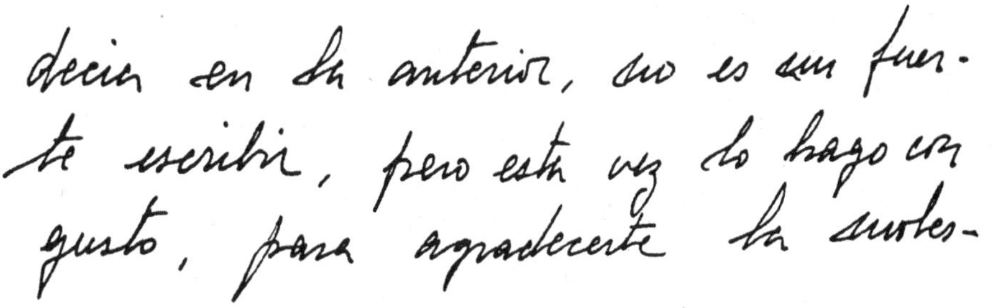

Fig. 111. *Escritura muy angulosa, ya que hay ángulo en las zonas en las que debería haber curva, como la unión entre letras, la parte superior de crestas e inferior de pies, óvalos, etc.*

Pero no siempre los ángulos aparecen tan marcados en las escrituras angulosas; así sucede en las de las figuras n.° 102, 103, 105, 107 o 110 B que, aun siendo angulosas, no lo son tanto como la del ejemplo precedente.

La escritura angulosa tiene un abanico de interpretaciones de carácter psicológico que exponemos a continuación.

Desde el punto de vista intelectual, los procesos mentales tienden a ser mesurados jugando la reflexión un importante papel. La captación mental del ambiente se realiza mediante mecanismos en los que la lógica predomina de forma clara.

La capacidad laboral es elevada, destacando la intensidad, la constancia y la concentración en el trabajo, el cual tiende a realizarse a ritmo mesurado pero constante.

La resistencia a la frustración es muy notable, existiendo un importante potencial de reacción ante las adversidades. Por otra parte se tiende hacia puestos de mando y responsabilidad, con independencia de criterios y aptitudes para dirigir.

Desde un punto de vista personal, el ángulo se relaciona con la introversión, siendo la razón la que guía en gran medida las acciones. La tipología afectiva tiende a ser secundaria, es decir, los afectos están de acuerdo con la realidad, prefiriéndose las relaciones intensivas: pocos pero buenos amigos.

Es notable la estabilidad emocional, lo que propicia el estado de ánimo más o menos uniforme. La fuerza del «yo» es importante, así como el grado de energía en general.

También destaca el autocontrol, lo que a veces puede dar una sensación de frialdad; se tiende a confiar más en las propias posibilidades que en las ajenas, influyendo esta circunstancia en la capacidad de relación social, algo limitada.

Hay —en efecto— independencia del grupo, que no se considera necesario. El comportamiento tiende a ser asertivo, exponiéndose las situaciones con realismo y claridad, de manera que se marcan los límites propios y ajenos.

Puede haber —dependiendo de otros factores gráficos— cierta intransigencia en criterios y comportamiento, así como marcada tendencia al individualismo. También la artificiosidad es un factor asociado a la presencia mayoritaria de ángulos en la escritura, siendo en el fondo todos estos elementos mecanismos de defensa que el individuo elabora para mantenerse a salvo de las presiones ambientales.

El ángulo se asocia tradicionalmente, a escrituras típicamente masculinas, sin que ello pueda ser tomado ni mucho menos como regla fija, según vimos en el apartado «el sexo y la edad en la escritura», en el capítulo VI.

La presencia masiva de ángulos en la escritura —sobre todo en la zona inferior— puede ser sintomática de bloqueos en la vivenciación de la sensualidad.

Señalar por último que los ángulos en la escritura son un rasgo muy considerable a la hora de evaluar el nivel de agresividad, siendo esta de tipo secundario, lo que supone la existencia de un lapso de tiempo más o menos prolongado entre el estímulo que provoca la agresividad y la reacción ante el mismo.

La curva ofrece una interpretación opuesta a la anterior, relacionándosela con la agilidad mental y el predominio de la intuición, así como con la pereza que muchas veces se compensa a base de hacer cosas muy diferentes a la vez, como manera de escapar de la rutina. Se suelen preferir los puestos subordinados, dado el carácter suave de las personas que así escriben, poco dado a las imposiciones a que el mando puede obligar, aunque pueden dirigir haciendo uso de su capacidad de convicción.

Desde el punto de vista personal, la curva supone extraversión y predominio del sentimiento, así como cierta inestabilidad emocional dentro de una tipología afectiva primaria. La fuerza del «yo» es menor que en el caso anterior, pero el trato social es mucho más diplomático y espontáneo. También la sensualidad se vivencia de forma más adecuada, siendo mayor la capacidad de relación en cuanto a contacto físico.

La agresividad que se corresponde con la escritura curva es más bien primaria con posibilidades de pérdidas de control.

Como fácilmente puede deducirse, se dice que una escritura es curva cuando se suavizan los ángulos en zonas donde caligráficamente debieran aparecer; por ejemplo, en las letras «r» o «s», en las uniones entre arcos de las letras «m», «n», «u» y, en general, en todas las zonas escriturales donde son posibles los trazos angulosos y han sido sustituidos por trazos curvos.

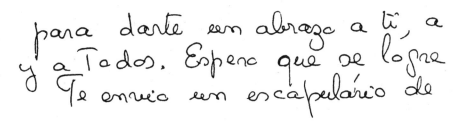

Fig. 112. *Escritura muy curva, en la que pueden apreciarse trazos curvos en zonas que caligráficamente son angulosas, como la «r», la «s», la zona superior de la «u» o incluso de la «T».*

Pero lo más frecuente es que exista una mezcla de ángulos y curvas en la escritura, a veces con predominio del ángulo (como en las figuras n.º 101, 104, 109 y 110 A), mientras en otras se impone la curva, por ejemplo las n.º 106, 108 y 109 A.

La interpretación de este tipo de escrituras que presentan mezclas de ángulo y curva se corresponde con las anteriormente dadas para estos dos rasgos escriturales, prevaleciendo las características de cada uno de ellos según la medida en que se encuentre en la escritura.

En general, podemos decir que la mezcla de ángulo y curva corresponde a un equilibrio de la tensión vital del individuo, que será intermedia entre la rigidez y dureza que supone el ángulo, y la adaptación y laxitud que la curva significa.

ARCO Y GUIRNALDA

También son estas dos características básicas de la escritura, en lo que a la forma de la misma se refiere, estando sus denominaciones acordes con el dibujo simbólico que cada una representa.

Se dice que una escritura es «en arco» cuando las letras «m», «n» y «h» se cierran por arriba.

Este tipo de movimientos gráficos se consideran, desde el punto de vista grafológico, como de defensa primaria ante el medio ambiente; son, por tanto, la expresión de tendencias a la introversión, al autocontrol y a la reserva personal.

Implica capacidad para concentrarse, así como resistencia ante la frustración. La sociabilidad se puede ver limitada por el carácter artificioso de las relaciones, en las que tiende a ponerse de parte de los interlocutores, buscando quizá la aceptación y el reconocimiento sociales.

Son ejemplos de escrituras en arcos las n.º 109 A, B y C, 110 y 112.

El movimiento antagónico al anterior es el denominado «en guirnalda», que consiste en la formación de las letras «m», «n» y «h» cerrándolas por abajo, como puede verse en las figuras 106, 107, 108 y 110 B.

Al contrario que el arco, la guirnalda en la escritura es una expresión de la adaptabilidad al medio ambiente y de la apertura ante el mismo. Se considera, pues, un rasgo de extraversión, de espontaneidad y de comportamiento sincero en general.

Existe un movimiento que se puede considerar intermedio entre el arco y la guirnalda, cuya interpretación se corresponde con la mezcla de las expuestas en cada uno de estos casos. Se puede hablar, por tanto, de extraversión limitada, así como de relaciones con el medio más o menos condicionadas.

La denominación de este tipo de rasgo sería la de «semiarco» o «semiguirnalda», pudiendo servir como ejemplos los de las figuras 101, 104 y 111.

EL GRADO DE COMPLEJIDAD

Una escritura puede ser realizada con rasgos más o menos complicados o, por el contrario, ser trazada con formas absolutamente sencillas. Si estamos en este último caso, diremos que se trata de una escritura simplificada, caracterizada porque la forma de las letras es lo más escueta posible.

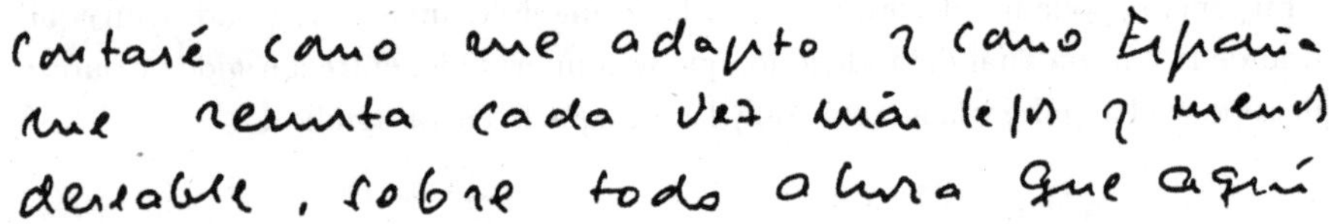

Fig. 113. *Escritura simplificada, en la que las letras están trazadas de la forma más sencilla, sin ninguna concesión a la galería, aun a riesgo de que se resienta la ejecución.*

La escritura simplificada supone una gran capacidad de síntesis, de acuerdo con una inteligencia de tipo práctico. Favorece la rapidez de los procesos mentales así como la capacidad de concentración y el rendimiento laboral en lo que a cantidad de trabajo realizado se refiere.

Se trata de personas con metas y objetivos concretos a las que les gusta ir directamente «al grano». En general, su comportamiento tiende a la asertividad; les gusta la sencillez, la claridad y saben conformarse con lo indispensable.

Todo lo contrario sucede en el caso de la escritura complicada, denominada así por la abundancia de rasgos innecesarios, en no importa qué zona de la misma.

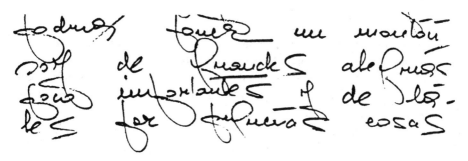

Fig. 114. *Escritura complicada, sobre todo en lo que se refiere a crestas y pies, extraordinariamente ampulosos.*

La escritura complicada supone cierta confusión en las ideas; suele haber también desarreglos imaginativos, con salidas de la realidad más o menos importantes y frecuentes.

El tiempo no se aprovecha de manera adecuada y la energía tiende a dispersarse, existiendo desorden tanto temporal como espacial, por lo que el rendimiento laboral puede resentirse.

Emocionalmente se presenta inestabilidad, así como debilidad del «yo» y autoconcepto variable e inconcreto. Se relaciona también con la desconfianza en general y los comportamientos poco diáfanos, con tendencia a la mitomanía* y —por supuesto— a la subjetividad.

En general, este tipo de escrituras pone de manifiesto desarreglos psicológicos más o menos importantes en función del grado de complicación que la propia escritura presente.

Mucho más benigna es la interpretación que se desprende de otras escrituras llamadas «adornadas» y en las que el grado de complejidad se reduce a la presencia de una serie de ornamentos realizados con mayor o menor soltura y oportunidad.

---

* Se llama *mitomanía* a la costumbre de enriquecer las narraciones con detalles o anécdotas que no son reales, sino fruto de la imaginación del narrador.

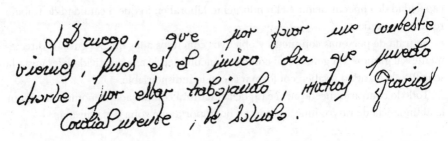

Fig. 115. *Escritura adornada con rasgos «extra» que complican innecesariamente las letras, dándoles un aspecto un tanto artificioso aunque elegante.*

Una escritura adornada indica un gusto por los aderezos en todos los aspectos, tanto en lo intelectual como en lo laboral y personal. El narcisismo* está presente, así como las pérdidas de tiempo y energía propiciadas por la tendencia a dar más importancia a la forma que al fondo de las cosas. En las personas que así escriben suele haber facilidad para las artes plásticas en general.

Añadir, por último, otro tipo de escrituras realizadas con formas extravagantes y poco usuales que —precisamente por ello— llaman poderosamente la atención: las llamamos «escrituras extrañas».

A

B

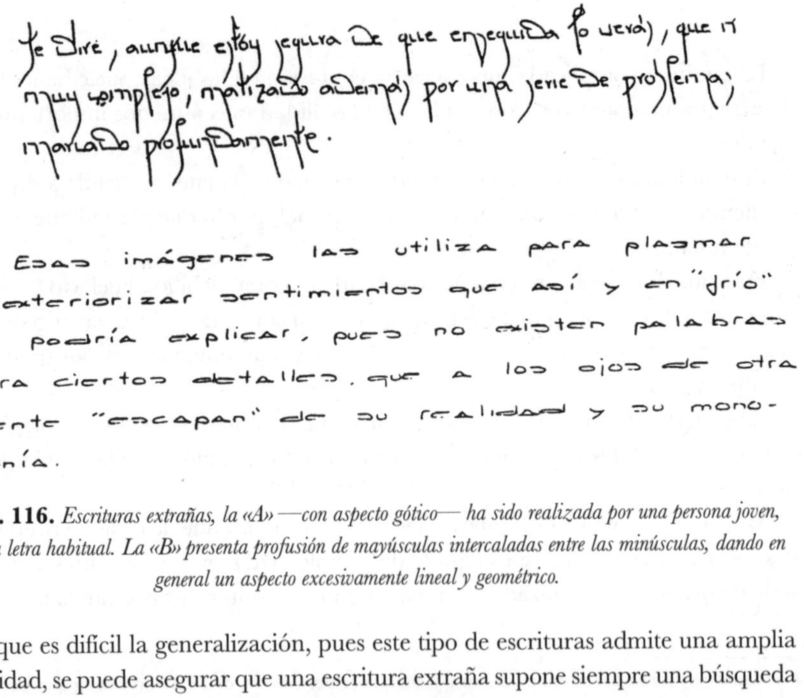

Fig. 116. *Escrituras extrañas, la «A» —con aspecto gótico— ha sido realizada por una persona joven, siendo su letra habitual. La «B» presenta profusión de mayúsculas intercaladas entre las minúsculas, dando en general un aspecto excesivamente lineal y geométrico.*

Aunque es difícil la generalización, pues este tipo de escrituras admite una amplia variabilidad, se puede asegurar que una escritura extraña supone siempre una búsqueda de originalidad que puede canalizarse de muchas maneras.

También es cierto que las personas que así escriben sienten fervientes deseos de ser el centro de atención, lo que implica un acendrado narcisismo.

Son típicas de este tipo de escrituras las obsesiones por los misterios, por todo aquello donde la intriga juegue un papel protagonista. No cabe duda de que se trata de personas creativas y con un autoconcepto elevado, aunque muchas veces esto último puede ser una manera de compensar sentimientos de inferioridad más o menos arraigados.

Es difícil que quien escribe de forma manifiestamente extraña se deje aconsejar y, más aún, que siga cualquier tipo de directrices que le sean marcadas, pues la independencia de criterios suele ser muy notoria.

Desde un punto de vista psicopatológico, es notoria la presencia de neurosis más o menos agudizadas, lo que supone la existencia de mecanismos de defensa que confieren a estas personas un carácter extraño —como su propia escritura— y un comportamiento más o menos fuera de lo común.

EL GRADO DE ESPONTANEIDAD

Siempre que una persona se pone a escribir necesita cierto grado de concentración, disponiéndose su cerebro a ordenar las ideas e irlas plasmando en el papel. Según la forma de realizar este acto sea más o menos natural, el grado de espontaneidad de la escritura será mayor o menor.

También en este aspecto la valoración habrá de ser subjetiva, teniéndose en cuenta sobre todo la soltura con que los rasgos han sido trazados.

Si la escritura es espontánea, la persona tiende a la extraversión, lo que propicia su adaptabilidad así como una buena relación con el ambiente. Los sentimientos afloran con naturalidad y la sensualidad se ejerce de acuerdo con los dictados del inconsciente.

En general, la persona se comporta de manera espontánea y sincera, relacionándose adecuadamente con el entorno. Ejemplos de escrituras espontáneas las tenemos en las n.º 102, 103, 105, 108, 112 y 113.

Por el contrario, la escritura artificiosa supone una actitud general introtensiva que puede desembocar en un trato distante o convencional. La lógica se utiliza más que la intuición y la razón controla los sentimientos.

Quien así escribe expresa su temor inconsciente a enfrentarse con el ambiente que le rodea para lo cual utiliza recursos psicológicos que pueden ir desde la introversión —ya apuntada— y las consecuencias que de ella se derivan, hasta comportamientos intransigentes o falseamiento de la realidad. Son probables los bloqueos en la sensualidad, como resultado de temores ante la posibilidad de pérdida del control consciente.

Son escrituras artificiosas las n.º 109 A y C, 111, 115 y 116 A y B.

Otro caso relacionado con el grado de espontaneidad de la escritura lo constituyen las escrituras disimuladas, consistentes —como su denominación indica— en una ocultación intencionada de los rasgos de la propia escritura.

En ocasiones este disimulo de la escritura está motivado por situaciones más o menos lúdicas y su objetivo no pasa de ser un simple pasatiempo, en cuyo caso la interpretación no puede ser otra que el sentido del humor del autor y su búsqueda de la originalidad.

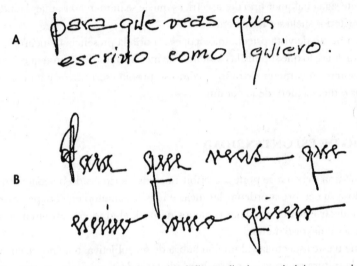

Fig. 117. *Escrituras disimuladas por motivos lúdicos, realizadas a modo de juego, como la propia frase indica, por una misma persona y de forma consecutiva.*

Pero, en otras ocasiones, el disimulo de la escritura responde a otras motivaciones mucho menos cordiales. En efecto, las simulaciones de la propia escritura —o la imitación de la ajena— son el camino que muchos estafadores y delincuentes —habituales o esporádicos— eligen como herramienta de sus fechorías.

Desde luego que la interpretación que este tipo de simulaciones admite dista mucho de la anterior; el juego se convierte en este caso en un deseo de obtener beneficios a costa de los demás, o de amedrentarlos, como sucede en el caso de los escritos anónimos.

En muchas ocasiones la grafología permite detectar en la escritura de este tipo de delincuentes rasgos de desequilibrios mentales más o menos importantes, que pueden llegar a desembocar en actitudes de carácter sociopático.

Como decíamos al principio, concretamente en la «Introducción», existe una técnica basada también en el análisis morfológico de la escritura que permite la detección de los autores tanto de anónimos como de falsificaciones de la firma o de la escritura en general; se trata de la denominada *peritación caligráfica*.

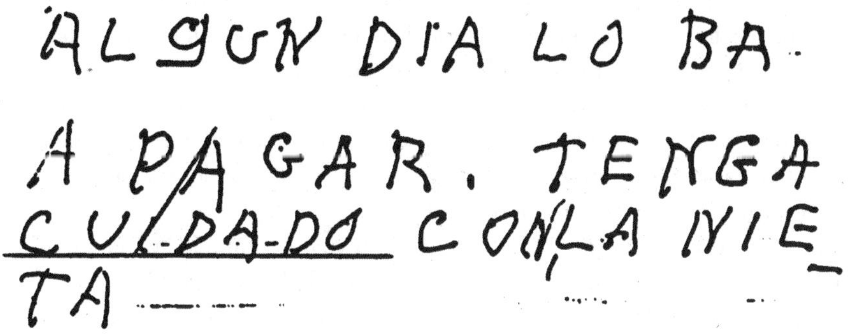

ALGUN DIA LO BA.
A PAGAR. TENGA
CULDADO CONLA NIE
TA

Fig. 118. *Escrito anónimo, en letras mayúsculas, intentando disimular la propia grafía. Es una muestra típica de anónimo cuya finalidad es el amedrantamiento del destinatario.*

OTROS TIPOS DE ESCRITURA

Aparte de los tipos de letra que acabamos de ver, existen tres grandes apartados en los que encuadrar las escrituras según que la forma de sus caracteres responda más a los modelos de caligrafía, a la llamada «letra de imprenta» o a los impulsos personales del autor. Consideramos así tres modelos de escritura denominados respectivamente caligráfica, tipográfica y personal.

La escritura caligráfica es aquella cuyos trazos recuerdan en mayor o menor medida a los del modelo caligráfico con el que el sujeto aprendió a escribir. El hecho de conocer este primer modelo es importante para calibrar hasta qué punto la escritura actual mantiene o no la semejanza de rasgos con los aprendidos en las primeras etapas.

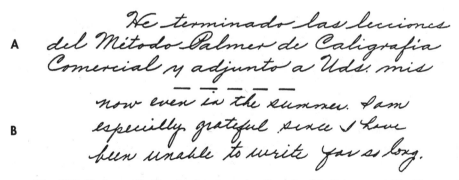

A

B

Fig. 119. *Escrituras caligráficas, la «A» es la correspondiente al modelo «Palmer», muy difundido en América y la «B» es una muestra extraída de una carta que responde con gran fidelidad a las características del modelo. Otros ejemplos los encontramos en la fig. 109 A, escritura tipo «redondilla», y en la 111, perfecta muestra caligráfica «inglesa», que gozó de etapas de gran aceptación en nuestro país.*

Si, una vez pasadas estas, se sigue utilizando una escritura de rasgos semejantes a los del modelo caligráfico, ello tiene una serie de interpretaciones en las que la tendencia a aferrarse a etapas anteriores es la línea predominante.

La escritura caligráfica supone, en efecto, un indudable gusto por lo tradicional, así como un marcado apego a las costumbres establecidas; el comportamiento tiende a la estereotipia, a seguir caminos ya trazados. Y es que —en el fondo— la persona que así escribe siente un cierto rechazo a los cambios en general.

Por otro lado, y en la misma línea, existe una vinculación a la familia de origen y —en particular— a la imagen materna, con posibilidad de rasgos edípicos.

En lo laboral destaca en este tipo de escrituras un sentido del orden, de la pulcritud y la estética, existiendo —por regla general— una necesidad de normas claras y precisas, así como la posibilidad de consultar con superiores. No les importa realizar trabajos que exijan dedicación, siendo capaces de soportar pacientemente la realización de tareas más o menos rutinarias. La memoria —sobre todo si la escritura es ordenada— suele ser buena, como corresponde a ese deseo profundo de revivir el pasado.

Las relaciones sociales se enmarcan en un convencionalismo más o menos estricto, procurando mantener en todo momento las normas de educación y guardar las distancias. Sin embargo, necesitan en el fondo el reconocimiento de los demás para sentirse bien.

Señalar, por último, la tendencia a la sugestión que pueden presentar en su comportamiento las personas que así escriben.

El segundo tipo característico de escritura según la forma es la llamada escritura tipográfica, cuyas letras y rasgos resultan semejantes a los caracteres que aparecen en la letra impresa.

Desde un punto de vista intelectual, en las personas que hacen este tipo de escritura, hay un claro predominio de la lógica, buscándose de modo consciente la claridad en las ideas y existiendo una buena capacidad de concentración. La actitud general es de tipo práctico.

En lo personal estas personas tienden a la introversión o incluso a actitudes coartadas; la razón predomina sobre las facetas sentimentales, siendo considerable el autocontrol y probable la artificiosidad.

La agresividad es secundaria, existiendo un intervalo temporal más o menos largo entre la motivación y la reacción agresiva. Es notoria la capacidad crítica de estas personas, basada en su fuerte lógica, que les lleva a defender con denuedo sus puntos de vista ante los demás.

Relacionada con esta escritura tipográfica, cabe la existencia de sentimientos de inferioridad más o menos acusados, cuya supercompensación se intenta de modo racional.

Si esta escritura se realiza solo en documentos, se palían las interpretaciones anteriores, pudiéndose diagnosticar tan solo los deseos de claridad en los mismos.

Por último, el tercer tipo de escritura es la llamada escritura personal, siendo en este caso muy difícil dar una definición específica; podemos decir no obstante que se

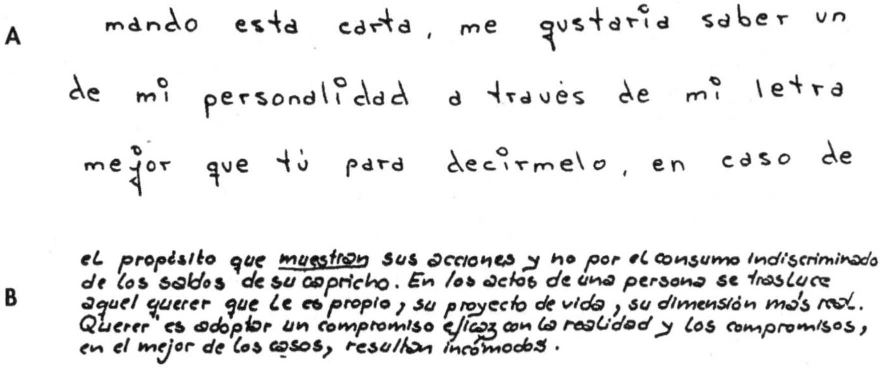

A   mando esta carta, me gustaría saber un
de mi personalidad a través de mi letra
mejor que tú para decírmelo, en caso de

B   el propósito que muestran sus acciones y no por el consumo indiscriminado de los saldos de su capricho. En los actos de una persona se trasluce aquel querer que le es propio y su proyecto de vida, su dimensión más real. Querer es adoptar un compromiso eficaz con la realidad y los compromisos, en el mejor de los casos, resultan incómodos.

Fig. 120. *Escrituras tipográficas: la «A» responde al modelo llamado «scrip»; la «B» es un ejemplo de «escritura de imprenta», aunque sea —naturalmente— manuscrita.*

trata de escrituras genuinas de cada persona, realizadas con rasgos escriturales propios, acuñados a lo largo de su evolución.

Aunque quizá sean las más difíciles de catalogar, podemos calificar de «personales» a las escrituras que van desde la n.º 101 hasta la 105, así como la 113.

En este tipo de escrituras suele ocurrir que los niveles tanto intelectual como personal son elevados, sobre todo si confluyen otra serie de rasgos.

El hecho de escribir con un tipo de escritura personal supone independencia de criterios, en consonancia con una acusada personalidad.

FORMAS ESPECIALES

Una vez vistos los tres tipos de escritura fundamentales con relación a la forma —caligráfica, tipográfica y personal—, hacemos a continuación un recorrido por una serie de formas de escritura que hemos llamado genéricamente «especiales».

La primera de ellas es la que se denomina escritura caligrafiada, que se puede considerar como un caso particular de la caligráfica en la que las letras ya no es que recuerden al modelo de caligrafía, sino que parecen haber sido dibujadas siguiendo el mismo «al pie de la letra», y nunca mejor empleada la frase.

Caben en este tipo de escritura todas las interpretaciones de la caligráfica, incidiendo especialmente en la artificiosidad. Supone también un predominio de los planteamientos prácticos sobre los puramente teóricos, así como deseos conscientes de orden y claridad en las ideas. A nivel anecdótico señalar la relación de esta escritura con la habilidad para realizar trabajos manuales.

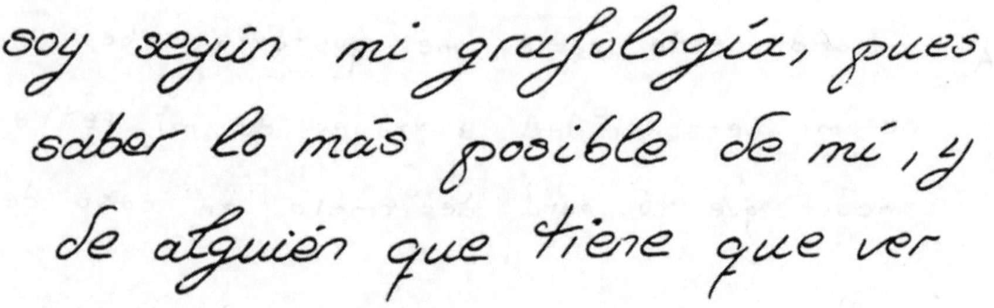

soy según mi grafología, pues saber lo más posible de mí, y de alguién que tiene que ver

Fig. 121. *Escritura caligrafiada, en la que se ha buscado la perfección absoluta a base de imitar de forma un tanto artificiosa un modelo de caligrafía.*

Otra forma especial de escritura es la llamada escritura filiforme, denominación que responde al hecho de que sus trazos tienden a alargarse en forma de hilo.

Es importante señalar que este tipo de escritura puede aparecer de forma eventual en algunos escritos, normalmente por ser realizados a velocidad superior a la habitual; por ejemplo, apuntes de clase, recetas médicas, notas apresuradas, etc. Si los rasgos filiformes solo aparecen en estos casos, no se puede considerar como tal a la escritura.

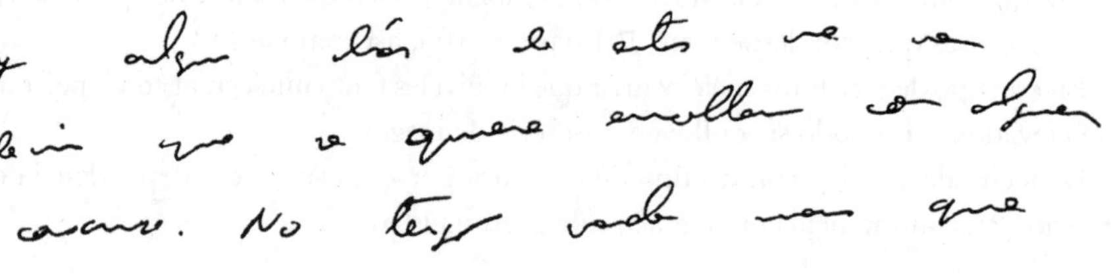

Fig. 122. *Escritura filiforme extraída del texto de una carta, lo que nos lleva a pensar que es la forma habitual de escribir de esta persona.*

Si, por el contrario, el carácter filiforme es el habitual en la escritura, podemos hablar de tendencia a la precipitación en los procesos mentales, así como de irreflexión en general. Laboralmente existe diligencia, aunque la inconstancia marca los trabajos de las personas que así escriben, lo que se compensa en parte con la excelente capacidad de adaptación para realizar funciones de muy diversa índole.

En efecto, hay necesidad de cambios frecuentes y clara tendencia a la huida. También es este un rasgo de introversión, lo que suele llevar a que la timidez presida el comportamiento social, aunque esta puede verse supercompensada.

Las relaciones son de tipo extensivo (sin profundizar en los afectos), lo que hace frecuentes los cambios de amistades o de pareja. Suele haber, no obstante, excelentes dotes de diplomacia, así como un exquisito tacto social, marcado siempre, eso sí, por la superficialidad.

El autoconcepto tiende a ser bajo y el carácter irritable, existiendo también una marcada tendencia a la mentira por omisión. Señalar, por último, que las personas que realizan habitualmente una escritura de tipo filiforme suelen tener un elevado nivel de ansiedad.

Una escritura semejante a la filiforme es la denominada «en serpentina», cuya definición morfológica podría ser la de filiforme atenuada; es decir, se ve una tendencia hacia la extensión de los trazos en forma de hilo, pero sin llegar a concretarse.

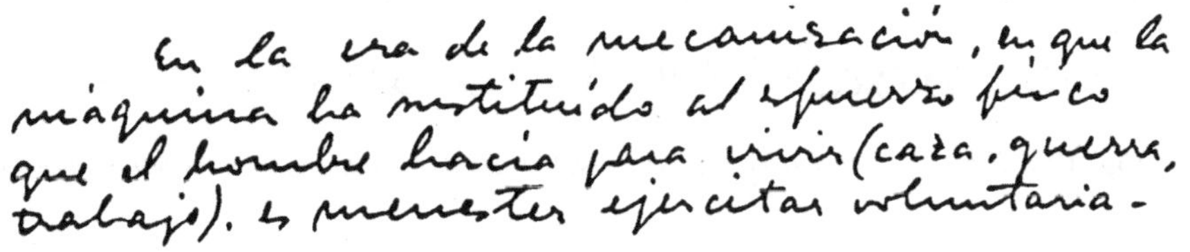

Fig. 123. *Escritura «en serpentina», en la que los trazos aún no se han hecho filiformes del todo, aunque poco les falta para ello.*

Las interpretaciones son, por tanto, semejantes a las de la escritura filiforme, aunque suavizadas; podemos hablar de diplomacia, cordialidad, necesidad de contacto social y, como rasgo más característico, la tendencia a las «evasivas» en todos los aspectos.

Otra forma característica es la llamada escritura seca, caracterizada por sus trazos adustos y —por regla general— puntiagudos, sin ningún tipo de adornos. Son característicos de estas escrituras los rasgos rectilíneos y acerados.

Las personas que utilizan este tipo de escritura manifiestan una marcada tendencia a la racionalización, predominando la razón sobre los sentimientos.

Existen dificultades de adaptación social, propiciadas por la sequedad de su carácter —en consonancia con la de su escritura— así como por su intransigencia. Son frecuentes los bloqueos a la hora de vivenciar la sensualidad, siendo el carácter marcadamente irritable.

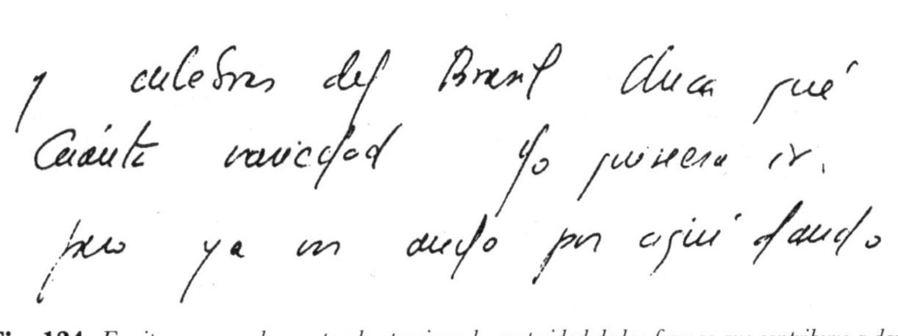

Fig. 124. *Escritura seca en la que puede apreciarse la austeridad de las formas que contribuye a dar esa sensación general de «sequedad».*

Se llama *escritura redonda* a aquella cuyos óvalos son redondeados, siéndolo también el cuerpo medio, el cual destaca sobre las restantes zonas de la escritura: crestas, pies e incluso mayúsculas.

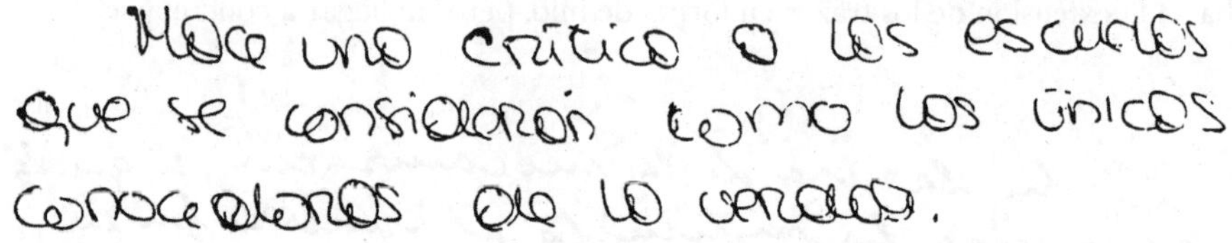

Hace una crítica a las escuelas que se consideran como los únicos conocedores de lo cierto.

Fig. 125. *Escritura redonda, con óvalos enormemente destacados, mientras las crestas y pies prácticamente no existen.*

El egocentrismo es la característica personal más acusada de los que así escriben, por lo que tienden a actuar de tal manera que el ambiente donde se desenvuelven gire en torno suyo.

Son también características de estas personas el narcisismo y la ingenuidad, en relación con su carácter primario. La sensualidad, al menos potencial, suele ser considerable.

Absolutamente diferente a la anterior resulta la escritura cuadrada, caracterizada porque la base de las letras tiene esta forma, particularmente la «m», la «n» y la «u».

A

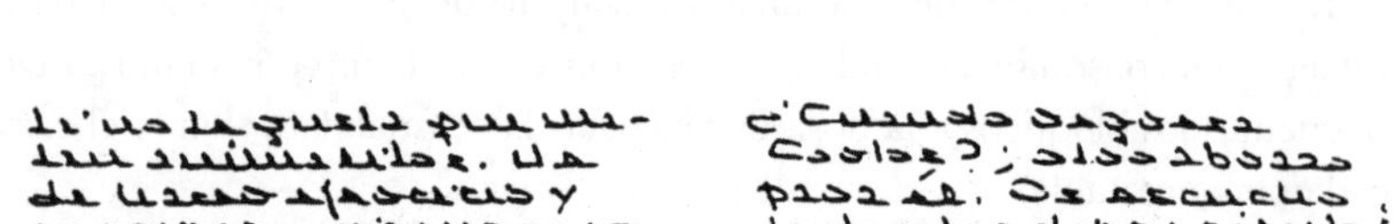

B

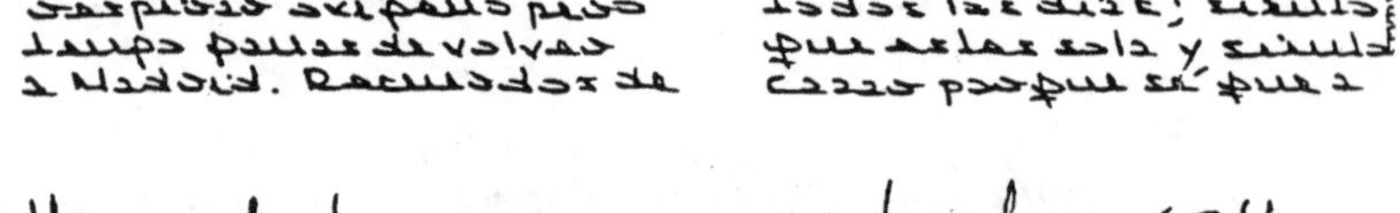

Fig. 126. *Escrituras cuadradas. La «A» resulta además un tanto extraña y muy condensada, mientras la «B» es bastante caligráfica y más espaciada; en ambos casos la base de las letras aparece como marcadamente cuadrada.*

Este tipo de escritura es síntoma inequívoco de que la sensualidad se encuentra profundamente reprimida. El comportamiento es artificioso, concediéndose importancia a las apariencias y dejándose ganar por los prejuicios y los convencionalismos. El «super yo» suele estar muy desarrollado, siendo precisamente esta la causa psicológica profunda de estos tipos de conducta.

Se dice que una escritura es paralela cuando aparecen rasgos de paralelismo en toda ella, los cuales marcan una inclinación determinada.

Teniendo en cuenta que la inclinación* determina la tendencia afectiva, las escrituras paralelas suponen una marcada constancia en esta faceta de la personalidad, aunque a este tipo de afectos les pueda faltar cierta dosis de espontaneidad.

Efectivamente, esta escritura se relaciona con un gran autocontrol, que deviene en rigidez y tensión generales. Tampoco son infrecuentes las neurosis en sus diversas manifestaciones.

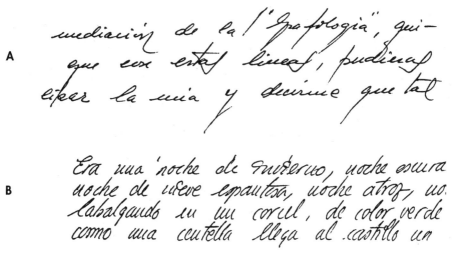

Fig. 127. *Escrituras paralelas.*
En la «A» el paralelismo se aprecia más en los pies y crestas, mientras en la «B» aparece muy marcado en el cuerpo medio.

La escritura puntiaguda se caracteriza por la presencia de puntas más o menos pronunciadas a lo largo de todo el escrito.

---

* Todos los aspectos grafológicos de la inclinación se analizan en el capítulo XIV.

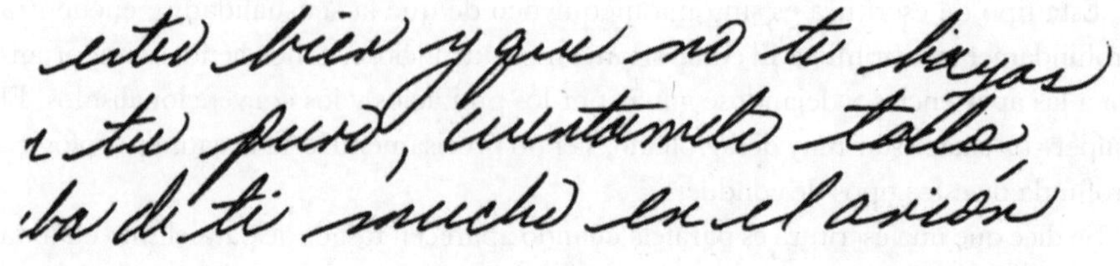

Fig. 128. *Escritura puntiaguda, con largos y acerados finales, así como marcados ángulos en todas las zonas de las letras.*

Es proverbial la capacidad de observación y la agudeza de las críticas de quienes así escriben; también lo es su acusada agresividad, la cual puede adoptar diferentes manifestaciones según la dirección, presión y abundancia de las puntas que aparecen en estas escrituras.

Se dice que una escritura es buclada cuando en ella se dan con profusión unos trazos característicos llamados «bucles», que no son sino curvas que cierran sobre sí mismas.

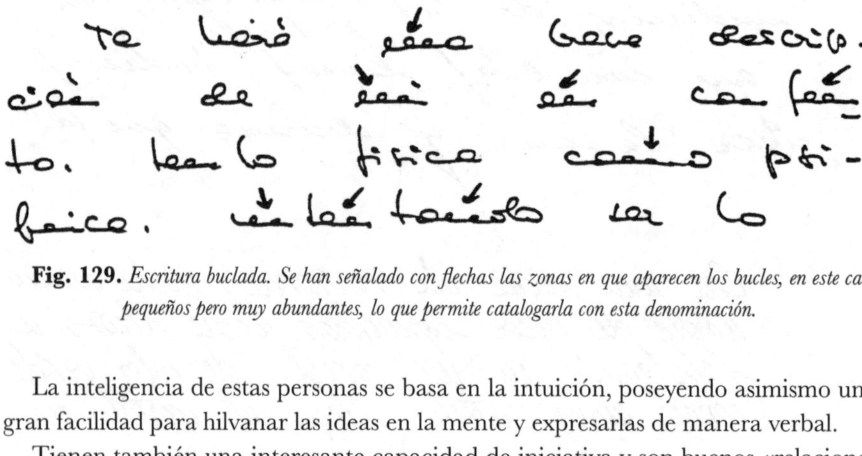

Fig. 129. *Escritura buclada. Se han señalado con flechas las zonas en que aparecen los bucles, en este caso pequeños pero muy abundantes, lo que permite catalogarla con esta denominación.*

La inteligencia de estas personas se basa en la intuición, poseyendo asimismo una gran facilidad para hilvanar las ideas en la mente y expresarlas de manera verbal.

Tienen también una interesante capacidad de iniciativa y son buenos «relaciones públicas», entre otras cosas por su carácter afable y su capacidad de convicción.

Otras facetas en relación con este tipo de escritura son la fantasía, la sensualidad, y un narcisismo más o menos elevado que propicia las exageraciones de la realidad por el deseo de aumentar los méritos ya sean propios o de personas o entidades allegadas.

Consideramos, por último, la escritura con dibujos en el texto como incluida dentro de este apartado de formas especiales de escritura, pues no cabe duda que la presencia habitual e injustificada de dibujos adornando el texto escrito resulta un rasgo especial que merece la pena ser tenido en cuenta desde un punto de vista grafológico.

La búsqueda de originalidad es la interpretación más genérica de esta característica de la escritura.

Profundizando más, podemos hablar de un cierto descontento con el entorno circundante, lo que mueve a buscar soluciones nuevas.

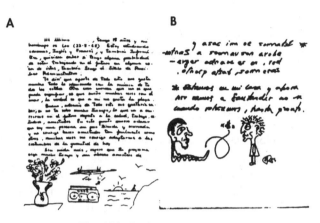

Fig. 130. *Escrituras con dibujos en el texto.*
Los de la «A» son mucho más positivos y animados que los de la «B», de carácter un tanto depresivo. Es curioso el principio de esta última escritura, absolutamente ininteligible por estar escrito en clave, lo que confirma el carácter un tanto extraño y críptico del autor.

Los dibujos habituales en el texto suponen también unos evidentes deseos de llamar la atención, así como una imaginación fecunda que propicia las salidas de la realidad, quizá porque esta no es la que la persona desearía.

El hecho de elegir el dibujo como forma de apoyo al texto indica también una innegable facilidad para las artes plásticas o —al menos— un deseo de tenerla.

Es, por último, un síntoma de idealismo, incluso de ingenuidad, aparte de que —dependiendo de la naturaleza de los dibujos realizados— puedan o no existir en las personas que realizan este tipo de escritos algún tipo de desequilibrio psicológico más o menos importante. En cualquier caso, conviene considerar el tipo de dibujos, la naturaleza del escrito, su destinatario, etc., para sacar una conclusión lo más acertada posible.

Y si los dibujos son de los realizados «distraídamente», se les pueden aplicar las interpretaciones dadas al respecto en el capítulo VIII.

EL RITMO DE LA ESCRITURA

Cada uno de nosotros tenemos un «ritmo vital» que se refleja en todas nuestras actividades y —cómo no— también en la escritura. Si analizamos el ritmo con que esta ha sido realizada, deduciremos la capacidad dinámica del individuo en todas las facetas de su comportamiento.

Según esta característica se pueden considerar dos tipos fundamentales de escritura: la rítmica y la monótona:

La escritura rítmica es aquella que se realiza —como su propio nombre indica— imprimiendo un ritmo dinámico a los trazos, como sucede en las n.° 102, 103, 105, 112, 113, 114, 122, 123, 124 y 125.

Las escrituras de este tipo presuponen rapidez en los procesos mentales, así como versatilidad laboral y diligencia en general, sobresaliendo la cantidad de trabajo realizado.

En lo personal, podemos diagnosticar extraversión, sentimentalismo y estados de ánimo variables. A estas personas les cuesta controlarse, pero son espontáneas, sociables y dispuestas adaptarse a los diferentes ambientes que, por cierto, influyen notoriamente sobre ellos.

Otra escritura absolutamente opuesta a la anterior es la llamada escritura monótona, cuyo ritmo mantiene una cadencia mucho más pausada. Ocurre así en las n.° 109 A, 115, 116 A, 120 A, 121 y 126 A.

Las escrituras monótonas son características de personas de razonar pausado, que buscan la coherencia de sus razonamientos por encima de todo.

Laboralmente son constantes y nos les importa realizar trabajos en los que la paciencia sea un factor fundamental, pues les preocupa la perfección en las realizaciones, anteponiendo esta a la cantidad de trabajo realizado.

Controlados, algo artificiosos y anteponiendo la razón a los sentimientos, son personas de trato convencional que puede llegar a resultar distante. La agresividad es de carácter secundario.

LA ARMONÍA DE LA ESCRITURA

Otro aspecto de corte paralelo al del ritmo es el que supone la armonía de la escritura, entendiendo por tal la sensación de «orden y concierto» que puede o no dar un manuscrito.

Como escrituras armónicas que aparecen en este capítulo podemos citar las n.° 101, 104, 106, 111, 112, 119 B, 120 B y 121.

Si la escritura es armónica, el equilibrio estará presente en todas las facetas de la persona que así escribe. Por tanto, la energía se aprovecha de la manera adecuada y el rendimiento general es elevado.

Las relaciones sociales tenderán a la asertividad, siendo este tipo de escrituras características de personas psicológicamente equilibradas.

Por el contrario, la escritura agitada es síntoma de que existe en la persona un nivel de ansiedad más o menos importante, lo que favorece los fallos de autocontrol y la inestabilidad emocional. Tal sucede en las n.° 110 A y B, 122 y 124.

La agitación en la escritura se relaciona directamente con un descontento de la persona consigo mismo y con su ambiente, que puede cristalizar en deseos de cambio y toma de decisiones poco reflexivas.

Por otra parte, estas personas suelen tener un elevado nivel de intuición, así como una necesidad más o menos imperiosa de ser reconocidos socialmente.

LA PROYECCIÓN DE LA ESCRITURA

Se llama *proyección de la escritura* al lanzamiento de los trazos de la misma en la horizontal, como resultado de gestos dinámicos e impulsivos.

Cuando una escritura presenta un apreciable porcentaje de trazos de este tipo se le denomina escritura proyectada o lanzada, la cual expresa —en el terreno intelectual— una rapidez de pensamiento que puede llevar a la irreflexión, mientras en el aspecto laboral hay predominio de la cantidad sobre la calidad del trabajo realizado. El nivel de aspiraciones es elevado, así como la capacidad de iniciativa.

En lo que se refiere a personalidad propiamente dicha, la escritura lanzada es un signo evidente de extraversión así como de predominio del sentimiento sobre los procesos razonadores.

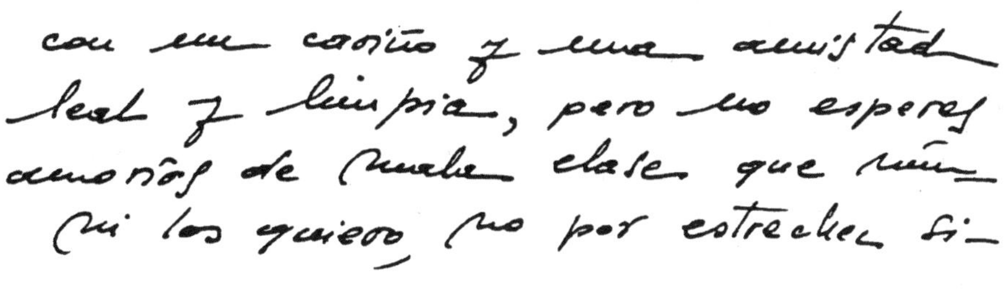

Fig. 131. *Escritura proyectada o lanzada, lo que se manifiesta en la clara tendencia hacia la zona derecha que muestran los trazos, particularmente los finales de las últimas letras de las palabras.*

Este tipo de escritura permite diagnosticar también fallos de control relacionados con una agresividad de tipo primario, así como necesidad de relación social y deseos de cambio como respuesta a la existencia de posibles inquietudes en el medio donde la persona se desenvuelve.

Completamente opuesta en su morfología y, por ende, en su interpretación, es la escritura cuyos trazos finales son tasados como consecuencia de que el útil se levanta del papel de forma controlada. Estas escrituras se llaman contenidas, como las n.º 120 A y 121.

Si la escritura es contenida, la persona también lo será en todos los aspectos. Podemos hablar, por tanto, de represión, inhibición y timidez. Estas personas suelen tener necesidad de consultar las cosas antes de actuar, pues el hecho de tener que tomar decisiones eleva considerablemente su nivel de ansiedad.

La capacidad de concentración es buena, aunque hay cierta tendencia a las obsesiones. El autocontrol es la característica predominante que se asocia a este tipo de escritura, la cual supone —por otra parte— una agresividad de carácter secundario.

LAS CORRECCIONES

Es bastante frecuente que en la escritura —como actividad humana que es— existan rectificaciones que pueden afectar a los trazos en sí o a partes más o menos extensas de un escrito: letras, palabras, párrafos, etc.

Desde el punto de vista grafológico, es muy importante tener en cuenta en qué tipo de escritos aparecen estas correcciones, así como sus posibles motivaciones extrínsecas.

No se pueden interpretar grafológicamente las correcciones en borradores, apuntes o notas personales «en sucio», pues es normal que aparezcan en estos escritos.

Para que se pueda hablar, desde un punto de vista grafológico, de que una escritura presenta correcciones, estas deben aparecer de forma habitual en escritos de carácter formal: cartas, trabajos o notas «a limpio», etc. En estos casos se habla de escritura corregida en general que, según el tipo de correcciones, recibe distintas denominaciones específicas.

Cuando se corrigen o añaden rasgos a las letras de forma habitual y en escritos de carácter formal, decimos que se trata de una escritura con retoques o enmiendas. Estas últimas son modificaciones más visibles que los simples retoques, siendo muy común que ambos aparezcan conjuntamente en una misma escritura.

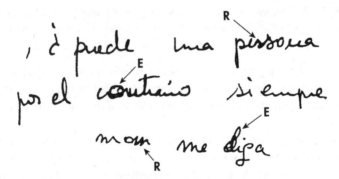

Fig. 132. *Escritura con retoques y enmiendas; los primeros se han señalado con la letra «R» y las segundas con la «E».*

Los retoques y las enmiendas suponen detallismo y deseos de hacer las cosas a la perfección, lo que suele estar motivado por el carácter narcisista del autor.

Este tipo de rasgos en la escritura se relacionan también con la tendencia a las obsesiones y la angustia de decisión, todo ello como expresiones de una cierta inseguridad de fondo.

Por último, la escritura con tachaduras es aquella en la que se tachan letras, palabras o incluso párrafos en escritos —insistimos— de carácter más o menos formal, excluyéndose por tanto las notas personales, los apuntes, etc.

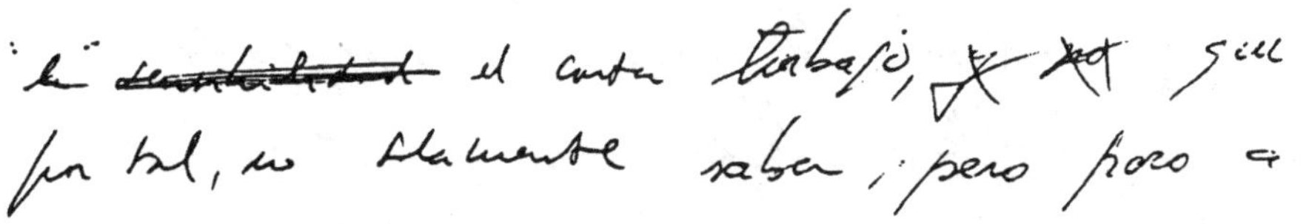

Fig. 133. *Tachaduras en una carta, horizontales y reiteradas las de la palabra «sensibilidad» y «en aspa» las de «y no».*

Las tachaduras habituales, aparte del carácter marcadamente obsesivo del autor, se relacionan con sentimientos de culpa más o menos acusados, así como con una relativa falta de convicción en los propios postulados que puede tener su origen en un cierto descontento de sí mismo.

Otro importante aspecto en relación con la forma de la escritura es la que presentan respectivamente la parte superior e inferior de la misma. Lo analizamos a continuación.

LA FORMA DE LA ZONA SUPERIOR

Esta zona de la escritura está constituida por las crestas y la línea superior de la misma, sirviendo su estudio grafológico como punto de referencia para conocer las relaciones de la persona con el medio donde se desenvuelve, así como sus capacidades creativas.

Si la escritura es de crestas amplias (tanto en lo que se refiere a la altura como a la anchura de las mismas), podemos diagnosticar desarrollo de la imaginación, personalidad creativa, y adaptabilidad al medio. Son ejemplo de ello las escrituras n.º 112, 114, 115, 121 y 122.

En cambio, si la escritura tiene las crestas estrechas, tenemos que hablar de estereotipia y bloqueos de la imaginación, así como de una posible sequedad de carácter que dificulta las relaciones interpersonales. Tal ocurre en las n.º 102, 103, 105, 108, 109 C, 113 y 120 A y B.

Si la zona superior es angulosa —fundamentalmente las crestas—, estamos ante un caso de agresividad de tipo primario, con irritabilidad de fondo y dificultades de adaptación a los ambientes. Como ejemplo valen las escrituras n.º 107 y 123.

Por el contrario, si la zona superior es redondeada, la persona que así escriba tendrá un carácter apacible y su interacción con el medio ambiente será adecuada, como les pasa a los autores de las letras n.º 109 A y 121.

Cabe también la posibilidad de que en la zona superior de la escritura aparezcan rasgos más o menos extraños, que permitan calificarla de peculiar, lo que nos indica capacidad creativa y fantasía en general.

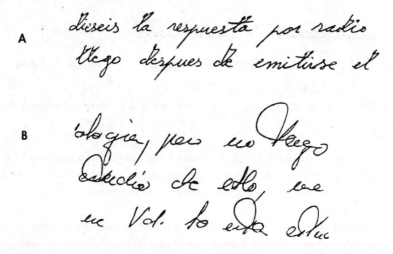

Fig. 134. *Zona superior peculiar.*
En la escritura «A» son peculiares los buclecitos que aparecen en las crestas de las «des», «eles» y «tes»; en la «B» lo son los enormes bucles que —de manera muy ostensible— surgen de las «des» hacia la zona superior.

Cuando aparecen este tipo de rasgos u otros de corte parecido, la creatividad de la persona suele ser bastante acusada, con un marcado desarrollo de la fantasía.

Están también presentes de forma manifiesta los deseos de buscar la originalidad, por lo que caben comportamientos extravagantes o estrambóticos al existir una relación más o menos extraña con el ambiente.

LA FORMA DE LA ZONA INFERIOR

La zona inferior de la escritura, constituida por la línea inferior de la misma y los pies de las propias letras, nos da una excelente visión del comportamiento de la persona en todo lo que se refiere a sus motivaciones más inconscientes, lo que comprende —entre otros aspectos— la vivenciación de su propia sensualidad.

Si la escritura presenta los pies amplios (tanto en longitud como en anchura), la imaginación estará enfocada hacia planteamientos de tipo fundamentalmente práctico, existiendo —por otra parte— una sensualidad que se vivencia de manera adecuada. Ej.: las figuras n.º 114 y 127 A.

En cambio, si los pies son estrechos (pueden llegar a serlo tanto que queden reducidos a un simple palote recto), hay que diagnosticar bloqueos de la sensualidad así como de la fantasía de tipo práctico. Ej.: las escrituras 102, 105 y 124.

Esta característica de la escritura pone de manifiesto las dificultades de la persona para enfrentarse con sus propias motivaciones de carácter inconsciente.

Si la zona inferior es angulosa, se acrecienta la interpretación anterior, pudiéndose añadir a los temores ante el inconsciente la existencia de una agresividad de tipo secundario, así como posibles limitaciones en la vivenciación de la sensualidad. Un buen ejemplo nos lo ofrece la escritura de la figura 111.

Todo lo contrario tiene lugar si la escritura presenta la zona inferior redondeada, como puede verse en la figura 112.

En este caso podemos hablar de una buena relación de la persona con la parte más inconsciente de su personalidad; podríamos decir que los instintos están bien encuadrados en el esquema personal y la vivenciación de la sensualidad es adecuada a las necesidades primarias del individuo.

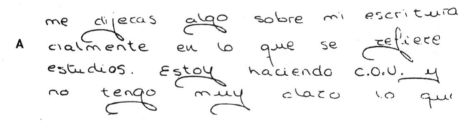

Fig. 135 A. *Zona inferior peculiar con pies en bucle muy regresivo.*

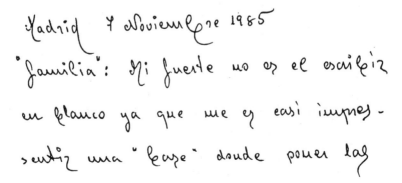

Fig. 135 B. *Zona inferior asimismo peculiar, con curiosos descensos de los rasgos finales de letras tan dispares como la «M», la «e», la «b», la «n» o la «s».*

Cabe también la posibilidad —como en el caso de la zona superior— de que la zona inferior sea peculiar, presentándose en ella rasgos notablemente diferenciados de los que se consideran habituales.

Aunque se hace difícil la generalización, ya que las peculiaridades en esta zona pueden ser de muy diversa índole, se puede hablar —en general— de una vivenciación instintiva diferenciada, así como de temores a perder el control consciente de esos propios instintos.

LA FORMA DE LAS MAYÚSCULAS

Ya hemos dicho que las mayúsculas son una de las más genuinas representaciones grafológicas del «yo», por lo que el estudio de la forma de las mismas ofrece no pocas expectativas.

Se pueden tener en cuenta gran parte de los puntos analizados en este capítulo, para los que valdrían las interpretaciones dadas, pero hay que destacar dos en concreto en los que la forma de las mayúsculas cobra su máximo interés grafológico. Nos referimos al aspecto caligráfico o tipográfico de las mismas, así como a su grado de complejidad.

Si las mayúsculas son caligráficas, es decir, se realizan según los cánones de algún modelo caligráfico, hay que entender que existe una marcada tendencia al pasado, a la familia de origen, así como a idealizar la figura materna.

Ese gusto por recordar el pasado propicia la buena memoria (sobre todo en escrituras organizadas), así como un carácter tradicional con profundo apego a las costumbres y normas sociales. En general, caben aquí todas las interpretaciones correspondientes a la escritura caligráfica como significado de fondo, incluso si la escritura no lo fuera, sino que perteneciese a las categorías «tipográfica» o «personal».

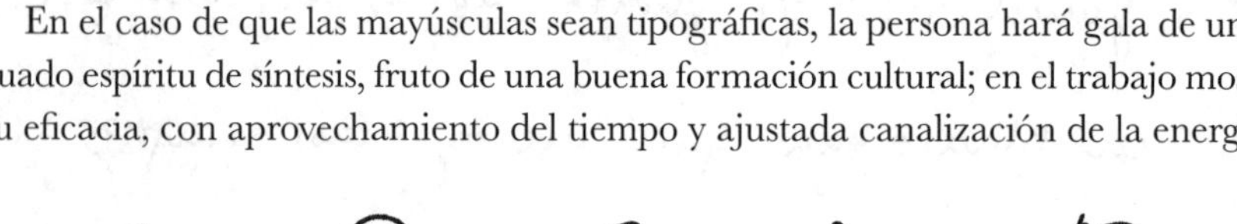

Fig. 136. *Mayúsculas caligráficas.*

En el caso de que las mayúsculas sean tipográficas, la persona hará gala de un adecuado espíritu de síntesis, fruto de una buena formación cultural; en el trabajo mostrará su eficacia, con aprovechamiento del tiempo y ajustada canalización de la energía.

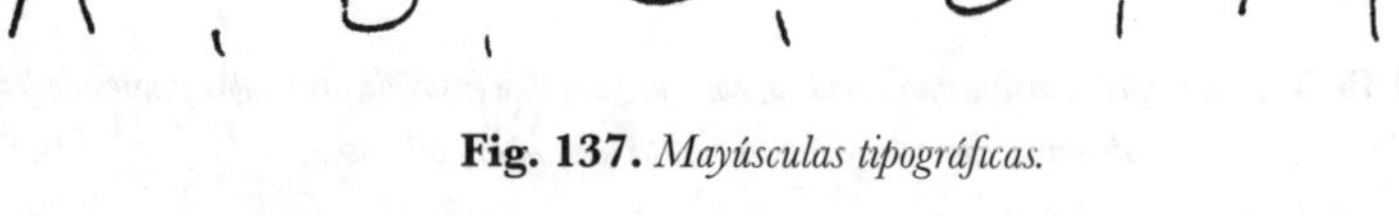

Fig. 137. *Mayúsculas tipográficas.*

En lo personal destaca la intuición, el autocontrol, la independencia de criterios, la artificiosidad y, en general, todas las interpretaciones correspondientes a la escritura tipográfica.

El otro aspecto a destacar en relación con la forma de las mayúsculas es —como decíamos— su grado de sencillez o complejidad.

Las mayúsculas sencillas se corresponden con un acusado espíritu de síntesis, eficacia y correcto aprovechamiento del tiempo y la energía. Este rasgo refuerza, en general, todas las características asociadas a la escritura simplificada. Las podemos encontrar en las escrituras n.° 113, 120 y 124.

En cambio, si las mayúsculas son complicadas, son más que probables las pérdidas tanto temporales como energéticas. La persona es propensa a perderse en consideraciones poco eficaces; le gustan los adornos de todo tipo preocupándose más por la forma que por el fondo. Están presentes la vanidad, el narcisismo y —en general— los rasgos distintivos de la escritura complicada.

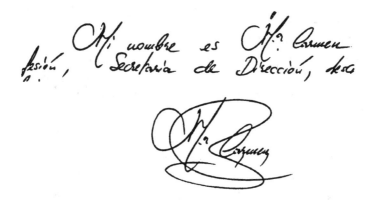

Fig. 138. *Mayúsculas complicadas, sobre todo la «M», que destaca sobre las demás de forma tan ostensible que permite calificar así a esta escritura.*

LOS CAMBIOS DE FORMA

Aunque desde luego no es lo habitual, en ocasiones la forma de las letras no es la misma a lo largo de todo el escrito, pudiendo variar de manera más o menos notable.

Estos cambios de forma entre principio y fin del escrito, pueden ser —por ejemplo— de arco a guirnalda, según el sujeto se sienta más o menos predispuesto a dejarse influenciar por el ambiente, lo que muchas veces viene determinado por el contenido del texto escrito, y lo que este sugiere al escribiente.

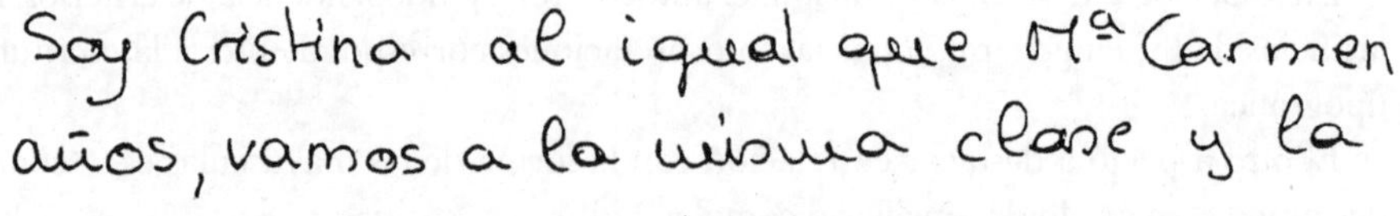

Soy Cristina al igual que Mª Carmen
años, vamos a la misma clase y la

Fig. 139. *Cambio arco-guirnalda: en el primer renglón predomina el arco (protección inicial)*
y en el segundo ya aparece la guirnalda como síntoma de apertura.

También hay que considerar normales las variaciones ángulo-curva así como el grado de artificiosidad o espontaneidad, en función de la mayor o menor tensión o inhibición que el tema o el destinatario ejercen sobre la persona que escribe.

El tipo de escrito (carta, apuntes, nota de trabajo, borrador, documento, etc.) y la circunstancia en que este se realiza (en casa, en el trabajo, tomando apuntes, al rellenar un impreso, etc.) influyen a veces de modo decisivo en la forma de las letras, de manera que esta puede variar sensiblemente de un tipo de muestra a otra.

En este sentido resultan típicas las escrituras «de apuntes», generalmente con rasgos filiformes que no aparecen en otras muestras de la misma persona. Igual sucede con las escrituras «de médico», realizadas por estos profesionales al extender recetas y que cambia notoriamente al escribir en otras circunstancias.

Otro ejemplo lo constituyen los cambios de letra caligráfica a tipográfica, utilizándose normalmente la primera en escritos que la persona relaciona de una u otra forma con el pasado o la familia de origen, siendo la tipográfica una escritura de índole más profesional.

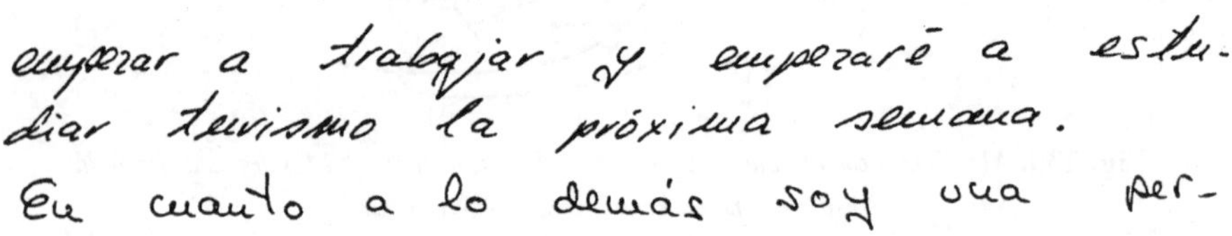

empezar a trabajar y empezaré a estudiar turismo la próxima semana.
En cuanto a lo demás soy una persona normal y corriente, unas veces

Fig. 140. *Cambios caligráfica-tipográfica.*

Si no fuese por la forma de los pies o las barras de las «t» a la izquierda —entre otros detalles—, podría pensarse que se trata de dos escrituras de personas diferentes, cuando en realidad han sido hechas por la misma y una a continuación de otra.

En general, cuanto mayor sea la variación en la forma de una misma escritura, mayor será el grado de versatilidad del autor, su riqueza de ideas, su capacidad creativa, así como sus posibilidades de adaptación.

También se considera esta variación de la forma de la escritura como una expresión de la capacidad de la persona para mostrar diferentes facetas de su personalidad, mostrándose en una u otra en función de intereses circunstanciales. En este tipo de escrituras no son raros los cambios de opinión más o menos frecuentes, así como la inconstancia en todos los aspectos, tanto laborales como sociales.

Podría definirse a estas personas que utilizan habitualmente diferentes formas de escritura sin aparente justificación como polifacéticos, adaptables, versátiles y un tanto «camaleónicos» desde el punto de vista psicológico.

Capítulo XIII
LA DIRECCIÓN DE LAS LÍNEAS

Cuando de niños aprendíamos a escribir, todos nos esforzábamos para que los renglones se ajustasen a las líneas que nos marcaba el cuaderno de caligrafía. Y luego, cuando ya empezamos a utilizar papel en blancos procurábamos que los renglones —que ya hacíamos nosotros mismos con nuestra escritura— fuesen lo más rectos posibles.

Pero, a pesar de nuestros esfuerzos, es muy difícil que consiguiéramos obtener unos renglones perfectamente horizontales y rectilíneos, y probablemente ahora tampoco seamos capaces de hacerlo, existiendo variaciones, ligeros ascensos y descensos o peculiaridades en la dirección de las líneas que tienen un marcado interés grafológico.

Tradicionalmente se dice que los renglones ascendentes corresponden a personas optimistas, mientras que las caídas de los mismos están de acuerdo con actitudes más o menos pesimistas. Y desde luego que eso es cierto y conviene tenerlo muy en cuenta, aunque también hay que considerar si es realmente la tendencia natural de la persona al escribir o se trata de un estado más o menos pasajero, ya sea de alegría o euforia, o bien de cansancio y desánimo.

Una forma plástica de verlo sería pensar que los renglones de la escritura son auténticas «barras» que soportan el peso de las dificultades que la vida nos plantea. Las personas capaces de resistir los embates del destino conseguirán que sus renglones sean ascendentes o —al menos— horizontales, mientras que los que se dejan llevar por la desilusión no podrán evitar la caída más o menos pronunciada de sus líneas.

De todo ello y otros muchos aspectos tratamos en este capítulo que tiene como base el estudio grafológico de la dirección de las líneas de la escritura, vulgarmente conocidas como «renglones».

FORMAS DE MEDIRLA

Lo primero que tenemos que saber es cómo valorar de modo objetivo la dirección de las líneas de la escritura, independientemente de lo que en una primera observación nos pueda parecer.

Esto se puede hacer siguiendo cualquiera de estos tres métodos:

- mediante plantilla de papel milimetrado transparente.
- midiendo con el transportador de ángulos.
- por observación directa.

De estas tres posibilidades elegiremos una u otra en función de las circunstancias en las que estemos realizando nuestro análisis.

Si queremos ver con claridad las oscilaciones que se puedan presentar en las líneas de un escrito, un método idóneo consiste en superponer al mismo un papel milimetrado transparente, cuidando que los bordes de ambos coincidan con exactitud.

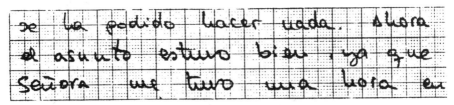

Fig. 141. *Forma de apreciar la dirección de las líneas mediante papel milimetrado transparente, haciendo coincidir —de la manera más exacta posible— los bordes de este con los del papel que contiene la escritura objeto de estudio. Este método tiene la ventaja de que se pueden apreciar las pequeñas oscilaciones de la dirección.*

En los casos en que nos interese dar un valor concreto de la dirección de las líneas, debemos recurrir al segundo de los métodos, que consiste en calcular la dirección de cada línea con respecto a la horizontal. Para ello trazaremos primeramente unas líneas rectas que se ajusten lo más posible a la línea base de escritura, hecho lo cual mediremos el ángulo que forman con la horizontal mediante el transportador.

Una vez hechas las medidas de la inclinación de las líneas seleccionadas, se procederá a realizar la media de las mismas. Sin embargo, este método se hace difícil de aplicar cuando las líneas son muy sinuosas, al ser complicado trazar una línea base de escritura recta.

Por último, el método que menos utensilios y cálculos necesita es el de observación directa, consistente en analizar a simple vista y con el mayor detenimiento posible la trayectoria de la línea base de escritura.

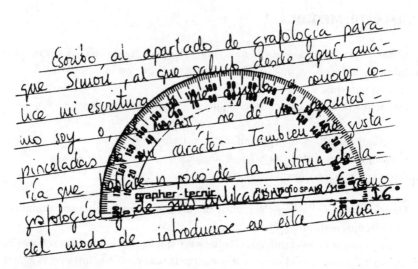

Fig. 142. *Medida de la dirección con el transportador de ángulos: la forma de medir corresponde a la dirección de la penúltima línea, a la que se ha aplicado el citado aparato. Es importante hacerlo sobre el centro del mismo, justo en el punto de cruce de la horizontal con la línea base de escritura.*

Para precisar más, se puede trazar una línea que una la base de todas las letras, lo que permite una apreciación más exacta.

Otra posibilidad dentro de la observación directa consiste simplemente en girar 90.° el papel, de manera que las líneas se puedan apreciar en la dirección de la visual, con lo que destacan más los accidentes o variaciones que puedan existir en las propias líneas.

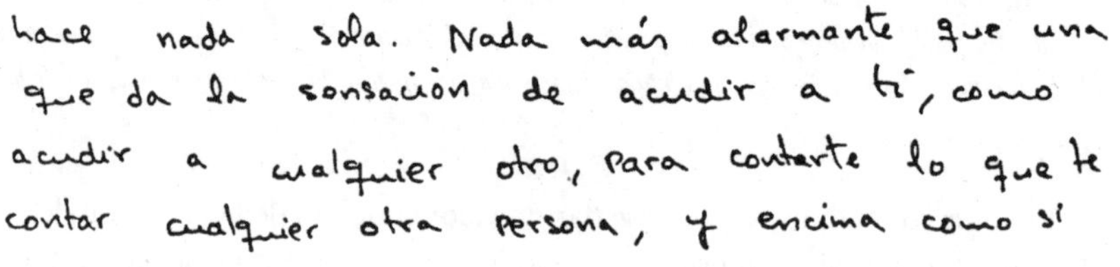

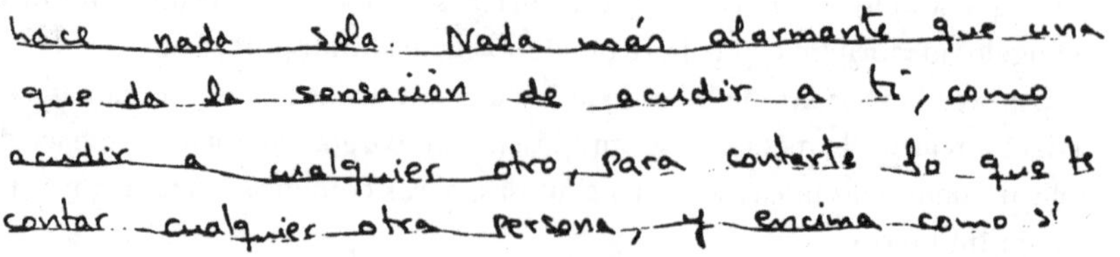

Fig. 143. *Se puede apreciar a simple vista —en el ejemplo «A»— cierta sinuosidad en las líneas, la cual se manifiesta más claramente en la parte «B», cuando se pasa una línea a lápiz sobre cada renglón de la escritura.*

GRADOS DE DIRECCIÓN

Sea cual sea el método por el que observemos la dirección de las líneas, las escrituras se pueden clasificar según esta variable en cinco grandes grupos:

- *Escritura de líneas muy ascendentes:* si la media de las direcciones de las diferentes líneas sobrepasa los 5.º, lo que supone un considerable ascenso sobre la horizontal. Tal es el caso de la escritura 142.

  Cuando las líneas son muy ascendentes, hay que diagnosticar tendencia a la exaltación, al entusiasmo desmedido y a la actividad febril. Se hacen planteamientos teóricos a veces fuera de la realidad. No obstante, siempre se aspira a conseguir cosas mejores, por lo que cabe el riesgo de minusvalorar aquello que se alcanza por considerarlo siempre insuficiente.

  Las personas que así escriben son difíciles de controlar, pues su espíritu rebelde les lleva a enfrentarse con todo aquello que signifique normas y disciplina. Son extravertidos por naturaleza, aunque sus relaciones pueden ser tan apasionadas en apariencia como superficiales en el fondo.

  El estado de ánimo tiende a la euforia, pero en ocasiones esta circunstancia refleja la supercompensación de estados depresivos más o menos profundos. También los ciclotímicos * en fase maníaca (o de euforia) pueden escribir de esta manera, y no digamos los maníaco-depresivos** en la misma fase. Es muy importante tener esto en cuenta cuando las líneas toman una dirección inusualmente ascendente, siendo en estos casos de gran interés comprobar si en escritos anteriores las líneas toman otra dirección.

- *Escritura de líneas ascendentes:* si el ascenso no es tan espectacular como en el caso anterior, siendo la media inferior a los 5.º.

  La ascendencia moderada de las líneas está en consonancia con el carácter optimista del autor, así como con su capacidad para resistir a las dificultades y contratiempos que puedan sobrevenirle.

  Es este un rasgo de capacidad creativa, de buena imaginación y adecuada intensidad laboral. La actitud ante el trabajo presenta un predominio de las facetas teóricas, y el nivel de aspiraciones se mantiene elevado, por lo que estas personas siempre estarán dispuestas a mejorar su situación en todos los sentidos.

  Prefieren ejercer la autoridad que someterse a los dictámenes ajenos, manteniendo una actitud positiva desde la que están dispuestos a dar ideas que sean útiles en la proyección de nuevos planteamientos.

---

* Se llama *ciclotimia* a la neurosis consistente en la alternancia de fases de gran actividad (fases maníacas) con otras de profunda depresión (fases depresivas).

** La *maníaco-depresión* es la psicosis relacionada con la ciclotimia, por lo que los síntomas de esta son mucho más acusados.

Su estado de ánimo tiende claramente al optimismo, surgiendo este de una fuerza del «yo» sólida y vigorosa. Tienen el verbo fácil y suelen estar prestos a intercambiar ideas y opiniones.

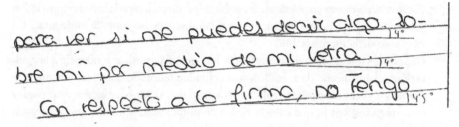

Fig. 144. *Líneas ascendentes.*
En este caso las líneas oscilan alrededor de los 4.° de ascenso sobre la horizontal, por lo que no llegan a a los 5.° que es el límite de la muy ascendente.

- *Escritura de líneas horizontales:* la mayoría de las líneas son horizontales respecto al borde del papel.

Tenemos que hablar en este caso de una actitud equilibrada en todos los aspectos considerados con anterioridad, tanto en lo laboral como en lo puramente personal.

Efectivamente, las líneas horizontales se relacionan con una actitud laboral de resistencia controlada, sin altibajos en la producción y eminentemente práctica.

Es —por otra parte— un rasgo que indica la disposición tanto al mando como a la subordinación, dependiendo del momento y las circunstancias. El estado de ánimo es más o menos uniforme y la estabilidad emocional considerable.

Las líneas horizontales suponen, por tanto, aplomo, realismo, capacidad de aguante, autocontrol, estabilidad y equilibrio.

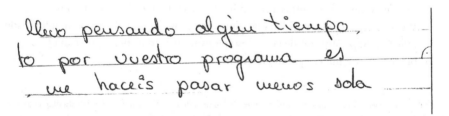

Fig. 145. *Líneas horizontales, con una inclinación nula, de manera que los renglones son perpendiculares al borde derecho del papel.*

- *Escritura de líneas descendentes:* las líneas terminan más abajo de donde comenzaron, por lo que la media de la dirección está entre la horizontal y los 5.° por debajo de esta.

Las líneas descendentes pueden estar motivadas por estados de astenia, es decir, de fatiga más o menos acusada. Si así fuera, la interpretación no sería otra que la del propio agotamiento de la persona.

También los estados de enfermedad pueden ser causa de un descenso en la dirección de las líneas de la escritura. Por ello es muy interesante que, a la hora de analizar una muestra escrita, sepamos en qué circunstancias ha sido realizada. Si podemos disponer de muestras realizadas en diferentes momentos, evitaremos errores de interpretación por indisposiciones circunstanciales que suelen quedar reflejadas en la escritura, aunque no se correspondan con el carácter habitual de la persona.

Hechas estas aclaraciones y una vez comprobado que las líneas de los escritos de una determinada persona son descendentes, el diagnóstico grafológico general será la tendencia al desánimo y al pesimismo que pueden tener sus raíces en actitudes depresivas más o menos profundas.

Desde el punto de vista laboral, estas personas se caracterizan por su escasa intensidad en el trabajo, dada su facilidad para caer en la fatiga. Por otro lado, cualquier circunstancia desfavorable puede acabar con su ya de por sí precaria resistencia.

Tanto la capacidad de iniciativa como el nivel general de aspiraciones son muy limitados en este tipo de escrituras, cuyos autores son propensos al desánimo y la depresión, incapaces de resistir la presión que la vida ejerce sobre ellos.

Como mecanismo inconsciente de defensa suelen utilizar una cierta intransigencia ante las opiniones y comportamientos ajenos, por lo que cabe relacionar el descenso de las líneas de la escritura con el carácter obstinado de su autor, así como con su introversión más o menos acusada.

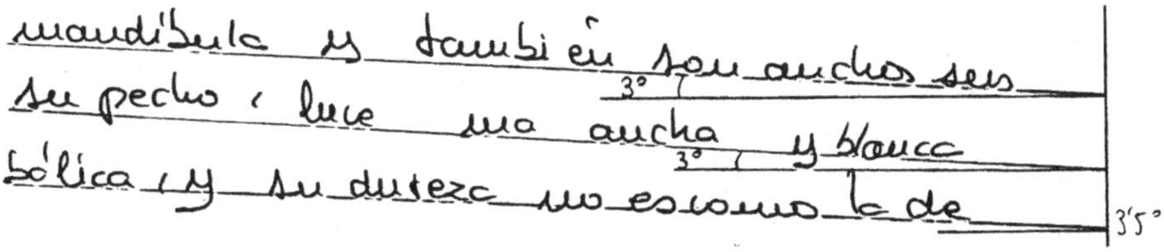

Fig. 146. *Líneas descendentes.*
El ángulo de descenso oscila aquí alrededor de los 3.°, lo que resulta inferior al límite de 5.° de la escritura muy descendente.

- *Escritura muy descendente:* cuando la media sobrepasa los 5.° de descenso respecto a la horizontal, las líneas aparecen como marcadamente descendentes, de forma que se convierten en el rasgo más llamativo de la escritura.

Si la persona escribe de manera tan descendente en las líneas sin que haya ningún motivo circunstancial —fatiga o enfermedad—, todas las interpretaciones de la escritura descendente cobran un especial relieve.

En efecto, las líneas muy descendentes se relacionan con estados de desánimo profundo que pueden responder a una personalidad marcadamente depresiva.

Todo ello implica que a estas personas, tanto laboral como socialmente, se les presentarán barreras que pueden resultarles muy difíciles de superar.

La pasividad de que hacen gala dificulta cualquier tipo de aspiraciones, de forma que quienes así escriben pueden entrar en una «espiral de frustración» de la que les será difícil salir, ya que cada nuevo fracaso les desmoraliza más y les predispone para el siguiente.

Se llega así a situaciones de desesperación profunda que pueden desembocar en conductas suicidas más o menos solapadas. Al decir esto queremos dar a entender que no solo es suicidio el hecho de quitarse la propia vida, sino que también son comportamientos suicidas aquellos que suponen riesgos elevados para el propio sujeto.

Entran también en este tipo de actitudes las que van dirigidas a la autolimitación más o menos inconsciente de las propias posibilidades, lo cual favorece la probabilidad de fracaso, reforzándose a su vez la conciencia de frustración latente, ya de por sí, en este tipo de personalidad.

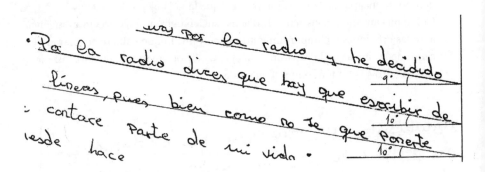

Fig. 147. *Líneas muy descendentes.*
Afortunadamente no son habituales este tipo de muestras en que las líneas descienden de forma tan acusada: nada menos que alrededor de 10.° sobre la horizontal.

VARIACIONES EN LA DIRECCIÓN

Una vez clasificadas las escrituras según la dirección de sus renglones, vamos a pasar al estudio de las diferentes posibilidades que se plantean según las variaciones que este parámetro puede experimentar.

En efecto, hay renglones más o menos sinuosos, otros perfectamente rectos, otros que comienzan descendiendo y terminan ascendentes… en fin, toda una serie de posibilidades que, a partir de ahora, empezamos a estudiar y que dan lugar a los siguientes modos de escritura:

- *Escritura rectilínea:* es aquella en la que las líneas que forman los renglones son rectas —o con muy ligeras oscilaciones—, independientemente de que su dirección sea ascendente, horizontal o descendente.
  La constancia en la dirección la supone una homogeneidad de los estados anímicos así como la estabilidad de las emociones.

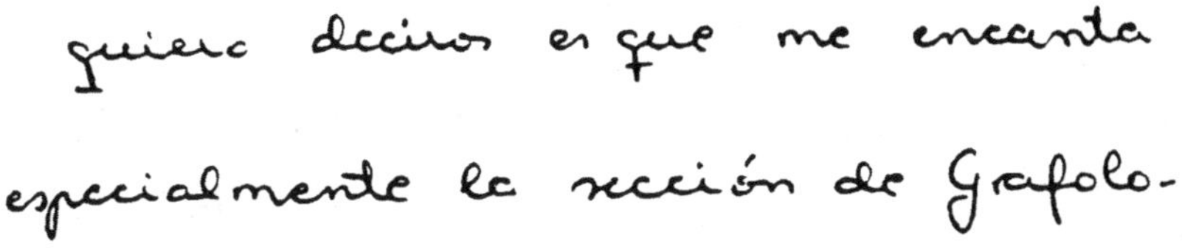

Fig. 148. *Escritura rectilínea.*
Salvo ligeras variaciones, la base de las letras se apoyan sobre una línea recta, por lo que esta escritura se considera rectilínea en cuanto a la dirección.

- *Escritura de líneas rígidas:* si el carácter rectilíneo es exagerado, los renglones se convierten en líneas perfectamente rectas, como si hubiesen sido trazadas con regla. Cabe preguntarse en estos casos si se ha utilizado «falsilla», pues la interpretación cambiaría si así fuera, como luego explicaremos.
  Este modo de escritura se corresponde con personalidades en las que el superyo (conjunto de normas que limitan y cohíben el comportamiento) está muy desarrollado.
  No es extraño que estas personas manifiesten modos de actuación un tanto estereotipados, siempre dentro de las normas establecidas o convencionales.
  Su sentido del deber es muy acusado, lo que condiciona su manera de comportarse, que puede llegar a ser excesivamente recta, rayana en la severidad. En general les cuesta mucho aceptar las innovaciones y los cambios, manteniendo sus costumbres y principios por encima de todo.

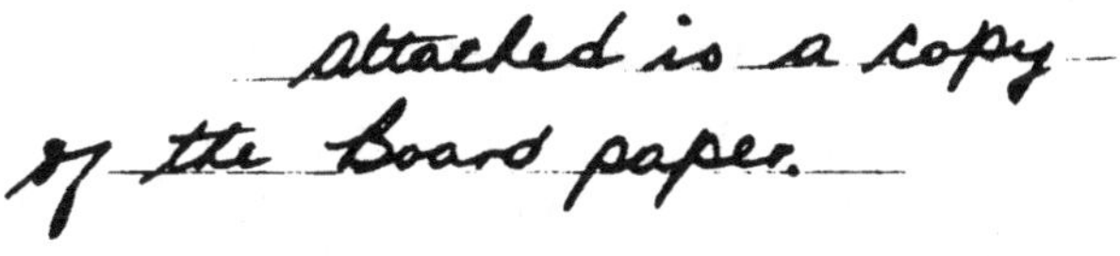

Fig. 149. *Escritura de líneas rígidas.*
Estas líneas han sido realizadas sin falsilla y, sin embargo, vemos cómo la base de las letras se ajusta al renglón, lo que permite trazar una línea sobre la que se acoplan de manera casi exacta.

- *Líneas hechas con «falsilla»:* la utilización de un papel en blanco con líneas horizontales impresas para —situándolo debajo del papel— servir de «guía» a los renglones y evitar así las desviaciones de estos, supone una dosis de inseguridad más o menos acusada.

  Lo que el escribiente busca al utilizar la «falsilla» es una base de apoyo firme sobre la que desarrollar sus actuaciones, haciéndolo de manera más o menos inconsciente; esto es normal en personas jóvenes que necesitan sentirse protegidas y seguras.

  También se relaciona la utilización de plantillas con comportamientos artificiosos y de marcado matiz narcisista, ya que se trata de dar una imagen en la escritura que supere a la que se daría en el caso de no utilizar este «falso soporte» de las letras.

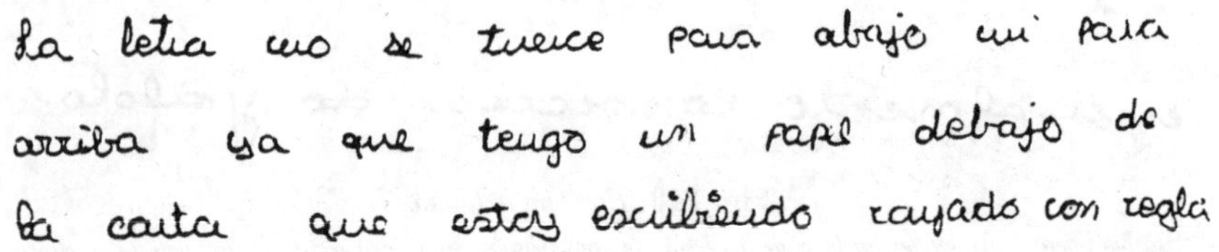

Fig. 150. *Escritura sobre «falsilla».*
A pesar de haber sido realizada sobre papel rayado —como se dice en el propio texto—, se pueden observar oscilaciones en las líneas, lo que nos debe hacer pensar que, en el caso de escribir libremente sobre papel blanco, las variaciones en la dirección de las líneas serían bastante considerables.

- *Escritura de líneas sinuosas:* absolutamente diferente al anterior es este caso en el que la zona inferior de los renglones adopta una forma ondulada.

  La sinuosidad en las líneas está directamente relacionada con la capacidad de adaptación a los diferentes ambientes y situaciones. Es un rasgo de diplomacia, de habilidad no solo en el trato sino también en los negocios.

  Los estados de ánimo son variables en función de las circunstancias ambientales que influyen de manera notable en las personas que utilizan este tipo de escritura.

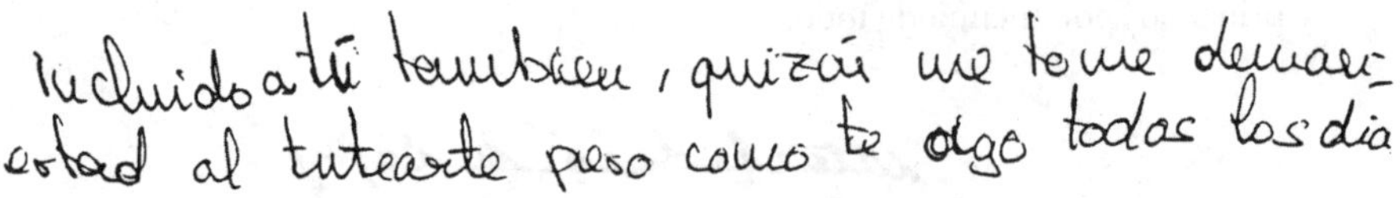

Fig. 151. *Escritura de líneas sinuosas.*
El carácter sinuoso de los renglones es patente en esta escritura, sobre todo al comienzo del primer renglón.

- *Escritura sinuosa en palabras:* la sinuosidad puede apreciarse no ya en la línea sino en cada palabra, de forma que el carácter sinuoso resalta mucho más.

Las interpretaciones son semejantes a las de la escritura de líneas sinuosas, pudiéndose aquí también hablar de adaptabilidad a las situaciones, así como de variaciones de ánimo todavía más frecuentes.

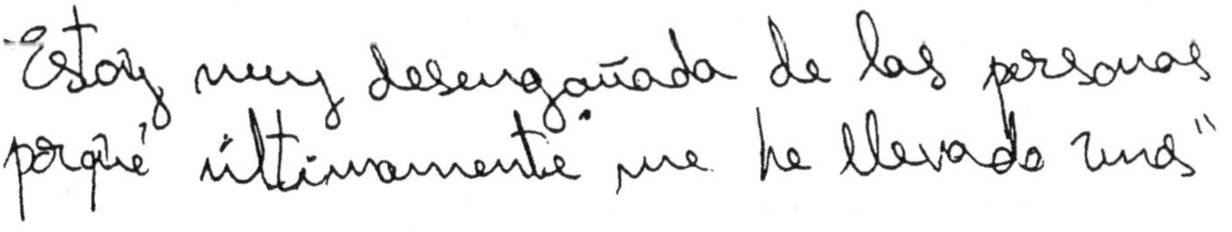

Fig. 152. *Escritura sinuosa en palabras.*
La sinuosidad es evidente en las palabras de mayor número de letras, aunque puede observarse también en las demás, en las que cada letra se encuentra a diferente nivel sobre el teórico renglón.

• *Escritura cóncava:* los renglones empiezan descendiendo, pero —a medida que avanza la línea— comienzan a ascender, hasta terminar aproximadamente a la misma altura que se empezó.

La concavidad en las líneas de la escritura se interpreta como una resistencia secundaria al fracaso por parte del autor. Se trata de personas que pueden dar la sensación de que se desmoralizan a las primeras de cambio, pero que, poco a poco y sobre la marcha, van superando las dificultades hasta terminar venciéndolas.

Su actitud general resulta más bien práctica y las iniciativas limitadas. Se trata de personas introvertidas con propensión al desánimo, aunque disponen de mecanismos de autosuperación.

Desde el punto de vista psicopatológico, la concavidad de las líneas es un síntoma de posible neurosis, como sucede con todo rasgo ambivalente de la escritura. En muchos casos la etiología del carácter neurótico que la concavidad encierra coincide con la ciclotimia.

Hay que señalar que este tipo de personas tienden a mostrarse agresivas cuando se dan cuenta que pueden llegar a controlar la situación, aun cuando al principio estuviesen a merced de las circunstancias.

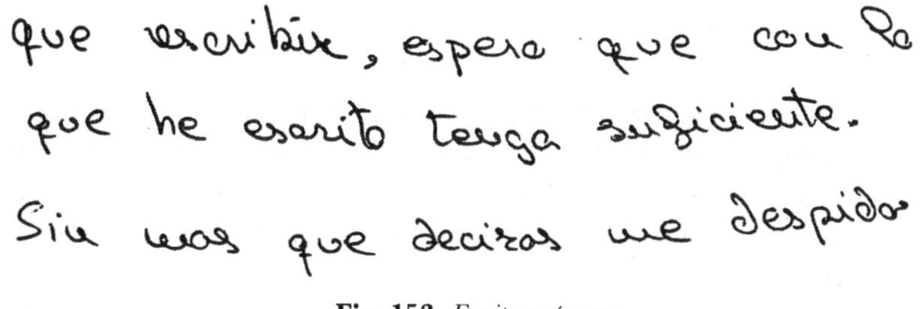

Fig. 153. *Escritura cóncava.*
Es evidente la caída inicial de las líneas, así como su recuperación y ascenso final.

- *Escritura convexa:* las líneas empiezan en ascenso, pero terminan siendo descendentes, adoptando la forma de «montículo» en el escrito.
Las líneas convexas son un claro síntoma de que los asuntos se empiezan con un estado de ánimo optimista, que puede incluso pasar por etapas de euforia; sin embargo, y a medida que empiezan a surgir las dificultades propias de toda actividad, este entusiasmo decae progresivamente hasta convertirse en un desánimo más o menos profundo.
La actitud general está más cerca de posiciones teóricas que prácticas, acabando la agresividad inicial en estados de ansiedad y melancolía.
Por otra parte, esta convexidad de líneas es también un rasgo de neurosis de naturaleza cicloímica.

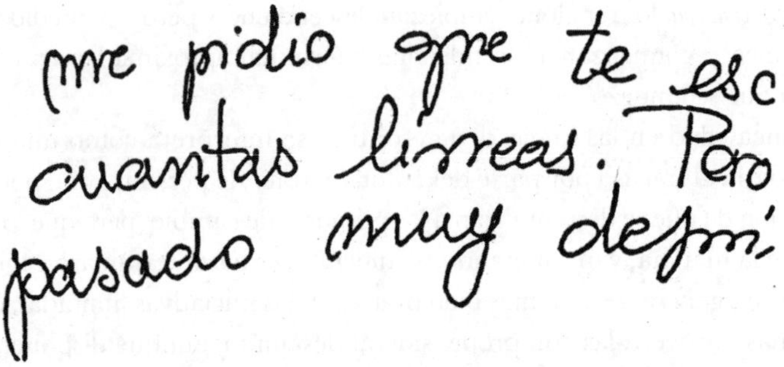

Fig. 154. *Escritura convexa.*
También es clara aquí la subida inicial y el descenso final de las líneas.

- *Escritura imbricada ascendente:* consiste en que cada palabra asciende sobre la horizontal del renglón, pero la siguiente vuelve a buscar la horizontal; de esta forma las palabras quedan «imbricadas» como ocurre con las tejas de un tejado o las escamas de un pez.
Esta escritura pone de manifiesto el control que, de modo consciente, trata de ejercer el autor sobre su talante entusiasta y optimista, el cual puede dar lugar a situaciones de euforia a la menor oportunidad.
Es también un rasgo de tendencia a las salidas de la realidad, promovidas por un idealismo poco práctico. En cualquier caso, el aguante de estas personas ante las vicisitudes está fuera de toda duda: aunque pueden tener momentos de desánimo, siempre encontrarán energía y recursos personales para superar el mal momento.
Su problema es más bien el opuesto, es decir, saber contenerse y no hacer gala de un triunfalismo que puede resultar desmedido. Hay que señalar también la inestabilidad emocional que este rasgo implica, así como sus connotaciones neuróticas, de matiz marcadamente histeroide.

Señalar, por último, que este rasgo de imbricación ascendente supone un carácter de oposición a lo establecido, siendo también un índice de las tendencias extrovertidas del autor.

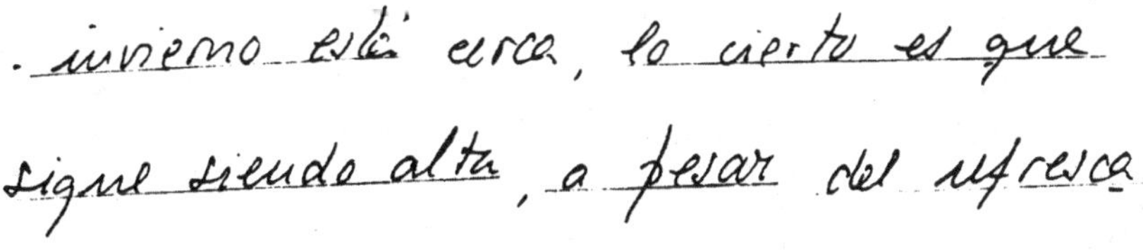

Fig. 155. *Escritura imbricada ascendente.*
Como puede apreciarse en este ejemplo, las dos primeras palabras son ascendentes, pero la tercera vuelve a retomar el renglón y las cuatro siguientes vuelven a ascender. En el segundo renglón existen imbricaciones semejantes formadas por las tres primeras palabras, las dos intermedias y las dos últimas en las que este proceso se repite. Se han subrayado los tramos de ascenso para que pueda verse la imbricación con total claridad.

- *Escritura imbricada descendente:* semejante al caso anterior, pero las palabras en lugar de ascender, descienden sobre la línea para retomar la misma en la palabra siguiente.

La interpretación es opuesta a la anterior, pues el sujeto lo que intenta es luchar de forma consciente contra sus tendencias claramente depresivas. En este caso la actitud es más práctica que teórica, pero las posibilidades se ven sensiblemente mermadas por lo limitado de las iniciativas.

Como en el caso de la imbricación ascendente, en este también está presente la labilidad emocional y el carácter histeroide. Sin embargo, hay que señalar aquí —como rasgos complementarios— la introversión y la tendencia a elaborar mecanismos de defensa ante las presiones del medio

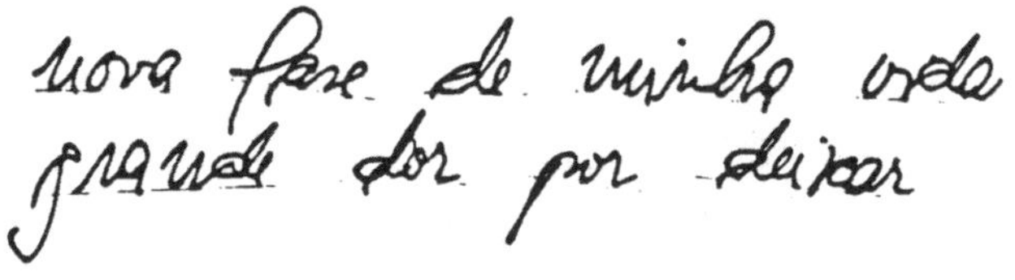

Fig. 156. *Escritura imbricada descendente.*
En este ejemplo el descenso tiene lugar en cada palabra; incluso en algunas —como la penúltima del primer renglón y la primera del segundo— la imbricación descendente se da dentro de la propia palabra.

- *Finales de línea ascendentes:* se produce esta circunstancia cuando los renglones son más o menos horizontales pero la última palabra o las letras finales de cada línea sufren ascensos más o menos acusados.

Este rasgo supone un control consciente de manifestaciones e iniciativas relacionadas con el optimismo y la alegría. Refuerza la intensidad laboral, así como la resistencia a la frustración.

Se puede decir que son personas de talante animoso, optimistas por naturaleza, que se autocontrolan para reprimir su euforia, en muchos casos por cuestiones sociales o de aprendizaje.

Otras características de estas personas, que se pueden deducir por este rasgo concreto de su escritura, son la extraversión, además de la rebeldía y el oposicionismo de fondo.

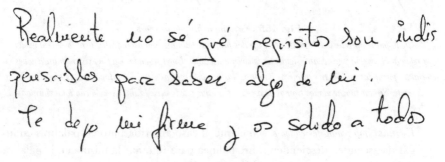

Fig. 157. *Finales de línea ascendentes.*
Son —concretamente— las últimas palabras de cada línea las que sufren ascensos en este ejemplo.

- *Escritura con finales de línea descendentes:* en este caso se produce una caída de la última palabra o letras de cada renglón o de la mayoría de ellos.

En este caso lo que se está intentando controlar y superar es una tendencia a la depresión de fondo. Son personas que tienden a «hacerse los fuertes» ante las vicisitudes, pero que no pueden evitar una innegable desmoralización interna.

Cuando se empieza una determinada labor hay dificultades para terminarla pues la persona puede «venirse abajo» tanto más frecuentemente cuanto más adelantado vaya lo que se está realizando.

El descenso en finales de línea supone también una introversión de fondo resultado de la cual es el carácter más o menos testarudo de la persona, entendido este como una forma de interiorización.

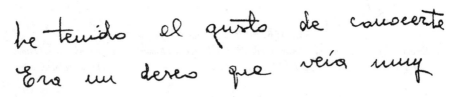

Fig. 158. *Finales de línea descendentes.*
Resulta muy claro el descenso de la última sílaba del primer renglón, así como del último rasgo del segundo, pese al ligero ascenso inicial de las dos últimas palabras.

- *Escritura con finales de palabra ascendentes:* son las últimas letras de cada palabra las que experimentan un ascenso más o menos pronunciado.

El ascenso final de las palabras supone una estructura del escrito muy semejante en su morfología a la de la escritura imbricada ascendente, por lo que la interpretación también será muy parecida a la que dábamos en ese caso.

Supone, por tanto, una represión consciente de un talante alegre y optimista en el fondo, tanto más cuanto más frecuentemente a lo largo del escrito se produzcan este tipo de ascensos.

La diferencia fundamental respecto a la imbricada ascendente es que en este caso el control es más férreo, pues no ascienden las palabras en conjunto sino solo las últimas letras.

También supone un deseo de huida de la realidad, manteniéndose la calificación de rasgo histeroide que dábamos en la imbricada.

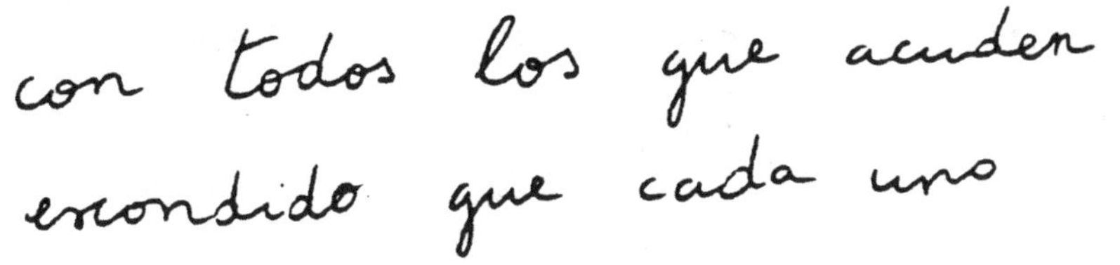

Fig. 159. *Finales de palabra ascendentes.*
En este caso son la última letra o las últimas dos letras de cada palabra las que experimentan ascensos.

- *Escritura con finales de palabra descendentes:* lo que significa que en las últimas letras de cada palabra se producen descensos más o menos pronunciados y frecuentes.

La interpretación es muy semejante a la de la escritura imbricada descendente, pudiéndose resumir en una tendencia depresiva contra la que se intenta luchar de modo consciente.

La diferencia entre que sean las palabras las que desciendan —imbricada descendente— o solamente el final de las mismas, es que en este segundo caso el control consciente es superior; es decir, se trata de personas que intentan controlar al máximo su desánimo, que solo expresan —por regla general— al final de las situaciones.

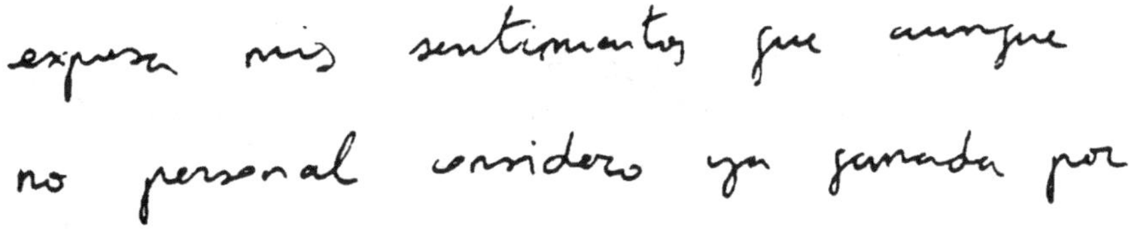

Fig. 160. *Finales de palabra descendentes.*
Prácticamente en todas las palabras existe una caída de la última o de las dos últimas letras.

• *Escritura con ascensos súbitos:* de manera esporádica aparecen en el texto ascensos de letras sueltas o grupos de ellas.

Este tipo de ascensos puede estar motivado, porque la propia palabra o las próximas al ascenso sugieran al autor mensajes de optimismo, alegría o euforia.

Si se dan de manera más regular en la escritura, no existiendo motivaciones en relación con la naturaleza del término escrito, el significado es la existencia de fases de alegría sin motivo aparente o, mejor dicho, producidas a nivel muy inconsciente, por lo que el sujeto no sabe explicarse muy bien qué es lo que le ha causado ese momento de júbilo.

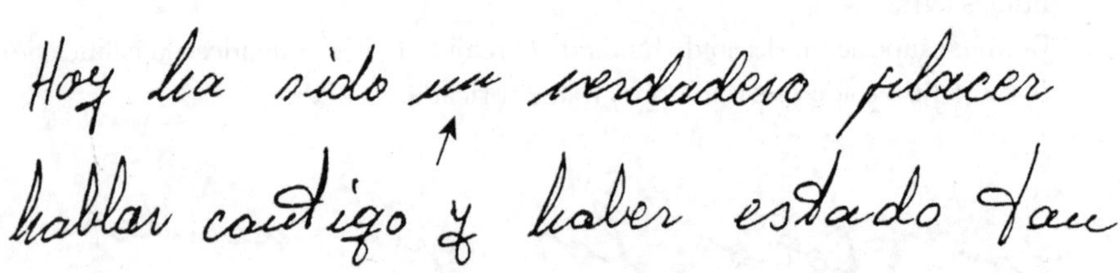

Fig. 161. *Ascensos súbitos.*
En este caso el más llamativo es el que tiene lugar en la palabra «un», siendo achacable al significado positivo de las palabras siguientes.

• *Escritura con descensos súbitos:* al contrario que en el caso anterior, se producen descensos de letras sueltas o grupos de ellas.

La interpretación es contrapuesta a la precedente, pues se trata ahora de la aparición de momentos de desánimo o tristeza cuya causa puede ser de matices conscientes (cuando el término que desciende o los próximos suscitan sentimientos de pesar) o inconscientes en el caso de que no exista ese tipo de relación.

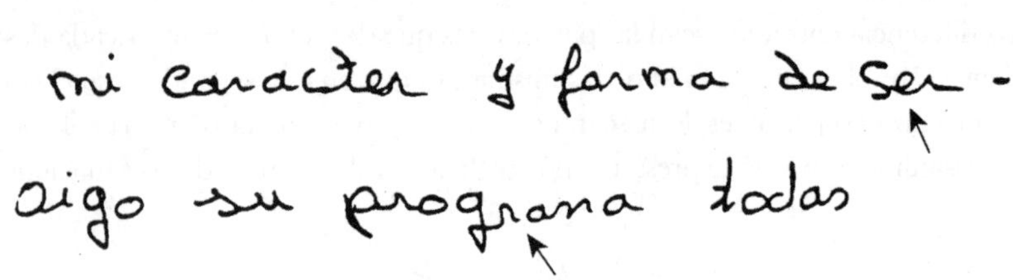

Fig. 162. *Descensos súbitos.*
Son destacables en este ejemplo los que aparecen en las letras «s» y «e» de la palabra «ser», así como los de la «r» y la «a» de «programa».

• *Escritura de dirección variable:* las variaciones de la dirección pueden ser de diferentes tipos, siendo la clave de su diferenciación el hecho de que aparezcan dentro de cada escrito o bien en escritos diferentes, aunque realizados por la misma persona.

En este último caso la dirección de las líneas puede ser ascendente en una muestra de escritura y horizontal o descendente en otras. El diagnóstico debemos darlo en función de las circunstancias en que cada escrito haya sido realizado, pues cabe la posibilidad de que la dirección de las líneas esté en relación directa con lo acaecido al sujeto en la época o momento de escribir.

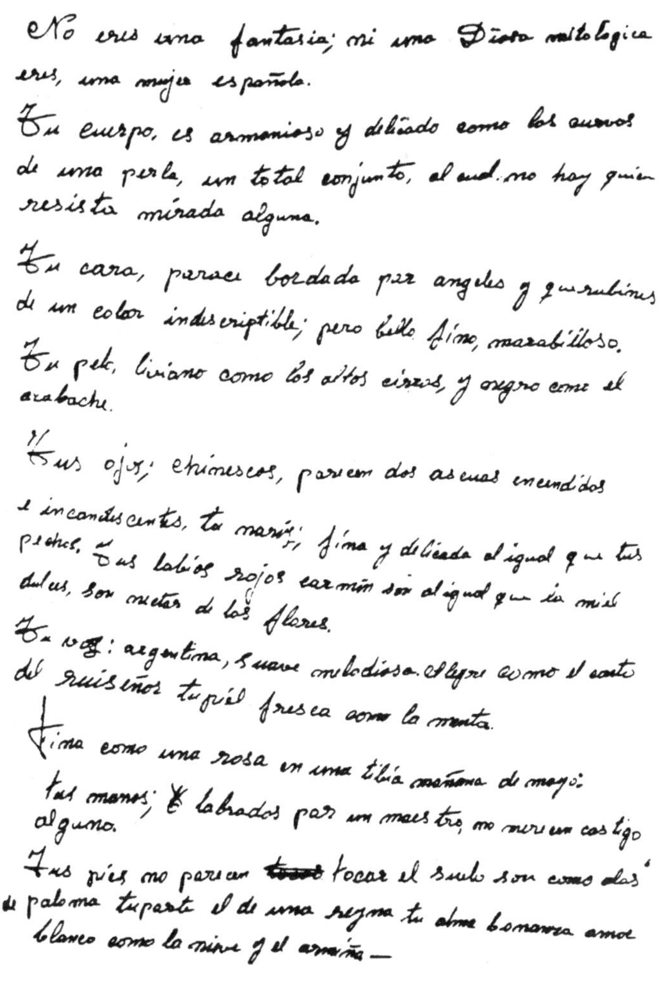
No eres una fantasía; ni una Diosa mitológica
eres, una mujer española.
Tu cuerpo, es armonioso y delicado como los nuevos
de una perla, un total conjunto, al cual no hay quien
resista mirada alguna.
Tu cara, parece bordada por angeles y querubines
de un color indescriptible; pero bello fino, marabilloso.
Tu pelo, liviano como los altos cirros, y negro como el
azabache.
Tus ojos; quiméricos, parecen dos ascuas encendidas
e incandescentes, tu nariz; fina y delicada al igual que tus
pechos. Tus labios rojos carmín son al igual que la miel
dulces, son nectar de las flores.
Tu voz: argentina, suave melodiosa. Alegre como el canto
del ruiseñor tu piel fresca como la menta.
Fina como una rosa en una tibia mañana de mayo:
tus manos; labrados por un maestro, no merecen castigo
alguno.
Tus pies no parecen ~~tocar~~ tocar el suelo son como alas
de paloma tu parte el de una reyna tu alma bonanza amor
blanco como la nieve y el armiño —

Fig. 163. *Líneas de dirección variable.*

Se pueden apreciar diferentes tipos de dirección: desde la ascendente de los primeros párrafos a la descendente de los restantes, apareciendo a su vez en prácticamente todos los renglones notables cambios en la dirección.

Si no hay unas motivaciones extrínsecas que puedan explicar esas variaciones, habrá que considerarlas como una expresión de la inestabilidad emocional del autor, de sus cambios de actitud ante las circunstancias vitales.

Es muy probable que nos encontremos ante un caso de ciclotimia, y que los cambios de dirección correspondan respectivamente a las fases maníacas (líneas en ascenso) y depresivas (líneas descendentes).

Si los cambios de dirección son muy drásticos, en lugar de ciclotimia puede tratarse de un caso de psicosis maníaco-depresiva.

Cuando los cambios de dirección tienen lugar dentro de cada escrito, no cabe duda de las variaciones de ánimo por las que pasa habitualmente la persona que así escribe y que serán tanto más frecuentes cuanto más lo sean dichos cambios.

Aparte de eso tenemos que hablar también de una fuerza del «yo» disminuida, por lo que la influencia del ambiente es muy elevada. También lo es la sensibilidad, lo que hace a estas personas muy lábiles ante cualquier circunstancia desfavorable.

Es, asimismo, un rasgo de desorden psíquico y físico y —dentro de este último— tanto espacial como temporal. En este tipo de escrituras pueden existir no pocas alteraciones de la personalidad, dependiendo su importancia de la intensidad de este rasgo y de la existencia o no de otros específicos de cada una de ellas.

Capítulo XIV
LA INCLINACIÓN DE LAS LETRAS

Nos encontramos ahora ante uno de los parámetros en los que se suele reparar con más frecuencia cuando se observa una escritura y que, a la vez, nos ofrece unas enormes posibilidades desde el punto de vista grafológico.

En efecto, ¿quién no se sorprende cuando descubre una escritura cuyas letras se inclinan desmesuradamente hacia adelante o hacia atrás, o cuando cada letra adopta una inclinación diferente, o bien al comprobar que la inclinación varía cuando la misma persona hace un tipo de escritos u otros de diferente índole?.

Sin embargo, este tipo de observaciones suele quedar en la mera curiosidad, sin que el observador extraiga ningún tipo de conclusiones. Pero gracias a la grafología, el hecho de examinar detenidamente la inclinación de las letras de un escrito puede proporcionarnos valiosas informaciones sobre la forma de ser y el comportamiento del autor del mismo.

Antes de entrar en materia, conviene explicar el significado simbólico que la inclinación de las letras posee. Para ello resulta muy gráfico considerar a cada letra como la representación simbólica de la propia persona que escribe y hacer el siguiente razonamiento: si al escribir cada renglón nos dirigimos desde nuestro propio «yo» (situado en la zona del margen izquierdo) hacia los demás (simbólicamente localizados en el margen derecho), deduciremos que la inclinación de las letras está en directa relación con la capacidad de relación del autor.

Es un hecho probado que nuestro cuerpo se inclina hacia adelante —o tiende a hacerlo— cuando saludamos a personas que gozan de nuestra simpatía; que tendemos a mantener la verticalidad cuando nos presentan a alguien en principio desconocido, y que nos echamos literalmente hacia atrás (o al menos sentimos deseos de hacerlo) cuando nos vemos obligados a saludar a personas con las que nuestra relación no es demasiado cordial.

Por tanto, la inclinación de las letras de la escritura está expresando la predisposición a contactar con los demás de forma más o menos afectiva.

Así pues, la primera faceta de la personalidad con la que la inclinación se relaciona es, precisamente, la afectividad. Pero, además de este, hay otros aspectos cuya intensidad depende —en mayor o menor medida— de la inclinación de las letras.

Entre los más importantes cabe destacar la capacidad de iniciativa, el grado de introversión frente al de extraversión, así como las posibilidades de relacionarse socialmente.

En otro orden más secundario, la inclinación se relaciona también —dentro de los rasgos intelectuales— con la capacidad de reflexión, así como con la de intuir frente a la de utilizar la lógica.

Dentro del campo laboral también hay aspectos que tienen que ver con la inclinación de las letras, como son: la constancia o versatilidad ante el trabajo, la capacidad de concentración, el orden —tanto espacial como temporal—, la capacidad de organización, las dotes de mando, la capacidad de iniciativa y la de decisión, así como la necesidad de consulta o de elogios.

Y ya en lo que concierne a la personalidad propiamente dicha, y aparte de su relación con los aspectos ya citados en principio (afectividad e intro-extraversión), la inclinación de la escritura tiene que ver también con los factores emocionales (predominio del sentimiento frente a la razón o viceversa), con la tipología afectiva e incluso con la fuerza del «yo», el autocontrol y la autoconfianza.

La inclinación es un parámetro escritural a tener muy en cuenta en lo que a detección de determinados aspectos de la sociabilidad se refiere, y no solo a la capacidad de relación social, aunque sea este el más genérico.

En efecto, el grado de dependencia del grupo, la asertividad, las posibilidades de adaptación a diferentes ambientes, el grado de espontaneidad o el de artificiosidad, y la influencia que el exterior ejerce sobre el propio sujeto, son susceptibles de ser medidos estudiando —entre otros rasgos grafológicos— la inclinación de la escritura.

Señalar, por último, que también otros aspectos del comportamiento del individuo pueden ser, al menos parcialmente analizados, a través de este parámetro.

Nos referimos al altruismo frente al egoísmo, al grado de sinceridad, al control de los gastos, e incluso a determinadas características de otros rasgos de la personalidad como pueden ser los relacionados con la sexualidad, la agresividad o el propio grado de estabilidad psicológica del individuo.

MEDIDA DE LA INCLINACIÓN

Antes de continuar con el estudio detallado de las interpretaciones que corresponden a cada modo de escritura según la inclinación de la misma, pasemos a explicar cómo puede medirse de manera objetiva este parámetro.

Para ello es necesario considerar, en principio, la denominada «línea base de escritura», respecto a la cual se van a realizar todas las medidas de la inclinación.

Una vez trazada esta línea, procurando que se apoye lo más ajustado posible en la parte inferior del cuerpo medio de cada letra, procederemos a trazar una serie de líneas siguiendo la inclinación de las propias letras, que podremos apreciar mucho mejor si presentan rasgos lineales en la vertical como sucede en la «b», «d», «f», «g», «h», «i», «j», «k», «l», «m», «n», «ñ», «p», «q», «t», «u» e «y».

En estos casos hay que seguir la dirección del rasgo vertical de la letra y calcular el ángulo que este forma con la línea inferior de escritura, contando siempre a partir de la izquierda. Para ello se utiliza un sencillo aparato, el conocido «transportador de ángulos».

Señalar también que para realizar una correcta medida de la inclinación, conviene ajustar de forma precisa la línea horizontal del transportador de ángulos con la línea base de escritura, así como el vértice central de este sencillo aparato con los puntos de intersección de las líneas de inclinación de las letras con la citada línea base de escritura.

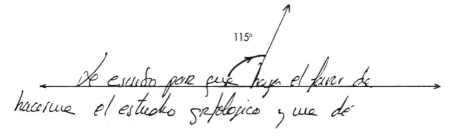

Fig. 164. *Forma de medir la inclinación de las letras.*
Se ha medido la de la «d», que ha resultado ser de 115.° respecto de la horizontal, lo que se puede comprobar superponiendo un transportador de ángulos.

En el caso de que la letra no pertenezca al grupo citado, es decir, se trate de una «a», «c», «e», «o», «r», «s», «v» o «x», la medida de la inclinación se hace algo más complicada y —desde luego— menos objetiva, pues es necesario aproximar una línea procurando que esta pase por el centro de la letra siguiendo la dirección de la misma.

Esto es —en ocasiones— algo complicado, por lo que a veces es preferible prescindir de la medida de la inclinación de algunas letras que tomar datos inexactos.

También las mayúsculas son susceptibles de ser medidas en cuanto a su inclinación se refiere, existiendo también —como en el caso de las minúsculas— algunas letras que ofrecen más facilidad que otras para este tipo de medición.

El número de mediciones está en función de la extensión de la muestra, así como de la exactitud que nos interese alcanzar. Esta última depende a su vez del tipo de trabajo que se esté realizando.

Un método bastante preciso consiste en medir un total de 30 inclinaciones de diferentes letras, escogidas en grupos de 10 en las zonas inicial, media y final del escrito.

La selección de estas letras debe hacerse mediante un criterio fijo, por ejemplo, escogiendo las que ocupen los lugares pares o impares a partir de uno dado. Si aparecen letras con dificultades de medición (como pueden ser las anteriormente citadas) se puede prescindir de su medida, tomando en su lugar la letra inmediatamente siguiente.

También las letras de la firma deben ser medidas en su inclinación, tanto las mayúsculas como las minúsculas. Si hubiera un número considerable de firmas, escogeremos las que tengan un mayor número de letras susceptibles de medirse, dentro de las más recientes en relación con la fecha de emisión del informe.

Las letras que resulten de deficiente ejecución serán mucho más dificultosas de medir, pudiendo incluso hacerse imposible la medida de su inclinación; prescindiremos de ellas para centrarnos en las letras en las que sí sea posible realizar una medición adecuada, fundamentalmente las que presentan rasgos más o menos alargados en la vertical.

Como es lógico, estas medidas se realizan en grados sexagesimales, e insistimos en que corresponden a los ángulos que forma la parte izquierda de la línea base de escritura con la línea de inclinación de las letras consideradas.

Por tanto, si una letra se inclina a la derecha, el resultado de la medida será superior a los 90.º, siendo inferior si se inclina a la izquierda.

Como veremos a continuación en el apartado correspondiente, en grafología se utiliza la denominación de *inclinada* cuando una letra lo es hacia la derecha, empleándose el término *invertida* si la inclinación es hacia la izquierda.

Para proceder a esta clasificación de escrituras, se considera la inclinación media de la escritura, resultado de calcular la media aritmética de todas las mediciones efectuadas.

Pero en el caso de la inclinación existen también otros valores a tener en cuenta: se trata de la inclinación máxima, la mínima y la diferencia máxima de inclinación.

Como su propia denominación indica, las inclinaciones máxima y mínima son las de las letras más y menos inclinadas respectivamente entre todas las mediciones que se hayan realizado.

La diferencia máxima de inclinación es la resta o la diferencia entre las inclinaciones máxima y mínima, resultando ser este valor una característica gráfica de cada persona.

Queremos decir que cuando una persona escribe, inclina sus letras en direcciones más o menos semejantes, de manera que la diferencia entre las letras más y menos inclinadas resulta ser constante dentro de unos ciertos límites.

Y dado que esto ocurre también cuando se intenta disimular la escritura, este dato se utiliza como importante argumento en los trabajos de pericia caligráfica para identificar autores de delitos en relación con la escritura: falsificaciones, anónimos, etc.

Resulta curioso que, incluso cuando la persona intenta deliberadamente modificar de forma sensible la inclinación habitual de sus letras, la diferencia máxima de inclinación se mantenga constante, lo que es un dato interesante en la identificación de manuscritos.

Una vez explicada la manera de realizar la medida de la inclinación, pasaremos al estudio detallado de los diferentes tipos de letra que, según la misma, se consideran desde el punto de vista grafológico. Haremos dos grandes apartados según se tenga en cuenta el grado de inclinación o las variaciones de esta.

EL GRADO DE INCLINACIÓN

Se llama grado de inclinación de una escritura a la media aritmética de las inclinaciones de sus letras, realizada según explicamos en el apartado anterior. Según la misma, distinguimos los siguientes tipos de escritura:

- *Escritura tumbada:* si presenta una inclinación media de más de 135.°, por supuesto hacia la derecha, ya que —como hemos explicado— la inclinación se mide desde la parte izquierda de la línea base de escritura.

   Las personas que inclinan de forma tan acusada las letras vivencian su afectividad de manera un tanto angustiosa. Necesitan el contacto con los demás para sentirse bien y descargar en ellos su propia ansiedad.

   Se trata —por tanto— de una manera de vivir los afectos marcadamente histeroide, lo que propicia las dificultades de profundización en los mismos.

   Por otro lado, la excesiva inclinación de las letras supone una capacidad de iniciativa algo desmesurada: la persona se ve en la necesidad acuciante de emprender cosas, de plantearse nuevos horizontes, dejándose llevar por impulsos de carácter más o menos pasajero que se encuadran dentro de esa tendencia histeroide que apuntábamos.

   Es un rasgo que nos pone de manifiesto la propensión a tomar decisiones poco meditadas, siendo también un índice de la posible existencia de problemas psicológicos más o menos profundos, lo que se puede o no ver corroborado en función de la presencia o ausencia de otros rasgos gráficos coadyuvantes.

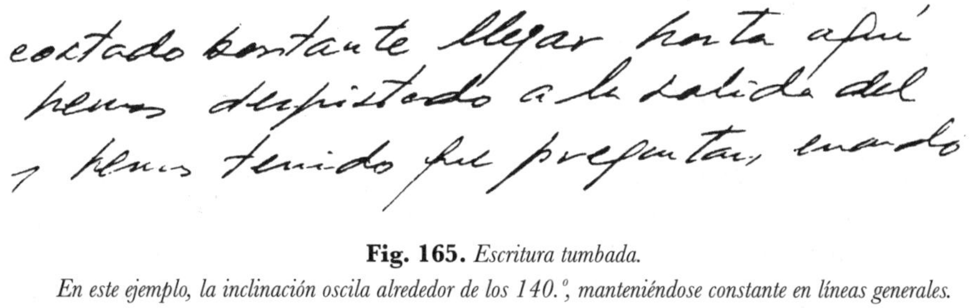

Fig. 165. *Escritura tumbada.*
En este ejemplo, la inclinación oscila alrededor de los 140.°, manteniéndose constante en líneas generales.

- *Escritura inclinada:* es aquella cuya inclinación media hacia la parte derecha está comprendida entre los 120.° y los 135.°.

   Este tipo de escritura inclinada se relaciona —como ocurre en el caso de la tumbada— con una fuerte carga afectiva, siendo muy notable asimismo la capacidad de iniciativa, lo que lleva a estas personas a emprender nuevos asuntos con relativa frecuencia.

Sin embargo, los planteamientos son más reales y tienen una menor carga de ansiedad que la que está presente en el caso de la escritura tumbada.

Las relaciones son también de carácter menos angustioso, aunque las personas que hacen una escritura de tipo inclinada necesitan el contacto con los demás para sentirse bien y procuran evitar la soledad por encima de todo.

La consideración de rasgo histeroide debe ser rebajada, al menos en parte, pero hay que seguir diagnosticando en este tipo de escritura las dificultades para interiorizar sentimientos, lo que puede provocar relaciones superficiales, aunque en menor grado que en la escritura tumbada.

Los sentimientos están por encima de la razón y la intuición supera a la capacidad lógica; son personas que necesitan cambios, por lo que resultan versátiles en el trabajo, campo en el que demostrarán su necesidad afectiva a base de realizar consultas a compañeros y superiores, al ser estas en el fondo desde un punto de vista psicológico un modo de recibir afectividad.

Por otra parte, son personas que están más capacitadas para desenvolverse en puestos de subordinación que en los de mando propiamente dicho, pues su necesidad de contacto y de afectos les condicionaría hacia sus subordinados.

Señalar, por último, que quienes utilizan la escritura inclinada son personas más bien altruistas, con clara tendencia a la superación de los presupuestos.

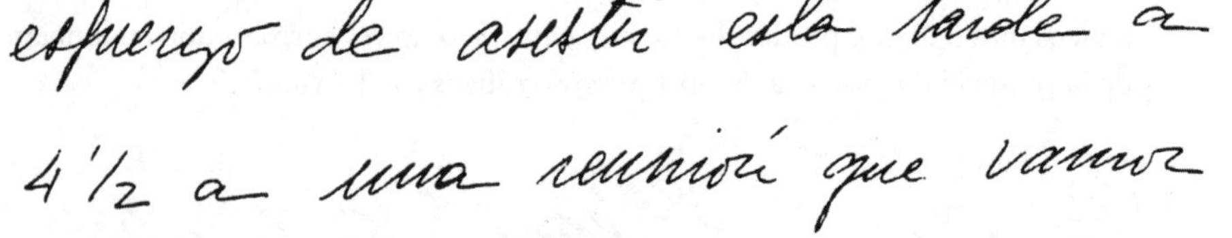

Fig. 166. *Escritura inclinada.*
La inclinación de esta escritura es de aproximadamente 125.°.

- *Escritura moderadamente inclinada:* es aquella en la que la media de la inclinación de sus letras está comprendida entre los 90.° y los 120.°.

La inclinación moderada de la escritura está de acuerdo con una capacidad afectiva basada en el control y dominio de sí. Los afectos y la carga sentimental que estos conllevan no se dan de manera impulsiva sino meditada, ejerciendo la razón una función controladora de los mismos.

Se trata de personas más bien constantes en el trabajo, aunque todavía existe un factor de versatilidad. Suelen ser ideales para puestos de relaciones públicas, dado su tacto y diplomacia, fruto de ese control afectivo antes reseñado.

Presentan asimismo una interesante capacidad de iniciativa, aunque de menor grado que la inherente a la escritura inclinada, así como una relativa necesidad de elogios para sentirse bien.

El ambiente ejerce su influencia pero de forma moderada, existiendo una normal capacidad de adaptación a diferentes situaciones. Son personas más bien altruistas y sinceras con un más que aceptable grado de fiabilidad, al menos en lo que a este rasgo de la escritura se refiere.

Equilibrados en líneas generales, pueden dejarse llevar por los componentes emocionales de su personalidad en momentos en que la presión del ambiente adquiera proporciones considerables.

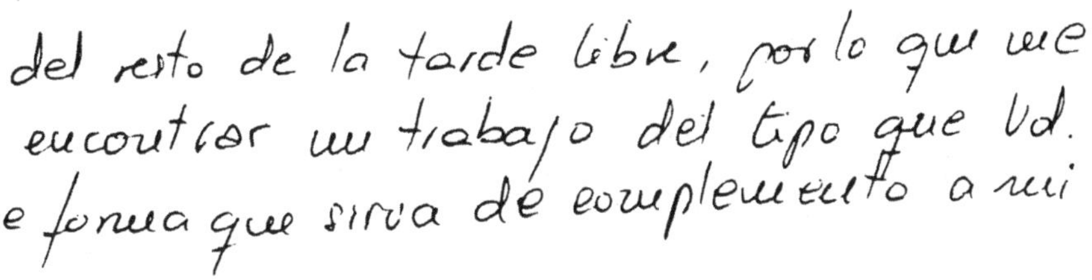

Fig. 167. *Escritura moderadamente inclinada.*
Con ligeras oscilaciones, la inclinación de esta escritura ronda los 105.°.

- *Escritura vertical:* en este caso la inclinación media oscila alrededor de los 90.°, en un intervalo aproximado de 5.° por exceso o defecto.

La verticalidad en la escritura es un claro signo del autocontrol de la persona y de su firmeza y equilibrio ante las dificultades. Quien así escribe es capaz de mantener sus puntos de vista ante las posibles presiones, haciendo valer la solidez de sus argumentos lógicos.

Sus criterios se caracterizan también por la continuidad, característica que preside la realización de sus planteamientos, tanto en el ámbito laboral como personal. Saben concentrarse en aquello que tienen que hacer y planificar de forma adecuada su trabajo.

Son personas estables, con unas condiciones innatas para ejercer puestos de mando, al ser capaces de mantener sus criterios y no dejarse llevar por presiones ni sentimentalismos. Tienen capacidad decisoria, una vez sopesados los argumentos a favor y en contra, para lo que están especialmente dotados gracias a sus posibilidades de reflexión.

La objetividad preside sus acciones y su comportamiento tiende a ser asertivo, delimitando con firmeza su propio terreno frente al de los otros. La fuerza del «yo» es, por tanto, considerable, así como la confianza en las propias posibilidades.

Pueden resultar un poco fríos o artificiosos en sus relaciones, pero hacen gala de una gran sinceridad y son ecuánimes en los juicios, tanto acerca de sus propias actuaciones como de las ajenas.

El autocontrol lo ejercen también sobre las facetas más instintivas de su personalidad, como son las manifestaciones agresivas y la vivenciación de la sensualidad. En ambas facetas se tiende a ejercer un control de tipo consciente.

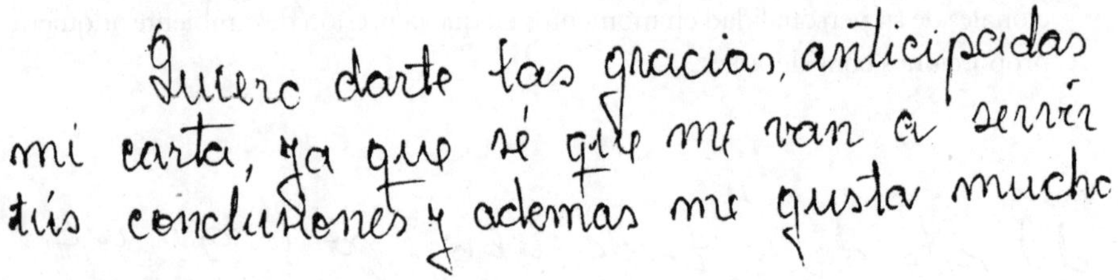

Fig. 168. *Escritura vertical.*
La inclinación ronda los 90.°, existiendo algunas pequeñas variaciones dentro del intervalo de 10.° admitido, es decir, entre los 85.° y los 95.°.

- *Escritura moderadamente invertida:* se clasifican así a las escrituras cuya media de inclinación está entre los 90.° y los 60.°.

La inversión de la escritura supone, en general, un rechazo del ambiente por parte de la persona, que tiende a refugiarse en su propio mundo interior como mecanismo de defensa para intentar evadirse de las circunstancias que le rodean. En efecto, estas personas sienten la presión del ambiente como algo angustioso y negativo, por lo que su tendencia vital se basa en la retirada.

Los puntos de vista son subjetivos y se basan más en los propios deseos —a menudo ocultos— que en el contraste de la realidad. Intelectualmente se tiende hacia la abstracción del pensamiento, manteniéndose una actitud más teórica que práctica.

La capacidad de iniciativa es limitada, y la toma de decisiones difícil. Se aceptan con dificultad las críticas, incluso las favorables, al menos en principio, pues la actitud primaria suele ser de desconfianza ante los demás.

Tampoco la autoconfianza es excesiva, como resultado de una personalidad con fisuras más o menos importantes que se quieren ocultar o paliar mediante el distanciamiento.

Las relaciones sociales son difíciles, pues a estas personas les cuesta mucho «romper el hielo» y suelen mostrarse serias y retraídas, al menos en principio.

No obstante, si se les da una auténtica confianza, pueden mostrarse extraordinariamente afectuosos y contactar de forma profunda con la persona que ha demostrado su consideración hacia ellos. Esto refuerza la idea de que su retracción responde a mecanismos de defensa, y no se corresponde con su verdadera forma de sentir.

La autenticidad tampoco es un punto fuerte de las personas que escriben de forma invertida, pues su desconfianza les lleva a disimulos más o menos intensos que se concretan en faltas de sinceridad. Su retracción afecta también a las facetas más inconscientes y primarias de su personalidad.

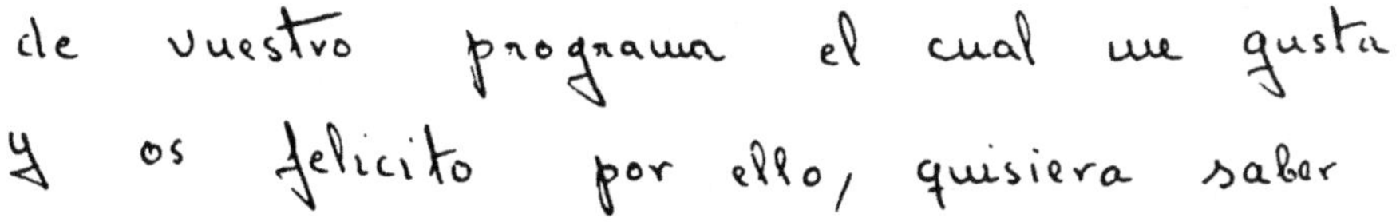

Fig. 169. *Escritura moderadamente invertida.*
Aunque moderada (sobre los 70.°), se puede apreciar la inversión de las letras de esta escritura frente a la vertical.

- *Escritura invertida:* cuya media de inclinación está comprendida entre los 60.° y los 45.°.

Este tipo de escritura supone un incremento de la retracción e introversión generales que ya han sido expuestas en el caso anterior.

Insistimos en que este rasgo gráfico está en consonancia con unas condiciones ambientales que el sujeto vivencia como negativas o desfavorables para él. En muchos casos esto se concreta en un ambiente familiar o social realmente desagradable, del que se intenta la evasión, al menos mentalmente.

Cuando la escritura es invertida, las posibilidades de la persona se encuentran un tanto limitadas, pues se tiende a la pasividad y al retraimiento.

A los que utilizan este tipo de letra les cuesta mucho trabajo tomar algún tipo de iniciativa y no digamos decisiones, las cuales se retrasan todo lo posible en un intento de que las cosas se resuelvan por sí solas.

El contacto social de estas personas con sus semejantes es, en líneas generales, complicado y difícil, pues la desconfianza hacia los demás preside sus actuaciones en todos los ámbitos y las resistencias ante la posibilidad de un intercambio afectivo pueden adoptar las más diversas formas.

Se trata, en general, de personas con dificultades de adaptación, las cuales suelen tener su origen en desajustes psicológicos más o menos importantes.

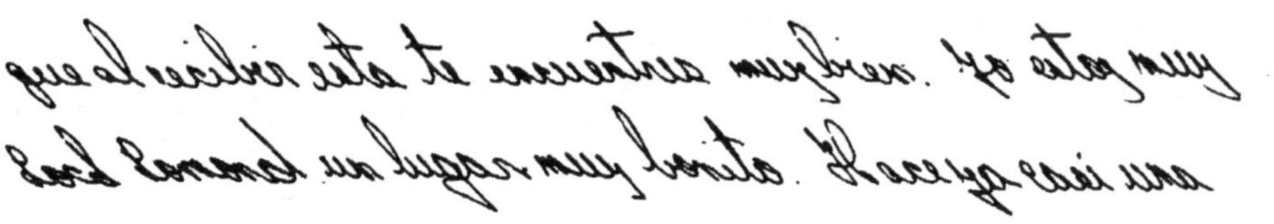

Fig. 170. *Escritura invertida.*
Muy notable es la inclinación a la izquierda de estas letras, alrededor de los 55.° sobre la horizontal.

- *Escritura caída a la izquierda:* se llama así a aquella escritura cuya inclinación no supera los 45.°, lo que hace que las letras «caigan» prácticamente hacia la izquierda del renglón.

En este tipo de escrituras todas las consideraciones hechas en los dos casos precedentes cobran su máxima expresión. En efecto, las personas cuya escritura «cae» hacia el lado izquierdo tienen una importante problemática personal que les lleva a protegerse del mundo exterior de todas las formas posibles.

El disimulo, el egocentrismo, el resentimiento y la desconfianza están presentes en quienes utilizan este tipo de grafismo, por otra parte tan llamativo y fácil de identificar.

Los bloqueos afectivos pueden ser importantes aunque en su inconsciente existan fuertes necesidades afectivas sin expresar.

Todo ello puede deberse a unas experiencias negativas en el campo de los afectos, normalmente en etapas infantiles o juveniles, que han llevado a estas personas a un grado de desconfianza ante los adultos que les bloquea para cualquier manifestación de cariño.

La agresividad tiende a reprimirse, por lo que cabe catalogarla de fuertemente secundaria, siendo además este tipo de energía que se proyecta negativamente sobre el propio sujeto, la causa profunda de posibles tendencias depresivas.

Después de estas interpretaciones generales de la inclinación de las letras, es necesario hacer algunas salvedades pues, sobre todo los casos de escrituras invertidas o caídas, pueden responder a la utilización eventual o permanente de la mano izquierda, o bien a una incorrecta posición escritural.

En estos casos las interpretaciones dadas pueden no estar de acuerdo con la realidad personal, debiendo incluso cambiarse las mismas por las correspondientes a las escrituras antagónicas respecto a la propia inclinación de las letras.

Así, las interpretaciones de la escritura invertida se corresponderían con las de la inclinada, las de la moderadamente invertida con las de la moderadamente inclinada, y las de la caída a la izquierda con las de la tumbada, pero eso solamente si tenemos la seguridad de que existe un componente extrínseco en la utilización de este tipo de escrituras.

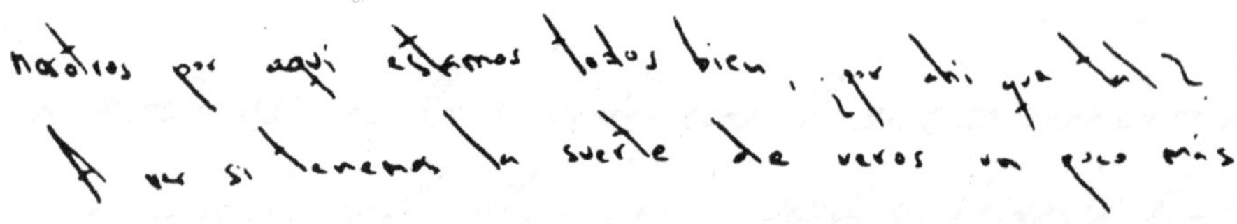

Fig. 171. *Escritura caída a la izquierda.*
Resulta difícil encontrar este tipo de escrituras cuyas letras se inclinan de forma tan notoria hacia la izquierda. En este caso los ángulos están próximos a los 40.°.

VARIACIONES DE INCLINACIÓN

La inclinación de las letras de un escrito —o de varios hechos por la misma persona— no tiene por qué mantenerse constante, sino que puede sufrir una serie de variaciones que conviene determinar y valorar para su correcta interpretación grafológica. Sin embargo hay ocasiones en que esto no es así, manteniéndose una constancia en la inclinación de la escritura; tal sucede en los dos primeros casos que a continuación se especifican:

- *Escritura de inclinación constante:* como su nombre indica es aquella que apenas presenta variaciones entre la inclinación de unas letras y otras, tal y como sucede —por ejemplo— en las figuras n.º 166, 168 y 171.

  Hemos citado estos ejemplos para que quede claro que la constancia en la inclinación puede aparecer tanto en escrituras verticales como inclinadas o invertidas, sin que importe el grado de inclinación siempre que este se mantenga más o menos igual a lo largo de las diferentes letras del escrito.

  Por tanto, la significación de este rasgo hay que supeditarla a la correspondiente al grado de inclinación, aunque se pueden dar algunas interpretaciones de carácter general.

  En efecto, la constancia en la inclinación presupone en principio una afectividad de carácter estable y persistente; por otro lado, se mantienen las perspectivas iniciales en aquello que se emprende, y las relaciones sociales son firmes y duraderas. Desde el punto de vista intelectivo, la lógica supera a la intuición: se trata de personas reflexivas y juiciosas, sobre todo si, aparte de la constancia en la inclinación, las letras son verticales o moderadamente inclinadas.

  La razón controla a los sentimientos, siendo este un rasgo a favor del autocontrol y la confianza en las propias posibilidades, así como de la resistencia frente a las presiones ambientales. Favorece también la capacidad para concentrarse y organizar, así como la toma de decisiones meditada y coherente.

  También la sinceridad está en consonancia con este tipo de escritura, al igual que la asertividad y la relativa independencia del grupo. Señalar, por último, que el gasto energético suele estar bien controlado por parte de las personas que presentan este rasgo en su escritura.

- *Escritura de inclinación rígida:* también aquí será necesario anteponer las interpretaciones correspondientes al grado de inclinación que —dentro de la rigidez de la misma— presente la escritura objeto de análisis.

  Pero en este caso el significado específico de la rigidez cobra mayor importancia, al ser este un rasgo más característico que el anterior.

  Dejemos bien claro que la rigidez en la inclinación supone una variabilidad prácticamente nula en este parámetro a lo largo del escrito, de forma que si se trazan las líneas de inclinación de las diferentes letras, resulten prácticamente paralelas entre sí.

Las personas cuyas letras mantienen la misma inclinación de forma absoluta tienden a planteamientos de carácter subjetivo; están muy convencidos de lo que piensan, y tienen dificultades para aceptar otro tipo de sugerencias.

Ya no se trata de que utilicen la lógica, sino que usan «su propia lógica», por lo que es difícil la comunicación entre ellos y las personas que les rodean.

Están capacitados para trabajos en los que el orden y la meticulosidad jueguen un papel preponderante.

En general son personas a quienes les falta ductilidad para entender posiciones ajenas a las suyas. Se muestran como muy tradicionales y amantes de seguir a rajatabla sus propios usos y costumbres, rechazando en principio los nuevos hábitos sociales.

Desde un punto de vista psicológico, podemos decir que han elaborado una serie de mecanismos de defensa que se manifiestan mediante ese tipo de comportamiento que hemos apuntado.

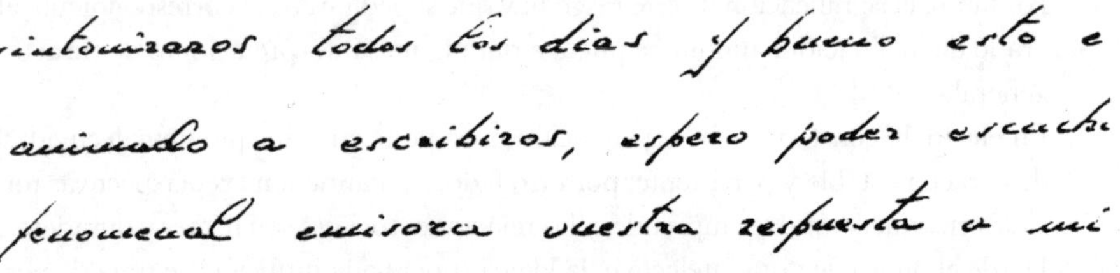

Fig. 172. *Escritura de inclinación rígida.*

• *Escritura de inclinación progresiva:* es aquella en la que, a medida que se avanza en el escrito, las letras aparecen cada vez más inclinadas.

Este tipo de inclinación se da en personas que conscientemente están reprimiendo su afectividad, hasta que las circunstancias pueden llevarles a expresarla incluso con profusión.

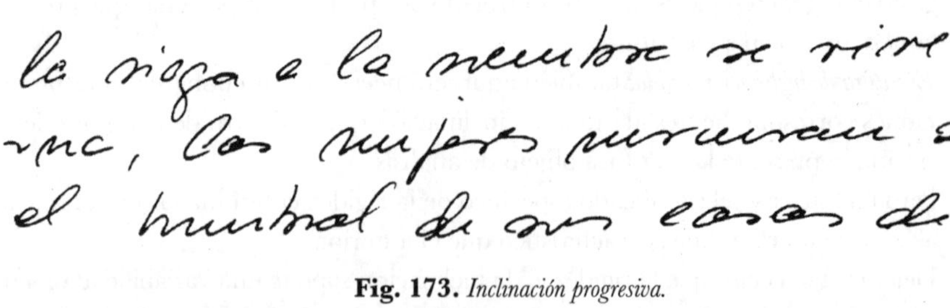

Fig. 173. *Inclinación progresiva.*
Dentro de que ya es una escritura bastante inclinada, al final de las líneas se puede apreciar un incremento progresivo de la inclinación.

Son personas muy emotivas en el fondo, que intentan el autocontrol sin éxito, pues al final su espíritu impaciente y su carácter sociable les «traicionan» sin que puedan hacer nada por evitarlo.

Cuando se ponen a hacer no importa qué cosa, por mucho que se quieran controlar y organizar, terminan desbordándose sentimentalmente y poniendo «toda la carne en el asador».

- *Escritura de inclinación regresiva:* caso opuesto al anterior en el que las letras se «retraen» sobre sí mismas en lo que a su inclinación se refiere.

Si la inclinación se hace cada vez más regresiva, está muy clara la prevención que existe a la hora de entregar los afectos. Y no es esa la intención inicial, pero es tal la reticencia que existe ante esa perspectiva que no se puede evitar la retracción final.

En estos casos suele haber un fondo de experiencias negativas, que han llevado a la persona que así escribe a no dar su afectividad sin poner ciertos obstáculos.

Por otro lado, este rasgo supone una inhibición progresiva ante las tareas, que se emprenden inicialmente con mucha más generosidad que la que se demuestra al final de las mismas.

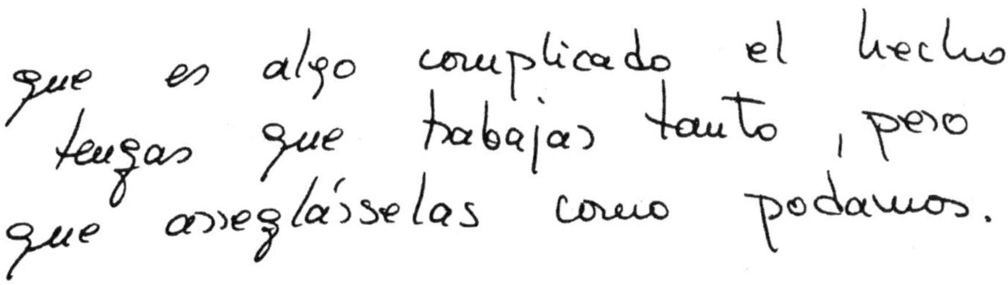

Fig. 174. *Inclinación regresiva.*

Los renglones empiezan con letras inclinadas para, a lo largo de los mismos, pasar a verticales primero y ligeramente invertidas después.

- *Escritura de inclinación variable a lo largo del escrito:* es aquella en la que existen diferencias en la inclinación de forma más o menos homogénea a lo largo de todo el escrito.

La primera y más significativa interpretación de este tipo de rasgo radica en las dudas que suelen aquejar a las personas que lo presentan en su escritura.

Y nos referimos a dudas en todos los aspectos, pero fundamentalmente en el capítulo afectivo. Por regla general, son personas que han sufrido desengaños en esa parcela de su personalidad o bien temen padecerlos por referencias negativas, ya sea de familiares, amigos, etc.

Por tanto, sus relaciones afectivas son un tanto cambiantes, tanto más cuanto el rasgo aparezca de forma más acusada en la escritura. En el fondo de estas personas tiene lugar una lucha entre los sentimientos y la razón, que les causa una tensión interna más o menos acusada.

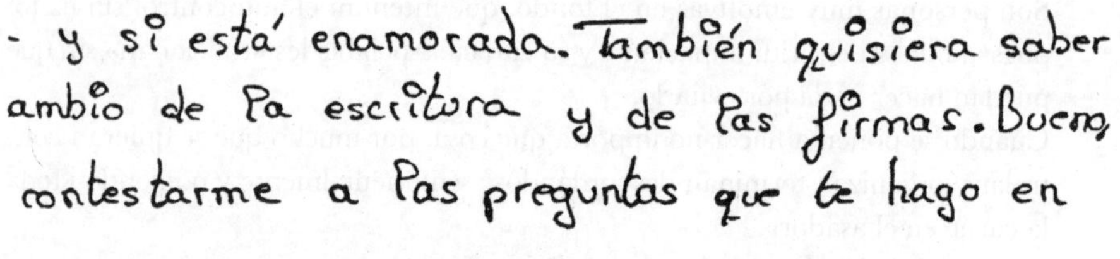

- y si está enamorada. También quisiera saber ambio de la escritura y de las firmas. Bueno, contestarme a las preguntas que te hago en

Fig. 175. *Escritura de inclinación variable.*
Se pueden observar letras inclinadas, verticales e invertidas, sucediéndose a lo largo de esta escritura.

Son versátiles en el trabajo, soportando mal la realización de tareas rutinarias; necesitan cambios de un modo u otro. La capacidad para concentrarse es algo limitada, siendo su tendencia natural el desorden y la desorganización.

El sistema nervioso es lábil y los descontroles frecuentes, de manera que es fácil que caigan en explosiones de genio esporádicas con el subsiguiente enfado y la no menos tardía reconciliación.

Otra faceta relacionada con este rasgo es la capacidad de empatía, es decir, de penetración en los ambientes y en las personas con la consiguiente comprensión profunda de los mismos, sobre todo en escrituras de trazos rápidos.

Podemos hablar también de una cierta tendencia histeroide, que explica tanto la necesidad de cambios frecuentes como las dificultades en la interiorización de los propios sentimientos.

• *Escritura de inclinación variable en diferentes escritos:* es aquella cuya inclinación varía de forma sustancial de un tipo de escritos a otros; o incluso dentro del mismo escrito se utilizan distintas inclinaciones, de tal forma que se pueden apreciar partes diferentes, que pueden dar la sensación de que han escrito personas distintas.

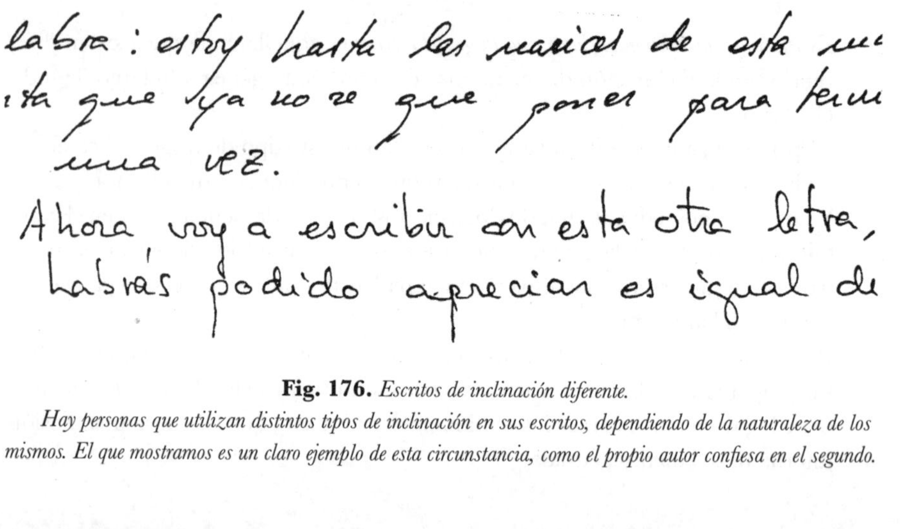

labra: estoy hasta las narices de esta vida que ya no se que poner para termi una vez.
Ahora voy a escribir con esta otra letra, habrás podido apreciar es igual de

Fig. 176. *Escritos de inclinación diferente.*
Hay personas que utilizan distintos tipos de inclinación en sus escritos, dependiendo de la naturaleza de los mismos. El que mostramos es un claro ejemplo de esta circunstancia, como el propio autor confiesa en el segundo.

La variación de inclinación entre escritos suele obedecer a la diferente disposición de ánimo, sobre todo en los aspectos afectivos, con que la persona se dirige a los diferentes destinatarios.

Resulta lógico que al escribir a personas con las que existen lazos familiares o de profunda amistad, la escritura se incline más a la derecha que cuando se hace un escrito de carácter oficial o se escribe una carta de compromiso.

Cabe también otra interpretación, sobre todo en el caso de que no exista una relación entre los cambios de inclinación y los destinatarios de los escritos.

Cuando esto ocurre es un claro síntoma de que la persona varía su afectividad sin que ello dependa del objeto afectivo, siendo capaz de adoptar posturas muy diferentes, como si dispusiera de distintas facetas en su personalidad y fuera capaz de utilizar cualquiera de ellas en un momento determinado.

- *Escritura de inclinación variable en párrafos:* hay variaciones dentro del propio escrito, entre los diferentes párrafos del mismo.

La interpretación de este modo de escritura es semejante a la anterior, con algunas diferencias.

En efecto, este rasgo nos indica que estas personas cambian de manera más tajante en sus consideraciones, sobre todo en el campo de la afectividad, que es el más directamente relacionado con la inclinación de la escritura.

Debemos, por tanto, diagnosticar la posibilidad de cambios radicales en las relaciones, estando esta característica basada en una latencia histeroide subyacente en la personalidad.

Por otra parte, se trata de un rasgo de posibilidades de adaptación a los distintos ambientes, así como de sensibilidad y capacidad para captar el entorno.

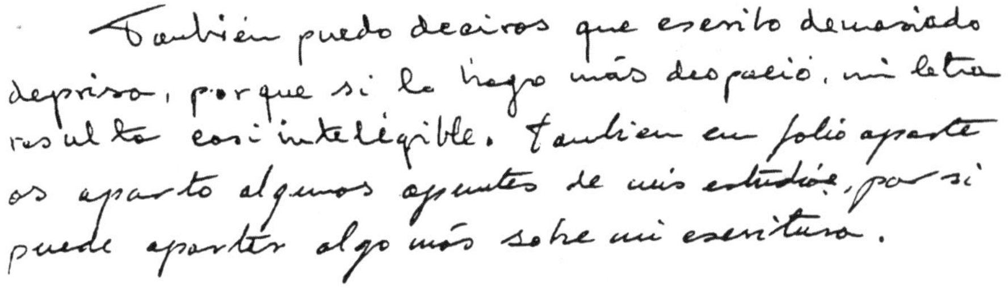

Fig. 177. *Inclinación variable en párrafos.*
Sin necesidad de que haya ni siquiera un punto y aparte entre ellos, como es el caso del ejemplo que presentamos, en el que —sin motivo aparente— hay un cambio brusco de inclinación entre uno y otro párrafo.

- *Escritura de inclinación variable en palabras:* las variaciones se producen en este caso en las propias palabras, aunque dentro de las letras de cada una de ellas la inclinación se mantenga constante.

Cuando son las palabras las que varían su inclinación a lo largo del escrito, caben todas las interpretaciones del caso anterior aumentadas tanto en frecuencia como en intensidad.

Si estas variaciones se presentan en muchas de las palabras del escrito, hay que insistir en la consideración de rasgo histeroide, a la vez que supone una gran intuición, así como una notable capacidad para amoldarse a diferentes situaciones y un importante grado de emotividad.

En el caso de que estos cambios en la inclinación solo existan en determinadas palabras, normalmente debido al significado que las mismas tienen para el propio autor del escrito, hay una emotividad de fondo que se refleja ante estímulos exteriores, como puede ser la carga emocional que para el sujeto representa el propio contenido de las palabras cuya inclinación varía.

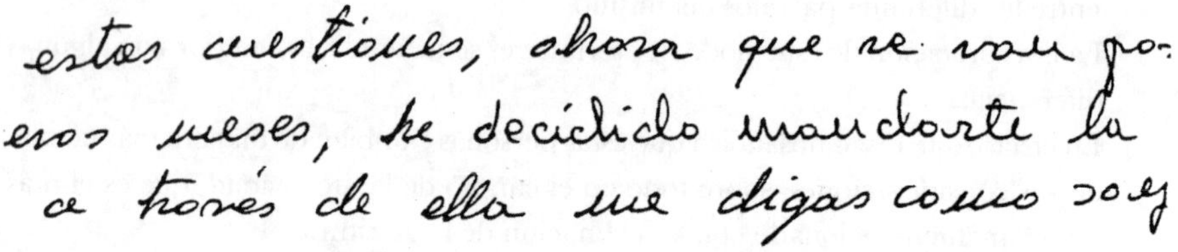

Fig. 178. *Variaciones de inclinación en palabras.*
Destaca en esta escritura inclinada la verticalidad de las palabras «decidido mandarte», lo que indica una retracción inconsciente de la persona en relación con el significado de las mismas.

- *Escritura con variaciones súbitas de inclinación en letras:* nos referimos a las escrituras que, de repente, presentan letras con una inclinación claramente diferente de la general, la cual se mantiene más o menos constante.

Estas variaciones esporádicas en la inclinación responden a fallos en el autocontrol del sujeto, el cual está intentando mantener una línea de actuación más o menos homogénea, pero no puede evitar tener momentos en los que su emotividad interna le traiciona y ello puede reflejarse en su comportamiento, saliéndose en estos casos de sus límites habituales.

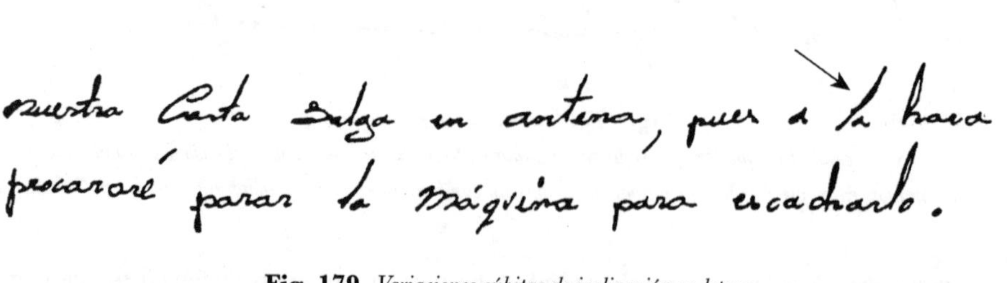

Fig. 179. *Variaciones súbitas de inclinación en letras.*
En este caso la letra que presenta una apreciable distorsión en lo que a la inclinación general se refiere, es la «b» señalada mediante una flecha.

• *Escritura vibrante:* se llama así a aquella en la que las letras cambian su inclinación de manera tan marcada como frecuente.

La vibración de la escritura está en relación directa con una inestabilidad afectiva de proporciones importantes. El sujeto no sabe a qué carta quedarse y varía en los sentimientos con una inusitada frecuencia.

Estas dudas se reflejan no solo en el campo afectivo, sino en todas las facetas, tanto en lo que se refiere a las aptitudes como a la propia personalidad.

Es muy notable la falta de constancia no solo en el trabajo, sino en cualquier actividad, lo que se compensa con una enorme versatilidad que permite a estas personas realizar casi simultáneamente obras de muy distinta naturaleza.

La organización no es su punto fuerte, pues se tiende de manera clara hacia el desorden, que puede desembocar en una anarquía más o menos generalizada.

Su capacidad de decisión es muy limitada, aumentando sensiblemente el nivel de ansiedad cada vez que se ven en la necesidad de tomar decisiones importantes.

Los sentimientos desbordan casi por completo a la razón, incapaz esta última de realizar un adecuado control de los mismos; la fuerza del «yo» se resiente, influyendo en la autoestima y en la confianza que en sí mismos tienen estas personas.

Su asertividad tampoco es modélica, puesto que tienen dificultades para colocarse en el lugar psicológico que les corresponde. Por el contrario, suelen meterse en el terreno de los demás a la vez que no saben evitar ser invadidos en el suyo propio. Sin embargo son muy elevadas sus posibilidades de captación del entorno, que puede llegar a niveles insospechados.

De talante animado, son personas que conectan muy bien con quienes les rodean desde el primer momento, por lo que suelen ser el foco de atracción en las reuniones. Quizá sea este un mecanismo más o menos inconsciente para favorecer la aceptación por parte de los demás, de modo que así se autoafirman y adquieran seguridad en sí mismos, que es uno de sus puntos débiles.

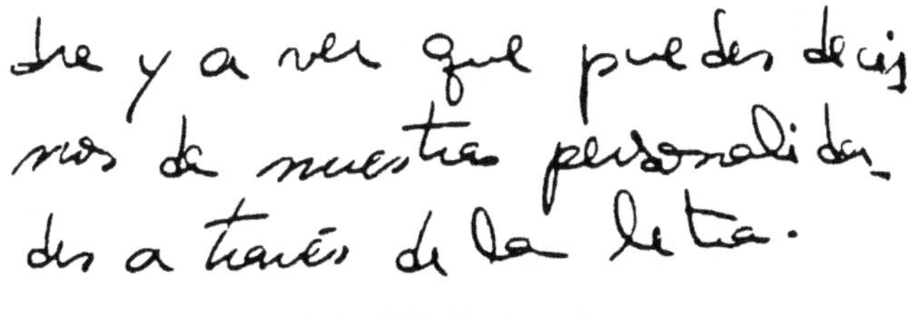

Fig. 180. *Escritura vibrante.*
Son notorias, por lo frecuentes e intensas, las variaciones en la inclinación de estas letras.

Capítulo XV
LA VELOCIDAD DE LA ESCRITURA

Al escribir, estamos manifestándonos tal como somos, respondiendo nuestra escritura a todos y cada uno de los aspectos de nuestra personalidad, tanto lo que se refiere a la manera en que la situamos el texto en el papel, como al tamaño de las letras, a su forma, inclinación, dirección de las líneas, etc.

Esto es todo lo que hemos visto y analizado hasta ahora, pero en este capítulo nos ocuparemos de algo que también merece la pena ser tenido en cuenta.

Y es que cuando escribimos, cada uno de nosotros lo hacemos con una determinada cadencia, trazando los rasgos de las letras con mayor o menor rapidez, unos recreándose en la escritura, otros intentando acabar lo más pronto posible, algunos escribiendo sin parar, otros haciendo pausas más o menos largas y frecuentes, etc.

Pues bien, esta cadencia de la escritura nos va a determinar la mayor o menor rapidez con que se desenvuelve la persona que escribe, los intervalos o «descansos» que se toma al hacer no importa qué y, en definitiva, su ritmo vital.

Y también vamos a poder apreciar otros aspectos, tales como si la persona actúa rápido o lento en aquello que realiza de forma puntual, es decir, en los pequeños detalles o partes que integran la totalidad de una tarea, lo mismo que su eficacia general en la realización de las mismas.

Para todo ello basta con estudiar la velocidad de su escritura, tanto la de sus trazos, como la global, la cual mediremos en letras por minuto, como a continuación se explica.

Si tenemos a la persona delante y podemos observar su forma de escribir e incluso cronometrarla, ello nos ayudará a valorar objetivamente la velocidad de su escritura, pero si no es así, existen métodos que nos permitirán determinarla observando los rasgos de la misma y fijándonos en los aspectos que luego reseñaremos.

Así pues, desde un punto de vista grafológico, se consideran dos factores en relación con la velocidad de la escritura: el primero de ellos es «la velocidad de los trazos» o simplemente «trazado», que se refiere a la velocidad con la que los rasgos o trazos se van escribiendo sobre el papel; el segundo viene dado por el número de letras que se escriben en cada minuto, que es lo que se denomina «velocidad global de la escritura».

La velocidad de los trazos o trazado es un parámetro subjetivo, pues depende de la simple observación de la escritura, a no ser que se tenga la oportunidad de ver escribir al sujeto, lo que en la mayoría de los casos no resulta posible.

Sin embargo, la velocidad global de la escritura si es algo absolutamente objetivo, aunque también sea difícil de valorar si no realizamos un cronometraje directo. La unidad de medida de la misma es —como decíamos— el número de letras por minuto que se realizan de forma espontánea en condiciones externas normales.

Es indudable la existencia de correlación entre trazado y velocidad de una escritura, ya que a trazos lentos corresponderá una velocidad global igualmente lenta, incrementándose esta si aumenta la del propio trazado. Sin embargo, hay muchas veces en que esto no sucede de forma rigurosa, pudiéndose presentar incluso situaciones aparentemente paradójicas, las cuales explicaremos con detalle a lo largo de este capítulo.

También es importante considerar que existen factores externos que influyen tanto en el trazado como en la velocidad global de la escritura. Por ejemplo, las circunstancias externas, ya sean ambientales (nivel de ruido, temperatura, número de personas alrededor y relación con ellas, grado de comodidad, índole del escrito, etc.) o propiamente personales: como el estado físico, el anímico, etc.

Por otro lado, la habilidad manual para realizar movimientos, la postura que se adopta al escribir o la mayor o menor costumbre de hacerlo, la forma de coger el útil de escritura, etc., son datos a tener en cuenta a la hora de valorar la rapidez del trazado o la velocidad global de una escritura.

Es importante, pues, que las muestras de escritura a analizar sean tomadas en las circunstancias más favorables, procurando en la medida de lo posible que el ambiente sea propicio para que la persona escriba de la manera más espontánea posible. Como siempre, es muy interesante disponer de varias muestras de escritura.

LA VELOCIDAD DE LOS TRAZOS O TRAZADO

Al escribir cada persona imprime a sus trazos una determinada velocidad o «trazado» que constituye una característica específica de su escritura.

Para determinar el tipo de trazado de una escritura es ideal observar como escribe el propio sujeto de análisis y apreciar así la rapidez o lentitud con que los trazos son realizados. Incluso es muy interesante realizar una grabación en vídeo de la persona escribiendo para hacer una evaluación más ecuánime y objetiva de este parámetro.

Si esto no resulta posible, sino que solamente disponemos de una serie de muestras —o peor aún— de una sola, es necesario fijar muy bien la atención en cada uno de los trazos que aparezcan en la misma, con objeto de deducir la velocidad con que han sido ejecutados.

Así se clasifican las escrituras en grupos, según la velocidad de trazado de sus rasgos. Cada tipo de trazado se relaciona con una serie de características personales del sujeto que van desde los aspectos intelectuales hasta los correspondientes a la personalidad, pasando por las aptitudes para desempeñar determinadas funciones o trabajos.

De forma más concreta, la velocidad del movimiento gráfico o trazado de la escritura se relaciona con la rapidez de los procesos mentales de elaboración y comprensión, así como con los grados de reflexión, intuición y lógica.

En lo que se refiere a aptitudes, el aspecto fundamental es el ritmo de trabajo; en efecto, el análisis de la velocidad de los trazos de una escritura nos permite deducir la cadencia con la que el autor desarrolla su actividad.

Como dato curioso, señalar que el oído musical también tiene relación —entre otros factores gráficos— con la velocidad del trazado.

Y, por último, los factores de la personalidad que pueden verse reflejados en la velocidad de la escritura son el grado de intro-extraversión, la tipología afectiva y la capacidad para relacionarse, entre otros.

No obstante, conviene determinar con precisión los aspectos que se asocian a cada tipo concreto de escritura según el trazado de la misma:

• *Escritura de trazado lento:* los trazos son realizados de manera marcadamente cadenciosa.

Las causas de esta lentitud en el trazado pueden ser diversas: por ejemplo, dificultades para realizar la escritura, bien por falta de formación o por escribir con muy poca frecuencia o —simplemente— un carácter apacible y tranquilo propio de personas con un ritmo vital lento en líneas generales. También la edad, la fatiga o las enfermedades pueden propiciar un excesivo enlentecimiento de los trazos. Conviene fijarse muy bien en la naturaleza de los rasgos, así como en el nivel general de la escritura para determinar a cuál de estas causas puede ser debida la lentitud.

En estos casos la velocidad del trazo unida al escaso nivel general de la escritura indican con claridad las dificultades de aprendizaje conceptual de las personas que así escriben, las cuales se mueven en un mundo de cosas concretas, manteniendo una actitud fundamentalmente primaria en todas las facetas de su vida.

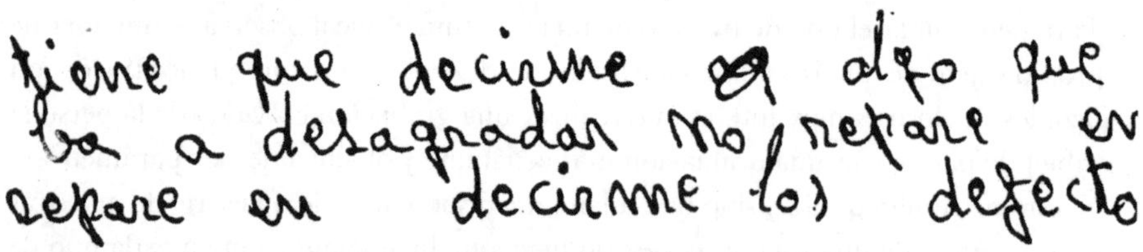

Fig. 181. *Escritura de trazado lento (por bajo nivel gráfico).*
El escaso nivel cultural y gráfico de esta persona propicia sus trazos lentos e inseguros.

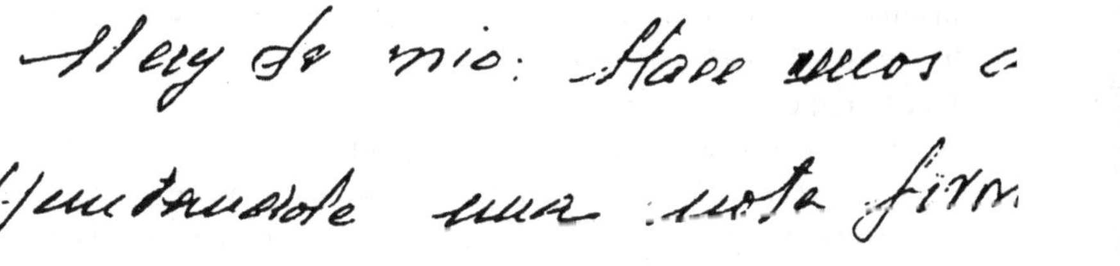

Fig. 182. Escritura de trazado lento (por senectud y enfermedad).
Aquí es la enfermedad unida a una edad elevada lo que favorece la escritura de trazos lentos y marcadamente temblorosos.

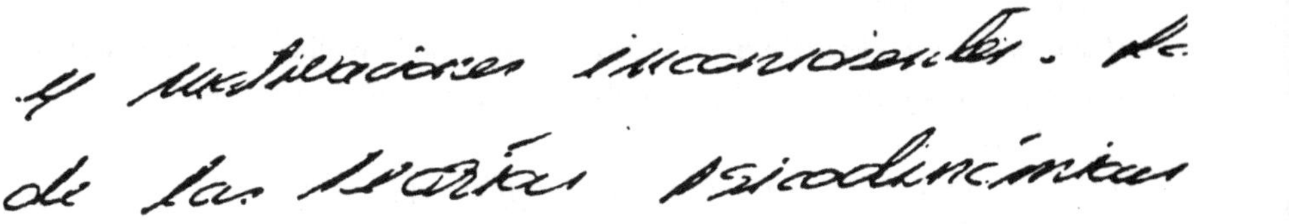

Fig. 183. Escritura de trazos lentos (por carácter).
Este es un ejemplo de persona cuyo ritmo vital cadencioso se refleja también en su forma de escribir.

Las personas que de forma habitual hacen los trazos lentos sin que exista ninguna connotación cultural ni física, responden a una serie de características tanto en sus aspectos intelectuales como personales.

Por ejemplo, presentan un acusado nivel de reflexión en su inteligencia, la cual se deja guiar más por la lógica que por la intuición.

La velocidad de los procesos mentales de elaboración y comprensión es limitada, tanto más cuanto menor sea la rapidez del trazado. Sin embargo, este rasgo no siempre implica un nivel de inteligencia bajo, pues el hecho de razonar despacio no quiere decir que la persona no tenga capacidad intelectual, pues esta no se relaciona directamente con la velocidad de los trazos de la escritura.

Por otro lado, la escritura de trazado lento se corresponde con una actitud de constancia en aquello que se realiza, aunque las cosas se hagan de forma sosegada. La paciencia de la que suelen hacer gala es proverbial, por lo que no les importa llevar a cabo funciones en las que la rutina juegue un papel preponderante. Son personas tranquilas, al menos aparentemente, que captan la realidad tal y como es, a la vez que demuestran un sentido común que les permite tratar las situaciones de manera práctica y sin excesivas complicaciones.

Tienen facilidad para concentrarse, así como buena memoria de los hechos concretos y son capaces de llevar a cabo labores de ordenación y clasificación.

Prefieren que sean otros los que tomen las decisiones por ellos y les especifiquen con claridad sus tareas. No les gustan las prisas ni los agobios, pues necesitan mantener su propio ritmo de trabajo que, como ya hemos comentado, es lento y —generalmente— constante.

La lentitud de la escritura es un rasgo de introversión, por lo que —según este rasgo— se puede decir que vivencian la realidad hacia su propio interior.

El estado de ánimo tiende a la uniformidad, manteniéndose por regla general en una actitud tranquila y estable, a menos que haya otros rasgos de la escritura que indiquen lo contrario.

Sin embargo, la capacidad para relacionarse puede verse un poco limitada, al ser personas que prefieren vivir en su propio mundo, por lo que les cuesta mantener una disposición hacia el exterior. Tampoco les ayuda su verbalidad, ya que tienden a ser más bien parcos en palabras. Por todo ello sus relaciones suelen ser sencillas y llanas, sin excesivas complicaciones.

- *Escritura de trazado pausado:* en este caso los rasgos no se realizan con tanta lentitud como en el caso anterior, aunque también se pueda apreciar una cierta parsimonia en los mismos.

Por ejemplo, la velocidad de razonamiento es superior a la del caso anterior, aunque todavía esté en una línea de relativa lentitud. Disminuye, sin embargo, la capacidad para reflexionar y aumenta la de intuir, captándose el ambiente de manera realista.

Se siguen prefiriendo —como en el caso de la escritura lenta— las tareas que exigen una actitud paciente, pues el ritmo de trabajo es lento. Saben centrarse en lo que hacen, aislándose en parte del ambiente y manteniendo en general una actitud práctica y coherente. Son ordenados, como corresponde a una interesante capacidad organizativa y a unos planteamientos fundamentalmente claros.

Aparte de trabajos de índole clasificatoria, para los que están bien dispuestos, son capaces de realizar tareas que exijan una iniciativa personal, aunque en el fondo sigan prefiriendo la subordinación a la toma de decisiones que conlleva el mando. Continúa predominando la introversión, pero la adaptación al ambiente es más adecuada y —como consecuencia de ello— las relaciones sociales se hacen desde un planteamiento más expansivo que en el caso de la escritura lenta.

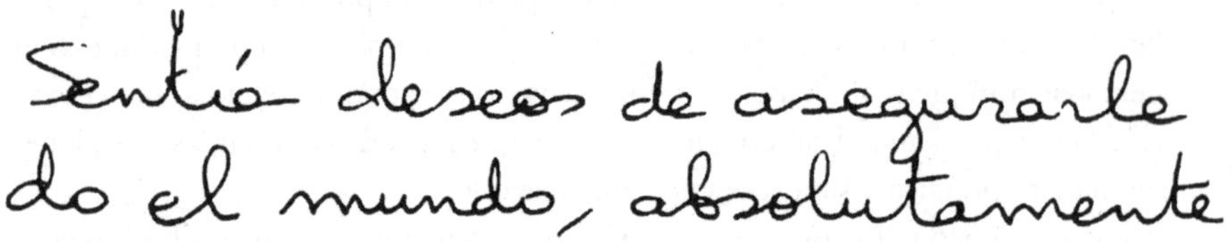

Fig. 184. *Escritura de trazos pausados.*
Sin llegar a ser lentos, estos trazos han sido realizados de forma sosegada, sin ningún tipo de apresuramiento.

El ánimo de estas personas tiende a ser firme, de manera que no resulta fácil sacarles de sus casillas, aunque su impresionabilidad sea superior a la relacionada con la escritura lenta. Por otro lado sus convicciones son estables y su talante sensato, de manera que sus actuaciones se caracterizan por la moderación y el sentido común.

* *Escritura de trazado normal:* es aquella en que los trazos son realizados a velocidad intermedia, ni excesivamente lenta ni con demasiada rapidez.

Es esta la velocidad de trazado más frecuente, relacionándose, desde un punto de vista psicológico, con una personalidad equilibrada.

En efecto, la velocidad de razonamiento es media, captándose el ambiente a veces por lógica y otras por intuición. Las cuestiones se plantean tanto desde aspectos teóricos como prácticos, integrándose ambos de forma coherente.

El ritmo de trabajo es intermedio, ni demasiado rápido ni excesivamente lento: se puede decir que son personas que trabajan a un ritmo normal, sin prisas pero sin pausas.

Los trazos realizados a velocidad media pueden darse tanto en personas con capacidad para el mando como en la de los que prefieren ser dirigidos.

La capacidad de relación social es superior a las comentadas en los casos de escrituras lentas o mesuradas, aunque sigue habiendo bastante control en este aspecto, ya que esta forma de escribir supone que el individuo «camina» hacia los demás (que gráficamente se sitúan a la derecha del papel) de una forma intermedia entre la rapidez y la lentitud.

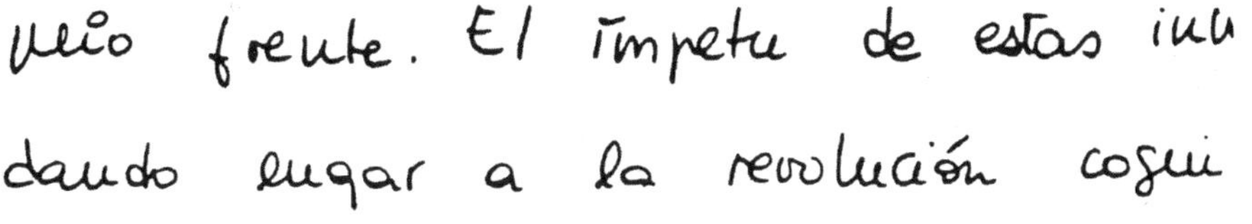

Fig. 185. Escritura de trazado normal.

* *Escritura de trazado rápido:* aparecen aquí los trazos realizados con soltura, con cierto desenfado pero guardando la adecuada armonía en su conjunto.

Este tipo de grafismo supone una actividad mental dinámica, con capacidad de reflejos y un importante grado de intuición.

Esta actividad se vierte también en el trabajo, en el que estas personas se muestran diligentes y dinámicas, por lo que resultan adecuadas para puestos en los que el movimiento en general sea una de las características dominantes. Les cuesta llevar a cabo tareas que exijan paciencia, ya que no suelen soportar nada que implique cierta monotonía.

Por tanto, la capacidad de concentración así como la de organización están algo disminuidas, aunque se potencia la iniciativa.

Son personas que se inclinan más hacia los puestos de mando que a los de subordinación, aunque este rasgo de la escritura puede encajar perfectamente en cualquiera de estas dos categorías.

La personalidad de los que utilizan los trazos rápidos en su manera de escribir está encuadrada dentro de la extraversión, pues supone una proyección de los rasgos desde el «yo» —simbólicamente situado en la zona de la izquierda— hacia los demás, que se sitúan en la derecha, según idéntico simbolismo.

Los sentimientos afloran con facilidad y las relaciones tienden a ser de tipo extensivo, lo que convierte a estas personas en unos buenos «relaciones públicas». Adaptables y espontáneos, el ambiente ejerce una notable influencia sobre ellos, contribuyendo a aumentar su nivel de ansiedad.

Su comportamiento tiende a ser más bien altruista y su nivel de gastos suele elevarse incluso por encima de sus presupuestos. La agresividad es ante todo primaria, propiciada por pérdidas del autocontrol más o menos frecuentes.

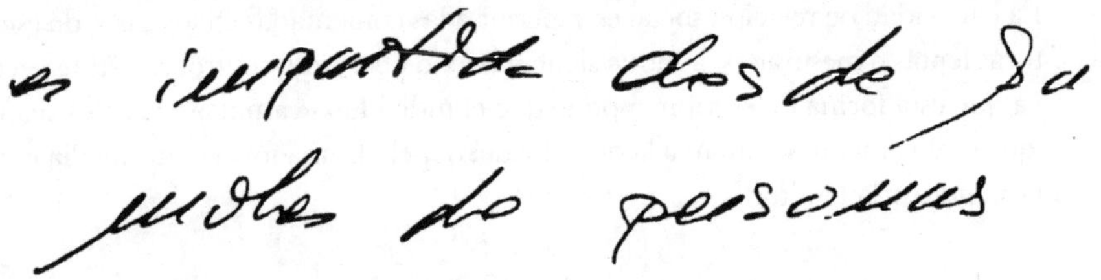

Fig. 186. *Escritura de trazado rápido.*
Son innegables la soltura y la agilidad con la que estos trazos han sido realizados.

- *Escritura de trazado muy rápido:* los trazos se hacen tan vivaces que apenas pueden dibujar la estructura de las letras, por lo que la ejecución de las mismas suele resentirse.

Las interpretaciones que damos a continuación se refieren solo a los casos en que este trazado excesivamente rápido es habitual en la escritura, pues de todos es sabido que las circunstancias pueden modificar la velocidad del trazado. Por ejemplo, la toma de apuntes, la prisa, los nervios, etc. pueden hacer escribir a las personas con trazos más rápidos de lo que suelen, sin que en estos casos se pueda interpretar lo que sigue.

La rapidez excesiva habitual de los trazos nos permite diagnosticar un cierto nivel de ansiedad, el cual puede tener su expresión en un deseo angustioso de ver las aspiraciones satisfechas, así como de contactar de forma imperiosa y a menudo neurótica con los demás.

Intelectualmente se trata de personas cuyo pensamiento va más rápido que la acción de expresarlo, lo que propicia dificultades en la verbalización. Tienden

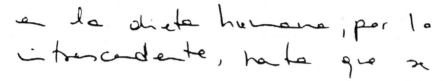

Fig. 187. *Escritura de trazos muy rápidos.*
La excesiva rapidez con la que se han trazado las letras de esta escritura ha hecho que esta se convierte
en deficientemente ejecutada.

también a sufrir bloqueos mentales por exceso de emotividad, de forma que su rendimiento intelectual puede estar por debajo de sus potencialidades.

La captación del entorno se hace por intuición, que puede alcanzar un grado verdaderamente considerable. No ocurre igual con la capacidad para reflexionar, muy limitada, lo que les lleva frecuentemente hacia la precipitación.

Y es que la toma de decisiones es uno de los principales problemas que se les plantea a quienes así escriben. Por tanto, se tiende a resolver las situaciones mediante la fórmula de «huida hacia adelante», al no existir la suficiente tranquilidad ni presencia de ánimo para sopesar los puntos a favor y en contra antes de tomar una decisión.

Naturalmente, cuando estas personas hacen algo lo «tienen» que hacer de forma apresurada, por lo que son esclavos de la prisa, que los libera de su propia tensión interior y es —en ese sentido— su aliada. Por eso tienden a dejar las cosas para última hora, pues de esa forma se «obligan» a realizarlas deprisa y así consiguen ese ritmo trepidante de vida que con el que se sienten identificados.

Por supuesto que la capacidad de concentración y la de organización suelen ser escasas: se trata de personas anárquicas, desordenadas, con muchas dificultades para planificar sus tareas y obtener un aprovechamiento adecuado de su energía, la cual son propensos a dispersar.

Extratensivos natos, les resulta —sin embargo— muy difícil profundizar en las relaciones, que tienen un marcado carácter superficial. Los sentimientos se desbordan con facilidad, apareciendo al exterior en forma de manifestaciones más o menos explosivas.

Y es que el autocontrol no es precisamente el «punto fuerte» de estas personas, por otra parte inestables en su ánimo y dependientes en gran medida de la opinión de los demás.

No obstante, la capacidad de adaptación es muy acusada y su espontaneidad casi absoluta.

Tienden a superar los presupuestos tanto en los esfuerzos como en los gastos. Son pues decididamente altruistas, lo que está en perfecta consonancia con la idea de proyección del «yo» hacia los demás que subyace en este rasgo de la escritura.

La escritura de trazado muy rápido tiene una relación con la facilidad para omitir datos por el temor, más o menos inconsciente, de sufrir algún perjuicio; es decir, se corresponde con un deseo de huida, de evitar situaciones desagradables.

LA VELOCIDAD GLOBAL DE LA ESCRITURA

La velocidad global de la escritura guarda, por regla general, una relación directa con la rapidez o lentitud de los trazos, de manera que a trazados lentos o pausados corresponden velocidades globales bajas, mientras que si los trazos son rápidos la velocidad absoluta o global de la escritura será mucho más elevada.

La velocidad de los trazos es un parámetro de apreciación relativamente subjetiva, sin embargo, la velocidad global de la escritura se puede medir objetivamente, aunque esto no sea siempre posible pues para ello es necesaria la presencia y colaboración de las personas objeto de análisis.

La unidad de medida de la velocidad es el número de letras que se escriben en cada minuto. Los baremos de clasificación de escrituras según su velocidad son los siguientes:

- si se escriben menos de 100 letras por minuto, la escritura se llama lenta.
- cuando la velocidad media de escritura oscila entre las 100 y 130 letras/minuto, estamos ante una escritura mesurada o pausada.
- en el caso de que la velocidad esté comprendida entre las 130 y las 170 letras/minuto la escritura será de velocidad normal.
- el siguiente intervalo abarca entre las 170 y las 200 l/m y corresponde a la escritura rápida.
- y ya, por último, en el caso de que se superen las 200 l/m la escritura se conoce como precipitada.

Si nos ponemos en el caso ideal de presencia del sujeto y posibilidad de realizar la prueba para medir la velocidad global de la escritura, la forma de hacerlo sería la siguiente:

FORMA DIRECTA DE MEDIR LA VELOCIDAD GLOBAL DE LA ESCRITURA

Lo primero y muy importante es que el sujeto se encuentre en un ambiente de tranquilidad y disponga de los útiles adecuados para realizar una muestra grafológicamente valorable.

En estas condiciones, le diremos que comience a escribir de la forma en que suele hacerlo habitualmente, bien sobre aquello que se le ocurra en ese momento o —si lo prefiere— copiando de un texto.

Dejaremos transcurrir unos segundos para evitar los bloqueos iniciales y, tras pedir que haga una marca o señal, comenzaremos a cronometrar en períodos de treinta segundos, los cuales quedarán reflejados en el texto mediante sucesivas señales realizadas a petición nuestra. La prueba puede prolongarse durante dos o tres minutos, con lo cual dispondremos de 4 o 6 intervalos de treinta segundos.

De esta forma podremos contar las letras realizadas entre cada dos señales consecutivas, siendo esa la medida de la velocidad en cada treinta segundos.

Para obtener un valor lo más objetivo posible, conviene efectuar una media aritmética de los datos obtenidos en cada intervalo y multiplicar por dos este resultado.

Obtendremos así un valor de la velocidad de la persona o personas analizadas que vendrá dado en letras por minuto. Además, si la prueba se ha realizado siguiendo las indicaciones anteriores, será mucho más sencillo determinar si la escritura tiene una velocidad más o menos constante o, por el contrario, resulta ser de velocidad variable, pudiéndose apreciar también estas posibles variaciones al disponer de los datos de cada intervalo de treinta segundos.

En el ejemplo que aparece en la página siguiente se puede apreciar una muestra de esta forma directa de medir la velocidad de la escritura.

En este caso se han medido las letras realizadas en cada uno de los siete intervalos de 30 segundos. Hay que hacer notar que se ha empezado a considerar la medición desde el principio, sin dejar los segundos de prueba.

Como se puede apreciar por los valores de cada intervalo, la velocidad de esta escritura resulta ser variable, con un aumento en el penúltimo intervalo que propicia quizá el notable descenso en el último. El tratamiento matemático de la medición aparece realizado por el propio autor del escrito, siguiendo las indicaciones de realizar la media y multiplicar por dos para obtener el número de letras por cada minuto.

Una grabación en vídeo de la muestra de escritura facilita enormemente la medición de este parámetro, permitiendo además su observación recurrente.

Sin embargo, no es frecuente que tengamos la oportunidad de realizar una medida directa de la velocidad de la escritura ya que, en el caso de que podamos pedir directamente la muestra (lo que no siempre ocurre), en muchas ocasiones no es posible llevar a cabo la prueba de medición tal y como la hemos descrito y mucho menos de grabar en video a la persona que escribe.

Por tanto, se hace necesario disponer de un sistema de apreciación indirecta de la velocidad escritural, mediante la observación de los rasgos ya trazados en la muestra, sin necesidad de haber visto escribir a la persona.

En este caso, el mejor método consiste en aprender a distinguir los rasgos que hacen que una escritura aumente o disminuya su velocidad. Sin duda, el más importante de todos es la propia velocidad de los trazos o trazado, que determina —por regla general la velocidad global de la escritura—. No obstante, existen otra serie de rasgos que hemos clasificado en dos grupos: los que «frenan» la escritura frente a los que la «aceleran».

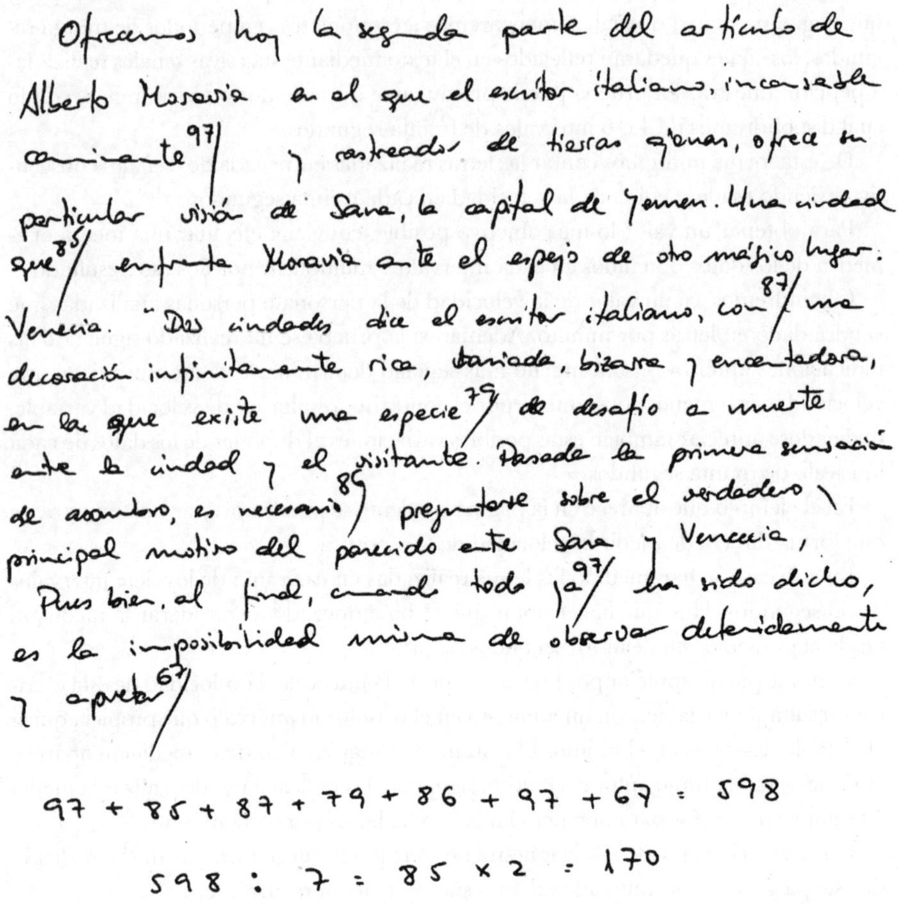

Fig. 188. *Medida directa de la velocidad de escritura.*

RASGOS QUE DISMINUYEN LA VELOCIDAD DE LA ESCRITURA

- el trazado lento o pausado.
- la excesiva distancia entre palabras.
- el tamaño grande o muy grande.
- la escritura de trazos excesivamente cuidados.
- la presencia de ángulos pronunciados.
- las complicaciones y los adornos.
- la monotonía y la contención de los rasgos.
- los retoques y las enmiendas.
- la presión fuerte o muy fuerte.

- la desunión entre letras.
- los lapsos de cohesión.
- los trazos regresivos.

Si una escritura presenta un porcentaje apreciable de estos rasgos, podemos decir que su velocidad es lenta o pausada; si, por el contrario, no son estos rasgos los predominantes, sino los que se relacionan a continuación, la velocidad será normal, rápida o precipitada.

RASGOS QUE AUMENTAN LA VELOCIDAD DE LA ESCRITURA

- el trazado rápido o precipitado.
- la escasa distancia entre palabras.
- el tamaño pequeño o muy pequeño.
- la escritura simplificada.
- la ejecución deficiente o inacabada.
- el predominio de los trazos curvos.
- el ritmo y la proyección de los trazos.
- la presión normal o débil.
- la cohesión entre letras.
- las uniones anormales entre trazos.
- la escritura progresiva.

No obstante, este tipo de medidas indirectas no dejan de ser subjetivas, dependiendo en mayor o menor medida de la interpretación del observador.

Presentamos a continuación ejemplos de cada una de ellas clasificadas según su velocidad y en los que se señalan los rasgos que conducen de forma indirecta a su catalogación, así como el valor exacto de su velocidad en letras/minuto.

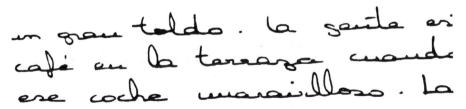

Fig. 189. *Escritura lenta (85 l/m).*
El trazado (más bien pausado) y la presencia de ángulos, así como la monotonía y la contención de los trazos, además de las excesivamente largas uniones entre letras, contribuyen a la lentitud general de esta escritura.

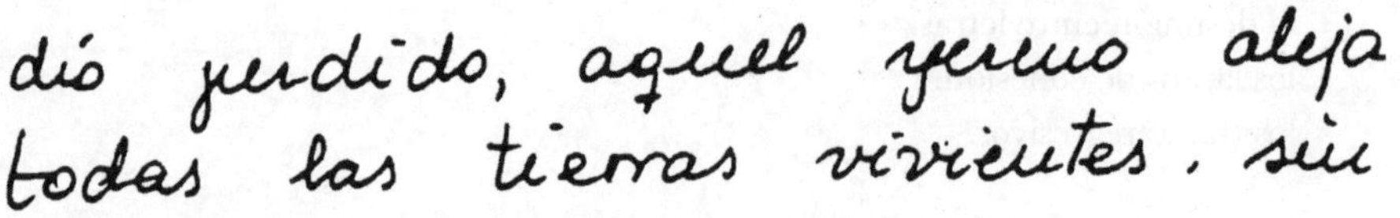
dió perdido, aquel yermo aleja
todas las tierras vivientes. sin

Fig. 190. *Escritura lenta (90 l/m).*
Los trazos cuidados y lentos y la separación excesiva de palabras hacen que esta escritura no llegue a alcanzar las 100 letras/minuto.

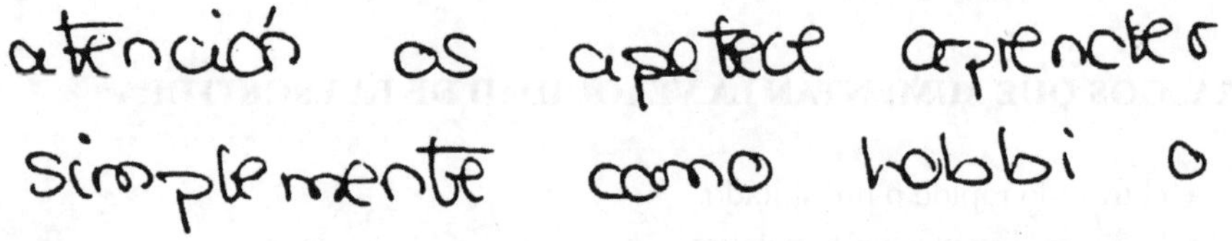
atención os apetece aprender
simplemente como hobbi o

Fig. 191. *Escritura pausada (115 l/m).*
A pesar de que los trazos son más dinámicos, la separación entre letras y el tamaño más bien grande dejan esta escritura encuadrada en los límites de la velocidad global pausada.

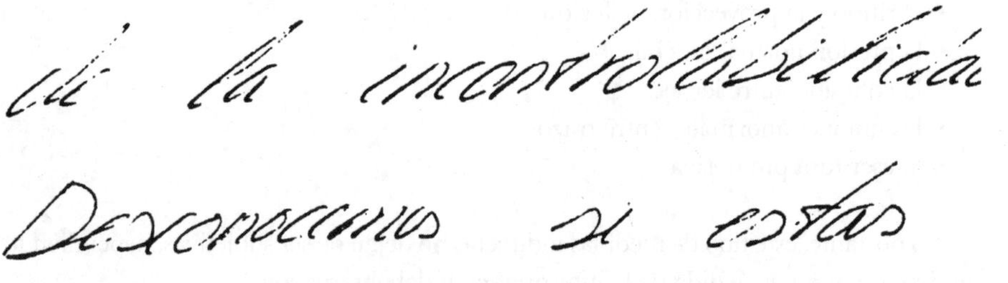

Fig. 192. *Escritura pausada (121 l/m).*
Al contrario que en el caso anterior —donde la sensación es de mayor velocidad global—, en esta escritura los trazos lentos y contenidos así como el excesivo tamaño se ven compensados por la escasísima presión que favorece el incremento de la velocidad global, la cual llega a ser pausada, aun cuando la impresión general sea de lentitud.

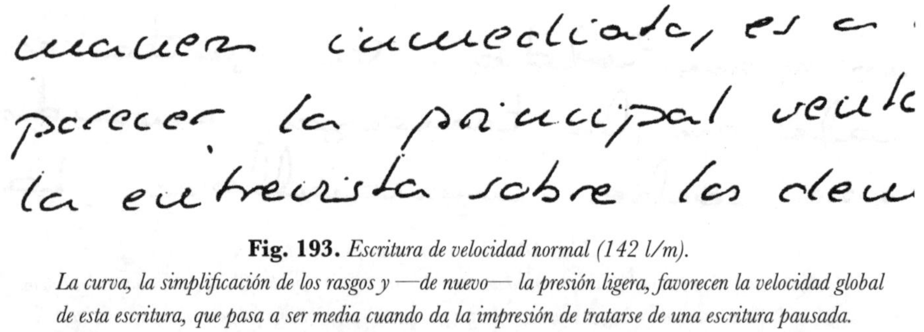
manera inmediata, es a
parecer la principal venta
la entrevista sobre los dem

Fig. 193. *Escritura de velocidad normal (142 l/m).*
La curva, la simplificación de los rasgos y —de nuevo— la presión ligera, favorecen la velocidad global de esta escritura, que pasa a ser media cuando da la impresión de tratarse de una escritura pausada.

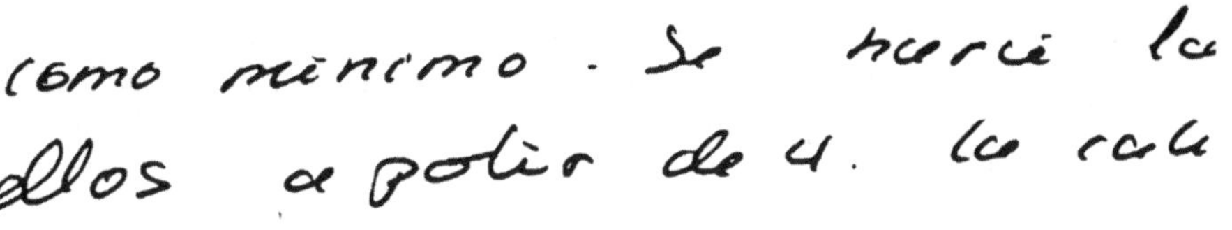

como mínimo . Se hará la
ellos a polír de 4. La cala

Fig. 194. *Escritura de velocidad normal (160 l/m).*

La rapidez del trazado, la proyección y las simplificaciones hacen aparecer como rápida en una primera impresión a la escritura anterior; sin embargo, la separación entre letras y los bloqueos que sin duda sufre esta persona al escribir (véanse las compulsiones en gran parte de los trazos) la convierten en una escritura de velocidad normal, aunque ligeramente por encima de la media.

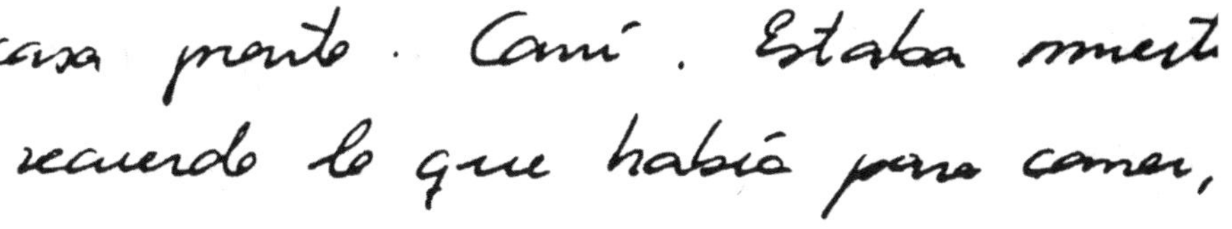

casa pronto . Camí . Estaba muert
recuerdo le que había para comer,

Fig. 195. *Escritura rápida (176 l/m).*

No cabe duda de que es la ligazón entre las letras lo que hace rápida a esta escritura, cuya velocidad de trazado es normal, siendo —además— angulosa. Pero también la simplificación de los rasgos y el tamaño pequeño aumentan su velocidad general.

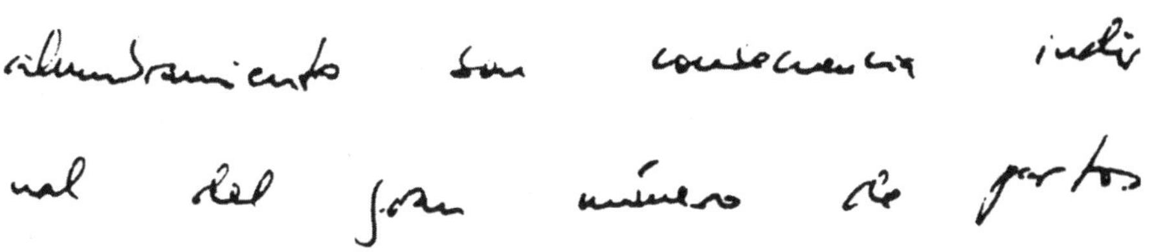

Fig. 196.— *Escritura precipitada (225 l/m).*

El trazado muy rápido, las simplificaciones, las letras inacabadas y el tamaño pequeño, compensan con creces la separación excesiva de palabras, factor limitante de la velocidad, aunque no influye demasiado en este caso concreto.

La velocidad global de la escritura es un índice del rendimiento general de la persona, es decir, de la cantidad de trabajo que es capaz de sacar adelante en un tiempo determinado, mientras que la velocidad de los trazos o trazado refleja el ritmo vital, es decir, la cadencia con la que cada persona se desenvuelve, ya sea en el trabajo o en otras actividades.

En general, existe —como ya hemos explicado— una correlación entre la velocidad de los trazos o trazado y la velocidad global de la escritura, de manera que a trazos lentos suelen corresponder escrituras lentas o pausadas, mientras que si los trazos son rápidos, las escrituras son —normalmente— rápidas o precipitadas.

Pero esto es así solo en líneas generales, pues a veces los demás factores que influyen en la velocidad global de una escritura hacen que se produzcan faltas de concordancia entre esta y la de los trazos.

DISCORDANCIAS ENTRE TRAZADO Y VELOCIDAD GLOBAL

En efecto, hay ocasiones en las que la velocidad de los trazos no está de acuerdo con la velocidad global de la escritura, como sucede en los siguientes ejemplos que ilustran este apartado:

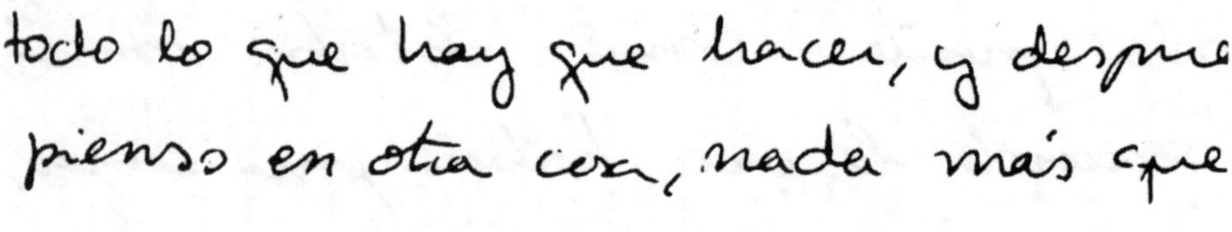

Fig. 197. *Escritura de trazado normal-pausado y velocidad rápida.*

Los trazos de esta escritura nos llevan a pensar que es más bien pausada o, como mucho, de velocidad normal. Sin embargo, la presión débil, las uniones entre letras y la simplificación de la misma la llevan a alcanzar las 170 letras/minuto, límite inferior de la escritura rápida.

En el caso anterior, y según las interpretaciones expuestas, se trata de una persona que, marcándose un ritmo tranquilo, consigue un rendimiento global más que aceptable en cantidad.

Pero más paradójico todavía resulta el siguiente caso, opuesto al anterior, reflejado en el ejemplo siguiente:

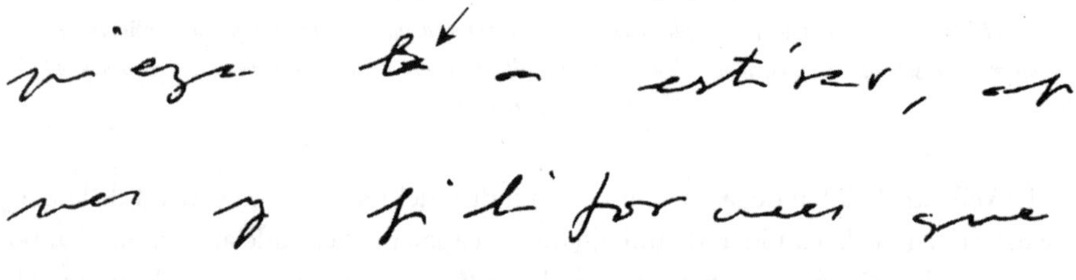

Fig. 198. *Escritura de trazos muy rápidos y velocidad normal-pausada.*
El trazado es tan rápido que se hace filiforme en muchas zonas y, sin embargo, la velocidad global solo alcanza las 133 letras/minuto, muy cerca del límite inferior de la velocidad normal. Sin duda la separación excesiva de letras y palabras, así como los posibles bloqueos o detenciones (como la señalada por la flecha) contribuyen a enlentecer la velocidad considerada en su conjunto.

Interpretaremos aquí que la persona trabaja a impulsos, siendo muy rápida en cada acción, pero espaciando las mismas de manera que su rendimiento global apenas alcanza la media.

LAS VARIACIONES DE LA VELOCIDAD

Nos referimos aquí a los cambios en la velocidad de los trazos, es decir, en el trazado de la escritura, el cual —en líneas generales— guarda correlación con la velocidad global.

Al igual que ocurría al estimar la velocidad, es necesario observar los escritos con la máxima atención para detectar si en una determinada zona los trazos han sido realizados con mayor o menor velocidad que en otra.

Desde luego que el hecho de ver escribir a la persona simplifica las cosas y, sobre todo, realizar la prueba de medida de la velocidad en intervalos de 30 segundos o bien la grabación en video, pero eso —en la mayoría de los casos— no resulta posible.

Hay que recurrir pues a la observación minuciosa para precisar si una escritura pertenece o no a alguna de estas categorías que engloban las posibles variaciones en la velocidad. Son las siguientes:

- *Escritura acelerada:* es aquella cuya velocidad va en aumento paulatinamente a medida que se avanza en el escrito.

  La escritura acelerada expresa el deseo de estas personas de acabar cuanto antes aquello que se proponen, aunque en principio se hagan planteamientos más a largo plazo e intenten tomarse las cosas con tranquilidad. En definitiva, se intenta contener la impaciencia, aunque no termina de conseguirse.

  Como es lógico pensar, el ritmo de estas personas va en aumento a medida que se enfrascan en algo, y suelen terminar las cosas antes de lo previsto, aunque quizá no de forma tan perfecta como empezaron. Su sociabilidad es también variable, existiendo mecanismos de defensa iniciales que tienden a ser vencidos tras un período de reajuste interno.

- *Escritura acelerada en párrafos:* en este caso el incremento de velocidad se produce no a lo largo de todo el escrito, sino en cada párrafo de este, volviéndose al principio de cada uno de ellos a la velocidad inicial.

  El aumento progresivo de la velocidad en cada párrafo pone de manifiesto las variaciones en el ritmo vital de estas personas, el cual se divide en períodos en los que se incrementa hasta un determinado límite a partir del cual se comienza otra nueva etapa a un ritmo inicial más lento.

  Caben aquí todas las interpretaciones de la escritura anterior en lo que a sociabilidad se refiere, existiendo como principal diferencia un periodo de reajuste mucho menor para vencer las reticencias iniciales en los contactos.

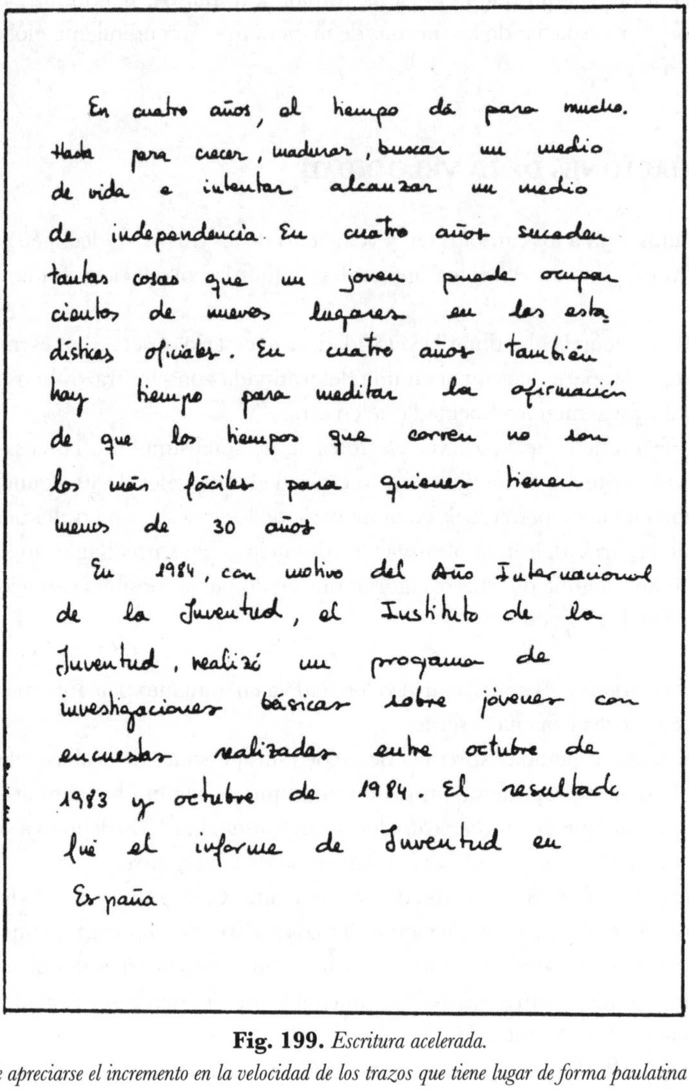

> En cuatro años, el tiempo da para mucho.
> Hasta para crecer, madurar, buscar un medio
> de vida e intentar alcanzar un medio
> de independencia. En cuatro años suceden
> tantas cosas que un joven puede ocupar
> cientos de nuevos lugares en las esta-
> dísticas oficiales. En cuatro años también
> hay tiempo para meditar la afirmación
> de que los tiempos que corren no son
> los más fáciles para quienes tienen
> menos de 30 años
>
> En 1984, con motivo del Año Internacional
> de la Juventud, el Instituto de la
> Juventud, realizó un programa de
> investigaciones básicas sobre jóvenes con
> encuestas realizadas entre octubre de
> 1983 y octubre de 1984. El resultado
> fue el informe de Juventud en
> España

Fig. 199. *Escritura acelerada.*
Puede apreciarse el incremento en la velocidad de los trazos que tiene lugar de forma paulatina a lo largo de este escrito y que dificulta la buena ejecución de las letras.

- *Escritura acelerada en líneas:* tiene lugar cuando el aumento de velocidad se produce en cada una de las líneas, comenzándose a menor velocidad que a la que se termina.

La interpretación es muy semejante a las anteriores, con la diferencia de que aquí los intervalos entre los diferentes períodos vitales es mucho menor. Es decir, las cosas se empiezan a un determinado ritmo, el cual se incrementa con relativa rapidez, aunque se vuelve enseguida al inicial, repitiéndose el proceso una y otra vez.

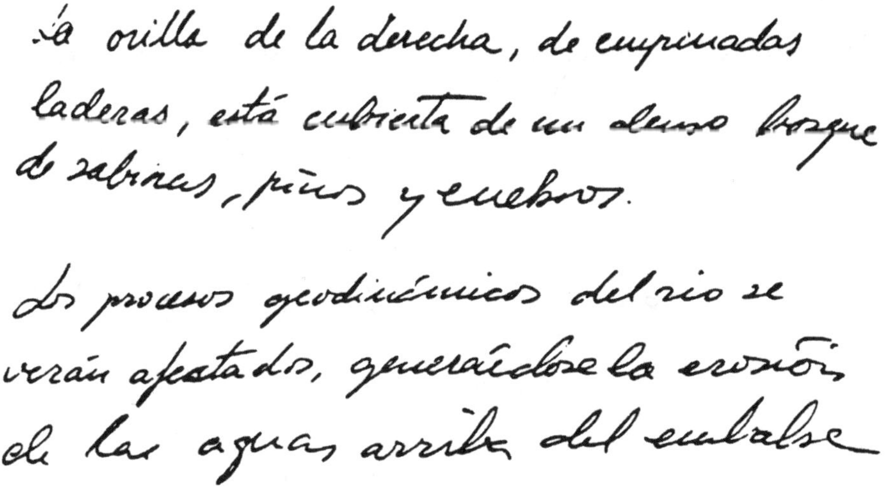

a orilla de la derecha, de empinadas laderas, está cubierta de un denso bosque de sabinas, pinos y enebros.

Los procesos geodinámicos del río se verán afectados, generándose la erosión de las aguas arriba del embalse

Fig. 200. *Escritura acelerada en párrafos.*
En cada uno de los párrafos se puede apreciar un aumento de la velocidad en consonancia con una ejecución
de las letras menos precisa al final que al comienzo de los mismos.

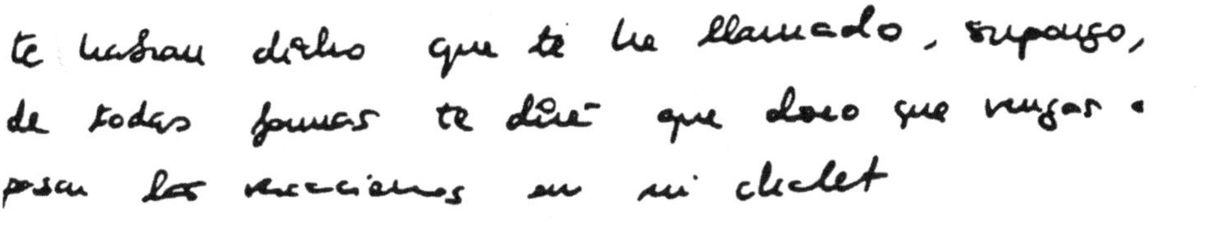

Te habrán dicho que te he llamado, supongo, de todas formas te diré que deseo que vayas a pasar las vacaciones en mi chalet

Fig. 201. *Escritura acelerada en líneas.*

El hecho de que sea la zona derecha del papel la que presenta la mayor rapidez de trazado admite asimismo la interpretación de que la agilidad que se demuestra ante los otros supera a la genuina que el sujeto pone en juego cuando se desenvuelve en ambientes de mayor intimidad.

- *Escritura retardada:* en este caso la velocidad de la escritura es cada vez menor a medida que transcurre el escrito.

Resulta evidente que los dos primeros renglones están realizados a un ritmo mucho mayor que los dos últimos. Sin duda, los contenidos han influido de manera determinante en esta persona, pues la velocidad de lo escrito está en consonancia con ellos.

Este tipo de escritura supone un decremento del ritmo de acción a medida que transcurre el tiempo y los impulsos iniciales van dejando paso a una forma mucho

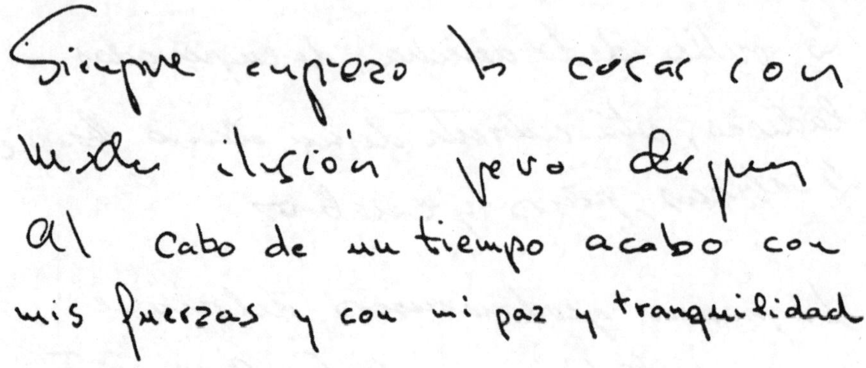

Siempre empezo las cosas con mucha ilusión pero al cabo de un tiempo acabo con mis fuerzas y con mi paz y tranquilidad

Fig. 202. *Escritura retardada.*

más controlada de actuar. La fatiga y el desánimo dejan su huella en estas personas a quienes las dificultades terminan por desmoralizar. Su energía disminuye y pueden tener problemas para terminar lo que empiezan, aunque la perfección de su trabajo al final del mismo sea superior a la conseguida al principio.

Por otro lado, se trata de frenar los deseos iniciales de contacto, los cuales responden más a motivaciones conscientes que a deseos profundos y espontáneos de relación.

• *Escritura retardada en líneas:* en este caso la velocidad de la escritura disminuye a lo largo de cada una de las líneas.

En el caso de que la disminución de la velocidad se produzca solo en líneas, son válidas todas las interpretaciones anteriores, salvo que los cambios de disposición comentados se suceden con una frecuencia mayor.

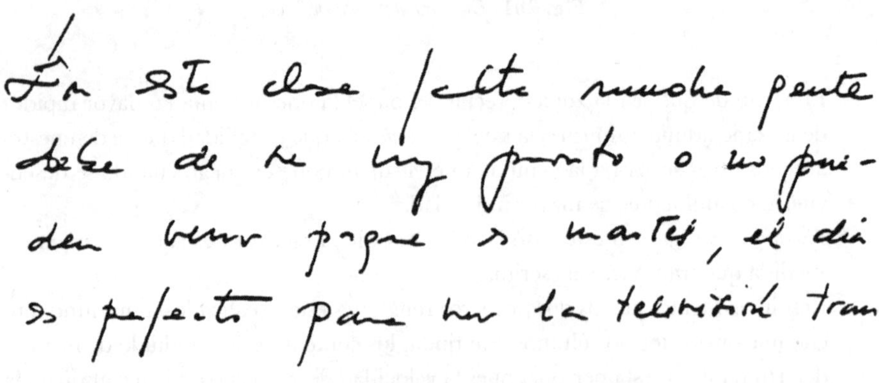

Fig. 203. *Escritura retardada en líneas.*
El hecho de que la velocidad disminuya al final de cada línea hace que la zona derecha del escrito aparezca con una mejor ejecución que la izquierda, en la que se aprecia una mayor precipitación en los trazos.

Por estar la zona de la derecha mejor ejecutada que la izquierda, deducimos que la persona se controla, cuidando mucho más su forma de actuar en público, así como la terminación de todos los trabajos que vayan a ser supervisados por los demás, sobre todo si no son personas de su círculo íntimo. Con estos su forma de actuar es mucho más espontánea, lo mismo que le preocupan mucho menos los trabajos que no van a ser valorados de manera más o menos pública.

Tanto en los casos de aceleración como de retraso del ritmo de la escritura, subyacen latencias más o menos importantes de estados ciclotímicos, neurosis que se expresan por la sucesión de períodos de actividad y pasividad respectivamente.

- *Escritura de velocidad constante:* como su propia denominación indica, es aquella que mantiene más o menos invariable el número de letras por minuto.

La velocidad constante supone que la persona conoce cuál es su ritmo ideal de trabajo y de vida en general, y lo sigue habitualmente. Están presentes el autodominio y la sensatez, siendo escasa la incidencia de las circunstancias ambientales. Los objetivos son precisos y hacia su consecución se orientan las energías de manera eficaz y constante. Las dificultades no suponen una merma del potencial anímico, pues existe el convencimiento de que la tenacidad acabará por imponer su ley y se obtendrán los resultados previstos. Se mantienen las relaciones sociales y amistosas a lo largo del tiempo, ya que el comportamiento resulta coherente y homogéneo.

Si la velocidad llega a ser excesivamente constante, se corre el riesgo de caer en una cierta rigidez en los aspectos considerados.

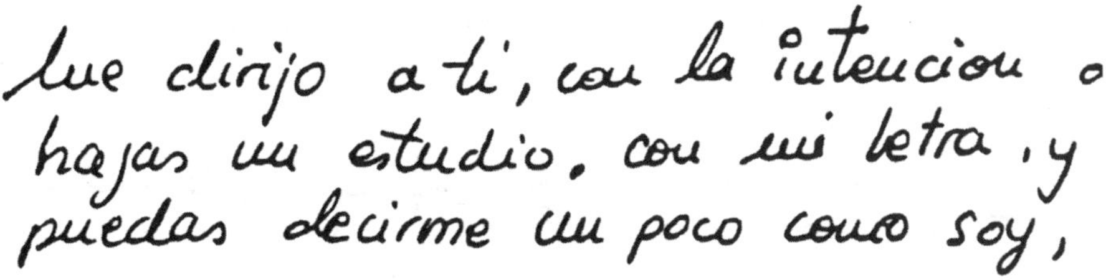

Fig. 204. *Escritura de velocidad constante.*
La monotonía de los rasgos que aparece en esta escritura nos permite detectar que su velocidad se mantiene uniforme a lo largo de todo el escrito.

- *Escritura de velocidad variable entre escritos:* aunque en cada uno de ellos la velocidad tenga unas determinadas características más o menos constantes, estas varían sustancialmente de unos escritos a otros.

Esta circunstancia grafológica nos expresa que la manera de actuar de la persona puede ser muy distinta según cambie la situación y el ambiente en que se desenvuelva.

Se trata de un rasgo de polifacetismo, sobre todo si estos cambios en la velocidad no responden a determinadas motivaciones extrínsecas (por ejemplo, que se trate de letra de apuntes, de cartas, de notas, etc.), sino que se producen de manera más o menos aleatoria, independientemente de la clase de documento de que se trate. Son personas que actúan de manera muy diferente en función de las circunstancias, por lo que su capacidad de adaptación puede llegar a ser proverbial, así como su intuición y sus reflejos, de forma que siempre encuentran salidas y alternativas para sus realizaciones.

El ambiente ejerce una presión sobre ellos que les «obliga» a esa flexibilidad comentada. También la sensibilidad suele ser muy notable en estos sujetos, cuyos sentimientos están frecuentemente por encima de la propia razón. Sin embargo puede haber alguna que otra dificultad para llegar a enraizar de forma profunda en ellos, pues se trata de una característica de la escritura que implica una cierta superficialidad en el carácter.

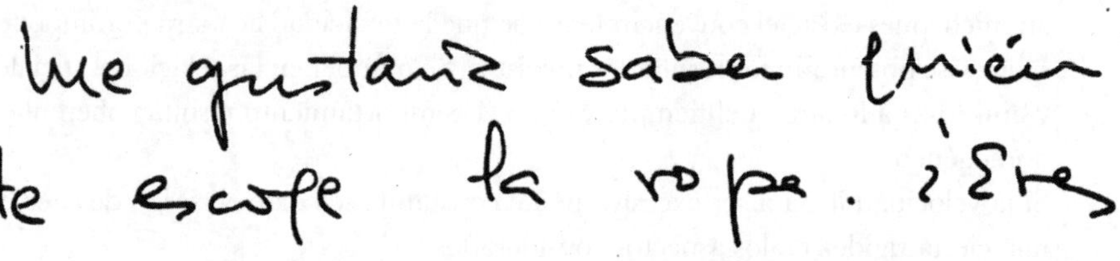

Fig. 205. *Escritura de velocidad variable entre escritos (I).*
Realizada en un ambiente de tranquilidad, los letras son aquí perfectamente legibles —pese a que los trazos manifiestan soltura— y la velocidad se puede catalogar de normal-rápida en esta muestra.

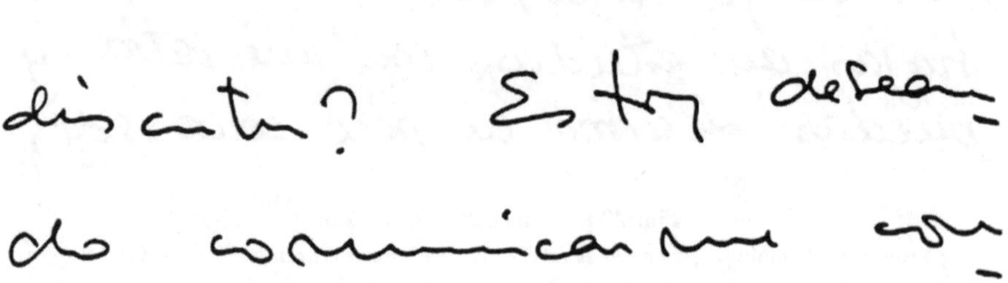

Fig. 206. *Escritura de velocidad variable entre escritos (II).*
En este otro caso la misma persona ha escrito en circunstancias de tensión —posiblemente debida a la emotividad del momento— lo que hace que la velocidad de su escritura aumente de forma considerable.

- *Escritura de velocidad variable entre párrafos:* en este caso los cambios en la velocidad de la escritura tienen lugar entre párrafos, aunque dentro de cada uno de ellos la velocidad se mantenga constante.

La interpretación ha de ser muy semejante a la dada en el caso de la variación de velocidad entre escritos, incrementándose de forma notable la intensidad de cada aspecto considerado. Se trata, pues, de personas con una gran versatilidad, capaces de variar su ritmo de trabajo y su manera de actuar en función de las circunstancias ambientales, aunque con la suficiente disposición como para mantener los mismos durante un cierto período de tiempo.

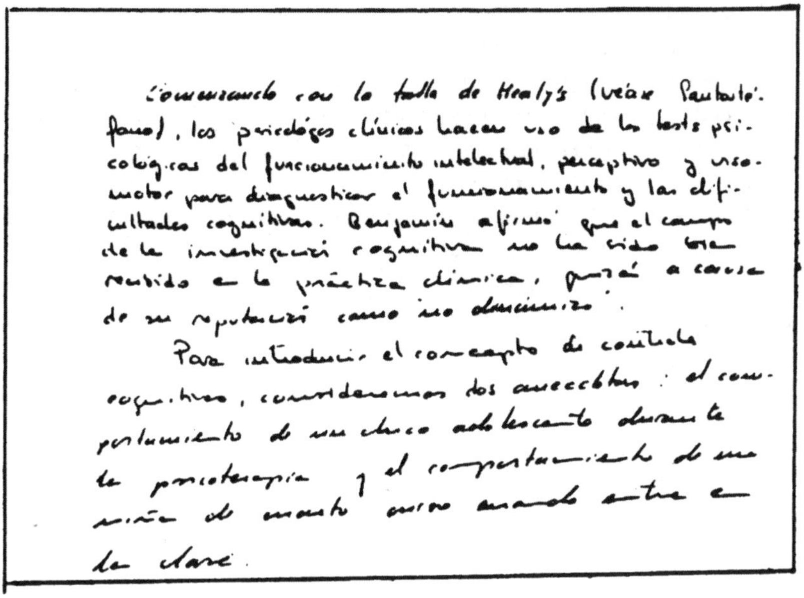

Fig. 207. *Escritura de velocidad variable entre párrafos.*
El primer párrafo está realizado con una velocidad de trazo inferior a los siguientes, en los que se aprecia un incremento de la misma, de modo que al final el trazado se hace casi filiforme.

- *Escritura de velocidad desigual:* nos referimos aquí a las escrituras cuyos trazos se realizan a velocidad distinta, incluso aunque sean próximos entre sí. (Ver como ejemplo la figura 188.)

Las desigualdades en la velocidad de la escritura, cuando aparecen de forma indiscriminada a lo largo del escrito, suponen un carácter en el que las dudas y vacilaciones son algo consustancial.

Hay que pensar que en ese caminar imaginario desde el propio «yo» hacia los demás se producen de forma indiscriminada tanto aceleraciones como retrasos, lo que está expresando de una forma absolutamente clara que el sujeto no se siente nada seguro ni convencido en los contactos con sus semejantes, por lo que a la menor incertidumbre cambiará su modo de actuar.

Estos cambios afectan también a los aspectos laborales, donde la versatilidad es el punto fuerte de estas personas, y la constancia y el orden sus facetas más endebles. Por todo ello están capacitados especialmente para trabajos que exijan una gran movilidad y dinamismo, en los que los cambios se sucedan de manera frecuente, pues soportan difícilmente las tareas que exijan paciencia y continuidad en la atención.

Desde el punto de vista de los sentimientos, estos se muestran con una elevada intensidad, aunque también la inconstancia hace mella en ellos, por lo que no es fácil la sedimentación afectiva.

El ambiente ejerce una gran influencia sobre estas personas, las cuales resultan impresionables y pueden —por ello— ser fácil presa de la sugestión. Y es que su nivel de captación suele ser extraordinario, lo que les lleva a impregnarse del ambiente de tal manera que pueden afectarles detalles que pasan desapercibidos para la generalidad de las personas.

Intelectualmente su rendimiento depende en gran medida de las circunstancias, pudiendo desenvolverse con inusitada agilidad si estas son favorables y, de repente, bloquearse sus mecanismos mentales por algún suceso extrínseco, no siempre detectable por los demás.

Capítulo XVI
LA PRESIÓN DE LA ESCRITURA

La forma de presionar sobre el papel con el útil de escritura es otro de los grandes temas grafológicos que merece la pena ser tenido en cuenta a la hora de analizar un escrito.

Y es que existen muchas maneras de presionar al escribir: hay personas que apenas rozan con el bolígrafo el papel, mientras otros aprietan denodadamente; los hay que dejan los trazos limpios y quienes no pueden evitar que aparezcan ciertas roturas o rugosidades; algunos presionan con estilo, dando auténticas pinceladas, mientras otros lo hacen de manera mucho más torpe, a base de verdaderos «brochazos».

Para detectar todo esto, conviene tener bien claras una serie de premisas:

CONDICIONES PARA SU CORRECTA EVALUACIÓN

La primera es que resulta conveniente trabajar siempre con originales, aunque las fotocopias de buena calidad nos pueden dar una idea aproximada de la presión con que el útil ha sido apoyado sobre el papel.

Hay que tener en cuenta también que la presión depende no solo de la fuerza que el autor ejerce al apoyar el utensilio en la superficie sobre la que se escribe, sino también de la naturaleza de los materiales de estos dos instrumentos.

Es muy diferente la impresión que deja sobre el papel un bolígrafo que un rotulador, o incluso estos mismos si son de punta fina o normal, o si, dentro de una de estas posibilidades, varía el material con el que la punta ha sido fabricada y hoy día existe una enorme variedad.

Los lapiceros o las plumas estilográficas dejan un tipo u otro de presión sobre el papel, según sea la dureza del grafito en el caso de los primeros o el material con el que esté realizado el punto de las segundas, así como la mayor o menor flexibilidad de la plumilla.

La tinta es también responsable de que la presión de un escrito aparezca como más o menos marcada, en función de la mayor o menor fluidez de la misma. En ocasiones el hecho de que la tinta fluya del útil de forma irregular puede dar al escrito una impresión de pastosidad que no responde a ningún hábito escritural determinado.

Y no digamos lo que puede diferenciar la presión el hecho de que una muestra haya sido realizada por el mismo útil pero en diferentes tipos de papel. En este caso influye sobre todo el grado de satinación y el grosor de los mismos, aunque también la naturaleza de la pasta en lo que se refiere a su finura o aspereza.

Aparte de los útiles de escritura en general y la naturaleza del papel en particular, existe otro factor de gran interés en lo que a la presión se refiere: se trata de la superficie sobre la que se apoya el papel sobre el cual se escribe.

En efecto, la presión aparente es totalmente distinta si la hoja de papel se apoya o en una superficie blanda o en una dura, o en una lisa que en otra rugosa.

Existe además una enorme variedad de marcas y calidades absolutamente diferenciadas, tanto en lo que se refiere a útiles de escritura como a tintas y papeles. Y no solo eso, sino que es este un mercado en franca expansión en el que cada día surgen innovaciones.

Todo esto supone para la grafología un indudable inconveniente, pues sería preferible —grafológicamente hablando— que existiera un solo tipo de útiles de escritura, lo que anularía una fuente de errores relativamente importante. Pero lo cierto es que no es así, y que los grafólogos tenemos que contar con estos inconvenientes e intentar soslayarlos en la medida de lo posible.

Una forma de hacerlo es procurar conseguir muestras de escritura lo más diversas posibles en lo que al material con el que han sido realizadas se refiere.

Como es muy posible que estas muestras se hayan efectuado en momentos diferentes, conseguiremos también de esta manera evitar el factor de error que sobre la presión en concreto puede suponer el momento emocional de la persona sujeto de estudio.

Especialmente en el caso de que se detecten irregularidades en la presión tales como trazos pastosos, roturas, temblores, etc., debemos tratar de investigar si esto es debido a los útiles empleados o bien se trata de una característica peculiar de la escritura de esa persona.

Resulta interesante en concreto saber si el útil de escritura (pluma, bolígrafo, rotulador, etc.) se encuentra o no en perfectas condiciones de uso. También lo es el hecho de saber la naturaleza de la superficie sobre la que se apoyó el papel al realizarse la muestra y —por supuesto— las circunstancias ambientales en las que se ha escrito: postura más o menos cómoda, tranquilidad o preocupación, prisa o tiempo suficiente, etc.

Una vez analizadas y deducidas en la medida de lo posible las circunstancias que rodean a la muestra —o mejor muestras— de escritura a estudiar, estamos en disposición de considerar las deducciones que de este parámetro se puedan extraer.

VALORACIÓN PSICOLÓGICA

Podemos decir que, en líneas generales, la presión —sobre todo en lo que se refiere al grado de la misma— es un exponente del nivel de energía general del que está dotada la persona.

Esto tiene su expresión no solo en los factores de carácter intelectual, sino también en las aptitudes laborales y en determinados aspectos de la personalidad como pueden ser la fuerza del «yo» o el grado de autoconfianza.

Hay un factor de personalidad que tiene asimismo una directa relación con la presión con la que el útil es apoyado sobre el papel: se trata del grado de intro-extraversión que, aunque en principio puede parecer ajeno a este parámetro, lo cierto es que está relacionado con él.

La explicación hay que buscarla en la similitud que las caras superior e inferior de la hoja de papel presentan —desde un punto de vista grafológico— con los márgenes izquierdo y derecho.

Para mejor comprender esta circunstancia basta pensar que la hoja de papel presenta un grosor sobre el cual presiona el útil al escribir, dejando una marca en forma de surco sobre el que se deposita la tinta.

Cuando se presiona el útil sobre el papel, el significado grafológico es semejante al desplazamiento en la horizontal de rasgos desde la zona izquierda hacia la derecha,

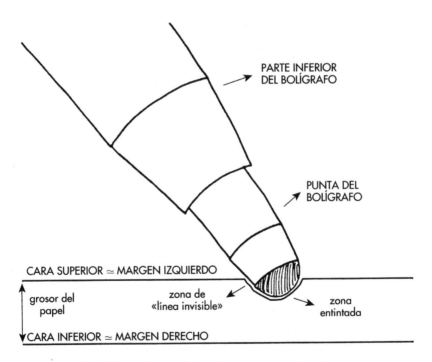

Fig. 208. *Analogía grafopsicológica entre grosor y anchura del papel.*
En este dibujo que representa un bolígrafo escribiendo sobre una hoja de papel vista en sección, se ponen de manifiesto las semejanzas que —a nivel grafológico— existen entre el grosor y el ancho del papel, limitado el primero por la cara superior e inferior y el segundo por los márgenes izquierdo y derecho. Hemos aprovechado para señalar la «zona de la línea invisible», que explicaremos en el epígrafe dedicado a la «presión pastosa».

con la diferencia de que en este caso la dirección es la vertical y el sentido de arriba hacia abajo.

Se puede considerar a nivel simbólico que la persona que escribe se encuentra situada en la cara superior del papel desde la cual —siguiendo la dirección vertical que la propia presión supone— se dirige de forma más o menos decidida hacia los demás, simbólicamente situados más cerca de la cara inferior.

Es por esto por lo que decimos que la presión está relacionada con el grado de intro-extraversión, así como con la capacidad de iniciativa y con la sociabilidad general de la persona.

La asertividad o la timidez tienen también su expresión en las presiones más o menos acusadas de los trazos sobre el papel; las personas que son más tímidas tienden a presionar menos, haciéndolo de manera mucho más neta las más asertivas.

El grado de idealismo frente al de realismo es asimismo detectable mediante la menor o mayor presión de los trazos escriturales: las personas más idealistas tienden a dejar más «en el aire» el útil, presionando menos que los realistas quienes —por el contrario— profundizan mucho más sobre el grosor de la hoja de papel.

Por último, la agresividad se relaciona también con la presión de la escritura, siendo muy importante el análisis de la misma para determinar no solo el nivel potencial de agresividad, sino también la forma en que esta se proyecta o se contiene.

Existen otros factores de aptitudes y personalidad cuyo estudio es posible mediante el análisis de determinadas características de la presión, diferentes de la intensidad de la misma.

Por ejemplo, la presión llamada «en relieve» supone un elevado sentido estético por parte de aquellos que la presentan en su escritura; los trazos «fusiformes» se relacionan con tendencias materialistas y sensuales; la «escritura temblorosa» puede ser debida a la senilidad o bien a problemas de drogadicción o alteraciones del sistema nervioso, etc.

Pero estas y otras posibilidades serán estudiadas con detalle en los siguientes apartados de este capítulo.

LOS GRADOS DE PRESIÓN

Según la intensidad con que el útil se apoya sobre el papel, se consideran cinco grados de presión, que dan lugar a otros tantos tipos de escrituras:

- *Escritura de presión floja:* se llama así a la que se realiza apoyando de forma muy somera el útil sobre el papel.
  La presión floja supone, en lo que a inteligencia se refiere, un predominio de los planteamientos teóricos sobre los prácticos; la captación del ambiente se hace fundamentalmente por intuición, favoreciendo este rasgo el incremento de la velocidad de los procesos mentales, así como la irreflexión en los mismos.

En el terreno de las aptitudes las personas que escriben con este tipo de presión no suelen tener una gran resistencia en las tareas, ya que su energía no es excesiva. Tienen dificultades a la hora de concentrarse, pues les afecta profundamente lo que sucede a su alrededor, distrayéndose con relativa facilidad.

No obstante, son más recomendables los puestos en los que el trabajo exija un esfuerzo de carácter intelectual que no los de tipo físico, pues en estos se agotarían con facilidad, dada su limitada energía. Indecisos por naturaleza, prefieren por lo general, estar a las órdenes de otras personas.

Su personalidad se encuadra, pues —por lo que a la presión se refiere— dentro de los límites de la introtensión, con predominio de la faceta sentimental. La fuerza del «yo» es más bien escasa y la confianza en sus posibilidades, limitada.

Generalmente se trata de personas tímidas, a las que cuesta relacionarse socialmente, prefiriendo refugiar su personalidad (un tanto «etérea») en un mundo de ideas de acuerdo con su fantasía.

La agresividad se presenta en grado mínimo, con una clara tendencia a la pasividad cuando no a dirigir la energía hacia ellos mismos, quizá por temor a hacerlo hacia los demás.

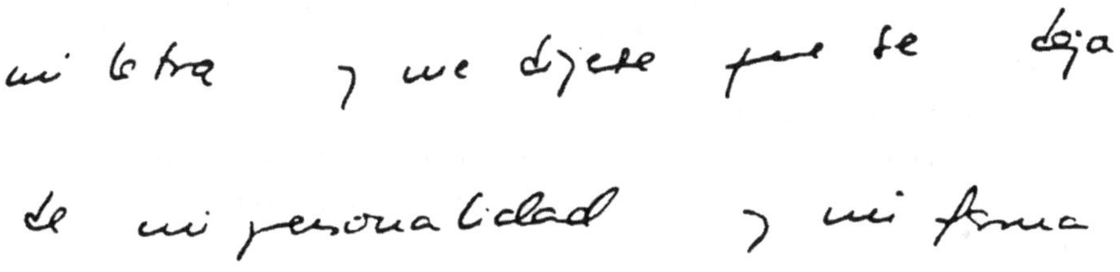

Fig. 209. *Presión floja.*
A pesar de tratarse —lógicamente— de una reproducción, se puede apreciar la escasa presión con que las letras han sido trazadas en este escrito. Puede observarse también la velocidad y la deficiente ejecución de muchas de ellas, todo lo cual está en consonancia con lo limitado de la presión, ya que el útil con que se escribió el original —bolígrafo azul de punta fina— se ha deslizado suavemente sobre el papel sin apenas dejar huella en el mismo.

- *Escritura de presión suave:* en este tipo de escritura la presión es algo superior a la considerada en el caso anterior.

La presión suave implica una ligera variación en las características ya explicadas en el caso de la floja. Así, los planteamientos siguen siendo teóricos y la captación intuitiva, pero ambas cosas resultan algo inferiores en intensidad.

La energía tampoco es muy elevada, por lo que la resistencia se limita bastante. Están más capacitados para trabajos de naturaleza intelectual, pudiendo presentar algunas dificultades de concentración.

Hay timidez —aunque menos que en la presión floja— así como una cierta huida del mundo material hacia el de las ideas. La agresividad es también escasa e introyectiva.

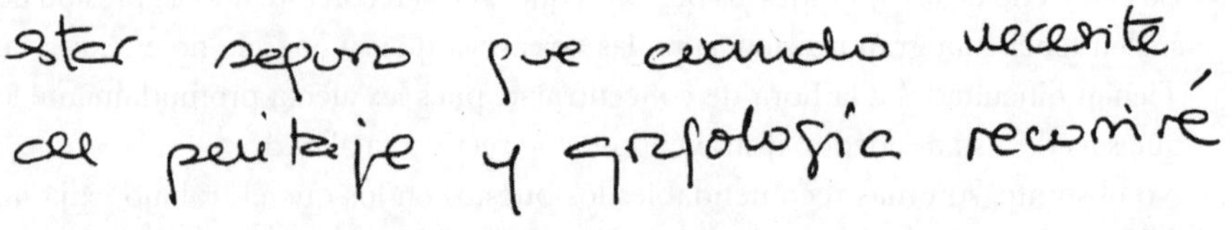

star seguro que cuando necesite,
del peritaje y grafología recurriré

Fig. 210. *Presión suave.*
Como puede apreciarse, la presión efectuada al apoyar el útil (bolígrafo negro de punta normal) sobre el papel es —en este caso— superior al anteriormente estudiado.

- *Escritura de presión normal:* como puede deducirse de su denominación, este es el tipo de presión más habitual y extendida, siendo realizada por la mayoría de las personas.

La presión normal está relacionada con un equilibrio entre los aspectos que con este parámetro de la escritura se relacionan. Hablaremos, pues, de mezclas de planteamientos teóricos y prácticos, captándose las situaciones tanto por lógica como por intuición.

La velocidad de los procesos mentales tiende a ser intermedia, así como la energía, existiendo la posibilidad de dedicarse a tareas de índole intelectual o físico.

Hay posibilidades de que estas personas ocupen puestos de mando o de subordinación, según valía y circunstancias; dependiendo de estas, podrán mostrarse como más intro o extravertidos, o ser más tímidos o más asertivos. La agresividad, de grado medio, puede ser dirigida, bien hacia ellos, o hacia los demás.

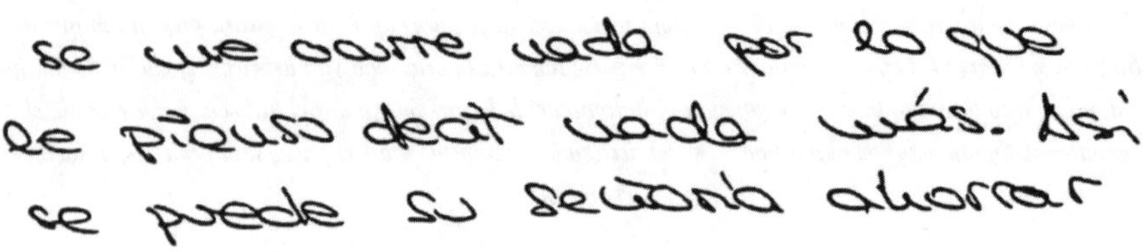

se que ocurre nada por lo que
le pienso decir nada más. Así
se puede su secreto ahorrar

Fig. 211. *Presión normal.*
Escritura de presión intermedia, la más común, como es lógico.

- *Escritura de presión firme:* cuando el útil se presiona con seguridad sobre el papel, los trazos resultantes presentan una presión firme.

La firmeza de la presión supone —antes que nada— un apreciable nivel de energía, superándose la media de la población.

La lógica predomina aquí sobre la intuición y se tiende a procesos de carácter reflexivo con capacidad para concentrarse en aquello que se está llevando a cabo.

Si es necesario, estas personas pueden realizar esfuerzos de tipo físico, resistiendo bien a la fatiga tanto intelectual como corporal.

Su más o menos acusado deseo de imposición les lleva frecuentemente hacia puestos de dirección o de mando en general, aunque puedan admitir también el hecho de ser dirigidos.

De carácter preferentemente extravertido —al menos por este rasgo de la escritura—, estas personas tienden a mostrarse como sociables y dispuestas a relacionarse de manera asertiva, apareciendo como firmes y seguras.

La razón se encarga de ejercer un control sobre los sentimientos, evitando en muchas ocasiones que estos se exterioricen, aunque sean intensos.

Eminentemente prácticos, predomina en ellos la faceta realista, de forma que suelen actuar de acuerdo con datos positivos y basados en la auténtica realidad.

La agresividad —siempre en función de otros rasgos escriturales— tiende a ser elevada, lo que potencia su capacidad dinámica que les lleva a tomar iniciativas y plantearse nuevas posibilidades con relativa frecuencia.

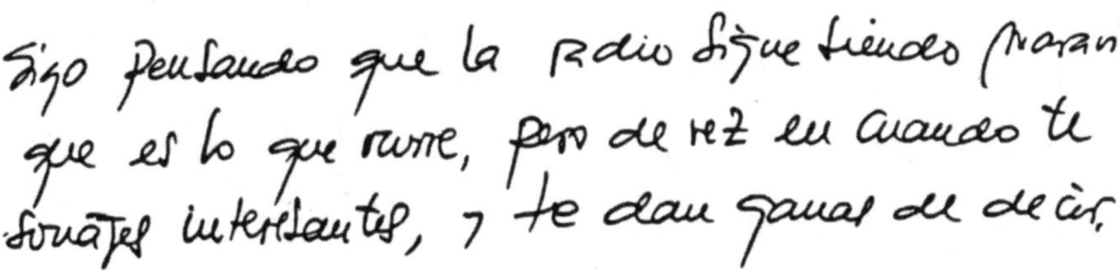

Fig. 212. *Presión firme.*
Se puede apreciar la firmeza de los trazos de esta muestra de escritura, realizada con bolígrafo de punta normal y tinta negra.

• *Escritura de presión fuerte:* este tipo de presión aparece cuando el útil de escritura se apoya ostensiblemente sobre el papel, de forma que el surco que hace sobre este se puede notar al tacto, sobre todo por el reverso de la hoja.

Debido a este tipo de presión pueden aparecer —sobre todo si el material sobre el que se escribe no es muy resistente— roturas en el papel más o menos apreciables.

La presión fuerte está expresando —sobre todo— la gran cantidad de energía que atesoran las personas que así escriben, así como sus planteamientos eminentemente prácticos y positivistas.

El incremento de la presión hace que la velocidad de la escritura sea menor, lo que tiene su interpretación en el sentido de un enlentecimiento de los procesos mentales de elaboración y comprensión, mientras que aumenta la tendencia a reflexionar.

La resistencia laboral alcanza notables cotas, así como la capacidad de concentración. Estas personas son muy recomendables para puestos que exijan un gran desgaste de energía que —sin duda— están en condiciones de efectuar.

Firmes, seguros, tienden a hacer que sus criterios prevalezcan ante los ajenos, por lo que alcanzan puestos de responsabilidad. No obstante, si los trazos son excesivamente apretados y contenidos, podemos estar ante una persona que acumula de forma preocupante la agresividad, constituyéndose así en un auténtico cúmulo de energía que —en cualquier momento— puede suponer una fuerte explosión de imprevisibles consecuencias.

Es muy aconsejable que estas personas realicen una actividad, ya sea laboral, personal o incluso deportiva, en la que puedan poner en funcionamiento su potencial energético, precisamente para evitar esta acumulación de agresividad. Conviene por ello recomendarles trabajos que exijan un gran desgaste físico, o bien actividades donde puedan sacar al exterior su energía, ya sean de tipo recreativo o deportivo,

Se trata, por otro lado, de personas hiperrealistas, apegadas al mundo material e instintivo de manera notable, con un enorme potencial de energía interna que no siempre están en disposición de poner en marcha de la forma más adecuada.

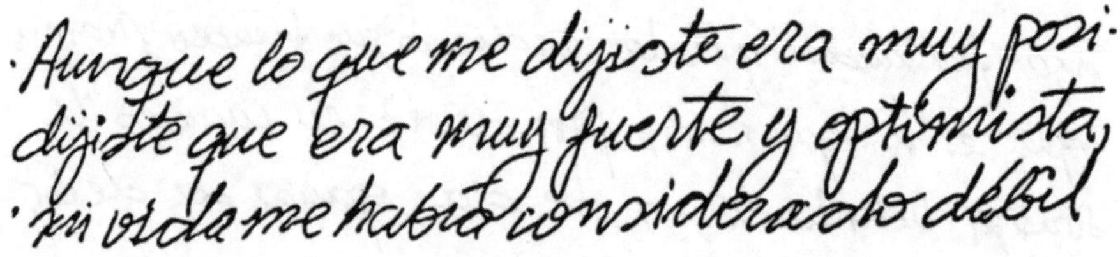

Aunque lo que me dijiste era muy posi-dijiste que era muy fuerte y optimista, mi vida me había considerado débil

Fig. 213. *Presión fuerte.*
Escritura de trazos muy presionados que dejaron en el original una profunda huella detectable mediante el tacto.

CARACTERÍSTICAS DEL TRAZO

Una vez estudiados los diferentes grados de presión que pueden existir, así como el abanico de interpretaciones psicológicas relacionados con cada uno de ellos, vamos a pasar al análisis de los trazos en sí mismos, independientemente de la fuerza con la que hayan sido realizados.

Entran aquí en juego no solo los movimientos verticales que se realizan al escribir con el primordial objetivo de apoyar el útil sobre el papel, sino los que tienen lugar en un plano más o menos horizontal dando origen a una serie de características del trazo que estudiamos a continuación:

- *Presión limpia:* se dice que la presión es limpia cuando los trazos presentan los bordes perfectamente lineales, lo que se puede apreciar mucho mejor si se realizan ampliaciones de los mismos mediante aparatos ópticos.

La presión limpia supone que la persona mantiene al escribir una inclinación adecuada del útil, de forma que la tinta fluye correctamente y deja una impresión de bordes nítidos sobre el papel.

La limpieza en la presión indica, como es lógico, la existencia de esta cualidad en diferentes aspectos de la persona. Desde el punto de vista intelectivo, es un síntoma de claridad en las ideas, pudiéndose hablar en el terreno laboral de un buen rendimiento, al menos en lo que a este rasgo se refiere.

Las personas que escriben con este tipo de presión suelen presentar un elevado nivel de energía que canalizan de forma adecuada, del mismo modo que la tinta que utilizan al escribir se reparte en el papel de manera homogénea.

La presión limpia o nítida es un síntoma de buena salud en líneas generales, sobre todo si también es firme.

Señalar también la relación existente entre la limpieza de los trazos y el carácter equilibrado y optimista del autor, como fruto de ese potencial energético bien canalizado que ya indicábamos al principio.

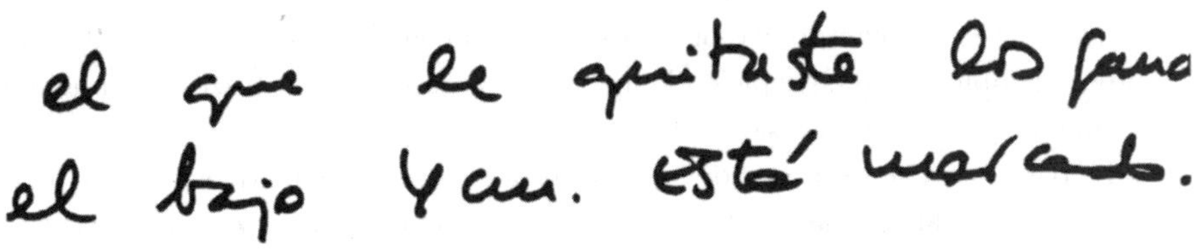

Fig. 214. *Escritura de presión limpia.*
Agilidad y limpieza en el trazo son características peculiares de esta escritura.

- *Presión pastosa:* se llama así a aquella en que los trazos presentan un perfil irregular, lo que es más patente si se hace una ampliación de la imagen.

Estas irregularidades o imperfecciones de los trazos, características de la presión pastosa, se producen debido a que la inclinación del útil sobre el papel es excesiva, lo que propicia este tipo de deformaciones del perfil de los propios trazos, así como un flujo de tinta superior al normal.

En la escritura con bolígrafo se producen también —como resultado de esta inclinación— unas líneas paralelas a los trazos debidas a la presión realizada por la zona adyacente al extremo redondeado por donde fluye la tinta. Al tratarse de líneas producidas por la presión pero sin entintar, la identificación se realiza con cierta dificultad por lo que se les llama «líneas invisibles»*.

Cuando se escribe con tinta —preferentemente de pluma, aunque también pueden aparecer en escritos con rotulador— la pastosidad de la presión se puede concre-

---

* Ver el dibujo esquemático de la figura 208, donde se señala la parte del bolígrafo que produce esta «línea invisible».

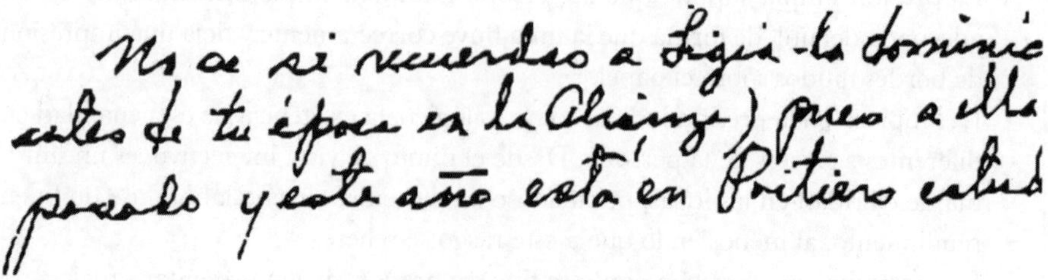

Fig. 215. *Escritura de presión pastosa.*
Angulosa y trazada con una excesiva inclinación del útil, esta escritura propicia el entintamiento excesivo de algunos óvalos, así como la pastosidad de la presión.

tar en el cierre por acumulación de tinta de determinadas zonas de la escritura, preferentemente óvalos. Se dice entonces que aparecen «cegados» en la escritura.

Es importante comprobar, si hay posibilidad de hacerlo, el hecho de que el útil o los útiles de escritura con los que se han realizado las muestras estén en un buen estado de funcionamiento, pues puede darse el caso de que sean las irregularidades de este (bolígrafo «despuntado» o pluma con el punto del plumín abierto, por ejemplo) las que propicien la aparición de rasgos en los trazos que puedan confundirse con la pastosidad de los mismos.

La pastosidad de los trazos de una escritura es generalmente debida —salvo las excepciones apuntadas— al exceso de inclinación del útil respecto a la vertical; también la falta de soltura en su manejo puede contribuir a que el trazo pierda nitidez.

La escritura pastosa supone un déficit de energía por parte del autor, quien no es capaz de mantener el ángulo de inclinación escritural adecuado, o bien de impulsar el útil con la conveniente agilidad.

Estos problemas de energía tienen su reflejo en el campo laboral, en el sentido de una disminución de la intensidad de trabajo y del rendimiento en general. Tam-

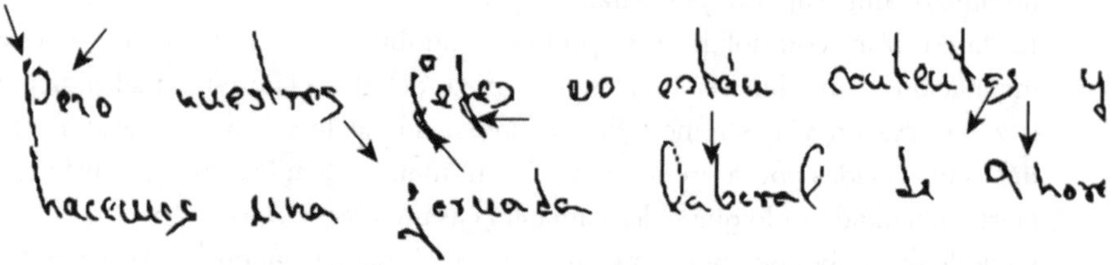

Fig. 216. *Pastosidad incrementada por deficiencias del útil.*
En esta escritura —de presión ya algo pastosa de por sí— esta característica parece acentuarse por el mal funcionamiento del útil de escritura, en este caso un bolígrafo de punta normal con excesiva fluidez en la tinta. Las flechas indican las zonas en donde se ha producido un derramamiento de esta debido a esa circunstancia.

bién puede haber algunas dificultades de presentación de las realizaciones con el debido esmero y cuidado.

Se trata de personas que incluso pueden tener algún problema de carácter físico, por lo que conviene recomendarles que se sometan a una revisión médica de carácter general.

Desde el punto de vista psicológico, existen tendencias hacia estados de ánimo pesimistas, así como cierta desconfianza de base en las propias posibilidades.

- *Presión en relieve:* si al escribir se efectúa una variación en la inclinación así como un ligero giro, el resultado es que existen significativas diferencias en el entintado incluso dentro de un mismo trazo.

Aparecen así zonas más marcadas denominadas «plenos», frente a otras donde el trazo es mucho más fino, llamadas «perfiles».

Cuando aparecen trazos en relieve podemos afirmar que quien así escribe es una persona con un marcado sentido de la estética, lo que se reflejará en todos los ámbitos de su vida.

Puede ser incluso que proyecte estas aptitudes hacia el terreno profesional, dedicándose a actividades relacionadas con las artes plásticas tales como pintura, escultura, arquitectura, decoración, diseño, etc.

Y es que la aptitud espacial, es decir, la capacidad para delimitar distancias y volúmenes, también está en directa relación con este tipo de particularidad en la escritura.

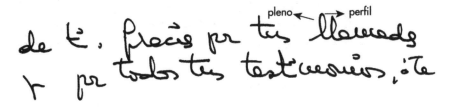

Fig. 217. *Escritura con presión en relieve.*
En esta muestra resaltan los plenos y los perfiles con marcada nitidez. No obstante, se han señalado
los de la «ll» de la palabra «llamadas» por ser muy claros y significativos.

- *Presión fusiforme:* este tipo de presión se caracteriza por ser mayor en la zona central de los trazos que en las iniciales y finales. Solo aparece en los escritos con pluma, preferentemente de plumín blando, que permita fácilmente la apertura o cierre del punto.

Este tipo de presión es, por tanto, más corriente en escrituras de épocas anteriores, ya que en ellas era más frecuente el uso este tipo de útiles; los rotuladores y —sobre todo— los bolígrafos, no permiten apreciar esta clase de presión, aunque fuera susceptible de ser realizada.

La denominación de «fusiforme» viene dada por la forma de «huso» que este tipo de presión confiere a los trazos.

La presión fusiforme, dado que supone un cambio relativamente brusco de una presión más débil a otra mucho más acentuada —y todo ello en el mismo trazo—, indica un carácter ciertamente explosivo, con salidas de tono más o menos inesperadas en personas con un comportamiento aparentemente exquisito.

No es sino una forma de llamar la atención, lo que está de acuerdo con el carácter exhibicionista y —desde luego— narcisista que esta misma característica de los trazos implica.

Caben también en este tipo de escritura las tendencias materialistas y sensuales, pudiendo existir en determinados casos una vivenciación exagerada de la sensualidad, en relación con latencias histeroides más o menos agudas.

Debemos, por último, apuntar la posibilidad de que la escritura fusiforme, suponga un deterioro de carácter físico, por lo que es de rigor recomendar a estas personas la conveniencia de hacerse un reconocimiento médico preventivo.

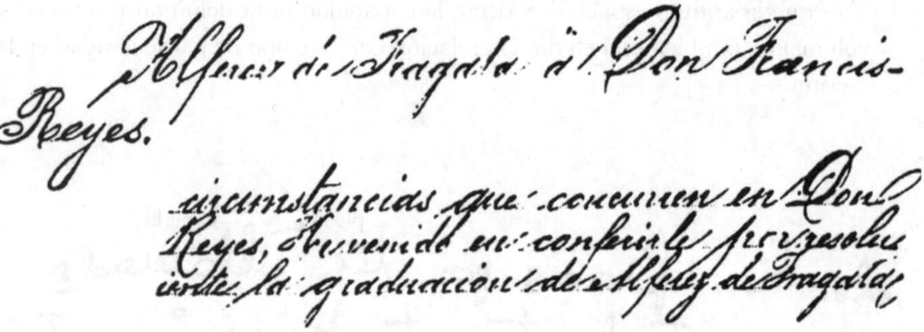

Fig. 218. *Presión fusiforme en escritura antigua.*
En esta escritura de finales del siglo XIX se puede apreciar claramente el trazado fusiforme, especialmente en las mayúsculas.

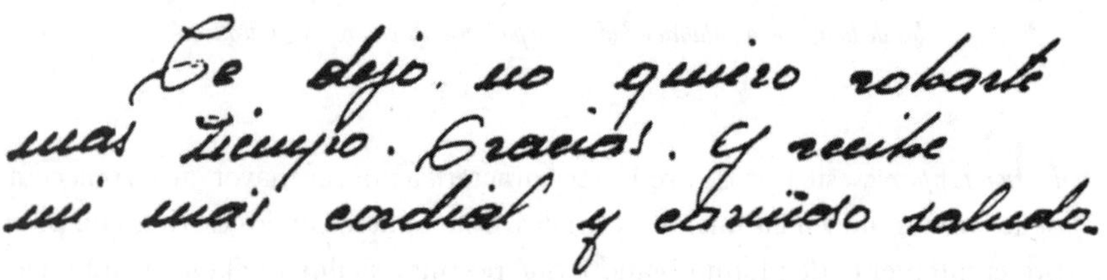

Fig. 219. *Presión fusiforme en escritura actual.*
Hoy en día es también posible encontrar este tipo de presión tan particular, como se puede comprobar en este ejemplo en el cual es patente el carácter fusiforme de los trazos.

• *Escritura temblorosa:* los temblores que tienen lugar en el aparato locomotor, el cual se utiliza en el acto de escribir, tienen su expresión en el papel, dando lugar —cuando son muy frecuentes— a la escritura temblorosa.

La presencia de temblores en la escritura puede ser debida a lesiones en el citado aparato locomotor, pero, teniendo en cuenta que tanto el hombro como el brazo, el antebrazo y la mano responden a los dictados del cerebro, también es posible que la causa de estas malformaciones en las letras esté localizada precisamente en este órgano. Especialmente características son las escrituras realizadas por personas que padecen la enfermedad de Parkinson.

También pueden aparecer temblores en casos de senilidad, o de enfermedades de diferente naturaleza, que suponen un desgaste general del organismo reflejado —lógicamente— en la escritura.

Las drogas en general y el alcohol en particular también son factores determinantes de la aparición de temblores en los trazos de la escritura, pudiéndose detectar el nivel de intoxicación en que se encontraba la persona en el momento o época en que realizó el escrito.

Existen otros factores que propician la existencia de temblores en la escritura; entre los de tipo físico citaremos la temperatura excesivamente baja o el cansancio. También las situaciones de «stress» o la labilidad del sistema nervioso son causa de que en la escritura aparezcan rasgos temblorosos con mayor o menor frecuencia e intensidad.

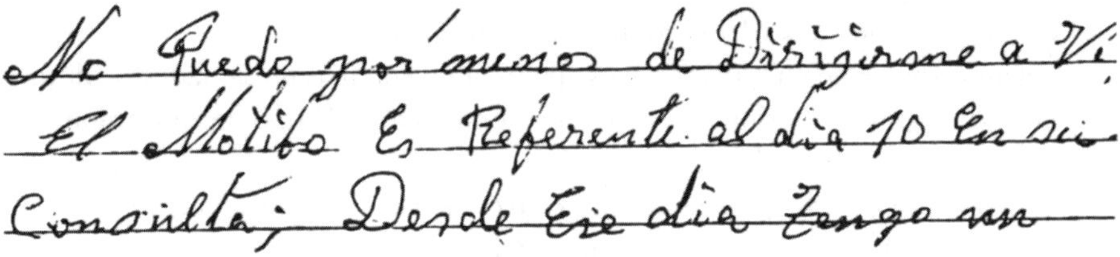

Fig. 220. *Temblores por senilidad.*
La avanzada edad de esta persona, así como sus trastornos físicos, son responsables de los temblores que aparecen en prácticamente todos los trazos. Obsérvese cómo en muchos de ellos —especialmente en las crestas— existe un marcado relieve.

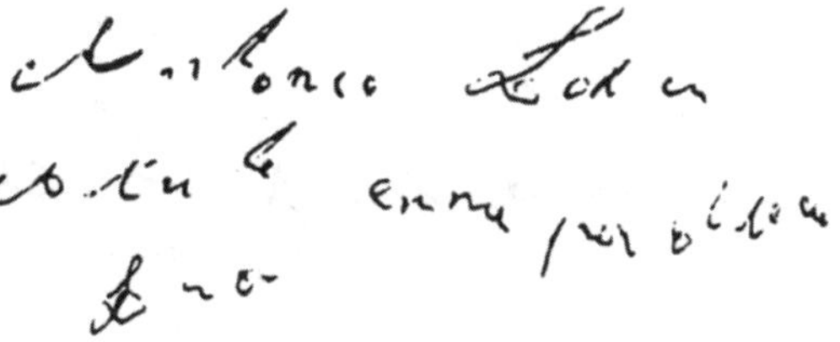

Fig. 221. *Temblores por alcoholismo.*
Los temblores —aparte de lo escaso de la presión y el deterioro general de la letra— son producidos en esta escritura por un cuadro de alcoholismo crónico agudo.

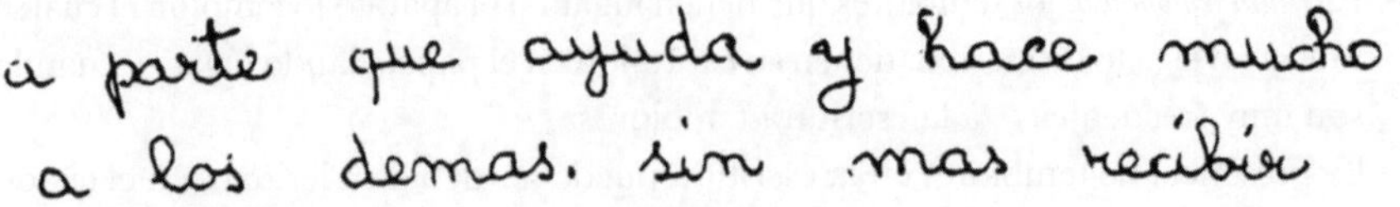

a parte que ayuda y hace mucho a los demas. sin mas recibir

Fig. 222. *Temblores por nervios.*
La impresionabilidad y la excitación nerviosa provocan también la aparición de temblores.

- *Escritura con roturas o brisados:* debido a que en determinadas zonas de las letras el útil deja de apoyarse, aunque sea de forma casi imperceptible, la escritura presenta estas roturas que se conocen también con el nombre de *brisados.*

Estas zonas sin tinta o con apenas trazas de ella están en relación con patologías de carácter físico, por lo que también aquí es conveniente recomendar la realización de un chequeo médico.

Desde un punto de vista psicológico, estas roturas de los trazos suponen un cierto temor a apoyar el útil sobre el papel, por lo que la interpretación más general está de acuerdo con la existencia de factores de introversión y timidez, así como falta de autoconfianza y dificultades para mostrarse asertivo.

Si las roturas aparecen en la zona superior de la escritura, se pueden diagnosticar temores a nivel mental, en el sentido de no atreverse a exponer las ideas propias por miedo a que estas no sean aceptadas.

Las roturas o brisados en la zona inferior se corresponden psicológicamente con cierta prevención a perder el control de los instintos.

Según la dirección en que los trazos aparezcan como más presionados, se distinguen dos tipos de presión: vertical y horizontal. De cada uno de ellos tratan los siguientes apartados.

Para detectar si estamos en uno u otro caso es muy conveniente ampliar la imagen bien por medios ópticos o incluso informáticos.

Si ello no es posible, una forma de determinar a simple vista la dirección predominante de la presión es analizar con detenimiento aquellas letras que presentan

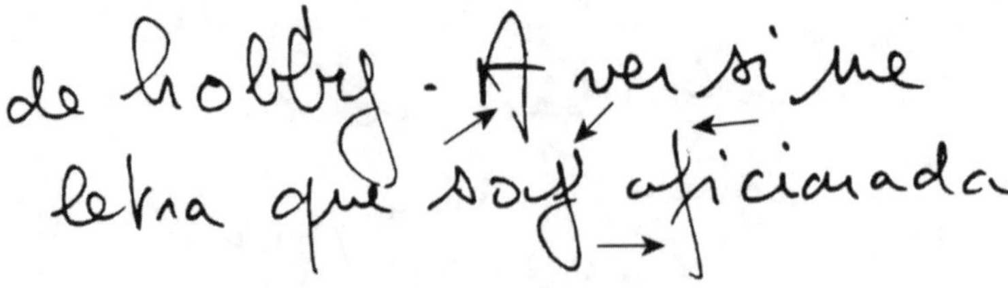

de hobby. A ver si me letra que soy aficionada

Fig. 223. *Escritura con roturas o brisados.*
Señaladas con flechas, aparecen en esta muestra roturas, tanto en la zona superior como inferior. Se pueden apreciar también, aunque no hayan sido señaladas, otras zonas donde el trazo es muy fino, lo que quiere decir que ha existido una deficiencia de presión, aunque no haya llegado a producirse la rotura.

rasgos horizontales y verticales; por ejemplo, la letra «t», la cual resulta muy significativa en este aspecto.

Decir, por último, que no siempre existe un predominio claro de uno de estos dos tipos de presión, sino que en muchas ocasiones la presión es homogénea, sin que se imponga ninguna de estas dos direcciones.

* *Escritura de presión vertical:* es el caso en que generalmente aparecen más presionados aquellos trazos cuya dirección es la vertical.

El predominio de la presión en la vertical indica el deseo de autoafirmación, que puede llevar a la imposición de los criterios propios sobre los ajenos, relacionándose —por tanto— con la capacidad para dirigir o, al menos, con los deseos más o menos fundados de hacerlo.

El hecho de autoafirmar la personalidad incluye las expectativas de conseguir una mayor formación tanto personal como cultural, lo que supone a su vez la búsqueda de nuevos conocimientos, así como la adopción de actitudes personales más positivas.

También se relaciona la presión vertical con posturas más o menos obstinadas e intransigentes, que responden a un íntimo deseo de defender la propia personalidad de los ataques a que puede verse sometida desde el exterior.

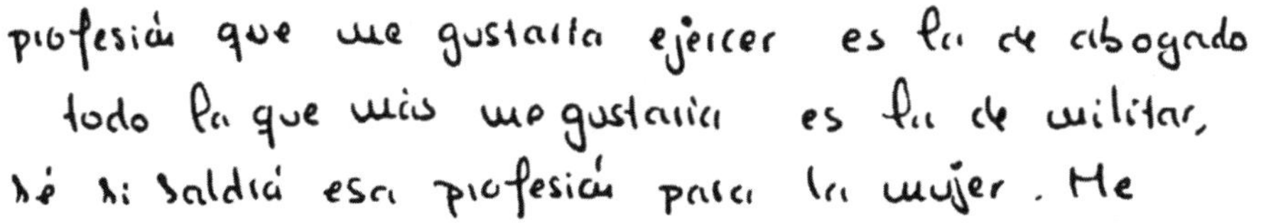

Fig. 224. *Presión vertical.*
A pesar de no ser una escritura muy presionada, sí es cierto que predomina claramente la de los rasgos verticales.

* *Escritura de presión horizontal:* cuando la presión es horizontal, los trazos que aparecen en esta dirección son los más marcados.

Este tipo de presión indica deseos de acercamiento hacia los demás, pues la dirección horizontal de la escritura expresa la vía de canalización de los mismos.

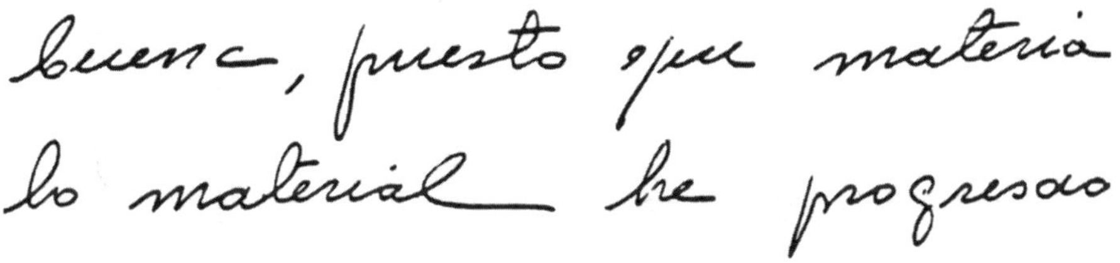

Fig. 225. *Presión horizontal.*
Los trazos finales proyectados y presionados en la horizontal son característicos en esta escritura; aparte de ello, las barras de las «t» presentan más presión que los rasgos verticales de estas letras y, en general, la presión de este tipo de rasgos es menor que la de los horizontales

En el terreno intelectivo se proyectan las ideas con facilidad, incluso con riesgo de no haber sido suficientemente maduradas.

Es notable, por tanto, la capacidad de iniciativa en consonancia con un espíritu activo y dinámico. Se vive hacia el exterior, hacia los demás, pensando continuamente en las posibilidades futuras.

REGULARIDAD O IRREGULARIDAD DE LA PRESIÓN

Se consideran fundamentalmente dos posibilidades: que se mantenga la presión de una manera más o menos constante o que existan diferencias de mayor o menor calibre, bien a lo largo de todo el escrito o bien en zonas parciales de este.

Las presiones «en relieve» o «fusiforme» presuponen de hecho la existencia de irregularidades en la presión de los trazos. Pero ahora no nos referimos a este tipo de presiones tan específicas, sino que nos centramos en el hecho de que este parámetro sea o no regular.

- *Escritura de presión uniforme:* cuando la presión —sea del tipo que sea— se mantiene de modo más o menos idéntico a lo largo de todo el escrito, se habla de presión uniforme. Como ejemplos valen las escrituras n.º 211, 212 y 214.

 La constancia de la presión supone la de una serie de aptitudes y rasgos personales. Así, la actitud ante el trabajo se mantiene a lo largo del mismo, empezándose y terminándose las cosas con idéntico talante.

 También refuerza el hecho de que la persona se siente segura de sí misma, sin ofrecer resquicios ni fisuras en su personalidad.

 En general, el hecho de que la presión no presente variaciones es un síntoma de equilibrio y afianzamiento de la personalidad, aparte del mantenimiento del nivel de energía.

- *Escritura de presión creciente:* se empieza escribiendo con menos presión que se acaba, lo que puede ocurrir —como decíamos— a lo largo de todo el escrito o en determinadas zonas de este.

 El aumento de la presión es indicativo de que la persona se hace los planteamientos de manera progresiva, de manera que termina con mucha más fuerza y seguridad de las que mostraba al comienzo.

 Son las personas que entran en los sitios con preocupación, tímidamente, pero a medida que van cogiendo confianza se asientan en su cometido y se afirman de tal forma que terminan imponiéndose y dominando la situación.

 Intelectivamente tienden a ir desde planteamientos teóricos hacia conclusiones prácticas, y en lo que a la energía de tipo agresivo se refiere, resultan ser tanto más secundarios cuanto más largo sea el período escritural en que este cambio de presión tiene lugar.

Es también un rasgo que refuerza el carácter ciclotímico, con períodos de mayor energía y actividad intercalados con otros en los que se adoptan posiciones más pasivas.

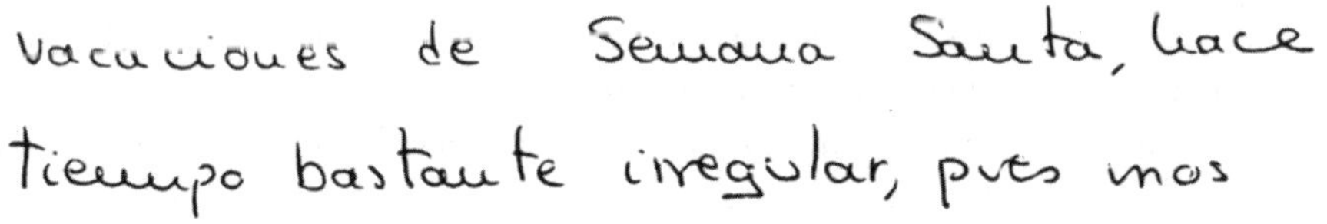

Vacaciones de Semana Santa, hace tiempo bastante irregular, pues mos

Fig. 226. *Presión creciente.*
Según puede apreciarse por lo entintado de las letras y el grosor de los trazos, la presión aumenta de forma ostensible a lo largo de este párrafo.

- *Escritura de presión decreciente:* si la presión es cada vez menor, bien gradualmente a lo largo del escrito o de las diferentes partes de este.

Cuando la presión decrece, las posibilidades de la persona y su energía en general también lo hacen a lo largo de períodos de tiempo más o menos extensos. Es decir que, a medida que esta ocurra en un mayor lapso de escritura, más paulatino será ese decaimiento o desmoralización general.

Efectivamente, si la presión disminuye, los planteamientos hechos en un principio suelen verse limitados, pues las fuerzas decaen a medida que surgen inconvenientes.

Por otro lado, la confianza en las propias fuerzas también es decreciente, lo que incide en la manera en que se plantean las relaciones sociales, en las que el «rol» de estas personas tiende a disminuir en jerarquía.

Si el decrecimiento se produce en pequeñas unidades de escritura (por ejemplo, en párrafos), hay que señalar una capacidad de recuperación como resultado de un deseo interno de sobreponerse a ese desánimo que —inevitablemente— embarga a la persona. Se trata también de un rasgo ciclotímico, al igual que en el caso de la presión creciente.

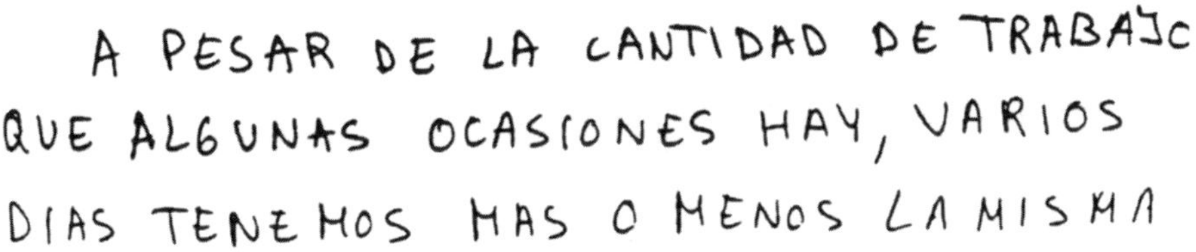

A PESAR DE LA CANTIDAD DE TRABAJC QUE ALGUNAS OCASIONES HAY, VARIOS DIAS TENEMOS MAS O MENOS LA MISMA

Fig. 227. *Presión decreciente.*
Escritura en mayúsculas en la que resulta evidente la disminución que la presión sufre a lo largo de las primeras líneas de este párrafo.

- *Escritura de presión desigual:* nos referimos ahora a los cambios de presión que tienen lugar de manera más o menos aleatoria, con zonas de aumento de la misma junto a otras en que disminuye de forma ostensible.

La presión desigual está de acuerdo con los cambios en todos los aspectos con los que este rasgo gráfico se relaciona.

Predomina en este caso la intuición sobre la lógica y las dudas a la hora de tomar decisiones sobre el aplomo y la seguridad.

Estos frecuentes cambios en la forma de presionar el útil sobre el papel nos ponen de manifiesto que se tiene poca seguridad en los propios planteamientos, los cuales se exponen y llevan a cabo con desigual suerte.

Hay que considerar esta circunstancia gráfica como una expresión de la existencia de un «yo» poco seguro, lo que se proyecta en las relaciones sociales, en las que la asertividad brilla por su ausencia.

La agresividad es de tipo primario y explosivo, con la irritabilidad como base, en consonancia con el fondo de dudas e inseguridad que subyace en este tipo de personalidades.

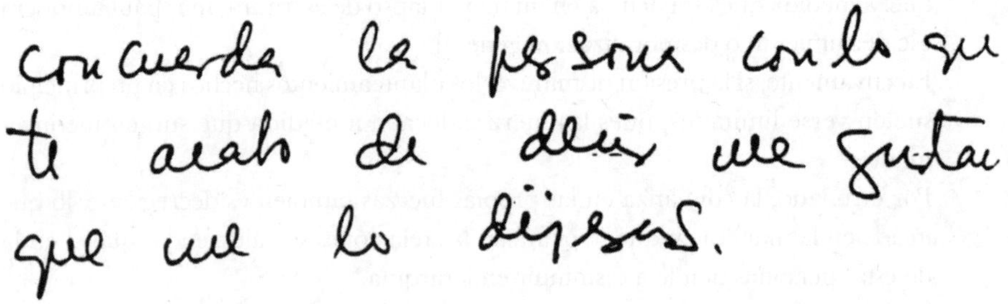

Fig. 228. *Escritura de presión desigual.*
De nuevo las diferencias de entintado y de grosor nos permiten detectar las desigualdades de presión en este escrito.

Capítulo XVII
LA COHESIÓN DE LAS LETRAS

Nos ocupamos en este capítulo de todo lo que se relaciona con la unión o separación de los trazos de la escritura, atendiendo sobre todo al hecho de que las letras de cada palabra se presenten unidas o separadas entre sí, aunque también nos fijaremos en otros aspectos.

Esta circunstancia, de poca importancia aparente y que se relaciona muchas veces con meras cuestiones estéticas puede, sin embargo, enfocarse desde muy diversos puntos de vista, apareciendo así detalles y matices muy sustanciosos desde el punto de vista grafológico.

En general, hablamos de cohesión referida sobre todo al porcentaje de uniones que existen sobre todo entre las letras de una escritura.

Al decir «uniones», nos referimos a que los trazos finales de las letras se continúen con los iniciales de las letras siguientes, sin que el útil de escritura se levante del papel.

Esto es algo perfectamente objetivable, pues se pueden calcular los tantos por ciento de letras unidas y separadas dentro de cada escritura, tanto en el caso de las minúsculas como en el de las mayúsculas.

Pero también es interesante calcular los porcentajes de unión o separación que presentan los óvalos en relación con los correspondientes palotes, así como los pies con las letras siguientes.

La cohesión se relaciona también con la unión o separación de los trazos dentro de cada letra, independientemente de si estas se unen o no entre sí. Estas circunstancias son más difíciles de objetivar, puesto que no todas las letras tienen el mismo número de trazos y además existen rasgos mucho más fáciles de enlazar que otros.

Por ejemplo, es raro que una «e» se haga en dos trazos, pero resulta normal que una «t» se ejecute en dos fases, aunque también sea susceptible de realizarse en un solo trazo. Así pues, la cohesión de los rasgos dentro de las propias letras es complicado de valorar de manera objetiva, por lo que será necesaria una evaluación global de cada caso.

Se puede dar también la circunstancia de que sean las palabras las que aparezcan unidas, o bien que se den uniones más o menos extrañas entre letras o partes de ellas, como veremos en el apartado correspondiente.

En el siguiente apartado se explica cómo realizar una medición objetiva de la cohesión de una determinada muestra de escritura.

FORMA DE OBJETIVAR LA COHESIÓN

Es muy importante, a la hora de estudiar la cohesión de una escritura, que dispongamos de una muestra original en la que se puedan observar con nitidez las uniones entre trazos, ya que las fotocopias pueden dar lugar a equivocaciones.

Para evitar que esto ocurra conviene utilizar algún aparato —una simple lupa puede ser suficiente— que facilite una clara visión de la huella impresa de los trazos, para constatar de forma fiable si existe o no una auténtica unión entre ellos.

Se evita así la comisión de errores, sobre todo en los casos en que existe yuxtaposición de trazos, es decir, cuando estos aparecen adyacentes, aunque no estén realmente unidos.

Fig.— 229. *Ejemplo de letras yuxtapuestos o adyacentes.*
Las letras de este ejemplo han sido trazadas a propósito por separado; sin embargo, sobre todo a simple vista, puede parecer que están unidas entre sí dentro de cada palabra.

Es interesante que los datos resultantes de la observación de las uniones o separaciones existentes entre las letras de un determinado escrito, se apunten de una forma ordenada. Para hacerlo de la forma más objetiva posible sugerimos dividir el texto en tres zonas —inicial, media y final— y escoger un criterio fijo de elección de huecos entre letras.

Pueden elegirse los huecos de forma consecutiva, o bien uno de cada dos, o uno de cada tres, etc., al igual que sugerimos en las medidas del tamaño, dirección de líneas e inclinación de letras.

Si se quiere hacer con el máximo rigor, es interesante señalar con un pequeño número en la propia muestra, la zona de unión o separación considerada, lo que facilita extraordinariamente el repaso de los datos en el caso de que esto sea necesario.

Después se procede a contar el número de casos de unión y de separación, la suma de ambos nos dará el número de total casos analizados.

Para calcular los porcentajes, se divide el número de casos de cada una de ellas (unión y separación) por el número total de casos considerados, y el resultado se multiplica por 100.

Este mismo proceso se lleva a cabo cuando se quieren conocer con exactitud los mismos porcentajes referidos a la unión o separación de las letras mayúsculas en relación con las minúsculas que siguen a cada una de ellas.

Sin embargo, en el caso de las mayúsculas hay que hacer una salvedad, puesto que existen algunas que —por su propia morfología— resultan muy difíciles de unir a la letra siguiente, de manera que si aparecen separadas no se tendrán en cuenta, considerándose como caso nulo o neutro. Estas letras son concretamente la «N», la «P», la «T», la «V» y la «W».

Pero si estas mayúsculas se uniesen de alguna forma a la minúscula siguiente, se considera un caso extraordinario de unión, dándosele un valor triple en el recuento total.

Otro aspecto importante es el representado por la unión o separación de los óvalos respecto del palote en letras en que existen estos dos elementos, tales como la «a», la «d», la «g» y la «q».

Por último, existe también otro elemento cuya cohesión merece la pena ser estudiada; nos referimos a la de los pies de las letras que los poseen («f», «g», «j», «p», «q» y algunas formas de la «z») con las letras siguientes.

La objetivación de estas cohesiones —de óvalos/palote y pies/letra siguiente— se hace igual que la de minúsculas entre sí o el de mayúsculas/letra siguiente.

Una vez realizados los cálculos para obtener los porcentajes de cohesión en cada caso, se pueden interpretar los resultados, lo que haremos según los criterios que a continuación se indican:

- Entre el 100 y el 80%, cohesión muy alta.
- Entre el 80 y el 60%, alta.
- Entre el 60 y el 40%, media.
- Entre el 40 y el 20%, baja.
- Entre el 20 y el 0%, muy baja.

Si una escritura presenta porcentajes de cohesión entre alta y muy alta en todos los aspectos considerados —minúsculas, mayúsculas, óvalos y pies— e incluso en otros como pueden ser las uniones peculiares o las que se pueden dar entre palabras, diremos que se trata de una escritura muy cohesionada o muy ligada.

Cuando estos porcentajes son más bien altos —sobre todo el de las minúsculas—, decimos que se trata de una escritura ligada.

En el caso de que los tantos por cientos de unión entre todos los elementos tengan valores medios, estamos en el caso de escritura agrupada, y cuando estos valores son bajos, la escritura se llama desligada.

También puede ocurrir que la mayoría de los elementos sean desunidos, como es el caso de la escritura muy desligada.

Es importante señalar que no se trata de realizar una media aritmética entre los porcentajes calculados, sino que es necesario interpretar cada uno de ellos según criterios específicos. Sin embargo, a la hora de valorar el grado de cohesión en general, hay que conceder preponderancia a la existente entre letras minúsculas.

Como caso extremo se considera la escritura que presenta separación incluso entre los trazos que conforman cada letra: se le llama escritura fragmentada.

Por último, existe la posibilidad —como ya explicamos en el comienzo del capítulo— de que los trazos entre letras parezcan unidos, aunque no sea así en realidad, tratándose de una simple yuxtaposición. Esta circunstancia puede darse en todos y cada uno de los elementos considerados, conociéndose a estas escrituras con el nombre de reenganchadas.

Es interesante también tener en cuenta el hecho de que el último trazo de la firma se encuentre ligado o desligado de la rúbrica, así como el número de veces en que es realizada esta última, lo que se conoce con la denominación de «fases». Estas circunstancias gráficas tienen un gran interés por ser trazadas de manera más inconsciente, al corresponder al final de los escritos.

Cada una de estas características de la escritura en lo que concierne a su cohesión, tiene una serie de interpretaciones desde el punto de vista psicológico, como veremos en los siguientes apartados.

INTERPRETACIONES PSICOLÓGICAS DE LA COHESIÓN EN GENERAL

La cohesión de la escritura en general (ya sea de minúsculas entre sí, de mayúsculas con minúsculas, de óvalos y palotes o de pies con las letras siguientes) se relaciona con una serie de aspectos tanto en lo que a inteligencia se refiere, como a las aptitudes o a los factores de personalidad propiamente dichos.

En relación con la inteligencia podemos decir que una mayor cohesión en la escritura está de acuerdo con una superior velocidad de los procesos mentales, disminuyendo la capacidad reflexiva.

La unión de trazos es un elemento que favorece la capacidad de razonamiento lógico, mientras que la separación de los mismos está más de acuerdo con la captación intuitiva de las situaciones.

A mayor grado de cohesión en una escritura, mayor será la constancia del autor en sus actividades, las cuales tenderá a llevar a cabo de forma más continuada, sin necesidad de establecer pausas más o menos prolongadas entre la propia actividad.

También la capacidad de iniciativa y hasta la de decisión son más considerables en el caso de escrituras cohesionadas que en las que existe un grado más o menos acusado de separación entre sus elementos gráficos.

La intro-extraversión también tiene que ver con la cohesión de la escritura, rasgo este que favorece —como es lógico— la extraversión. En cambio, el aislamiento entre letras supone un punto importante a favor de la introversión.

En cuanto a la capacidad de relación social, resulta lógico pensar que una escritura de letras y trazos unidos responde a un deseo de la persona de relacionarse con sus semejantes, cosa que ocurre en menor medida si la grafía presenta separación entre sus elementos.

Al ser la cohesión un gesto gráfico de donación a los demás, se le considera también un rasgo de altruismo y, desde el punto de vista de la agresividad, resulta un reforzante de la misma, entendida como energía emprendedora que moviliza los potenciales de la persona.

A continuación se estudian todos y cada uno de los tipos de escritura que este rasgo determina, primero atendiendo al grado y después a las variaciones, para seguir con la casuística correspondiente a los óvalos, las mayúsculas y los pies, respectivamente.

Finaliza el capítulo con unas referencias a las particularidades relacionadas con este rasgo, así como con la explicación de los conceptos de progresión y regresión en la escritura.

TIPOS DE ESCRITURA SEGÚN EL GRADO DE COHESIÓN

Al hablar de «grado de cohesión» nos estamos refiriendo al existente entre todos los elementos gráficos antes citados, es decir: minúsculas, mayúsculas, óvalos, pies y elementos peculiares.

Según resulte el análisis de todos y cada uno de estos elementos, se distinguen los siguientes tipos de escritura:

- *Escritura muy ligada:* aquella en la que predominan de forma clara los rasgos de unión en la mayoría de los citados elementos. Incluso pueden aparecer uniones entre el nombre y los apellidos de la firma o incluso entre las palabras del texto. Este tipo de escritura supone una acendrada capacidad de lógica, así como una notable constancia en aquello que se realiza.

  Por otro lado, las ideas fluyen a la mente de quienes así escriben con gran facilidad, lo que favorece la capacidad de iniciativa de estas personas. Suelen presentar asimismo una verbalidad excelente: siempre tienen argumentos para defender sus posiciones, de forma que no resulta fácil debatir en su contra.

  Resulta también proverbial su capacidad para establecer contactos, siendo unos excelentes «relaciones públicas».

  En definitiva, es como si una vez que han empezado algo o que han contactado con alguien debieran por encima de todo continuar y mantener esa situación. Si se ven obligados a interrumpirla, no pueden evitar sentirse más o menos contrariados.

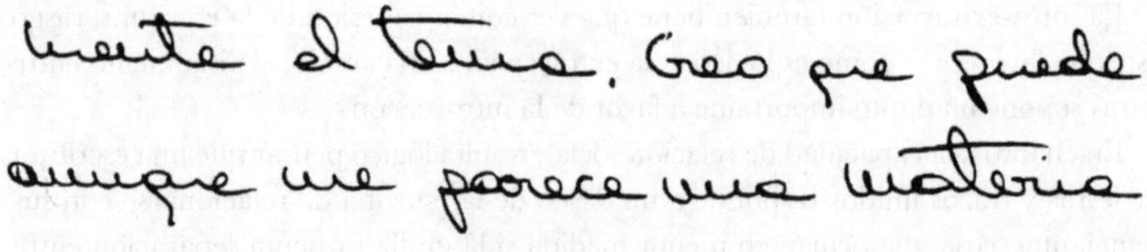

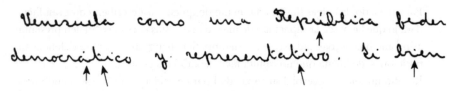

Fig. 230. *Escritura muy ligada.*
La mayoría de las letras y trazos están unidos en esta escritura; en concreto, las minúsculas presentan un porcentaje de cohesión entre ellas del 90%, el cual se supera en óvalos y mayúsculas.

• *Escritura ligada:* prevalecen de forma clara las uniones entre las letras y los componentes de la escritura objeto de cohesión: mayúsculas frente a minúsculas, óvalos respecto a palotes, pies respecto a letras siguientes, etc.

No obstante, existen con relativa frecuencia casos de yuxtaposición de rasgos (señalados con flechas), que dan sensación de estar unidos cuando en realidad han sido hechos levantando el útil del papel.

La escritura ligada supone la existencia de un sentido práctico que conduce a un tratamiento eminentemente positivo de las situaciones.

Se trata de personas que saben concatenar sus ideas con una envidiable lógica, lo que proporciona gran solidez a su argumentación. Sus procesos mentales son rápidos, existiendo una notable agilidad mental.

El rendimiento laboral es alto, ya que se preocupan por dar una continuidad a aquello que realizan, lo cual no abandonan hasta no haber conseguido los resultados que apetecen. Son por tanto tenaces y constantes, lo que les faculta para trabajos en los que la resistencia —no exenta de agilidad— sea un factor clave.

La ligazón de la escritura es un rasgo que implica —como explicábamos al principio de este capítulo— un caminar decidido desde la zona izquierda hasta la derecha del papel. Tenemos que hablar, pues, de capacidad de iniciativa no solo a nivel laboral sino también personal, existiendo facilidad para establecer vínculos sociales.

Es, por tanto, un rasgo de extraversión y de sociabilidad y —en otro orden de cosas— de altruismo y tendencia a sobrepasar los niveles de gasto preestablecidos.

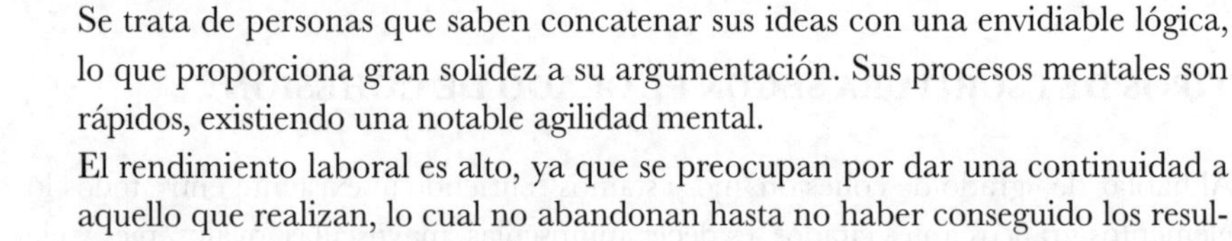

Fig. 231. *Escritura ligada.*
Gran parte de las minúsculas (alrededor de un 70%), los óvalos y los pies aparecen ligados en esta muestra de escritura. Las mayúsculas también muestran tendencia a hacerlo, pues la «R» lo está de hecho y la separación de la «V» no se considera.

- *Escritura agrupada:* esta denominación tiene que ver con el hecho de que las letras minúsculas formen grupos de dos o tres unidas entre sí. Respecto a los restantes elementos en relación con la cohesión, en este tipo de escritura suelen estar unidos o desunidos en porcentajes próximos al 50%, como al principio explicamos. La escritura agrupada indica la existencia en el sujeto de una capacidad mixta para captar el ambiente, bien sea mediante razonamientos de carácter lógico, bien basándose en consideraciones meramente intuitivas.

  Este tipo de grafismo demuestra una interesante adaptabilidad, potenciada aún más por el equilibrio entre la vida interior y lo que sucede alrededor de la persona, es decir, entre los factores de intro y de extraversión.

  Su ritmo de trabajo es alternante, con períodos de actividad a los que inevitablemente suceden otros de reflexión o pasividad. No obstante, por lo que hace referencia a este rasgo, su rendimiento suele ser más que aceptable, aunque para asegurarlo es necesario analizar otros parámetros de la escritura como pueden ser la presión, la velocidad, la ejecución, etc.

  En general, la escritura agrupada denota una buena capacidad de adaptación, así como un equilibrio entre las diferentes tendencias y potencialidades que se relacionan con la cohesión.

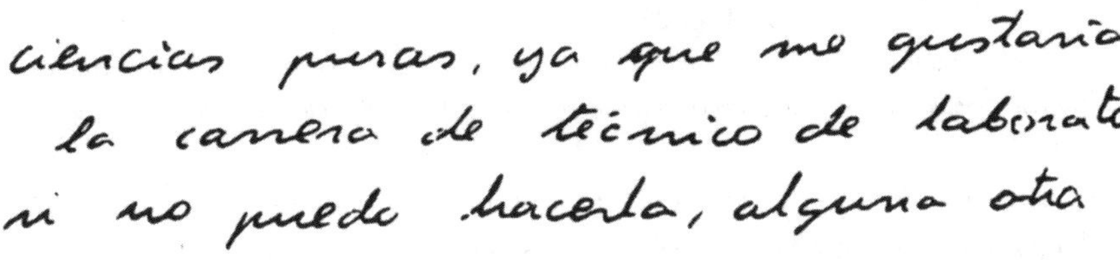

Fig. 232. *Escritura agrupada.*
Pueden apreciarse las agrupaciones de letras, normalmente de dos o tres, aunque las hay hasta de cuatro y algunas aisladas; pero está claro que el predominio es la agrupación.

- *Escritura desligada:* cuando la tendencia entre letras y rasgos es hacia la separación de los mismos, aunque existan algunas uniones, estamos ante una escritura desligada. Las personas que escriben con letra desligada manifiestan ciertas dificultades para mantener la continuidad, tanto en el pensamiento como en la acción.

  En lo que a cuestiones intelectuales se refiere, tienen una gran facilidad para establecer procesos intuitivos, lo que les favorece a la hora de descubrir nuevas posibilidades de manera espontánea.

  Necesitan reflexionar y tienden a hacerlo de forma recurrente, lo cual enlentece su agilidad y disminuye su posible dinamismo.

  Su ritmo de trabajo adolece de constancia: son personas que en un momento dado pueden sacar adelante una gran cantidad de trabajo, pero después necesitan tomarse períodos de reposo que intercalan entre los de actividad.

El hecho de escribir de forma desligada pone de manifiesto las tendencias ego-céntricas, favoreciendo la introversión y la independencia del grupo. En efecto, se tiende al aislamiento, a encerrarse en un mundo que se considera como propio y del que, en ocasiones, no resulta fácil salir.

Son personas con dificultades de fondo para realizar contactos sociales, lo cual no quiere decir que no consigan superarlas y llevar a cabo una vida social nor-malizada.

En el gasto, la prudencia suele presidir sus actuaciones, de manera que los presu-puestos tienden más bien a controlarse. Algo semejante sucede en el plano de la agresividad, estando este rasgo de acuerdo con una vivenciación secundaria de la misma.

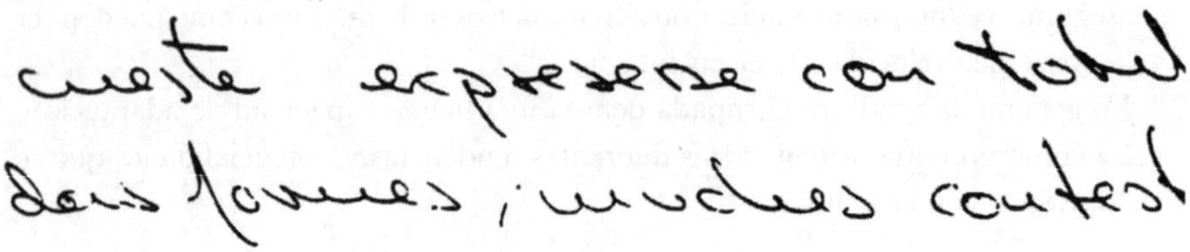

Fig. 233. *Escritura desligada.*

Salvo algunas uniones que llegan a producir agrupamientos, la mayoría de las letras de esta escritura aparecen como desunidas, siendo bajo el porcentaje de uniones entre minúsculas: alrededor del 30%.

* *Escritura muy desligada:* nos encontramos en este caso cuando la mayoría de los elementos considerados en la cohesión se encuentran desunidos.

En este tipo de escritura se hacen extremas las consideraciones del punto anterior. Efectivamente, la intuición alcanza sus valores máximos, a la vez que la tendencia a la reflexión comienza a ser excesiva, con posibilidad de bloqueos más o menos agudizados.

La constancia brilla por su ausencia, ya que existen grandes dificultades para mantener la continuidad en todo aquello que se emprende. Se tiende a trabajar «a saltos», de manera que a estas personas les resulta complicado darle un ritmo homogéneo a sus actividades.

La tendencia reflexiva antes comentada hace que tanto la capacidad de iniciativa como la de decisión se vean sensiblemente disminuidas.

Son personas con un fuerte grado de introversión (a menos que existan otros rasgos que indiquen lo contrario), a las que resulta en principio complicado desenvolverse en sociedad, ya que tienden al aislamiento personal.

El autocontrol es otra característica asociada a este tipo de escritura, lo que se hace extensivo a una serie de facetas como puede ser la relacionada con los gas-tos, tanto de carácter económico como energético, así como a la agresividad, que alcanza en este tipo de escrituras su secundariedad máxima en lo que al rasgo «cohesión» se refiere.

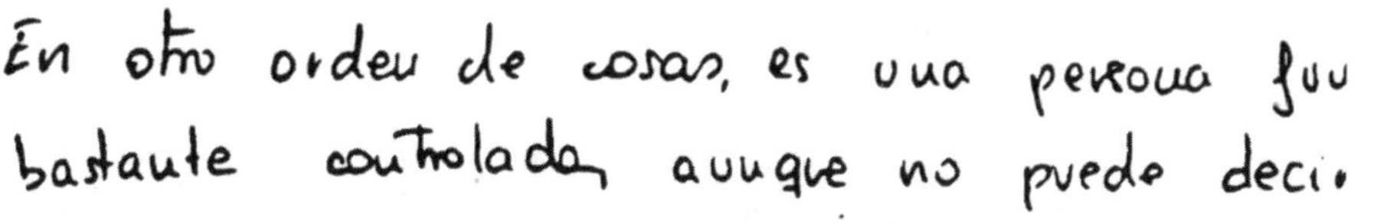

En otro orden de cosas, es una persona juu bastante controlada, aunque no puedo decí.

Fig. 234. *Escritura muy desligada.*
El porcentaje de letras minúsculas unidas en esta muestra no alcanza ni siquiera el 20%, manteniéndose esta tendencia en mayúsculas y pies.

• *Escritura reenganchada:* es este un tipo de escritura que resulta engañoso desde el punto de vista de su cohesión, pues las letras aparecen como unidas cuando en realidad existe desunión en muchas de ellas.

Lo que ocurre es que los trazos finales de unas aparecen superpuestos con los iniciales de las siguientes, dando esa impresión óptica de unión que en muchos casos resulta difícil de apreciar a simple vista.

Atención pues a las escrituras en las que la cohesión parece «a priori» una de las características dominantes, pues cabe la posibilidad de que se trate de un caso de escritura reenganchada.

En la interpretación de las escrituras reenganchadas es muy importante considerar el nivel general de la escritura. Si se trata de una escritura de nivel alto, cuyos trazos aparecen realizados con soltura, el hecho de que existan reenganches entre las letras indica una gran facilidad para situar los volúmenes en el espacio; por tanto, se puede hablar de aptitudes espaciales así como de destreza manual siempre que el nivel escritural sea alto y los reenganches entre trazos casi imperceptibles o —al menos— estéticamente plásticos.

Cabe también interpretar dificultades de contacto social, aunque haya un esfuerzo por aparentar lo contrario, lo que puede llevar a estas personas a situaciones en que las relaciones adolecen de falta de profundidad.

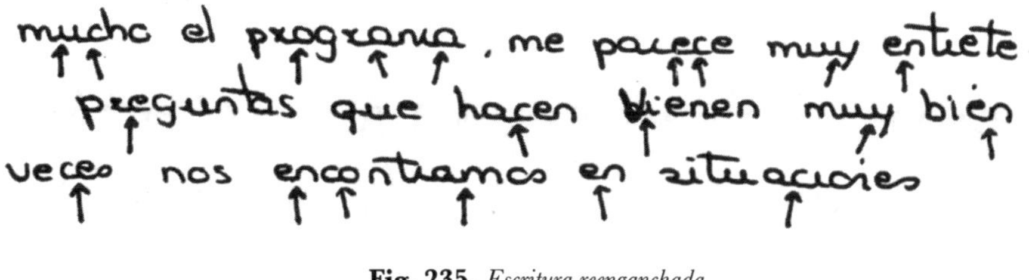

mucho el programa, me parece muy entrete-preguntas que hacen tienen muy bien veces nos encontramos en situaciones

Fig. 235. *Escritura reenganchada.*
Existen numerosos «reenganches» que han sido señalados con flechas y que dan a esta escritura una apariencia de más ligada de lo que en realidad es.

Si, por el contrario, los trazos son lentos, torpes, de bajo nivel, y la letra se reengancha de manera parecida a como la hacen los niños cuando empiezan a aprender a escribir, deduciremos que se trata de una persona no muy segura y algunas dificultades para hilvanar las ideas.

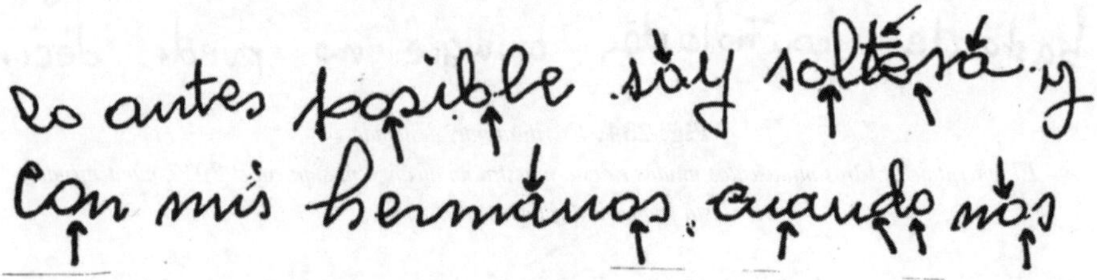

Fig. 236. *Escritura reenganchada (bajo nivel).*
Son evidentes las dificultades de realización de esta escritura en la que el autor ha intentado yuxtaponer grafismos para dar sensación de unión.

- *Escritura fraccionada:* es aquella en la que no solamente aparecen separadas las letras entre sí, sino que también lo están los trazos que las forman.

La escritura fraccionada está en consonancia con una enorme intuición, sobre todo si la escritura es de trazos rápidos. En efecto, no es extraño que las personas que así escriben tengan frecuentes corazonadas y presentimientos, como fruto de su hipersensibilidad.

También es cierto que este tipo de grafismo supone una cierta desintegración de la personalidad; no olvidemos que esta viene representada por la propia escritura y su fragmentación es indicativa de que la persona puede presentar disociaciones más o menos acusadas en su psiquismo.

Por otro lado, la fragmentación de la escritura representa una clara tendencia hacia la introversión, que puede llevar a estas personas a encerrarse en un mundo propio del cual no resulta fácil salir y que les sirve como refugio. Pueden llegar a presentar cuadros de ansiedad o alteraciones nerviosas de distinta índole.

Si los trazos son lentos, temblorosos, etc., estos problemas pueden extenderse al plano físico, por lo que resulta adecuado recomendar a estas personas que hagan una vida lo más sana posible, haciéndose además revisiones médicas periódicas.

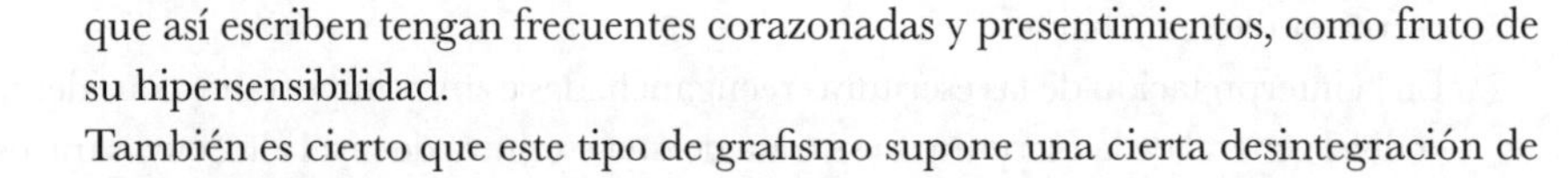

Fig. 237. *Escritura fraccionada.*
El fraccionamiento es, sin duda, la característica peculiar de esta escritura, resultando muy patente en las letras «m» y «n», aunque puede observarse en la práctica totalidad del grafismo.

LAS VARIACIONES EN LA COHESIÓN

La cohesión es un parámetro que puede mantener una uniformidad a lo largo del escrito, e incluso de los diferentes escritos, o bien presentar diferencias más o menos acusadas. Surgen así dos nuevos modos de escritura que son las denominadas respectivamente de cohesión uniforme o irregular.

- *Cohesión uniforme:* si las letras aparecen en los escritos de una persona con una determinada cohesión que —salvo pequeñas modificaciones— siempre permanece constante.

  En este tipo de cohesión nos interesa solo la constancia de la misma y no la categoría de que se trate, pudiendo existir uniformidad en la cohesión de letras tanto ligadas como desligadas, agrupadas, etc. Eso es lo que sucede, por ejemplo, en las escrituras n.º 230 y 234.

  Si la cohesión permanece constante, lo harán también los rasgos que guardan una relación directa con ella, como son la capacidad de lógica o la intuición, el ritmo laboral y vital, la iniciativa y la decisión, la intro o la extraversión, las relaciones sociales, el altruismo o egoísmo, etc.

- *Cohesión desigual:* se da este caso cuando existen variaciones sensibles en la cohesión dentro de las letras de una persona, bien sea en el mismo escrito, bien en escritos diferentes.

  Los cambios en la cohesión, aparte de suponer diferencias y variaciones más o menos notables en los rasgos considerados, nos indican además que la persona mantiene consigo mismo luchas internas, lo que le hace propenso a las vacilaciones y a las dudas en general.

  Por una parte, se tiende al aislamiento, pero por otra se busca el contacto con los demás, lo que favorece los comportamientos de tipo compulsivo, con un marcado matiz histeroide.

  La emotividad es otra de las características inherentes a este tipo de escritura, la cual proporciona también una excelente captación del entorno.

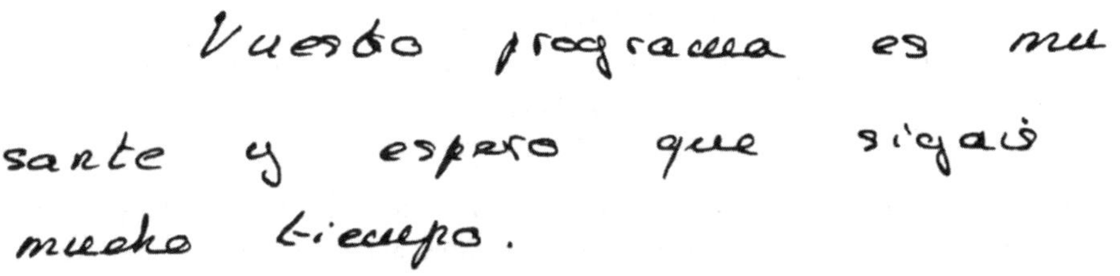

Fig. 238. *Escritura de cohesión desigual.*
Como puede apreciarse, existen sensibles variaciones en la cohesión que van desde la desunión entre las primeras letras hasta la unión que hay entre las últimas. Ello es más singular al ser estas variaciones tan cercanas en el escrito.

LA COHESIÓN DE LOS ÓVALOS

Hay ciertas letras que constan de una parte redondeada u óvalo, la cual es susceptible de unirse o no al trazo siguiente o «palote». Aunque hay algunas otras que también presentan una estructura semejante, como pueden ser la «b», la «h», la «p» o la «y», lo cierto es que cuatro de ellas responden perfectamente a este tipo de disposición; son la «a», la «d», la «g» y la «q».

El estudio de esta característica se puede sistematizar apuntando las veces en que se produce unión o separación dentro de la escritura (cómo explicábamos al principio de este capítulo), aunque, si el material gráfico no es demasiado considerable, el estudio se puede realizar de memoria, observando las letras clave y globalizando los resultados.

Hecho esto de una u otra forma, pueden presentarse tres casos fundamentales, según predomine la unión o la separación, o bien exista una mezcla de ambas.

- *Óvalos unidos al palote:* se considera que predomina la unión entre óvalos y palotes cuando la mayor parte de ellos lo está, considerando fundamentalmente las letras características «a», «d», «g» y «q».

  Teniendo en cuenta que los óvalos son una representación del «yo» del sujeto que escribe en relación con los demás, simbolizados por los palotes respectivos, el hecho de que los primeros se presenten unidos a estos es una muestra de la sociabilidad del autor, de su capacidad para relacionarse y —en definitiva— de su carácter extravertido.

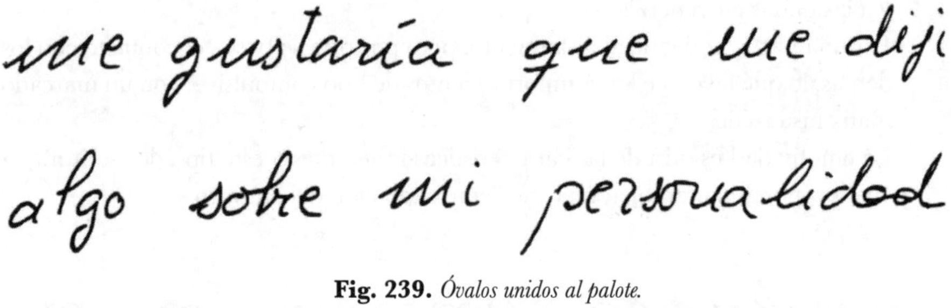

Fig. 239. *Óvalos unidos al palote.*
Resulta curioso como en esta escritura que tiende a la desunión, sin embargo los trazos aparecen unidos a los respectivos palotes.

- *Óvalos separados del palote:* estamos en este caso cuando en la mayoría de las ocasiones tiene lugar una elevación del útil de escritura al terminar de hacer el óvalo y antes de dibujar el palote.

  A veces esta separación es muy ostensible, y otras resulta más difícil de distinguir, sobre todo a simple vista, pues puede ocurrir que los trazos finales de óvalos se yuxtapongan con los iniciales de los palotes, dando la sensación de que están unidos cuando en realidad están separados.

La interpretación de esta particularidad está en consonancia con la tendencia al aislamiento, con las dificultades de relación social, tanto más agudas cuanto mayor y más ostensible sea la separación. Se trata, por tanto, de un rasgo de introversión También hay que tener en cuenta la distancia desde el centro del óvalo al palote, que puede ser más o menos considerable tanto en el caso de que los óvalos se encuentren unidos como separados, siendo un factor que acrecienta o disminuye la intensidad de las diferentes interpretaciones.

El tercer caso se presenta cuando suceden de forma alternativa ambas circunstancias.

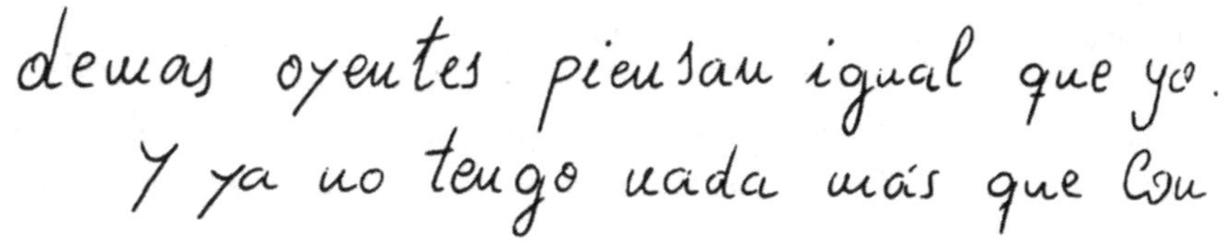

Fig. 240. *Óvalos separados del palote.*
En esta escritura, todos los óvalos (de las «aes», «des», «ges» y «ques») están separados del palote siguiente, aunque en algunos casos no parezca así por estar yuxtapuestos.

- *Óvalos indistintamente unidos o separados del palote:* aproximadamente la mitad de los óvalos se unen, mientras que los restantes aparecen separados de los palotes correspondientes.

El hecho de que unas veces los óvalos aparezcan unidos y otras separados, incluso en letras muy próximas, se interpreta como una ambivalencia con respecto a las posibilidades de relación del autor del escrito con las personas que le rodean.

En efecto, existen dudas y vacilaciones cuando las personas que presentan este rasgo en su escritura realizan sus contactos, mostrándose unas veces más predispuestos que otras a hacerlos efectivos.

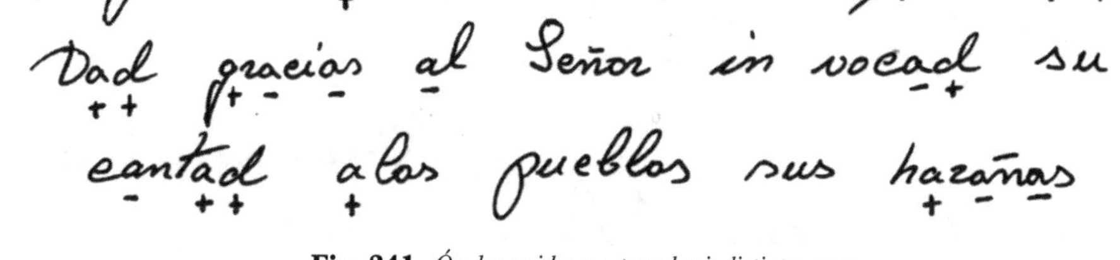

Fig. 241. *Óvalos unidos o separados indistintamente.*
Aunque no puede apreciarse con nitidez por no tratarse del original, en este ejemplo coexisten óvalos unidos y separados de los palotes; concretamente 14 de los primeros por 10 de los segundos, lo que da unos porcentajes del 58% y 42% respectivamente.

LA COHESIÓN DE LAS MAYÚSCULAS

También resulta muy interesante analizar si las mayúsculas están unidas o separadas de las minúsculas que les siguen. Al igual que en el caso anterior, el estudio se puede hacer de forma sistematizada, o bien mediante observaciones cuyo resumen se hace mentalmente.

Hay que señalar una vez más que las letras «N», «P», «T», «V» o «W», por terminar en trazos elevados, son caligráficamente complicadas de unir a las minúsculas siguientes, por lo que se considera normal su separación de las mismas y, en el caso de estar unidas, se les da un valor triple, como si de tres uniones se tratara.

Como sucede en el caso de los óvalos, se pueden dar tres circunstancias: la unión, la separación y la unión y separación alternativas.

- *Mayúsculas unidas a la letra siguiente:* si la mayoría de las letras mayúsculas que no sean la «N», «P», «T», «V» o «W» o incluso algunas de estas, se unen a las minúsculas que les siguen.

Teniendo en cuenta que las mayúsculas son una representación simbólica del yo (sobre todo la primera mayúscula de un escrito o de una firma) y que las minúsculas inmediatamente siguientes representan a los demás, es fácil deducir que la unión entre las primeras respecto a las segundas es un rasgo más de contacto entre el sujeto y las personas que lo rodean.

Se considera también a este rasgo como reforzante de la iniciativa, de la decisión, así como de la afectuosidad y el altruismo. Por otra parte, puede ser un exponente de la irreflexión y precipitación en la toma de decisiones, todo esto a expensas de la existencia o ausencia de otros rasgos que lo corroboren o no.

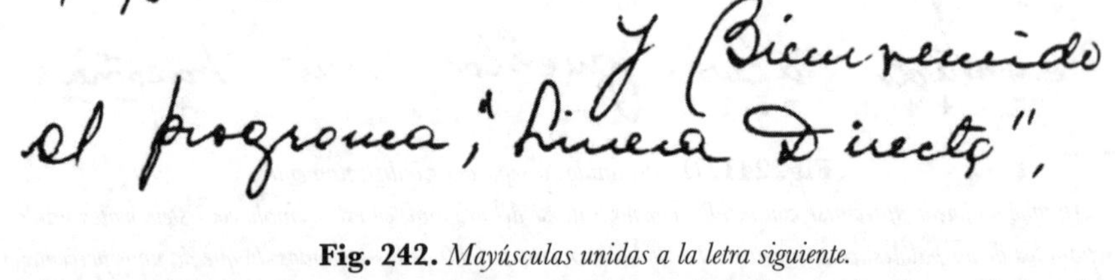

Fig. 242. *Mayúsculas unidas a la letra siguiente.*
De las seis mayúsculas que aparecen, cinco están unidas y solo la última — la «D»— está separada.

• *Mayúsculas separadas de la letra siguiente:* si, en la mayoría de las ocasiones, al terminar de hacer una mayúscula, se levanta el útil antes de hacer la minúscula siguiente. Se tienen por separadas incluso si los trazos de mayúsculas y minúsculas se yuxtaponen de forma que dan la sensación de unidas.

Una vez más hay que hacer hincapié en que la separación de las mayúsculas «N», «P», «T», «V» y «W» no se considera como tal.

Cuando las mayúsculas aparecen separadas en su mayoría de las minúsculas que les siguen, significa que la persona pone una distancia entre él y los demás, quizá como resultado de una relativa desconfianza hacia todo lo que viene desde fuera, lo que favorece el individualismo, el aislamiento y la introversión.

Es también un rasgo de reflexión antes de lanzarse a actuar, como medio de hacerlo de la forma más responsable, una vez que se han meditado los puntos a favor y en contra y se ha llegado a la conclusión de que las circunstancias son propicias.

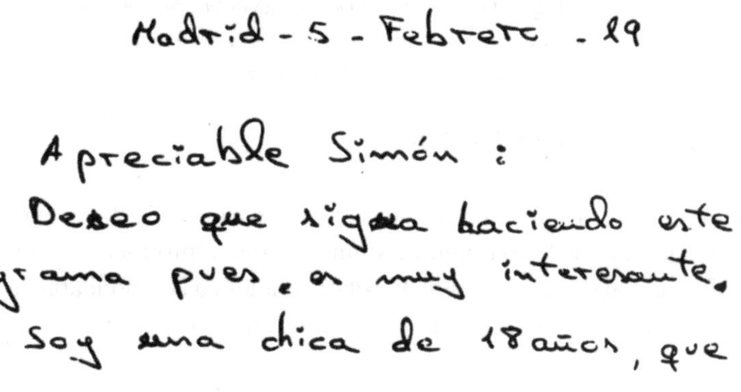

Fig. 243. *Mayúsculas separadas de la letra siguiente.*
En este caso la totalidad de las mayúsculas —entre las que no hay ninguna de las cinco citadas— aparecen claramente separadas y distanciadas de las siguientes minúsculas.

• *Mayúsculas indistintamente unidas y separadas:* sucede este caso cuando aproximadamente la mitad de las mayúsculas aparecen unidas a la letra siguiente y la otra mitad separadas.

Es muy corriente que en un escrito aparezcan mayúsculas unidas a la letra siguiente, mientras otras están separadas. Si predominan las primeras o las segundas, estaremos en alguno de los dos casos anteriores. Y si la cohesión o separación se alternan, estaremos en este caso.

La interpretación de este último caso se aproxima mucho a la dada en el tema de los óvalos, es decir, a la existencia de dudas y alternativas a la hora de relacionarse con los demás, mostrándose unas veces más favorables que otras a establecer contactos de carácter social. En ocasiones se mostrarán como reflexivos y, en otras, corren el riesgo de actuar de manera precipitada.

Rasgo, pues, en el que sobresalen la incertidumbre, la fluctuación y los titubeos en los aspectos psicológicos y comportamentales con las cuales la cohesión se relaciona.

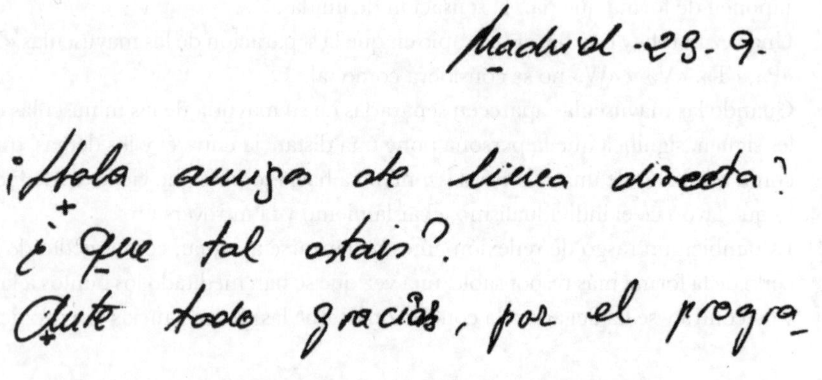

Fig. 244. *Mayúsculas unidas y separadas indistintamente.*
Aparecen cuatro mayúsculas de las que dos están unidas y dos separadas, aunque yuxtapuestas.
Unas y otras se han marcado respectivamente con los signos «+» y «-».

LA COHESIÓN DE LOS PIES

La unión o la separación de los pies con la letra siguiente están directamente implicadas con la realización de las pulsiones instintivas, tanto a nivel sensual como libidinoso, aparte los contenidos generales de la cohesión a los cuales indudablemente refuerza. Sobre esta base se pueden considerar de nuevo otros tres casos:

- *Pies unidos a la letra siguiente:* si la mayor parte de ellos se encuentran auténticamente ligados (no superpuestos) a la letra que les sigue.
  Cuando los pies aparecen en su mayoría unidos a las letras respectivamente siguientes, aparte de ser un reforzante de todos los contenidos de la cohesión (tanto

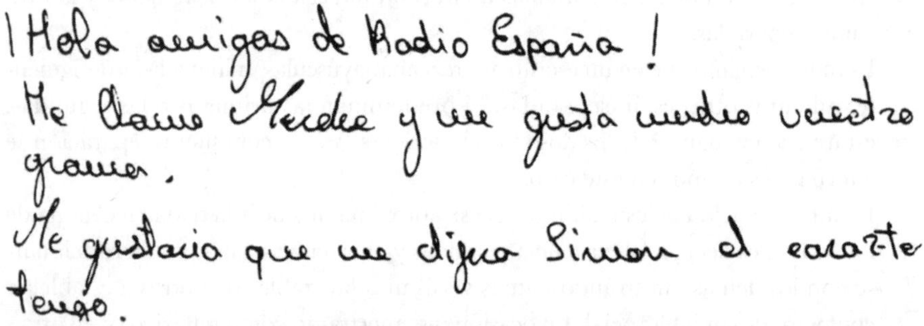

Fig. 245. *Unión de los pies con la letra siguiente.*

psicológicos como aptitudinales o de comportamiento), podemos decir que existe una buena canalización de los instintos.

• *Pies separados de la letra siguiente:* estamos en este caso cuando la casi totalidad de estos se encuentran claramente desunidos o están simplemente yuxtapuestos a las letras que les siguen.

Los pies separados son también un rasgo que sirve para consolidar los contenidos de la letra desunida y la separación de trazos en general. A su vez nos ayudan a detectar posibles dificultades por parte del sujeto para concretar de manera adecuada sus inclinaciones de naturaleza instintiva.

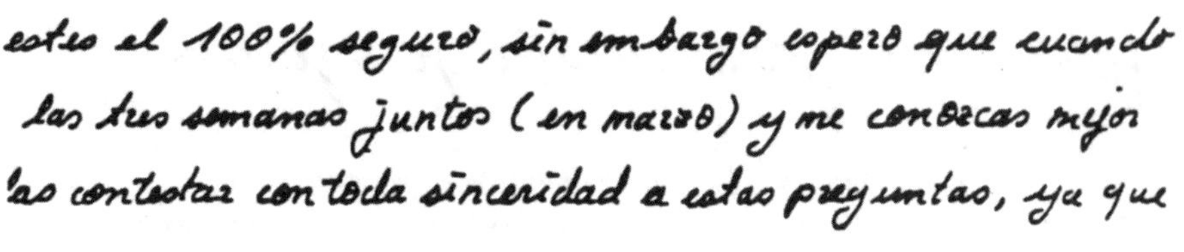

estes el 100% seguro, sin embargo espero que cuando las tres semanas juntos (en marzo) y me conoscas mejor las contestar con toda sinceridad a estas preguntas, ya que

Fig. 246. *Separación de los pies con la letra siguiente.*
En este ejemplo aparecen separados el 100% de los pies, tanto los de las «ges», como los de la «y» o la «j».

• *Pies indistintamente unidos y separados:* para que se considere este caso concreto es necesario que exista un reparto más o menos igualitario entre pies que aparezcan unidos y pies que estén separados o simplemente yuxtapuestos a la letra siguiente.

La alternancia en la separación de los pies con las letras que les siguen refuerza —por una parte— las interpretaciones dadas en el apartado dedicado a la cohesión desigual, pero, por otra, tiene una significación muy concreta.

Se trata de que estas personas presentan una actitud variable a la hora de resolver sus pulsiones instintivas, mostrándose a veces más predispuestas que otras a concretar la realización de este tipo de impulsos.

Existe la posibilidad de que exista una progresión de las uniones y separaciones, tanto en un sentido como en el contrario, pudiendo darse diferentes casos.

Cuando los pies se presentan progresivamente unidos a la letra siguiente a lo largo del escrito, es decir, que las uniones son más frecuentes a medida que este avanza, cabe la interpretación de que el sujeto ha ido superando etapas en que su realización instintiva era menos satisfactoria.

Esta explicación cobra todo su sentido si este hecho gráfico tiene lugar en todos y cada uno de los escritos de la persona, es decir, se trata de un rasgo habitual y no atribuible al mero azar.

Si los pies están progresivamente separados de la letra siguiente, se trata de un caso antagónico al anterior, aunque para ser considerado como tal también se debe observar que este fenómeno gráfico aparezca de forma usual en los diferentes escritos.

La interpretación es opuesta a la precedente, es decir, que la persona habría pasado de una etapa de favorable disposición hacia la realización instintiva a otra en que existen más inconvenientes en este terreno.

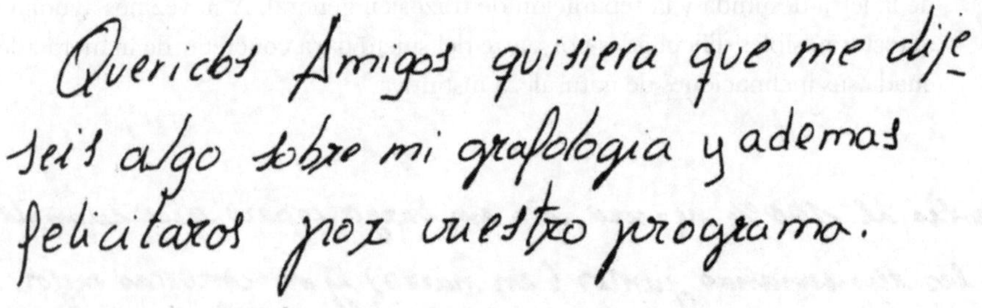

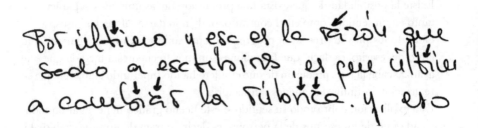

Fig. 247. *Pies unidos y separados de forma indistinta.*
En este caso el 50% de los pies (correspondientes a tres «ges») están ligados a la letra siguiente, mientras el otro 50% (dos «ges» y una «jota») aparecen separados.

PARTICULARIDADES

Tratamos a continuación un par de casos particulares cuyo estudio e interpretación resultan de un marcado interés, al ser rasgos de los denominados fundamentales a la hora de llevar a cabo un análisis completo de la escritura. Son, por una parte, las llamadas «uniones peculiares altas» y, por otra, los «lapsos de cohesión».

• *Uniones peculiares altas:* son trazos que unen letras de forma poco usual en la zona superior de la escritura. Las más frecuentes son las de los puntos de las «íes» y las barras de las «tes» con las letras siguientes, pero pueden existir otras muchas, algunas realmente singulares.

Fig. 248. *Escritura con uniones peculiares altas.*
Se puede apreciar la tendencia de la persona que ha realizado esta muestra a establecer este tipo de uniones entre letras, como son las que se han señalado mediante las correspondientes flechas.

La existencia de uniones peculiares altas en una escritura supone la predisposición de su autor hacia las asociaciones lógicas de alto nivel intelectual, siendo un síntoma inequívoco de su capacidad de abstracción, así como de una magnífica imaginación. Se relaciona también con la fluidez del pensamiento, de manera que este tipo de rasgos aparecen en la escritura de las personas con una excelente capacidad intelectual.

- *Lapsos de cohesión:* tienen lugar cuando hay letras que quedan aisladas dentro de las palabras debido a un exceso de separación entre ellas y las que les anteceden y siguen respectivamente.

Son más frecuentes, como es lógico, en letras agrupadas con tendencia al desligamiento y en desligadas propiamente dichas.

Una escritura se dice que presenta lapsos de cohesión cuando estos aparecen de forma más o menos frecuente y no obedecen a simples eventualidades.

Estos lapsos de cohesión nos están indicando la tendencia a los bloqueos mentales, lo que tiene un sentido lógico si pensamos que responden a movimientos de carácter inhibitorio en la función escritural. Es decir, el sujeto duda al escribir, levanta el útil, escribe una letra —que queda aislada entre las otras de la palabra— y luego continúa escribiendo.

Todo eso supone una interrupción cuya primera interpretación es la de bloqueos en las funciones intelectuales ya señalada, pero que admite algunas otras que a continuación exponemos.

A nivel aptitudinal, la existencia de lapsos de cohesión está de acuerdo con la de intervalos en los que el sujeto «se desconecta» de aquello que le rodea, estableciendo así unos períodos de reposo o reflexión que necesita intercalar en su actividad.

Es, efectivamente, un rasgo que favorece la existencia de procesos reflexivos, así como de una cierta indecisión de fondo que puede impedir una toma de posturas inmediata, tendiéndose a los aplazamientos en la toma de determinaciones.

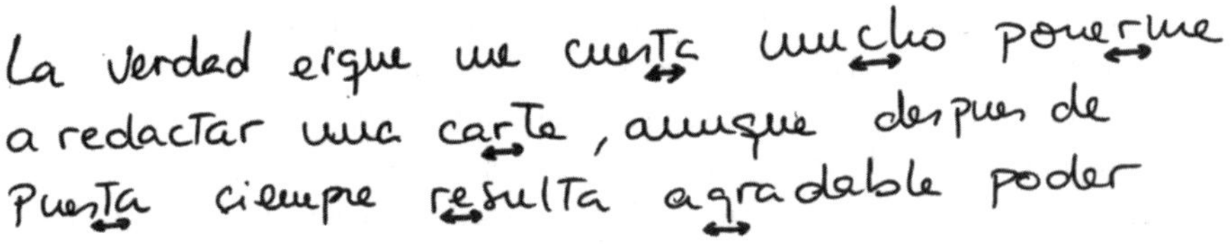

La verdad es que me cuesta mucho porque a redactar una carta, aunque después de puesta siempre resulta agradable poder

Fig. 249. *Escritura con lapsos de cohesión.*
Las letras que quedan aisladas de las circundantes se han señalado con una doble flecha en la base de las mismas.

PROGRESIÓN Y REGRESIÓN EN LA ESCRITURA

Al escribir, los occidentales seguimos la dirección horizontal y el sentido de izquierda a derecha. Desde un punto de vista puramente geométrico, se consideran rasgos progresivos los que van en este sentido y regresivos los que lo hacen en sentido contrario, es decir, de derecha a izquierda.

No obstante, desde un prisma grafológico, se definen rasgos regresivos como aquellos que suponen un cambio innecesario en el sentido natural de la escritura, sin ninguna justificación caligráfica.

Según esto, no todos los rasgos de las letras que van de derecha a izquierda son regresivos, sino solo aquellos que no sean necesarios para la construcción del grafismo.

Según existan o no este tipo de rasgos, las escrituras se dividen en dos grandes grupos: progresivas y regresivas.

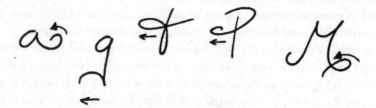

Fig. 250. *Ejemplos de rasgos regresivos.*
Hemos señalado en esta serie de letras aquellos rasgos que se dirigen de manera innecesaria desde la zona derecha a la izquierda del papel.

• *Escritura progresiva:* una escritura se llama progresiva cuando no existen en ella rasgos regresivos frecuentes ni considerables.

La escritura progresiva supone un discurrir «sin mirar atrás» desde la zona izquierda a la derecha del papel, siendo así que la primera representa el pasado, la familia, la tradición, etc. y la derecha el futuro, la sociedad, lo novedoso, etc.

Cuando el grafismo es progresivo, la persona avanza con soltura a través de su propia evolución, integrándose sin dificultades en aquellos ambientes en los que las circunstancias le hagan desenvolverse.

Se trata, pues, de un rasgo de capacidad de adaptación, así como de sociabilidad, iniciativa, espontaneidad y extraversión.

Intelectualmente está de acuerdo con la agilidad mental, que suele complementarse con una buena verbalidad. La actividad y el dinamismo también son características ligadas a este tipo de escrituras, las cuales se relacionan con un rendimiento alto, acorde con dichas cualidades.

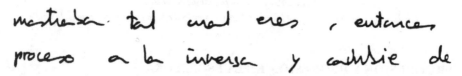

Fig. 251. *Escritura progresiva.*
A pesar de algunas detenciones motivadas por modificación de rasgos, esta escritura no presenta rasgos regresivos, caminando de forma más o menos fluida de izquierda a derecha.

- *Escritura regresiva:* es aquella en que abundan los rasgos innecesarios de derecha a izquierda.

Este tipo de escritura implica cierta prevención en la forma de evolucionar de estas personas. Es notoria la tendencia al pasado, el gusto por los usos tradicionales y el apego a la familia de origen.

Es como si al escribir se fuesen poniendo impedimentos, pretextos para no avanzar, de manera que vuelven la vista atrás más de lo usual y les cuesta desprenderse de experiencias y costumbres tan habituales como necesarias para su propio equilibrio.

Las tendencias reflexivas pueden entorpecer los procesos mentales, los cuales corren el riesgo de verse sometidos a planteamientos de carácter obsesivo.

Su propia dinámica de acción se ve enlentecida por la inclinación a repasar las cosas, como si existiese el temor de que las realizaciones no fuesen aceptadas por los demás.

Es, pues, un rasgo de egocentrismo, de retracción, de prevención ante los otros y, en definitiva, de introversión.

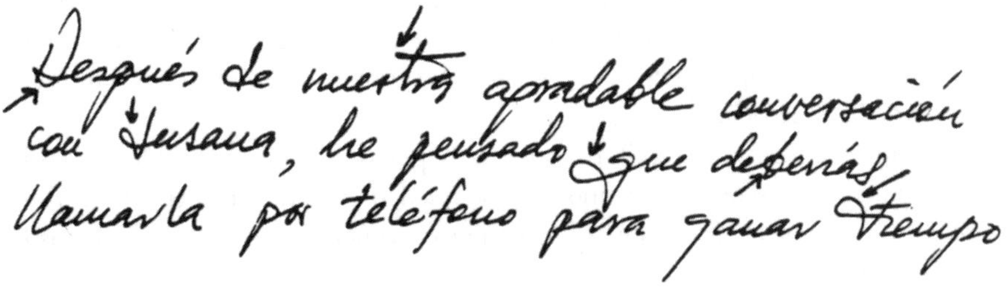

Fig. 252. *Escritura regresiva.*
Tanto en mayúsculas como en crestas y pies, se pueden apreciar con claridad los frecuentes rasgos regresivos presentes en esta muestra.

Capítulo XVIII

LOS GESTOS TIPO

Se llaman *gestos escriturales tipo* o, de forma resumida, *gestos tipo*, a aquellos movimientos característicos de la escritura que suponen una impronta peculiar del autor.

Igual que al expresarnos mediante otros sistemas —oral, gestual, etc.— realizamos una serie de acciones personales que nos distinguen de los demás, también al escribir tiene lugar este fenómeno, pero con una diferencia sustancial: los gestos que hacemos al escribir quedan impresos en el papel y son susceptibles ser interpretados mediante las leyes de la grafología.

Y, aunque la forma de escribir es algo muy personal e intransferible, es posible seleccionar una serie de «gestos tipo» que se pueden encontrar en las escrituras que realizamos, aunque cada uno de nosotros aporte —queramos o no— sus propias peculiaridades.

Se conocen, en efecto, una serie de gestos escriturales tipo que se repiten de manera más o menos frecuente en las diferentes escrituras. Al estudiar cada uno de ellos por separado, se aclararán notablemente estas ideas, por lo que pasamos sin más preámbulo a este estudio, que comenzamos con aquellos gestos tipo que resaltan de forma más notoria en las escrituras que los contienen. Los hemos clasificado en dos grandes grupos, según predomine en ellos el ángulo o la curva.

GESTOS TIPO ANGULOSOS

Son aquellos cuyos trazos se relacionan directamente con el ángulo, por lo que su significación psicológica está en consonancia con los contenidos asociados a este elemento gráfico. De este tipo se pueden considerar los siguientes:

- *Golpe de sable:* se llama así a un movimiento brusco que se produce al dirigirse el útil de escritura hacia atrás para, de forma súbita, proyectarse decididamente hacia adelante. Suele aparecer en las barras de las «t» o bien en la zona inferior de la escritura, aunque puede darse en otras zonas de esta.

Los golpes de sable son gestos que denotan agresividad, la cual, bien canalizada, puede traducirse en dinamismo, actividad o facilidad para repeler los ataques de forma asertiva.

Cuando esta agresividad no se encauza tan adecuadamente, puede traducirse en irritabilidad, intransigencia, fogosidad, excitabilidad o incluso violencia.

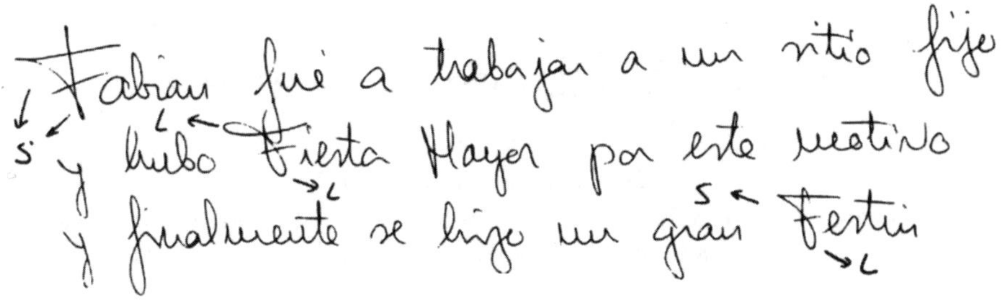

Fig. 253. *Golpes de sable y de látigo.*
Con la letra «S» se señalan los golpes de sable (angulosos) y con la «L» los de látigo (curvos). Estos últimos se ven en el siguiente grupo, aunque —como sucede en este ejemplo— con frecuencia aparecen asociados.

- *Ganchos:* son pequeños rasgos que adoptan la forma que su propia denominación indica. Suelen aparecer al final de letra o palabra, y especialmente en las barras de las «tes», aunque pueden encontrarse en cualquier otra zona de la escritura.

  Cuando en una escritura aparecen ganchos con profusión, se puede diagnosticar un deseo por parte del autor de buscar seguridad, de aferrarse, ya sea a las cosas —si los ganchos se sitúan en la parte más inferior—, ya a las ideas, si se encuentran fundamentalmente en la zona superior. Es también un rasgo de firmeza, de constancia y hasta de obstinación.

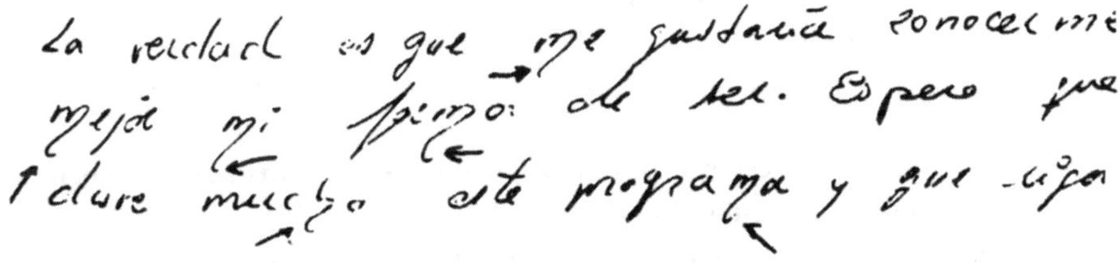

Fig. 254. *Ejemplo de ganchos en la zona inferior de la escritura, concretamente en finales singularmente caídos, a modo de «anzuelos».*

- *Arpones:* si los ganchos son de un tamaño considerable, se convierten en «arpones», como los que se muestran en este ejemplo:
La interpretación de los arpones es semejante a la de los ganchos, si bien el arpón denota más decisión y energía.

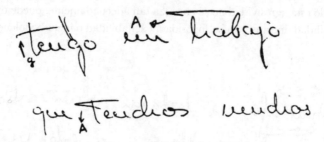

Fig. 255. *Arpones en la escritura.*
En la barra de la primera «t» aparece un pequeño gancho, casi imperceptible, señalado con la letra «g»; en las otras dos existen ya auténticos «arpones».

- *Triángulos:* se llaman *triángulos* a los gestos que presentan esta forma geométrica y que aparecen en determinadas zonas de la escritura, como pueden ser las barras de las «t», los pies, o incluso la zona media.
La presencia de triángulos en la escritura es un síntoma de los deseos de imposición de los criterios propios hacia los demás. Expresa también el carácter dogmático del autor, como consecuencia de la rigidez de fondo que caracteriza su personalidad.

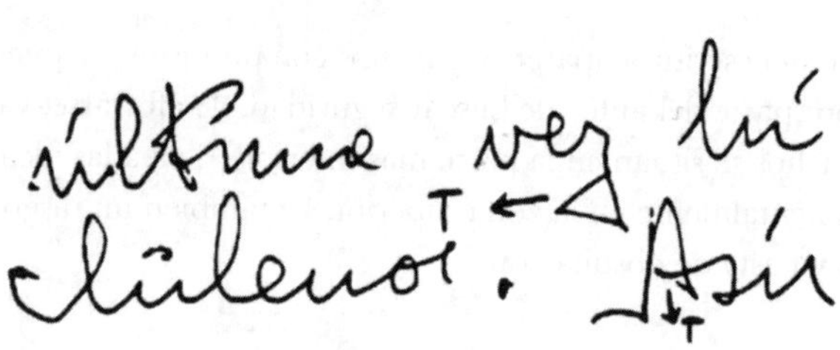

Fig. 256. *Triángulos en la escritura.*
En la «z» de la palabra «vez» existe un perfecto triángulo de tamaño considerable; en la «A» del siguiente renglón hay otro más pequeño con caracteres de golpe de sable, dada su proyección a la derecha.

- *Puntas:* se dice que una escritura presenta puntas cuando aparecen con frecuencia rasgos en forma de ángulos agudos.
La aparición de puntas en la escritura es un síntoma claro de agresividad, tanto sea hacia la propia persona que escribe (puntas a la izquierda) como hacia los demás (puntas a la derecha).

Esta segunda interpretación se da también cuando las puntas se dirigen hacia abajo, lo que se considera un síntoma de agresividad secundaria que puede ser fuente de odio, rencores, etc.

Si las puntas se dirigen hacia arriba en la zona derecha, el diagnóstico será de una actitud rebelde ante la autoridad, tanto más cuanto más presionadas y proyectadas sean.

Hay algunos tipos de puntas muy específicos, cuyas interpretaciones son semejantes a las asignadas a las puntas hacia abajo, pues de ese rasgo se trata, si bien en letras muy determinadas. Son los dos casos que aparecen a continuación.

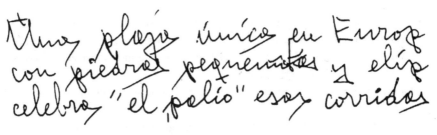

Fig. 257. *Escritura con puntas.*
Las puntas aparecen fundamentalmente dirigidas hacia la derecha en esta escritura, decididamente angulosa. Nótese también la presencia de triángulos, como el de la «y». Además, los finales son descendentes, proyectados y puntiagudos, presentándose asimismo frecuentes y bruscos cambios de dirección. (Todo ello se explicará a lo largo de este capítulo.)

- *Dientes de jabalí:* son puntas hacia abajo que aparecen al final de las letras «m», «n» o «h», aunque también pueden hacerlo en otras.

  La interpretación se corresponde con la dada para las puntas hacia abajo, pues de eso se trata al fin y al cabo; si acaso, destacar los matices de agresividad secundaria, que puede cristalizar en comportamientos en los que el rencor juega un importante papel de fondo.

- *Rasgos del escorpión:* cuando las puntas hacia abajo se encuentran en los pies de letras como la «f», la «g», «j», «p», «y», etc.

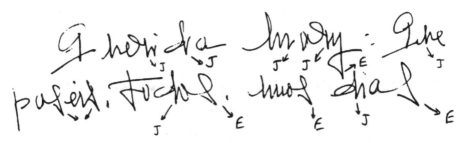

Fig. 258. *Rasgos del escorpión y dientes de jabalí.*
Como puede apreciarse, estos rasgos —que frecuentemente se dan unidos en la misma escritura— pueden darse en otras letras que no sean las citadas.

Este tipo de rasgos significan un aumento en la intensidad de los contenidos relacionados con los anteriores, al ser puntas de mayor agudeza y profundidad.

GESTOS TIPO CURVOS

Como expresa su denominación, son gestos que tienen la curva como elemento básico, de manera que su significado se relaciona directamente con los contenidos que a esta se le atribuyen. Distinguimos los siguientes:

- *Golpes de látigo:* es como una especie de lazo regresivo que se proyecta de forma más o menos decidida hacia adelante. Resulta ser semejante al «golpe de sable», solo que curvo en lugar de anguloso. Al igual que este suele darse en las barras de las «t», los pies de la escritura, etc.
  Como ejemplo vale la escritura n.º 254, en la que se entremezclan con los de «sable».
  Al igual que estos, también los golpes de látigo demuestran la agresividad del autor, si bien esta puede estar canalizada de forma más suave y diplomática (no olvidemos que se trata de un gesto curvo y no anguloso).
  A pesar de ello, y sobre todo por el hecho de tratarse de una proyección tras un rasgo regresivo (como si se quisieran coger fuerzas antes de «lanzarse»), también hay que considerar en este caso la faceta de «explosiones de genio», típicas de una agresividad de tipo primario.
  Este rasgo tiene también connotaciones creativas, poniendo de manifiesto un espíritu de lucha encomiable y una gran independencia de ideas y de criterios. Es igualmente un rasgo de tendencia a la imposición de facetas más o menos autoritarias.
- *Bucles:* cuando aparecen bucles con profusión en la escritura, esta se denomina «buclada», como vimos en el capítulo XII, «La forma de la escritura».
  Los bucles en la escritura son un rasgo que demuestra intuición, junto a una indudable facilidad de expresión verbal, lo que confiere a las personas que así escriben una gran capacidad de convicción. La imaginación, la sensualidad y el narcisismo son también facetas relacionadas con este tipo de rasgos, como ya explicamos en el citado capítulo.

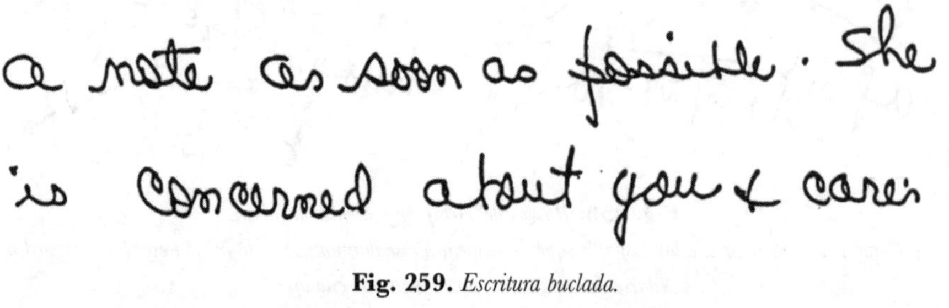

Fig. 259. *Escritura buclada.*

- *Lazos:* si los bucles se enlazan uno con otro, aparecen los lazos, los cuales constituyen otro gesto tipo característico. Son muy típicos en los pies de la escritura, aunque pueden aparecer en otras zonas de esta.

El significado de los lazos es semejante al de los bucles en cuanto a la intuición, verbalidad, imaginación, etc.

Hay otras connotaciones, como son la habilidad manual, la diplomacia y, sobre todo, la capacidad de seducción. Esta última se explica al ser el lazo una línea curva que da vueltas sobre sí, en un claro trazo egocéntrico que simboliza la facilidad del autor para llevar las cosas a su propio terreno, envolviendo con sus «zalamerías» a las personas con las que se relacione.

Fig. 260. *Lazos en la escritura.*
Complejos lazos en la zona inferior y superior de estas firmas realizadas una a continuación de otra por la misma persona.

- *Nudos:* se llaman *nudos* a aquellos movimientos curvos semejantes a lazos que se caracterizan por volver al punto de partida. Son relativamente frecuentes en los óvalos o partes redondeadas de letras tales como la «a», la «d», la «o», etc.

Los nudos suponen, en primer lugar, un movimiento regresivo, de vuelta al pasado, de reticencias ante todo aquello que pueda suponer cambio. También es un rasgo narcisista, pues se trata de un movimiento curvo de giro sobre sí mismo.

Al ser cerrado, el nudo determina el carácter reservado y diplomático, lo que puede extrapolarse hasta dar lugar a comportamientos desconfiados, en los que la ocultación juegue un papel fundamental.

me gustaría saber mi sicología pues caubió mucho la letra

Fig. 261. *Ejemplos de nudos.*
Aparecen en las «oes» y han sido marcados con sendas flechas.

- *Espirales:* las *espirales* son movimientos curvos de giro sobre sí mismos, que pueden aparecer en diferentes zonas de la escritura con mayor o menor profusión e intensidad. A veces no son espirales completas, sino que solamente está iniciado el movimiento.

La espiral es un rasgo gráfico fundamentalmente egocéntrico y narcisista, ya que se trata de un óvalo —representación simbólica del «yo»— que se cierra sobre sí mismo, dando a entender con claridad cuáles son las intenciones del autor en función de lo que le rodea.

A estos significados hay que añadir la posibilidad de que existan deseos de acaparación más o menos intensos en función de otras características de la escritura, fundamentalmente su claridad. Esta interpretación se refuerza si las espirales aparecen en la zona inferior de la escritura. Señalar también los componentes de vanidad, coquetería, deseos de destacar, etc.

Cuanto más ampulosas y destacadas sean las espirales, más claras serán también las intenciones de los autores respecto a este tipo de planteamientos, y cuanto más pequeñas y difíciles de identificar, más disimuladas serán las mismas.

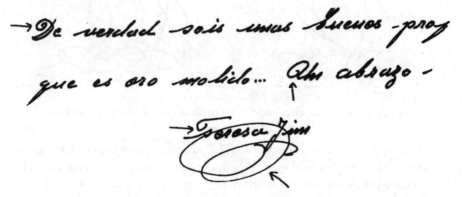

Fig. 262. *Espirales en la escritura.*
Los movimientos en espiral de las mayúsculas se corroboran con creces con la enorme espiral que dar lugar a la rúbrica.

• *Garras de gato:* se llaman así por su parecido con las de este felino y son aquellos trazos que presentan una curva en arco que sobrepasa la línea del renglón.

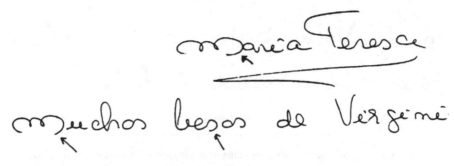

Fig. 263. *Escritura con garras de gato: las dos «M» presentan con claridad este rasgo. Obsérvese también el brusco rasgo de dirección que supone la punta a la izquierda de la rúbrica.*

Este signo gráfico presupone unos deseos de acaparación material que serán tanto más exacerbados cuanto mayores sean las proporciones del rasgo. Es como si el autor quisiera «arañar» en los aspectos materiales, de ahí la denominación tan peculiar de este gesto.

- *Torsiones:* las *torsiones* son curvaturas más o menos pronunciadas que aparecen en trazos que, por su caligrafía, deberían ser rectos. Aparecen fundamentalmente en los palotes de las letras y, en general, en todos los trazos verticales de las mismas.

Según se produzca la torsión en uno u otro sentido, se llaman abiertas o cerradas a derecha o izquierda, considerándose las cerradas a la derecha como demostrativas de unos mayores deseos de protección del autor frente a los demás, al representar simbólicamente una especie de escudo.

En general, la presencia de torsiones en la escritura hay que asociarla a un estado de ansiedad más o menos importante, relacionado a su vez con sentimientos de culpabilidad, angustia y sufrimientos interiores.

Expresan asimismo el predominio del sentimiento sobre la razón, siendo sintomáticas de una fuerte emotividad.

Señalar, por último, la posibilidad de que este tipo de rasgos tenga que ver con una problemática de carácter físico, bien por fatiga o bien por enfermedad, por lo que resulta conveniente recomendar un chequeo médico a las personas en cuyas escrituras se detecten torsiones con frecuencia e intensidad considerables.

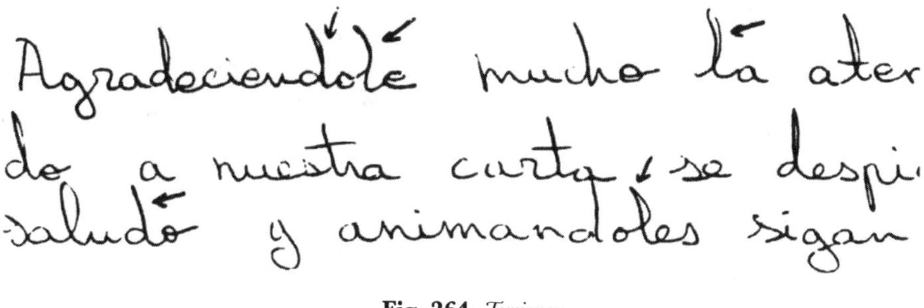

Fig. 264. *Torsiones.*
En este caso son cerradas a la derecha y se muestran en la mayoría de las «b».

- *Inflados:* se llaman *inflados* a aquellos rasgos que presentan un marcado hinchamiento, siendo susceptibles de aparecer en no importa que zona de la escritura.

Estos inflados de la escritura se relacionan directamente con una exacerbación de la imaginación que puede dar lugar a salidas de la realidad de mayor o menor entidad.

Son asimismo manifestaciones de un talante optimista, no exento de matices vanidosos.

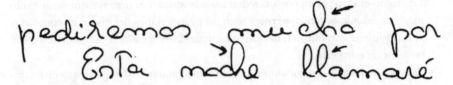

Fig. 265. *Escritura con rasgos inflados.*
Son las crestas las que, en este caso, aparecen algo infladas en relación a lo que sería considerado como caligráfico.

- *Serpentinas:* se denomina así a los movimientos de tipo ondulado que aparecen en trazos que deberían ser rectos o ligeramente curvados.

  La serpentina es un movimiento gráfico que expresa capacidad de adaptación no exenta de simpatía y cordialidad. Por otra parte, es un signo de tendencia a «salir por la tangente», como forma de eludir las responsabilidades. Sobre todo en escrituras de poca tensión es síntoma de debilidad del «yo».

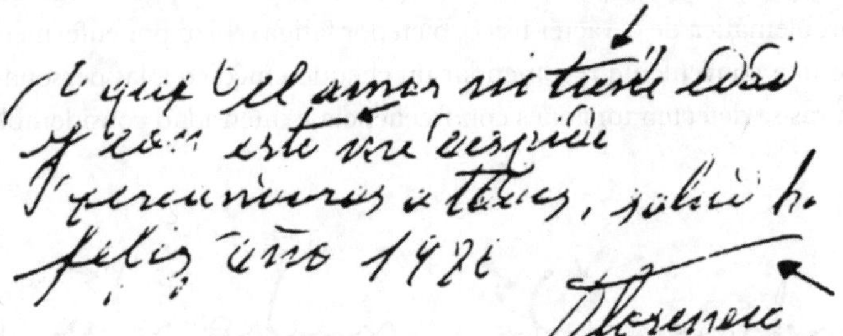

Fig. 266. *Movimientos «en serpentina».*
En las barras de las «b», así como en la «F» de la firma, aparecen este tipo de sinuosidades que constituyen los movimientos en serpentina.

OTROS GESTOS TIPO

Aparte de los anteriores, existen otra serie de «gestos tipo» con indudable valor grafológico, al margen de los ya comentados. Son los siguientes:

- *Puntos negros iniciales:* aparecen al comienzo de letras, fundamentalmente mayúsculas, como resultado de un ligero movimiento circular que se realiza con el útil sobre el papel antes de empezar a hacer el elemento gráfico de que se trate.

  Este tipo de puntos negros son más evidentes cuando del útil fluye la tinta con más facilidad, como es el caso de plumas estilográficas, rotuladores, etc.

La presencia de puntos negros al comienzo de los trazos está en directa relación con la capacidad para organizar, ya que se hace este movimiento preparatorio antes de proceder a escribir la letra o guarismo de que se trate.

Desde un punto de vista intelectivo, se relacionan estos puntos con la existencia de frecuentes procesos reflexivos. Los bloqueos en el pensamiento y las tendencias obsesivas pueden darse asociadas a este tipo de rasgos.

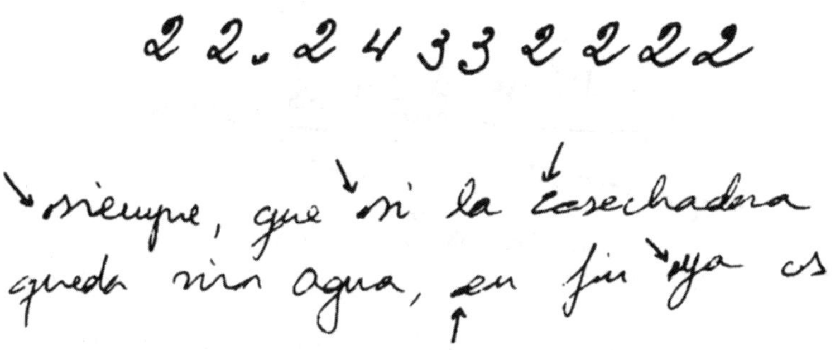

Fig. 267. *Puntos negros iniciales.*
Los de la muestra de números han sido realizados con estilográfica; la segunda —realizada con bolígrafo— presenta dichos puntos negros al principio de algunas letras.

- *Cambios bruscos de dirección:* como su propia denominación indica, se trata de variaciones más o menos violentas en la dirección de los trazos. Pueden dar lugar a zonas curvas de carácter sinuoso, o bien a zonas quebradas; ambos tipos pueden aparecer en no importa qué partes de la escritura, aunque son particularmente fáciles de detectar en las rúbricas. Basta ver las de las figuras n.° 263 y 268; como escrituras con estos cambios bruscos destacan las 257 y 258.

El hecho de existir en una escritura unos acusados cambios de dirección de los trazos indica, como rasgo fundamental, la facilidad para los cambios, los cuales pueden tener lugar en todos los sentidos, ya sea en el orden intelectual como en el de las aptitudes o en aspectos de la personalidad.

Cuando los cambios bruscos de dirección son frecuentes y notables, tenemos que hablar de un predominio de la intuición, así como de una predisposición a los cambios de actitud, tanto a nivel laboral como personal.

Es también un rasgo de sentimentalismo, así como de emotividad e incluso de agresividad de tipo primario, con fallos en el autocontrol.

- *Rasgos de protección:* se llaman así a aquellos que, siendo innecesarios desde un punto de vista caligráfico, suponen una barrera entre grafismos o conjuntos de ellos que representen el «yo», y otras zonas de la escritura o del papel donde están simbolizados los demás.

La forma de este tipo de rasgos, así como su situación son muy diversas, siendo particularmente importantes los que pueden darse en la zona derecha de la firma y —sobre todo— de la rúbrica.

La interpretación de estos rasgos surge de su misma razón de ser, es decir, manifiestan un deseo del autor de sentir protección respecto al medio ambiente en el que se desenvuelve. Por supuesto son elementos claramente reforzantes de las tendencias introyectivas.

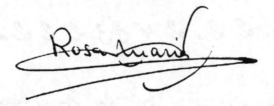

Fig. 268. *Rasgos de protección.*
El amplio bucle y la punta —ambos en la zona derecha— son claros rasgos protectores en esta firma.

• *Rasgos de autoafirmación:* son los que se dirigen de forma decidida en la dirección vertical de la escritura, a veces en trazos caligráficos y otras en rasgos más personales. Este tipo de rasgos definen su significado en su propia denominación, pues expresan los deseos inconscientes de afirmación de la personalidad, quizá como respuesta a sentimientos de inferioridad más o menos acusados.

Una forma muy común en que estos deseos aparecen es en el hecho de detentar posiciones de poder o de mando, a veces con escasas aptitudes para los mismos. Asimismo, los comportamientos de tipo tajante están de acuerdo con estos rasgos autoafirmativos.

Para finalizar este capítulo dedicado a los gestos-tipo, hablaremos de una serie de trazos que también pueden ser considerados como tales, al ser característicos de cada escritura. Nos referimos a los trazos iniciales y finales.

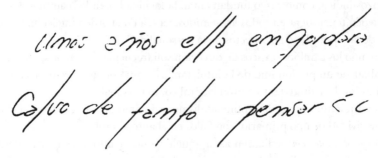

Fig. 269. *Rasgos de autoafirmación.*
Los palotes verticales, aparte de ser rasgos claramente autoafirmativos, confieren un indudable paralelismo a esta escritura.

TRAZOS INICIALES

Son los que aparecen al comienzo de cada signo gráfico, ya sea letra, número, signo ortográfico, etc. En cualquiera de estos casos se pueden considerar los trazos iniciales como la manera en que el autor toma contacto con el medio ambiente, en este caso representado por el papel.

En efecto, esta toma de contacto puede ser más o menos brusca o paulatina, lenta o rápida, violenta o suave, dubitativa o decidida, corta o prolongada, presionada o débil, etc. También es importante considerar la zona de la cual parte el trazo inicial, así como la forma de este en el caso de que su dimensión sea considerable. Según todo esto, se pueden considerar los siguientes casos:

- *Trazos iniciales desde zona superior:* si de forma habitual se empiezan los trazos desde dicha zona.

  En este caso la persona concede una gran importancia a todo lo que se relaciona con la esfera intelectiva, dando prioridad al mundo de las ideas sobre lo material. Se tiende a partir de presupuestos teóricos antes de pasar a establecer bases prácticas. En cualquier caso, se da preponderancia a las ideas, las cuales se toman como principio de toda acción.

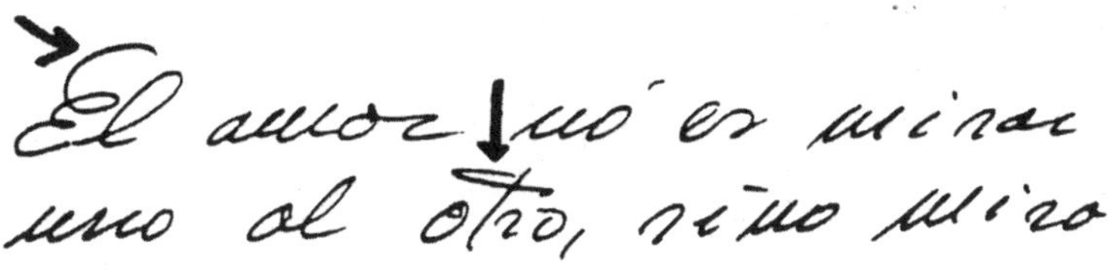

Fig. 270. *Trazos iniciales desde zona superior.*
Tanto en la mayúscula inicial como en la barra de la «b», se pueden ver trazos iniciales fuera de la norma y que provienen de la zona superior.

- *Trazos iniciales desde zona inferior:* al igual que en el caso anterior, ha de tratarse de una constante en la escritura; no sirve que de vez en cuando aparezca alguno.

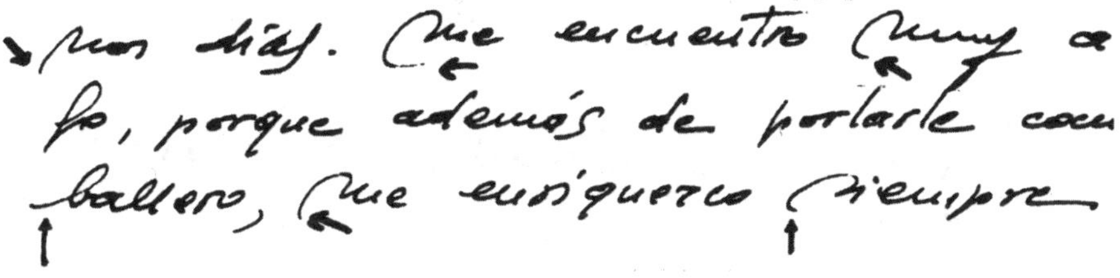

Fig. 271. *Trazos iniciales desde zona inferior.*
Los trazos iniciales —extraordinariamente largos y curvos— comienzan en la zona inferior, siendo un gesto tipo habitual de esta escritura.

Al comenzar los trazos en esta zona, interpretamos que la persona da prioridad a los planteamientos de tipo práctico, anteponiéndolos a los meramente teóricos o ideales.

Se concede asimismo gran importancia al mundo instintivo del que se extrae una buena parte de la fuerza interior.

• *Trazos iniciales largos:* como ejemplo nos sirve el de la figura anterior, n.° 271.

La excesiva amplitud de los trazos iniciales se corresponde con un apego al pasado que se puede concretar en diferentes aspectos. Uno de ellos es la tendencia hacia la familia de origen que en muchas ocasiones se polariza en la figura de la madre; otro viene dado por la afición hacia todo lo que signifiquen usos y costumbres tradicionales. También el placer de recordar en sentido nostálgico se relaciona con esta característica de la escritura y, en general, todo lo que de una u otra forma tenga que ver con el pasado.

• *Trazos iniciales cortos:* cuando los trazos iniciales son más cortos que lo que la regla caligráfica supone, y ello es ostensible a lo largo del escrito, podemos diagnosticar la existencia de deseos inconscientes de huida del pasado, como si la persona quisiera olvidarse del mismo y prefiriese vivir más bien de cara al futuro.

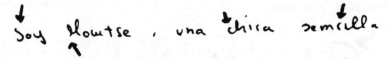

Fig. 272. *Trazos iniciales cortos.*
Aquí aparecen especialmente en las mayúsculas.

• *Trazos iniciales largos y curvos:* la curva añade a los contenidos correspondientes a los trazos largos una habilidad intuitiva para conseguir los objetivos propuestos y, de una u otra forma, manejar las situaciones de manera favorable.

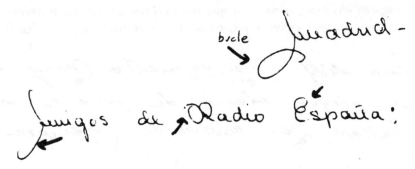

Fig. 273. *Trazos iniciales largos y curvos.*
Trazados con menos soltura que los de la fig. 271, se presenta en este ejemplo un amplísimo «bucle»
en la mayúscula inicial.

- *Trazos iniciales en bucle:* los bucles en la zona inicial suponen un claro intento de empezar las cosas de forma absolutamente amable, diplomática, seductora, como corresponde a este tipo de trazos a los que se asocian tanto la capacidad de convicción como la imaginación o el narcisismo.

  Con todo este bagaje se da una primera imagen que tiene como objetivo deslumbrar «de entrada» a las personas con las que se relacionan.

  Para ejemplo, véase el de la «M» de la figura 273.

- *Trazos iniciales en espiral:* a veces no se trata de una espiral completa, sino solo iniciada, con lo que su significado se suaviza un tanto.

  Las espirales simbolizan que se da vueltas al círculo sobre sí mismo, es decir, hay una recreación en el propio «ego», significado primario de «lo circular».

  Por tanto no hay duda de la existencia de un marcado egocentrismo con base narcisista, que lleva a las personas que así escriben a estar mucho más pendientes de lo normal de todo lo que a ellos se refiere, tendiéndose a la «auto-sobrevaloración».

  Otra faceta en relación con este rasgo es la adopción de posturas de búsqueda de afecto aparentando un talante agradable y una amabilidad extrema en los primeros contactos.

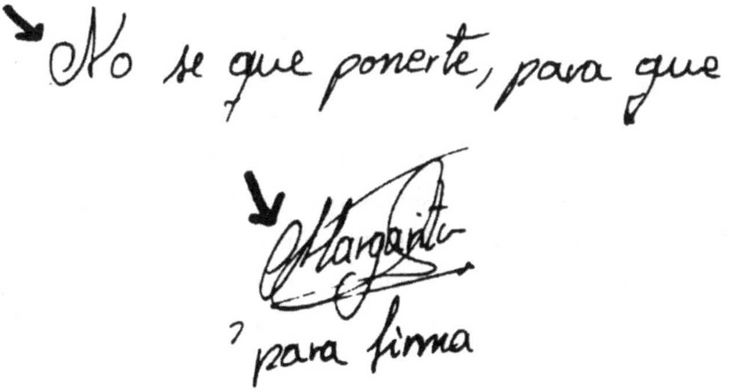

Fig. 274. *Trazos iniciales en espiral.*
En esta escritura hay una innegable tendencia a la utilización de espirales al comienzo de las mayúsculas.

- *Trazos iniciales presionados:* la presión en el comienzo de los trazos significa que el sujeto empieza las cosas con energía, con seguridad y firmeza. Son personas que suelen entrar «pisando firme» en todos los sentidos.

Fig. 275. *Trazos iniciales presionados.*

- *Trazos iniciales débiles:* indican que el útil de escritura «se posa» sobre el papel de forma muy suave, como con miedo a comenzar a escribir.

  Esta delicadeza inicial al escribir significa que la persona entra «de puntillas» en las nuevas situaciones, quizá por timidez, indecisión o temor hacia las nuevas expectativas.

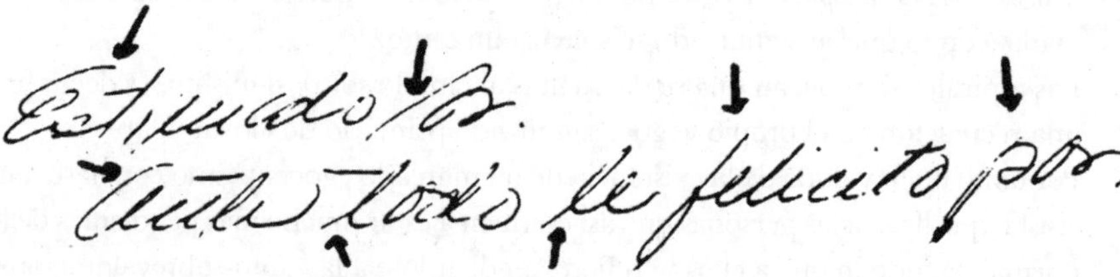

Fig. 276. *Trazos iniciales débiles.*
En esta escritura se aprecia una tendencia a empezar las palabras con escasa presión, la cual aumenta después a lo largo de la propia palabra.

TRAZOS FINALES

De igual modo que sucede con los rasgos iniciales, los finales también son sujeto de estudio grafológico. Es importante considerar que en estos aparece un mayor contenido inconsciente que en los iniciales, precisamente por presentarse al final, zona en que la escritura se realiza con mucho menos control.

Según su naturaleza, se consideran los siguientes tipos de rasgos finales:

- *Trazos finales claros:* son muy frecuentes, basta comprobar que los trazos finales de las letras estén bien ejecutados; así ocurre en las escrituras n.º 273, 274 y 275, por citar algunas de las más próximas.

  Los finales claros expresan la claridad que se manifiesta ante los demás, así como la terminación responsable de los asuntos. En general, es un síntoma de fiabilidad, sobre todo si se trata de los trazos finales de las letras del nombre y apellidos de la firma.

- *Trazos finales confusos:* es decir, mal ejecutados, de forma que no se puedan identificar con facilidad, sobre todo si se separan de contexto.

  Hacer finales confusos en la escritura equivale a dejar las cosas poco claras, normalmente con objeto de sacar el máximo beneficio posible. Es un rasgo típico de buenos negociantes, de personas acostumbradas a no comprometerse en los resultados finales. En cualquier caso, se trata de una característica escritural que supone desconfianza y escasa fiabilidad.

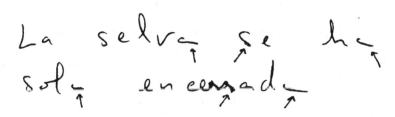

Fig. 277. *Finales confusos.*
Sobre todo las «aes» finales aparecen trazadas de manera filiforme y —desde luego— confusa, aunque también en otros finales se puede apreciar confusión, como en los de la «s» y «r» señaladas con flechas.

- *Trazos finales ascendentes:* como tendencia general de la escritura, independientemente del ascenso o descenso de otras partes de la misma.

El ascenso de los trazos finales indica que —como tendencia de base— la persona se impone a las dificultades, esforzándose por superarlas. Es un rasgo de optimismo íntimo, de capacidad de superación y —en otro plano— de rebeldía y resistencia ante las figuras de autoridad, en el sentido psicológico del término.

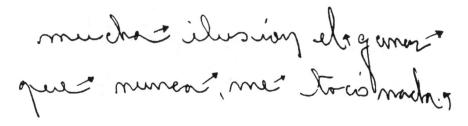

Fig. 278. *Finales ascendentes.*
La mayoría de los finales ascienden, pese a que las líneas caen al final.

- *Trazos finales descendentes:* al igual que en el caso anterior, también ha de ser una tendencia básica de la escritura, como ocurre en la n.º 257.

Si se producen descensos en el final de los trazos, las tendencias al desánimo y a la depresión están a la orden del día, aunque se hagan esfuerzos por salir de este tipo de problemas.

Este afán por superar las etapas difíciles se puede apreciar cuando existen otros rasgos —no finales— que son horizontales o, mejor aún, ascendentes. Pero si los finales son descendentes, no cabe duda de que la propensión de fondo es la apuntada.

- *Trazos finales contenidos:* es decir, que los finales se trazan con absoluto comedimiento, sin proyectar lo más mínimo el útil de escritura. Ejemplos de esto lo encontramos en las figuras 265, 273 y 274.

La contención de los trazos finales se relaciona con la tendencia a contener la agresividad, que se convierte así en secundaria, existiendo un período más o menos largo de latencia entre el motivo que la puede provocar y la expresión de la misma. Es también un rasgo de inhibición general de la persona, que tendrá algunas dificultades para conectar con el ambiente.

* *Trazos finales proyectados:* resultado de un movimiento brusco final del útil de escritura, como ocurre en las figuras n.° 257, 258 y 278.

Este tipo de finales son un síntoma de que el sujeto no puede controlarse y, tras soportar de mejor o peor forma una situación tensa, termina por explotar.

Los finales proyectados son una expresión gráfica de que la persona intenta defenderse de los demás que —no olvidemos— se encuentran simbólicamente situados en la zona derecha, justo donde estos rasgos aparecen.

* *Trazos finales en maza:* se llama *maza* al trazo que, a medida que se acerca al final, va siendo cada vez más grueso.

Se trata de un claro síntoma de agresividad contenida, que termina por declararse en auténticas explosiones en las que se libera una gran cantidad de energía. También puede haber algunas dificultades para captar el entorno.

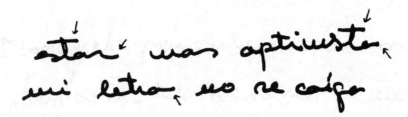

Fig. 279. *Finales en maza.*

* *Trazos finales puntiagudos:* son aquellos cuyo final va decreciendo progresivamente en grosor. Ejemplos: escrituras n.° 257 y 270.

Estos trazos ponen de manifiesto una facilidad para captar y entender todo lo que rodea a la persona, para ponerse en comunicación con el entorno, para observar, en suma. Asimismo, la capacidad de crítica es considerable, produciéndose esta con tanta más agudeza cuanto más largos y finos resulten los finales.

* *Trazos finales presionados:* el incremento de presión al final de los trazos se asocia a una toma de posiciones cada vez más firme y enérgica. Las personas que así escriben tienden a superarse a medida que van «entrando en materia» de forma que terminan las cosas con más firmeza y seguridad que las que tenían al empezar.

* *Trazos finales débiles:* cuando la presión es más débil al final de los trazos, tienen lugar procesos de pérdidas progresivas de energía que propician las disminuciones de tono vital así como tendencia a desmoralizarse. Lógicamente, hay dificultades para la terminación de las tareas.

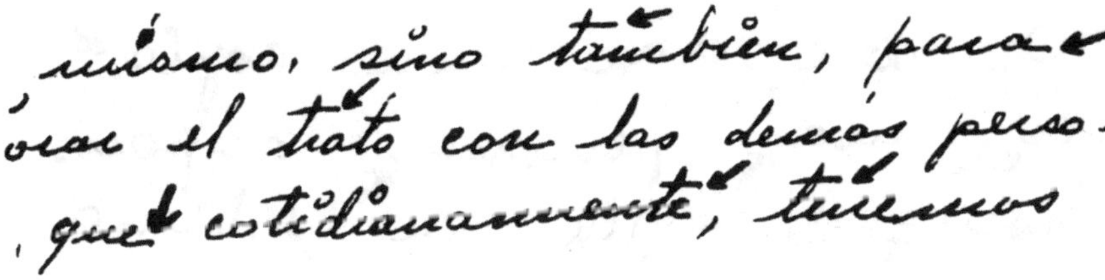

Fig. 280. *Finales presionados, sobre todo los de las barras de las «t».*

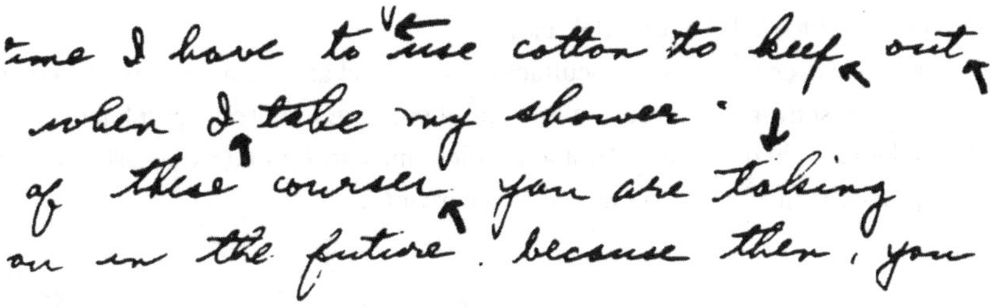

Fig. 281. *Finales débiles.*
Hay una deficiente presión en numerosos finales de esta muestra.

• *Trazos finales en espiral:* son un claro síntoma de egocentrismo a ultranza, así como de deseos de acaparación más o menos elevados según la naturaleza de la propia espiral. Las personas que hacen este tipo de rasgos en su escritura buscan su propio beneficio, a veces sin excesivos escrúpulos.

Fig. 282. *Finales en espiral.*
Las espirales aparecen aquí en finales de letra y palabra respectivamente.

• *Trazos finales en guirnalda:* recordemos que la «guirnalda» es un movimiento curvo, en sentido contrario de las agujas del reloj, que se contrapone al «arco», como vimos en el capítulo XII, dedicado a «La forma de la escritura».
Es un rasgo de amabilidad en el trato como resultado de una enorme capacidad de convicción y un talante agradable, simpático y positivista.

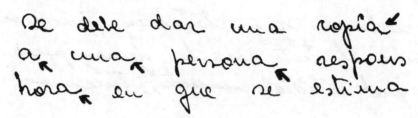

Fig. 283. *Finales en guirnalda.*

- *Trazos finales en arco:* es justo el movimiento contrapuesto al anterior, también curvo, pero en sentido de las agujas del reloj.
  Por una parte, es un rasgo de ocultación, al serlo el arco como gesto gráfico considerado en sí mismo. Por otra, al ser un movimiento de protección hacia la zona de los demás —la derecha— resulta también una expresión de los deseos de ayuda a las personas que el sujeto siente como cercanas.

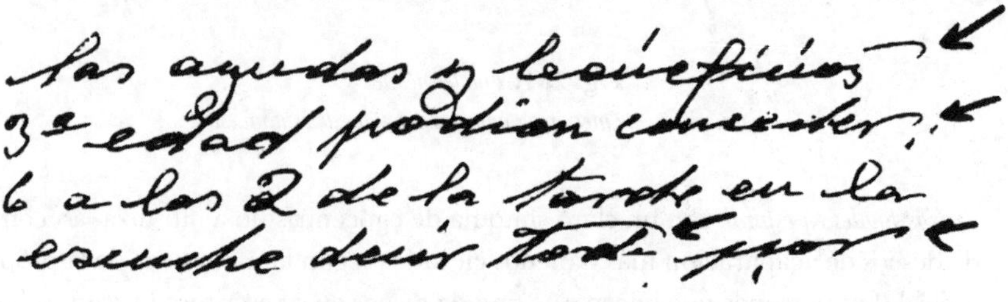

Fig. 284. *Finales en arco.*
En esta muestra aparecen como particularmente acusados al final de las líneas.

- *Trazos finales en bucle regresivo:* las interpretaciones se acercan a las expuestas en el caso de los finales en espiral, es decir, a los aspectos egocéntricos y narcisistas. Si estos bucles aparecen en la zona inferior de la escritura, también hay que diagnosticar tendencia a la acaparación.
  Sobre todo es espectacular el que aparece en la mayúscula del apellido.

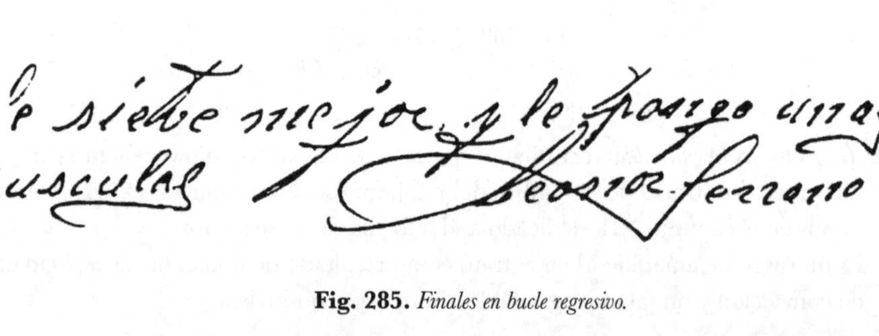

Fig. 285. *Finales en bucle regresivo.*

- *Trazos finales por debajo de las letras contiguas:* pueden ir tanto hacia la derecha como a la izquierda, pero siempre por debajo del teórico renglón.

Este tipo de rasgos suponen una característica muy peculiar de las escrituras en las que aparecen. También lo es su interpretación, que radica en tendencias de carácter mitómano, es decir, propensión a exagerar los contenidos, con salidas de la realidad basadas —no obstante— en hechos y situaciones reales.

Se considera también un rasgo de acaparación, al situarse por debajo de la línea inferior de la escritura, sin que exista ninguna razón caligráfica para hacerlo.

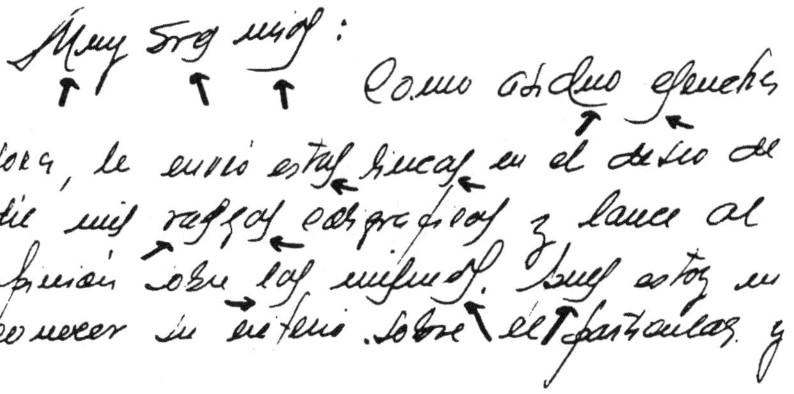

Fig. 286. *Finales bajo las letras contiguas.*
Es la «s» la letra cuyo final tiende a hacerse por debajo de las letras anteriores, aunque también se da el caso de finales trazados bajo las letras siguientes, como es el caso de la «M» inicial o de la «d» del primer renglón.

Capítulo XIX
LA FIRMA Y LA RÚBRICA

Entramos ahora en un tema tan importante que se puede considerar como síntesis y colofón de todos los que hasta ahora hemos venido analizando.

Así como el texto representa grafológicamente la imagen que damos ante los demás, la firma es un símbolo de nuestro «yo» más íntimo, constituyendo el auténtico «meollo» de la personalidad.

En efecto, el estudio morfológico de la escritura que puede ser realizado sobre el texto (organización general, tamaño, forma, dirección de las líneas, inclinación de las letras, velocidad, presión, cohesión y gestos tipo) puede hacerse de manera semejante sobre las letras de la firma, teniendo en cuenta que las interpretaciones que se deduzcan del primero están referidas a las características de personalidad que más se proyectan hacia el exterior; es decir, se trata del «yo social», mientras las conclusiones del estudio morfológico de la firma se refieren al «yo íntimo», determinando el comportamiento en ambientes de familiaridad y extrema confianza.

Por otro lado, la rúbrica es una especie de dibujo libre que simboliza los mecanismos psicológicos de defensa con los que se protege ese «yo íntimo» que la firma representa. Es, como si dijéramos, la «capa», el «velo» o la «coraza» que protege simbólicamente la intimidad personal que la firma representa y, al estar realizada al final de toda la muestra, está plagada de contenidos inconscientes, por lo que su análisis resulta de gran utilidad.

La firma empezó a utilizarse como un sello personal que certifica la autoría y validez del documento donde se estampa. Su «invención» es muy antigua, ya que la costumbre de «sellar» las cosas personales se pierde en la noche de los tiempos, aunque lo que es la firma como la conocemos hoy día empieza a hacerse en el mundo occidental hace unos mil años.

La rúbrica es un invento romano que viene de «rubrum» (rojo) porque ponían los títulos con tinta de este color. Después, los códices medievales empezaban los capítulos con una letra enorme de color rojo que se ponía al final. Por eso se llama «rúbrica» a los trazos que se ponen al terminar un escrito que, al principio, eran las palabras latinas «scripsit, firmavit, recognovit» («escrito, firmado, reconocido»), que se hacían con tinta roja. Poco a poco estas palabras se fueron haciendo ilegibles convirtiéndose en dibujos personales que, al hacerse sin ningún tipo de regla fija, presentan —como antes decíamos— no pocos contenidos del inconsciente.

En la actualidad se hace rúbrica en multitud de países occidentales, si exceptuamos los anglosajones, que la han suprimido eliminando así un importante elemento de análisis desde el punto de vista grafológico.

Y, tras este preámbulo, entramos ya a analizar los diferentes tipos de firmas y rúbricas, así como los aspectos que estas puedan presentar.

ASPECTOS DE LA FIRMA

La firma, ese resumen gráfico de los rasgos más íntimos de la personalidad, puede presentar muy diferentes aspectos, tanto en lo referente a su situación como a las características morfológicas de los trazos y, sobre todo, a las semejanzas o diferencias que presente frente al propio texto. Todo ello es lo que estudiamos a continuación:

ORGANIZACIÓN GENERAL

Se tienen en cuenta en este punto factores cómo el grado de constancia de la firma, la situación de la misma respecto al texto y al papel, el predominio o no de nombre respecto a apellidos o de alguno de estos entre sí, la legibilidad, la ejecución y, por último, la distancia entre palabras y entre letras.

GRADO DE CONSTANCIA

Es normal la posesión de varias firmas a lo largo de la vida de una persona teniendo lugar los llamados «cambios de firma» en lapsos de tiempo en los cuales hay una evolución interior que se refleja, entre otras muchas cosas, en la aparición de cambios en la escritura y —de modo particular— en la firma.

A veces estos cambios no son aparentes, conservando la firma su estructura primitiva, aunque sí tienen lugar diferentes tipos de modificaciones susceptibles de ser grafológicamente analizadas.

Por otra parte, en cada etapa en sí, también es normal que se utilicen diferentes firmas en función del uso de cada una de ellas. Normalmente se hace una «firma oficial» para documentos: DNI, nóminas, bancos, contratos, etc., la cual simboliza el «yo sociolaboral» de la persona.

Simultáneamente existe otra «firma de amigos», que se utiliza en las tarjetas de los regalos, postales, tarjetas de Navidad, cartas, etc., aunque lo cierto es que cada vez se usan menos este tipo de comunicaciones escritas que han sido sustituidas por otras electrónicas.

Quizá sea en los escritos que acompañan a los regalos (sean tarjetas o postales de felicitación) donde más se usa esta firma y también en las notas en papelitos autoadhesivos.

El caso es que esta firma suele ser más resumida que la anterior, utilizándose en muchas ocasiones simplemente el nombre o incluso el apelativo cariñoso o «apodo» con el que el firmante es conocido por los destinatarios.

Las personas que se ven obligadas a firmar muy frecuentemente en su trabajo, suelen desarrollar una firma resumida o «visé» en la que tienden a aparecer rasgos muy dinámicos, trazados con gran espontaneidad y soltura, por lo que ofrecen interesantes contenidos inconscientes.

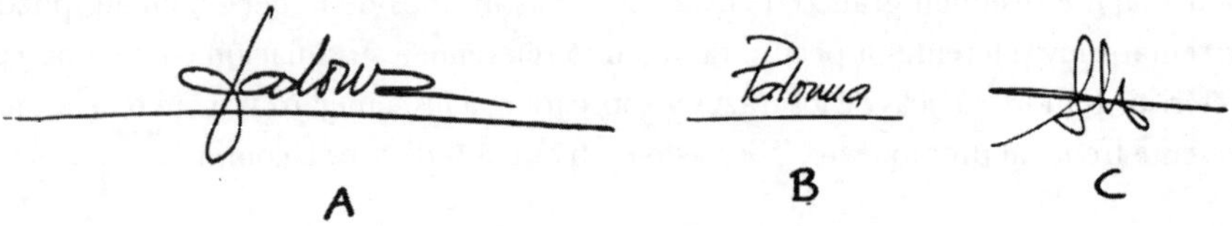

A **B** **C**

Fig. 287. *Firmas «de amigos» y «visé».*
Las primeras son de diferentes épocas, siendo la «A» anterior a la «B», lo que nos habla de una evolución hacia el comedimiento y el equilibrio. El «visé» pertenece a la segunda época y —curiosamente— presenta la misma cresta en bucle que había en la zona inferior de la «A».

El grado de constancia de una firma hay que entenderlo como el existente dentro de cada uno de los diferentes grupos de firmas («oficial», «de amigos» o «visé») que una persona realiza en una época determinada de su vida.

Es decir, se tratar de comparar entre sí firmas del mismo carácter, realizadas en un intervalo de tiempo más o menos reducido y comprobar si los rasgos morfológicos son o no semejantes. Hablaremos así de firmas constantes o variables.

- *Firma constante:* es aquella cuyos rasgos permanecen más o menos invariables durante un considerable período de tiempo.
  No obstante, siempre existen ligeras variaciones en los trazos de una firma, aun cuando esta pueda ser considerada como constante; en esto se basa la llamada «datación de firmas por evolución gráfica» que se realiza en Pericia Caligráfica y que permite conocer la fecha en que una firma ha sido realizada por comparación con series de firmas distribuidas en el tiempo
  La constancia en la firma es un síntoma de equilibrio psicológico, así como de haber alcanzado un grado de madurez personal, de manera que se han adoptado ya una serie de facetas y pautas de comportamiento más o menos estables.

Fig. 288. *Firma constante.*
Se trata de dos firmas oficiales, realizadas en distintas épocas de su vida por la misma persona. Destaca la constancia de sus rasgos, la mayoría de los cuales coinciden, salvo pequeñas diferencias, como la amplitud de la cresta central, mayor en la «B».

- *Firma variable:* se denomina así a la que, siendo del mismo estilo, «oficial», «de amigos» o «visé» y habiendo sido realizada entre períodos de tiempo más o menos cortos, presenta rasgos marcadamente diferenciales.

Este tipo de firmas es propio de etapas infantiles o adolescentes en las que la persona «se está buscando a sí misma» y, como consecuencia, busca también una firma con la que identificarse; de esa búsqueda surgen las variaciones como resultado de las «pruebas de firmas» que de modo más o menos consciente se están llevando a cabo.

Si se trata de un adulto, la excesiva variación dentro de un mismo tipo de firma puede suponer un grado de inmadurez más o menos considerable, o bien ser la expresión de un escaso nivel gráfico. Cuando el nivel de la escritura es alto, puede ser un síntoma de una elevada capacidad para dar diferentes imágenes ante los demás, así como de ocuparse de temas de muy distinta naturaleza.

Fig. 289. *Firma variable.*
Firmas «oficiales» realizadas consecutivamente por la misma persona, aunque —por su variabilidad— pueda parecer que ha existido un cierto período de tiempo entre la ejecución de cada una de ellas.

DISTANCIA AL TEXTO

Es grafológicamente interesante observar la distancia que hay entre la zona en que se sitúa la firma y el texto escrito, incluso si este no está escrito a mano. Naturalmente esta circunstancia no se considera cuando se firma donde no hay apenas espacio para hacerlo, o bien existe una zona predeterminada donde se obliga a firmar.

La distancia al texto se interpreta como otro de los parámetros de aproximación o alejamiento de la persona que firma hacia el destinatario y, por extensión, hacia las personas que le rodean. Se pueden considerar varios casos:

- *Firmas próximas al texto:* expresan acercamiento al destinatario y, en líneas generales, un buen grado de integración social. Por otro lado, se trata de personas con espíritu práctico y realista, que tratan de alcanzar metas tangibles. Como ejemplo es perfecto el de la fig. 301.
- *Firmas invadiendo el texto:* ocurre esto cuando son las letras de la propia firma las que tachan a las del texto. Implica una clara predisposición a meterse en el terreno de los demás, de forma más o menos subrepticia. Ejemplos.: figuras 311, 316 y 324.
- *Firmas entre el texto:* nos referimos a los casos en que la firma ocupa un lugar entre las líneas que forman el texto, de forma que a veces se hace difícil la localización de la misma. Expresa las dificultades de la persona para encontrar su auténtica posición en el círculo social en donde se desenvuelve. Hay tendencia al mimetismo, a intentar fundirse con el ambiente para pasar desapercibido.
- *Firmas correctamente situadas:* indican la semejanza entre la vida íntima y la social; las relaciones sociales se sitúan en su punto justo y —en otro orden de cosas— hay concordancia entre las aspiraciones reales y las manifestadas. Ocurre así en la figura 302.
- *Firmas alejadas del texto:* si la firma se aleja del texto la persona tiende también a poner distancia psicológica entre él y los que le rodean; es un síntoma de aislamiento, de temor a los contactos sociales, así como de falta de coherencia entre lo que se quiere y aquello que en realidad se puede alcanzar. Ver figura 291.

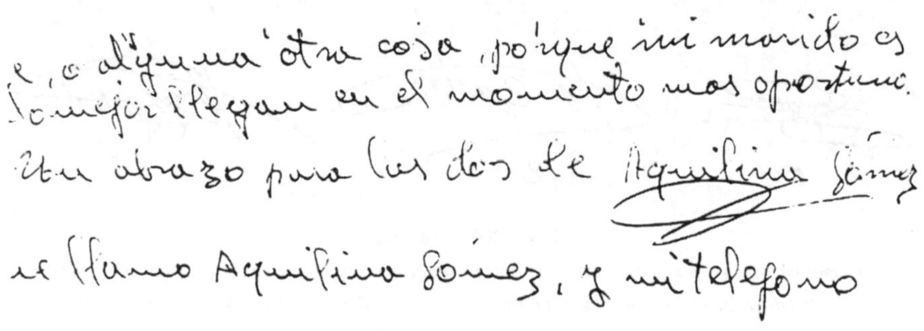

Fig. 290. *Firma entre el texto.*
Incluida entre el texto, predomina el nombre sobre el apellido, por su mayor tamaño y presión; las letras son de inclinación variable y trazado tembloroso, coincidiendo en su estructura general con las del texto. En cuanto a la rúbrica, señalar la presencia de bolsas en la zona inferior izquierda, así como la proyección ascendente del rasgo final.

SITUACIÓN RESPECTO A LOS MÁRGENES

También es este otro dato a tener en cuenta, ya que la firma es una representación gráfica del «yo» y, según se sitúe más a la izquierda o a la derecha, caben una serie de interpretaciones en relación con todos los contenidos que grafológicamente se asocian a estas zonas. Contemplamos varias posibilidades:

- *Firma a la izquierda:* rasgo de vinculación al pasado, a la familia de origen, a la figura materna, etc. También expresa introversión, carácter reflexivo y tendencia a las regresiones en general. Ejemplo: firma de la figura 309.

Fig. 291. *Firma alejada del texto.*
Es una firma curiosamente alejada del texto, con el que coincide en general, tanto en legibilidad como tamaño, inclinación, angulosidad, separación de letras, presión, desligamiento, etc. La rúbrica es grande, muy poco presionada y tachando la firma, a la vez que la subraya con varios trazos.

- *Firma centrada:* autocontrol, reflexión, comedimiento, etc., estos son los contenidos en relación con este tipo de firmas, como las de las figuras 296, 299, 301 y 302.
- *Firma a la derecha:* es un síntoma más de extraversión, carácter sociable, iniciativas, etc. Ejemplos: figuras 290, 291 y 298.
- *Firma en márgenes:* indica falta de previsión, pues no se ha dejado sitio para firmar al final del texto. Expresa también un deseo más o menos angustioso de aprovechar el papel (que simboliza el tiempo y la energía en general).

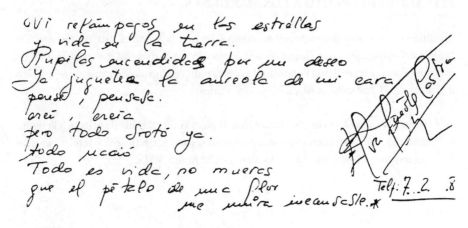

Fig. 292. *Firma en márgenes.*

Estampada en los márgenes del texto y muy ascendente, resulta semilegible, a pesar de que sus letras son espaciadas, presentando un tamaño variable y predominio de los trazos curvos; resulta también claro el predominio de la zona superior, dado el notable desarrollo de las crestas. La característica más destacable de la rúbrica es que encuadra la firma entre paralelas, con bucles intermedios y un «latiguillo» proyectado y descendente al final.

Una vez vistas las posibilidades que la situación de la firma ofrece, tanto respecto al texto como a los márgenes, pasamos a estudiar los significados grafológicos del nombre y los apellidos.

NOMBRE Y APELLIDOS

Tanto el nombre como cada uno de los apellidos tienen un simbolismo concreto, grafológicamente hablando.

El nombre representa la parte más infantil de la personalidad, lo que resulta lógico si pensamos que es la primera palabra que el niño empieza a identificar consigo mismo. Simboliza también el «yo familiar», al ser la denominación con la que se le conoce en su familia.

Desde un punto de vista temporal, el nombre es lo primero que se escribe, por lo que simboliza las primeras etapas de la vida de la persona.

En cambio, el primer apellido está en relación con todo lo que representa el «yo social», es decir, la imagen adulta de la persona, lo que proyectamos de nosotros mismos en la sociedad. Este apellido se impregna también de contenidos laborales, pudiéndose decir que simboliza el «yo laboral».

Por otro lado, es obvia su relación directa con la figura paterna y —en general— con todo aquello que, de una u otra forma, represente algún tipo de autoridad.

El segundo apellido se identifica con la figura de la madre en aquellos países en que se utiliza habitualmente, aunque incluso en estos no se suele incluir en la firma. Por ello son particularmente interesantes los significados que suponen la utilización habitual (y no digamos preferente) del segundo apellido en la firma, todos ellos en relación con identificaciones y ligazón con la figura materna.

Existen una serie de factores tanto presenciales como morfológicos que nos hacen considerar en la firma la preponderancia bien del nombre o de alguno de los apellidos.

Entre los primeros, la propia ausencia o presencia es el factor fundamental, unido al empleo o no de iniciales. Desde un punto de vista morfológico, existen muchos más factores como son: la legibilidad, la ejecución, el tamaño, tanto de minúsculas como de mayúsculas (o la utilización de estas en exclusiva), la armonía frente a la agitación, la dirección (ascendente o descendente), la presión, así como la situación relativa en la vertical (por encima o debajo) y la presencia o no de enmiendas, temblores y —sobre todo— de tachaduras provenientes de la rúbrica.

El nombre o los apellidos aparecen como destacados en una firma si son legibles, bien ejecutados, grandes, de trazos armónicos, ascendentes, presionados, situados por encima y sin enmiendas, temblores ni tachaduras de la rúbrica. Cuanto menos posean estas características, menos preponderancia les da la persona a los contenidos por ellos representados en la firma. Según esto, se presentan varias posibilidades:

- *Firma con predominio del nombre:* esta circunstancia puede presentarse bajo dos aspectos: bien que sea el nombre el que destaque respecto a los apellidos según los factores señalados (como las de las figuras 290 y 308), o bien que se utilice solamente el nombre (como pasa en los números 287, 291, 296, 299, 301, 307 y 310). En el primer caso se ha de diagnosticar un predominio del «yo familiar», así como vinculación a la familia de origen; es la parte «niño» de la persona la que se impone, concediéndose gran importancia a las primeras etapas de la vida que, en estos casos, suelen haberse vivenciado como placenteras.

  También puede ser un síntoma de que la persona siente que ha alcanzado un cierto éxito social, como puede ser el caso de gentes relacionadas con el mundo artístico, o bien que se trate de cartas o notas dirigidas a personas con las que se tiene una gran confianza y con las que se utiliza en gran parte ese «yo infantil» que el nombre simboliza.

- *Firma con predominio del primer apellido:* en este caso no cabe duda de que lo importante para la persona son, sobre todo, los aspectos laborales. Es más, suelen firmar así quienes se han labrado su porvenir con el esfuerzo propio, los que «se han hecho a sí mismos».

  Se le concede también una gran importancia a la jerarquía social, pues no olvidemos que el primer apellido es un símbolo inequívoco de la autoridad. Señalar por último la identificación con la figura del padre o bien con los roles paternos: protección, control, etc.

Si se trata de una mujer que utiliza el apellido de su marido, no cabe duda de que concede a su esposo una gran importancia.

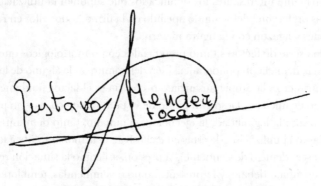

Fig. 293. *Firma con predominio del primer apellido.*

Se puede ver por su mayor presión y tamaño, decreciendo este a lo largo de la firma, cuyas letras aparecen invertidas y desligadas. Es también notable la presencia del segundo apellido, aunque sea un tanto forzada y con la inicial en minúscula. Lo más característico de la parte central de esta rúbrica es su función de «tabique» separador de nombre y apellidos, así como la protección de estos últimos; destacan también las bolsas en la zona inferior, así como la punta a la izquierda. (Otro ejemplo de firma con predomino del primer apellido es la 295 A.)

- *Firma con predominio del segundo apellido:* aquí se está dando una gran importancia a la figura materna, así como a la familia de origen, al pasado en general, a las tradiciones, etc.

Estas interpretaciones tienen también su validez, aunque no con tanta importancia, en los casos en los que el segundo apellido simplemente aparece en la firma, ya que no es esta la práctica más habitual.

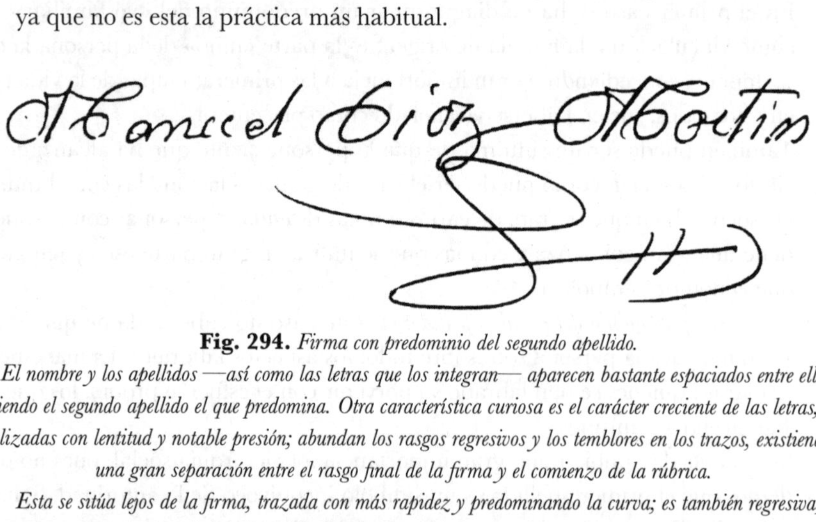

Fig. 294. *Firma con predominio del segundo apellido.*

El nombre y los apellidos —así como las letras que los integran— aparecen bastante espaciados entre ellos, siendo el segundo apellido el que predomina. Otra característica curiosa es el carácter creciente de las letras, realizadas con lentitud y notable presión; abundan los rasgos regresivos y los temblores en los trazos, existiendo una gran separación entre el rasgo final de la firma y el comienzo de la rúbrica.

Esta se sitúa lejos de la firma, trazada con más rapidez y predominando la curva; es también regresiva, aunque su centro de gravedad se sitúa a la derecha; por último, presenta una lazada muy característica y un rasgo protector a modo de escudo, aparte las consabidas dos pequeñas rayas finales.

- *Firma con iniciales:* cuando se hace la firma habitual solo con las iniciales del nombre y apellidos, existe —en principio— un deseo de no comprometerse, de evadir en cierto modo las propias responsabilidades.

  También es cierto que estas personas poseen una importante capacidad de síntesis. Cabe asimismo la falta de autoidentificación, así como la tendencia al predominio de la parte razonadora de la personalidad. Como ejemplo de firma con iniciales proponemos la de la figura 288.

LEGIBILIDAD

Antes de hablar de los aspectos con los que la legibilidad guarda relación, conviene dejar claro que —en Grafología— solo se consideran firmas ilegibles aquellas en las que resulta imposible identificar cada trazo con una letra. En caso contrario las firmas son legibles, si bien pueden darse distintos grados de legibilidad.

Según la legibilidad podemos hablar de las siguientes clases de firmas:

- *Firmas legibles:* si lo son con facilidad el nombre y los apellidos que aparezcan. Ejemplos: firmas n.º 287 A y B, 289 A, 290, 291, 293, 294, etc.

  La legibilidad de la firma está relacionada con la claridad de las ideas y la precisión de los objetivos personales. También el sentido del deber y la responsabilidad son rasgos del carácter en conexión directa con esta característica de la escritura.

- *Firmas semilegibles:* si existen dificultades para su lectura, aunque cada trazo se pueda asociar a una letra. Como ejemplos sirven las firmas 292, 298, 299, 304, 306, 311, 313, 323 y 325.

  Aparte de ciertas tendencias hacia la elusión de responsabilidades en un momento dado, las firmas semilegibles están de acuerdo con la impaciencia —si los trazos son rápidos— así como con cierto grado de ansiedad que —en el caso de que el texto sea perfectamente legible— no será tan perceptible a nivel social.

- *Firmas ilegibles:* son auténticos garabatos en los que las letras resultan imposibles de identificar. Sucede así en las figuras n.º 287 C, 300, 305, 316, 319, 320, 321 y 324.

  La ilegibilidad, si aparece solo en las firmas de trabajo, puede deberse a una falta de implicación personal en el mismo. Si la firma ilegible es solamente la de los documentos oficiales, podrían existir dificultades para admitir la autoridad.

  En el caso de que se firme siempre de forma ilegible, las interpretaciones son las apuntadas, es decir, una clara tendencia a la evasión, especialmente ante situaciones que plantean enfrentamientos, así como falta de autoidentificación. También —si los trazos son simplificados— existirá una marcada tendencia a la síntesis en general y la consecución más o menos acelerada de objetivos personales.

ESPACIACIÓN

Se refiere tanto a la distancia entre las palabras que constituyen el nombre y los apellidos como a la existente entre las propias letras que integran los mismos. Veamos las posibilidades que existen:

- *Nombre y apellidos espaciados:* cuando la distancia entre las palabras que los forman es superior a la anchura de dos óvalos o —lo que es igual— a la de una «m» de la escritura de que se trate.

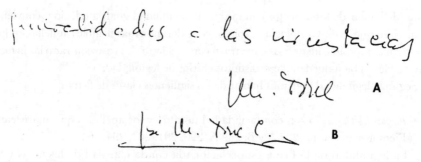

Fig. 295. *Firma con nombre y apellidos espaciados.*
La «A» es de una época posterior a la «B»; es notable el aumento de tamaño, así como la sintetización de rasgos y la desaparición de la rúbrica. En ambas aparecen espaciados el nombre respecto de los apellidos, siendo variable el tamaño dentro de cada una de ellas; las dos son angulosas y agitadas, aparte de sinuosas en su base y verticales en su inclinación; hay ligazón de letras en ambas. Es curiosa la rúbrica de la «B», ondulante y angulosa a la vez que subraya, para terminar con un punto innecesario.

- *Nombre y apellidos condensados:* si dicha distancia es menor que lo anteriormente expresado. Ejemplo: firma 311.
  La distancia entre nombre y apellidos o entre estos entre sí, representa el grado de unión o separación psicológica entre lo que simbólicamente representan (nombre = «yo familiar», apellidos = «yo social» y figuras paterna y materna, respectivamente).
  Por otro lado, la distancia entre letras de las palabras que integran la firma, tiene que ver con la cesión o negación de terreno psicológico hacia las personas íntimas. Pueden darse dos casos extremos:
- *Firmas de letras espaciadas:* si entre la zona central de letras consecutivas hay una distancia superior a la anchura de un óvalo de esa misma escritura. Ejemplos: firmas 292, 301, 302.
  En estos casos se puede hablar de una cesión del terreno psicológico propio hacia aquellas personas con las que se tiene una gran confianza: familiares con los que se convive, amistades íntimas, etc.

- *Firmas de letras condensadas:* cuando la distancia entre letras es inferior a la anchura de un óvalo. Ejemplos: firmas 304 y 311.
  La persona se retrae, protegiendo su terreno psicológico y procurando no dejar fisuras entre letras que pudieran ser simbólicamente ocupadas por las personas próximas.

GRADO DE ORGANIZACIÓN

Se dice que una firma está «organizada» si, en primer lugar, mantiene una relativa constancia; después, si su situación en el papel y respecto al texto es la adecuada y —además— si sus letras están bien hechas y las distancias entre palabras y letras son las correctas.

Por el contrario, cuando la mayoría de estos parámetros se alejan de los cánones, se trata de una firma «desorganizada».

- *Firmas desorganizadas:* como es lógico son un síntoma de dificultades para organizarse tanto en lo laboral como en cuestiones personales. Podemos considerar desorganizadas las firmas de las figuras 306, 314, 319 y 323.
- *Firmas organizadas:* indican, también lógicamente, lo contrario que las anteriores, es decir, buena disposición hacia el orden y la organización en general.

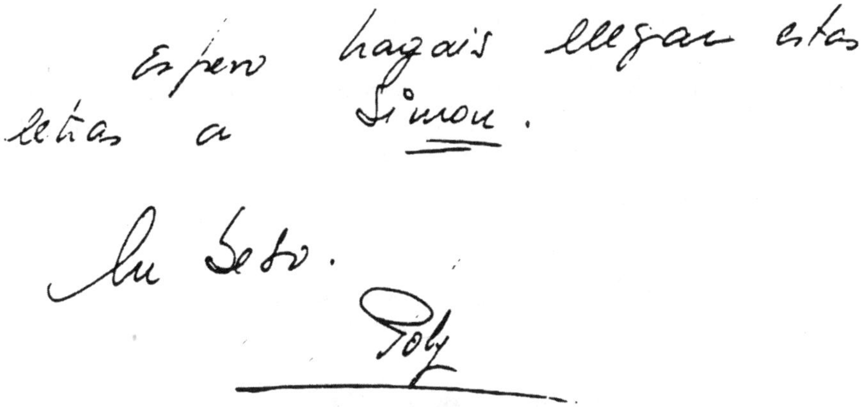

Fig. 296. *Firma organizada.*
Es una firma centrada respecto al texto, cuyas letras son de menor tamaño que las de este a la vez que decrecientes; destaca también el sobrealzado del óvalo, así como el carácter ascendente de la firma, si bien el rasgo final es descendente, a la vez que proyectado. En total, es una firma organizada, pues a los rasgos ya comentados se suma la buena ejecución de las letras que la integran. La rúbrica, que la subraya ampliamente, presenta un gancho tipo «arpón» a la izquierda y es convexa en su conjunto.

El siguiente aspecto que vamos a tener en cuenta a la hora de analizar grafológicamente la firma es el relativo al tamaño, así como una serie de factores asociados al mismo.

TAMAÑO

Nos interesa no solo el tamaño en sí de las letras de la firma, sino su relación con el de las letras del texto. Hay que hacer referencia también al tamaño de las mayúsculas, especialmente al de la inicial de la firma, importantísima expresión grafológica del «yo».

En general, el tamaño de las letras de la firma —tanto mayúsculas como minúsculas— expresa el autoconcepto íntimo, así como las más profundas reservas de energía que el individuo posee para afrontar las dificultades ambientales.

Pero está claro que es la relación con el tamaño de las letras del texto lo que resulta básico en este apartado.

RELACIÓN MAYÚSCULAS-MINÚSCULAS FIRMA/TEXTO

Caben aquí varias posibilidades, según el tamaño de las letras de la firma sea mayor, igual o menor que el de las del texto:

- *Firma de letras mayores que el texto:* la persona se siente más importante de lo que suele manifestar. Ejemplo de ello es la firma 299.

Un caso extremo se presenta en las *firmas realizadas con letras mayúsculas.*

- *Firmas en mayúsculas:* expresan un sentimiento de superioridad arraigado, frecuentemente acompañado de rasgos mitómanos; se tiende a disimular en la medida de lo posible las propias debilidades, no solo de cara al exterior, sino muchas veces también frente al propio autor.

Fig. 297. *Firma en mayúsculas.*

Se trata de una firma realizada en mayúsculas, en la que predomina el primer apellido por el mayor tamaño medio de las letras, el cual va en aumento progresivo. Es también muy notable la gran distancia entre nombre y apellido, separados asimismo por la rúbrica que —con un trazo doble— hace de auténtico «tabique» entre ellos. El número de fases es muy elevado, doce en total. En conjunto es una firma desorganizada, de dirección ascendente, letras inclinadas y presión fuerte, acompañada de una rúbrica doble, complicada, que envuelve el apellido a la vez que lo tacha y lo separa del nombre, presentando acusadas puntas a la izquierda por lo que se considera fundamentalmente regresiva.

El eclecticismo (o integración de diferentes posturas o actitudes) también caracteriza a estas personas en su deseo de querer abarcar todo aquello que les sea posible. Inconformistas empedernidos, siempre están dispuestos a mejorar su «status», esforzándose por ser el centro de atención de los ambientes en que se mueven y procurando ser reconocidos socialmente en sus méritos. Tienen además una habilidad especial para ocultar sus debilidades y aparecer ante los otros con la mejor de sus imágenes.

Todas estas interpretaciones se refuerzan cuanto mayores sean las mayúsculas de la firma y, más aún, si también el texto se hace con este tipo de letras.

En el caso de que aparezcan en la firma algunas mayúsculas (distintas de las iniciales) intercaladas entre las minúsculas, las tendencias anteriores están latentes, aunque se manifiesten de manera menos aparente.

- *Firma de letras de tamaño igual a las del texto:* el autoconcepto íntimo coincide con el manifestado. Ejemplos: firmas 290, 291, 301 y 309.
- *Firma de letras menores que las del texto:* la persona se siente empequeñecida respecto a los demás, ya sea por timidez o por falta de confianza en sus propias posibilidades. Ejemplo: firma 296.

UNIFORMIDAD-VARIACIONES

Según el tamaño de las letras de la firma sea uniforme o variable, podemos considerar los siguientes casos:

- *Firmas de tamaño uniforme:* si el tamaño de mayúsculas y minúsculas apenas sufre variaciones dentro de la firma. Es lo que tiene lugar en las figuras 287 B, 291, 301 y 303.
  La uniformidad del tamaño en las letras de la firma es un índice de autocontrol, lógica, constancia, concentración y orden en general.
- *Firmas de tamaño variable:* cuando las mayúsculas y minúsculas de la firma muestran oscilaciones de importancia en su tamaño, se pone de manifiesto la intuición, la versatilidad y el predominio de las facetas sentimentales. Ejemplos: firmas 287 A, 292, 293, 304, 305, 306, etc.
- *Firmas crecientes:* si el tamaño de las letras va en aumento progresivo a lo largo de la firma, la persona tiene una importante capacidad de recuperación en todo aquello que realice; también es un síntoma de una cierta ingenuidad, así como de dificultades de captación del entorno, sobre todo en lo que a detalles se refiere. Ejemplos: firmas n.º 294, 297, 299 y 315.

• *Firmas decrecientes:* cuando el tamaño de las letras de la firma va en clara y progresiva disminución, la observación y la capacidad de conectar con los diferentes ambientes están a la orden del día. Sin embargo, la energía sufrirá un decremento a medida que el sujeto ejecuta los trabajos en que se vea inmerso. Ejemplos: firmas 293, 296, 305, 311 y 325.

RELACIÓN ALTURA/ANCHURA

Es también importante analizar si las letras aparecen estiradas en la vertical o más o menos aplastadas horizontalmente, es decir, si son sobrealzadas o rebajadas.

• *Firmas sobrealzadas:* detectable en que los óvalos sean más altos que anchos, es indicativo de un autoconcepto elevado así como de planteamientos teóricos y espíritu creativo. Ejemplos: firmas 296, 304, 305, 311, 313, 316, 324 y 325.
• *Firmas rebajadas:* cuando los óvalos son más anchos que altos, lo que interpretaremos como una presión de los ambientes íntimos sobre el sujeto, aparte del talante práctico que este rasgo lleva asociado. Ejemplos: firmas 301, 303, 317 y 323.

Hemos hablado de aquellos rasgos en relación con el tamaño cuya observación en la firma resulta fundamental. Sin embargo, existen otros como son los aumentos o disminuciones bruscas de dicho tamaño, la altura de crestas y pies, su grado de regularidad y las relaciones entre estos: crestas altas y pies cortos, crestas bajas y pies prolongados, crestas altas y pies prolongados o predominio del cuerpo medio.

Sus interpretaciones en la firma son también de gran interés, siendo muy semejantes a las expresadas para la escritura del texto, aunque hay que tener siempre en cuenta que la firma expresa la personalidad más íntima y profunda.

FORMA

La forma es el siguiente parámetro escritural que consideramos en la firma, fundamentalmente en los apartados «ángulos-curvas», «arcos-guirnaldas», «grado de complejidad», «carácter filiforme», «armonía», «progresión-regresión» y «zonas predominantes».

ÁNGULO-CURVA

Según predominen uno u otro de estos rasgos de la escritura en las letras de la firma, podemos clasificarlas en firmas angulosas o curvas:

- *Firmas angulosas:* si en las zonas donde caligráficamente deberían existir curvas existen ángulos.

Las personas en cuyas firmas predomina el ángulo presentan un comportamiento firme y tajante con las personas allegadas. También son enormemente resistentes a las dificultades, así como reacios a los cambios. Se saben controlar, aun en ambientes de familiaridad, y se corre el riesgo de caer en la intransigencia, adoptándose posturas que pueden llegar a ser intolerantes, especialmente con las personas con quienes se tiene una mayor confianza. En el fondo, lo que se intenta es autoafirmarse frente a los demás, manteniendo la independencia personal.

Si además en el texto predomina la curva, el carácter íntimo de estas personas resulta ser mucho más rígido que el social.

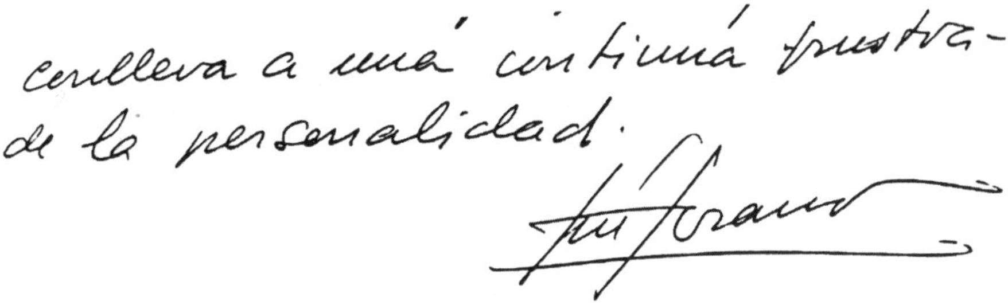

Fig. 298. *Firma angulosa.*

Próxima también al texto, pero a la derecha de este, semilegible y de deficiente ejecución, por lo que resulta desorganizada en su conjunto. Por otro lado, es marcadamente angulosa, inclinada, progresiva y con final confuso y proyectado.

La rúbrica subraya la firma estando cerca de ella y siendo de igual tamaño, además de sencilla, proyectada y con un gancho al final. (Otros ejemplos de firmas angulosas los tenemos en las figuras 291, 295, 304, 305, 306, 311, 315, 319, 320, 324 y 325.)

- *Firmas curvas:* suponen la existencia de trazos curvos donde, en teoría, el rasgo debería ser anguloso.

Las firmas curvas son realizadas por quienes adoptan posturas que podríamos llamar «blandas» y «cariñosas», sobre todo con las personas que les son familiares.

La curva expresa extraversión, intuición, sociabilidad, sensualidad, a la vez que versatilidad y tendencia a la pereza, resultado esta última de un nivel de energía evidentemente menor que en el caso anterior.

En el caso de que en el texto aparezca un predominio del ángulo existiría una marcada diferencia en el comportamiento general de estas personas, cuya aparente dureza no se corresponde con su fuero interno, mucho más dúctil y apacible.

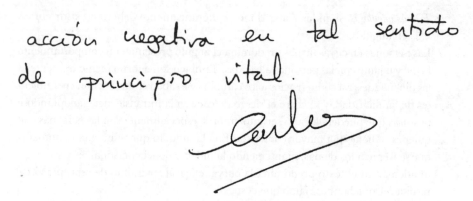

Fig. 299. *Firma curva.*
*Los trazos curvos predominan con gran claridad en esta firma que, por otra parte, es próxima al texto y
centrada respecto a este, del que difiere notablemente.*
*Se trata de una firma «de amigos», en la que solo aparece el nombre (que es semilegible), de letras
espaciadas, crecientes y mayores que las del texto, de trazos en guirnalda, ascendente (mientras el texto es
horizontal), rectilínea, vertical, rápida, de letras ligadas y de final proyectado y unido a la rúbrica. Esta es
subrayante, de igual tamaño que la firma, pequeña, curva, sencilla, proyectada, descendente, regresiva, en línea
oblicua, con rasgo protector a la derecha y un pequeño gancho al final. (Ejemplos de firmas curvas son también
las n.° 292 y 309.)*

ARCOS-GUIRNALDAS

El arco o cierre superior de las letras «m», «n» y «h» supone un movimiento de defensa
ante el medio, frente a la guirnalda, que expresa una mayor predisposición a la extraversión y la espontaneidad. Según predomine uno u otro de estos elementos, podemos
hablar de firmas en arcos o en guirnaldas.

- *Firmas en arcos:* se tiende a observar las normas sociales, los convencionalismos no
  exentos de elegancia y distinción; sin embargo, el trato corre el riesgo de hacerse
  artificioso, centrándose más en actitudes aparentes que reales. Son firmas en arcos
  las n.° 294 y 305.
- *Firmas en guirnaldas:* al contrario que en el caso anterior, existe en este tipo de personas
  una enorme espontaneidad en sus relaciones, que suelen transcurrir por cauces de
  amabilidad y comprensión. Ejemplos: firmas n.° 300, 312, 317, 325 y 326.

GRADO DE COMPLEJIDAD

Está claro que hay firmas más sencillas que otras y eso es importante desde el punto
de vista grafológico. Por supuesto, tiene que ver directamente con la claridad de ideas
e intenciones del autor.

- *Firmas simplificadas:* son aquellas que utilizan en su elaboración el menor número de trazos. Son propias de personas con una indudable capacidad de síntesis y que tienden a aprovechar al máximo su energía, así como sencillas desde el punto de vista personal. Ejemplos: firmas n.º 296 y 299.
- *Firmas complicadas:* si están trazadas con rasgos más o menos embrollados o incluso barrocos. Implican poca claridad de ideas, así como carácter dado a las manipulaciones y maniobras así como a pérdidas de tiempo y energía.

Fig. 300. *Firma complicada.*

TRAZADO FILIFORME

Cuando este tipo de trazado se da como forma básica en una firma, de manera que los trazos se estiran a lo largo del renglón adoptando la forma de un hilo, estamos ante un típico caso de «firma filiforme».

- *Firmas filiformes:* son las que habitualmente adoptan este tipo de trazado, sin que puedan considerarse como tales las que lo presenten solo de manera eventual por motivos externos como puede ser la prisa, el hecho de tener que firmar repetidas veces, etc.

Fig. 301. *Firma filiforme.*

Firma marcadamente filiforme, rectilínea, vertical, ligada y temblorosa, con su final claramente separado de la rúbrica. Esta última, realizada antes que la firma, la subraya y es mayor en extensión que ella, con sendas bolsas arriba y a la izquierda y puntas a derecha e izquierda; es también convexa, formando una lazada y apareciendo pequeños ganchos al principio y final, aparte de las dos pequeñas rayas en la zona central izquierda. Son también filiformes las n.º 307 y 320.

Cuando la firma es habitualmente filiforme, estamos ante personas con una enorme habilidad para las relaciones de carácter diplomático, capaces de buscar salidas a todo tipo de situaciones, por complicadas que estas sean. La tendencia a la huida es otra característica consustancial con este tipo de firmas, propias de personas que se relacionan de manera extensiva, aunque les resulte difícil profundizar en este y otros aspectos.

ARMONÍA

El grado de armonía de la firma nos pone de manifiesto cómo se siente en el fondo la persona en lo que a su equilibrio personal se refiere. En este sentido podemos hablar de dos tipos de firmas: armónicas o agitadas.

- *Firmas armónicas:* si los rasgos han sido trazados con fluidez, sin que puedan apreciarse tensiones en los mismos. Ejemplos: firmas 287 B, 296 y 303.
La armonía en la firma la presupone en los aspectos más profundos de la personalidad, por lo que estas personas resultan ser tranquilas, sosegadas, apacibles y equilibradas.
- *Firmas agitadas:* cuando los trazos muestran movimientos más o menos convulsos, tensionados, irregulares, discordantes, etc., lo que sucede en las figuras n.º 307 y 314.
La agitación de los trazos de la firma pone de manifiesto las tensiones internas del autor. En el caso de que esta agitación no tenga lugar en el texto, se puede asegurar que la ansiedad no se trasluce al exterior, sino que la persona aparece como sosegada ante los demás, aunque esté tensionada en su fuero interno.

PROGRESIÓN-REGRESIÓN

También aquí consideramos dos casos extremos:

- *Firmas progresivas:* son aquellas en las que no existen rasgos innecesarios que vayan hacia la izquierda, sino que progresan armónicamente en el sentido natural de la escritura. Ejemplos: las figuras 287 B, 295, 298 y 320.
La firma progresiva es sinónimo de armonía en la personalidad; significa también altruismo, pues es un movimiento diáfano desde el «yo», situado a la izquierda, hacia los demás, simbólicamente en la zona de la derecha.
- *Firmas regresivas:* en las que hay movimientos de involución gráfica, de derecha a izquierda, que retrasan la progresión normal de los trazos. Ejemplos: firmas 294, 312, 319 y 325.

Cuando la firma se hace marcadamente regresiva, la persona presenta dificultades de adaptación al medio, le resulta difícil moverse con soltura en los ambientes sociales. Hay tendencia al pasado y se ponen trabas más o menos inconscientes para el propio desarrollo.

ZONAS PREDOMINANTES

Nos interesa aquí particularmente analizar si predomina la parte superior o inferior de la firma, ya que la zona izquierda o derecha están en relación directa con la preponderancia del nombre o de los apellidos.

- *Firmas con predominio zona superior:* en las que las crestas o la zona superior de las mayúsculas, o incluso de las minúsculas, adquieren un notable desarrollo, como pasa en las figuras 292, 303, 312 y 325.
  El desarrollo de la zona superior supone un incremento de la creatividad, de la imaginación, de los procesos intelectuales en general, así como de los planteamientos de tipo idealista.
- *Firmas con predominio zona inferior:* si son los pies o las zonas bajas de las letras las que adquieren mayor profusión que la exigida por los cánones caligráficos. Un ejemplo nos lo proporciona la figura 287 A.
  La zona inferior se relaciona con el realismo y los planteamientos prácticos y, en el caso de que existan curvas en esta zona, diagnosticaremos también una notable tendencia hacia la sensualidad.
- *Firmas que se alargan en sentido vertical:* son las que —en su conjunto— se elevan sobre el renglón de manera que en ellas predomina la verticalidad. No se deben confundir con las que presentan dirección muy ascendente, que veremos en el siguiente apartado. Ejemplos: figuras 312 y 317.
  El sentido vertical de la firma expresa también el predominio del intelecto sobre la materia, al igual que sucede en aquellas en las que predomina la zona superior. Sin embargo, la verticalidad confiere a las firmas una clara tendencia al idealismo y la espiritualidad que, no obstante, será necesario confirmar en otros rasgos.
  Señalar, por último, la posibilidad de que la persona se sienta insegura en el fondo, ya que si su firma se eleva en vertical, la superficie de apoyo es reducida y esa circunstancia debemos entenderla como falta de estabilidad en su propia estructura personal.
- *Firmas alargadas en sentido horizontal:* son las que se prolongan en este sentido de forma inusual. Ejemplos: firmas 301 y 320.
  Responden a un deseo de búsqueda de seguridad por parte del sujeto, así como a planteamientos generales eminentemente prácticos.

DIRECCIÓN

La dirección de las líneas es uno de los aspectos más importantes que hay que considerar cuando analizamos grafológicamente una firma, así como su grado de concordancia con el mismo rasgo del texto.

Se tienen en cuenta tres casos, según el ascenso, la horizontalidad o el descenso de las firmas:

- *Firmas ascendentes:* si la línea base de la misma sube sobre la horizontal, como pasa en las firmas n.° 288, 293, 298, 299, 308 y 310.

La firma ascendente es propia de personas con una resistencia ante las dificultades que les lleva a superar los obstáculos que se les puedan plantear o, cuando menos, a intentarlo con toda la energía que son capaces de poner en juego.

Se trata de optimistas de fondo, predispuestos al éxito, así como a mejorar su situación en todos los sentidos. Su nivel de aspiraciones es tanto más importante cuanto más ascendente sea su firma, de modo que aquellos que la elevan excesivamente (más de 30°) corren el riesgo de insatisfacción permanente con sus propios logros. Es también un rasgo de idealismo, tendencias innovadoras, iniciativa y autosuperación.

El ascenso de la firma está en consonancia con la tendencia al dominio de las situaciones, pudiendo existir resistencias más o menos notables ante las figuras psicológicas de autoridad.

Si las letras del texto son descendentes o presentan finales caídos, la persona adoptará un estado anímico exterior de aparente desánimo, que no corresponde a su optimismo interno.

- *Firmas horizontales:* cuando la línea base sigue, más o menos, la horizontal del renglón.

La firma horizontal refleja estabilidad emocional, estado de ánimo equilibrado y uniforme, así como satisfacción con la propia situación personal.

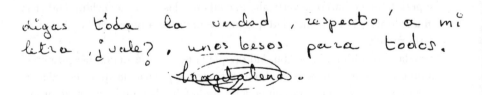

Fig. 302. *Firma horizontal.*
Se trata de una firma horizontal, de características similares a las del texto, próxima al mismo y centrada respecto a él. Sus letras están espaciadas y rebajadas, siendo tanto la firma como el texto poco presionadas y de trazo tembloroso. El número de fases asciende a once, lo que es bastante considerable. La rúbrica, en espiral envolvente, tacha la firma y presenta —aparte de los «dos rayitas»— un punto final innecesario.

- *Firmas descendentes:* son aquellas cuya línea base discurre por debajo de la horizontal. Ejemplos: firmas 287-C, y 324.

El descenso de la firma, si no es esporádico sino habitual, está en consonancia con una tendencia al desánimo que surge de la escasa confianza que el sujeto tiene en sus propias posibilidades. Se trata de personas con poca resistencia ante situaciones difíciles, frente a las que su ánimo suele venirse abajo, circunstancia que se da especialmente cuando el descenso de la firma es muy acusado.

En el caso de que no lo sea tanto, puede tratarse de una fase de la vida en que los factores externos sean adversos o, simplemente de una circunstancia eventual: cansancio, enfermedad, etc. De ahí la conveniencia de disponer de varias firmas realizadas en momentos diferentes.

Por otro lado, el descenso de la firma es también un rasgo de aceptación de la autoridad, así como de propensión a encerrarse en los planteamientos propios.

Si el texto fuese ascendente, la persona se comporta socialmente de forma muy distinta a como se siente en realidad; hay indudables deseos de alcanzar el éxito social, aunque personalmente las expectativas son mucho menos ambiciosas.

Cuando las firmas son alternativamente ascendentes y descendentes, podemos estar ante un caso de ciclotimia (fases de actividad alternando con otras pasivas) o de inestabilidad emocional. No obstante, para elaborar un diagnóstico preciso, se hace indispensable disponer del material gráfico necesario.

- *Firmas rectilíneas:* son aquellas en las que la línea base de la escritura es una recta, como ocurre en las figuras 287 A, 301, 302, 303, 305, 306 y 313.

La firma rectilínea se corresponde con una homogeneidad en los estados de ánimo, así como un marcado sentido de la responsabilidad; si la línea recta es demasiado rígida, puede suponer comportamientos inflexibles a nivel íntimo. En líneas generales, se trata de un rasgo de equilibrio emocional.

- *Firmas sinuosas:* se denominan así a aquellas en las cuales la línea base presenta ondulaciones más o menos acusadas. Ejemplos: firmas 290, 293, 320 y 324.

La sinuosidad de la firma está en relación directa con la capacidad de adaptación a los diferentes ambientes, así como con las variaciones del estado de ánimo profundo, que no siempre se deja traslucir al exterior.

- *Firmas cóncavas:* son las que empiezan descendiendo para terminar siendo ascendentes; por ejemplo, la 312.

Es un rasgo que podríamos denominar «ciclotímico», pues indica que estas personas suelen a caer en «baches» más o menos profundos de los que tienden a recuperarse, como expresa el ascenso final.

- *Firmas convexas:* de morfología opuesta a las anteriores, comienzan en ascenso para terminar descendiendo, de manera que la línea base en su conjunto forma una curva hacia arriba. Así ocurre en las figuras 314 y 317.

También supone ambivalencia en el estado anímico, que pasa de ser optimista en un principio a serlo menos al final, a medida que las dificultades van haciéndose patentes.

- *Firmas en dos renglones.* Cuando el nombre y los apellidos están en diferentes renglones (firmas 293 y 315) la interpretación varía en función de las circunstancias personales del firmante. En general, es una manera de hacer prevalecer los aspectos simbólicos relacionados con nombre y apellidos, es decir el «yo familiar» (nombre), el «yo socio-laboral» (primer apellido) y la figura materna (segundo apellido).
- *Firmas de dirección igual que el texto:* si no existen diferencias sustanciales en cuanto a la dirección. Ejemplos: firmas 291, 296, 302 y 303.

  En estos casos se puede afirmar que la situación anímica general que se trasluce al exterior responde a las actitudes personales más profundas.
- *Firmas de dirección diferente al texto:* cuando existen diferencias significativas, como en las figuras 292, 299 y 310.

  Si las direcciones de las líneas resultan muy diferentes del texto a la firma, las situaciones manifestadas también son muy distintas a las que en el fondo la persona siente, siempre en lo que al estado de ánimo se refiere.

  Destacan los casos extremos, como son firma ascendente junto a texto descendente y viceversa, que ya han sido interpretados. Los intermedios lo serán de forma semejante, considerando siempre que el texto responde al «yo manifestado», mientras que la firma lo hace a las más íntimas motivaciones.

INCLINACIÓN

Se relaciona con la afectividad entendida como expresión de las emociones y sentimientos, todos ellos de carácter profundo, al tratarse de la firma.

Como en el caso del texto existen varias posibilidades:

- *Firmas inclinadas:* si la inclinación supera los 90° hacia la derecha. Ejemplos: firmas n.º 291, 294, 297, 298, 306, 309 y 321.

  La firma inclinada muestra a la persona afectiva en los ambientes de familiaridad; también es un indicativo de la toma de iniciativas y de las posibilidades de relación.

  Si la firma es muy inclinada, prácticamente tumbada, demuestra los deseos de intercambio afectivo de manera un tanto angustiosa, sobre todo si los trazos de la firma son rápidos y muy proyectados.
- *Firmas verticales:* si la inclinación oscila ligeramente sobre los 90°, como en las figuras 290, 302, 312, 313, y 325.

  La verticalidad de la firma es un claro síntoma del autocontrol que la persona ejerce sobre sí misma en el terreno afectivo; no es que no exista afectividad, pero sí que esta tiende a ser controlada, normalmente como mecanismo de defensa más o menos inconsciente.

- *Firmas invertidas:* aquellas que se inclinan hacia la izquierda, es decir, que no superan los 90° de inclinación.

  La inversión de las letras de la firma nos indica una reticencia de la persona en lo que a la temática sentimental se refiere; hay prevenciones a la hora de entregarse en el terreno afectivo, a veces por una deficiente vivenciación de los afectos en la infancia; otras como protección más o menos elaborada ante experiencias negativas en este terreno.

  Firmas de inclinación variable: si existen diferentes inclinaciones en las letras de la firma, cual es el caso de las 290, 310 y 314.

  Cuando hay diferencias significativas en la inclinación de las letras de la firma, la persona se muestra dubitativa en el terreno afectivo, entregándose más o menos según las circunstancias. Por otro lado, es un rasgo que demuestra una enorme intuición, sobre todo si los trazos son rápidos.

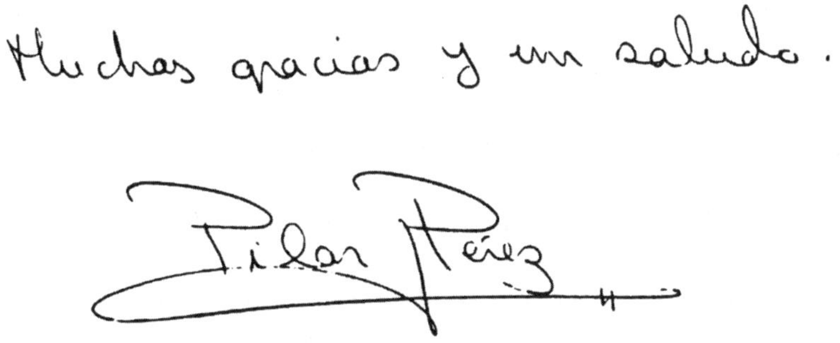

Fig. 303. *Firma invertida.*
Correctamente situada respecto al texto, legible, de letras espaciadas, armónica en su conjunto, rectilínea y con predominio de la zona superior; el trazo final —en forma de gancho— es ascendente y proyectado, aunque apunta hacia la zona izquierda.
La rúbrica, cercana a la firma, la subraya siendo mayor que esta, y es curva, sencilla y de trazado rápido.
Horizontal en su conjunto, a la vez que proyectada, presenta una lazada en su comienzo que continúa con una bolsa a la izquierda. El gancho y las dos rayas finales son también destacables. (Otra firma invertida es la 293.)

VELOCIDAD

La rapidez con que se realiza la firma expresa el grado de dinamismo interno de la persona, así como la propia velocidad de sus procesos mentales.

Podemos hablar de dos tipos extremos de firmas con respecto a este rasgo: firmas rápidas y firmas lentas.

- *Firmas rápidas:* si sus trazos son dinámicos y la firma se realiza en el menor tiempo posible, como es el caso de las figuras 288, 295 A, 301, 314, 317 y 320.
La firma rápida nos define a la persona activa en el fondo, aunque pueda no manifestarlo así (por ejemplo, si la velocidad del texto es menor). Los que firman rápido tienen en su fuero interno la necesidad de ver alcanzados sus objetivos personales con la mayor celeridad posible, corriendo el riesgo de caer en la impaciencia.
Por otro lado, resultan más bien poco reflexivos ya que su forma de pensar es resuelta y expeditiva.
Estas interpretaciones no son válidas en aquellas firmas que se realizan de forma apresurada por circunstancias especiales, como pueden ser: la prisa, la tensión, el tener que firmar demasiadas veces, etc.
- *Firmas lentas:* es el caso en que los trazos son realizados de manera más o menos parsimoniosa, como ha ocurrido en las n.º 294 y 313.
Las firmas lentas están en relación con personas tranquilas, de carácter apacible, que saben esperar para conseguir aquello que se proponen.

PRESIÓN

La *presión* de la escritura siempre es un indicativo de la fuerza interior de la persona, y más si se trata de la que presentan los rasgos de la firma.
Según el grado de presión, podemos hablar de dos tipos de firmas:

- *Firmas presionadas:* son aquellas realizadas a base de presionar con fuerza el útil de escritura sobre el papel. Aunque para comprobarlo de manera inequívoca sería necesario disponer de los originales, proponemos como ejemplos la 312, 314 y 326, en las que el fuerte entintado permite suponer que se han realizado presionando notablemente el útil sobre el papel.
Cuando se presiona la firma, existe seguridad en las propias convicciones, que surge de una fuerza del «yo» elevada y de una energía interior no menos importante. En estos casos el sello o impronta personal que la firma supone, adquiere empuje, energía, resolución, expresando la posesión de estas características de forma intensa.
- *Firmas poco presionadas:* realizadas con escasa presión del útil, como el débil entintado nos hace pensar que ha sucedido en las 290, 2955, 302 y 309.
La firma de escasa presión es sinónimo de falta de seguridad interna, aunque, en el caso de que en el texto la presión sea superior, el sujeto puede aparentar lo contrario.
Son personas con pocos recursos energéticos en lo personal, siendo su «yo» débil en el fondo. Tímidos, inhibidos, con tendencia a las preocupaciones, incluso con propensión a las enfermedades de carácter físico, dada su limitada energía interior.

CASOS ESPECIALES

• *Firmas temblorosas:* son aquellas en cuyos trazos aparecen temblores de forma ostensible, como pasa en las firmas 294, 301 y 318. Por supuesto, para comprobar los temblores es interesante ampliar los trazos, bien por aparatos ópticos tipo lupa, o bien a través de medios digitales.

En cualquier caso, los temblores en la firma nos hablan de una emotividad profunda que no siempre tiene por qué manifestarse, pero que indudablemente existe. El sistema nervioso de estas personas es más o menos frágil, por lo que resultan más impresionables de lo puede considerarse como normal.

Cuando son muy pronunciados, los temblores de la firma pueden obedecer a problemas físicos más o menos importantes; resultan en este sentido muy característicos los producidos por la enfermedad de Parkinson. También son muy particulares los temblores en escritura y firmas de personas alcohólicas o drogodependientes.

• *Firmas con enmiendas:* son rectificaciones que —aunque no excesivamente frecuentes— sí pueden aparecer de manera esporádica en algunas firmas.

La persona que enmienda su propia firma denota una evidente inseguridad personal, al no ser capaz de escribir con soltura su propio nombre; es también síntoma inequívoco de procesos de índole obsesiva. También pueden deberse simplemente a la falta de costumbre de escribir y firmar.

Señalar, por último, que las firmas fotocopiadas no resultan demasiado adecuadas para estudiar la presión sobre ellas, por lo que este rasgo deberá ser estudiado fundamentalmente sobre muestras originales.

Fig. 304. *Firma con enmiendas.*
Lo más interesante de esta firma son las enmiendas que aparecen en las dos letras finales, aunque no afectan a su legibilidad.
La rúbrica es grande, angulosa (concretamente en zigzag), complicada, de trazado rápido y escasa presión. Presenta puntas a la izquierda, predominando en conjunto la zona central y con clara tendencia a la convexidad; el rasgo final se proyecta, terminando en dos rayas.

COHESIÓN

La unión o desunión de las letras o trazos que integran la firma es muy de considerar en el análisis grafológico de esta, relacionándose este aspecto con la continuidad o disociación entre pensamiento y acción, así como con el grado de persistencia de esta última; también la sociabilidad tiene su expresión en este rasgo gráfico de la firma, según el cual se consideran diferentes aspectos que se exponen a continuación:

COHESIÓN DE LETRAS Y/O TRAZOS

- *Firmas ligadas:* cuando las letras o los rasgos (en el caso de que sean firmas ilegibles) aparecen unidos unos con otros en su mayoría. Ejemplos: firmas 298, 299, 301, 307, 312, 314, 317, 322 y 325.
  La firma ligada supone un encadenamiento entre lo que se piensa y aquello que se pone en práctica; también implica una mayor continuidad en todo lo que realiza. Por otro lado, las personas que firman uniendo los trazos presentan un mayor índice de sociabilidad.
  Esto último está en relación muy directa con la unión de las mayúsculas de la firma —genuinos representantes del «yo»— con las minúsculas siguientes. (Naturalmente no se consideran las letras «N», «P», «T», «V» ni «W», cuya separación de la letra siguiente es normal dada su estructura.)
- *Firmas desligadas:* son los casos en que los trazos o las letras aparecen separadas unas de otras o bien yuxtapuestas; lo fundamental es que el útil se separe del papel para que se considere que hay desligamiento. Ejemplos: firmas 294, 308, 311 y 313.
  El desligamiento en la firma implica una disociación entre aquello que la persona elabora mentalmente y su posterior puesta en marcha; supone también una mayor dificultad para dar persistencia a lo que se está realizando.
  Personalmente nos indica dificultades de relación y, en el caso de que las letras estén sensiblemente separadas (tanto mayúsculas como minúsculas), una clara propensión al aislamiento, incluso de las personas con la que teóricamente se debería tener una mayor intimidad.

FASES DE LA FIRMA

Se denomina así al número de veces que el útil de escritura se apoya sobre el papel a lo largo de la realización de la firma. Este número es muy variable, pudiendo ir desde uno (en los casos de firmas hechas de una vez) hasta una o dos decenas o incluso más. De manera genérica hemos considerado dos tipos extremos de firmas con respecto a esta circunstancia:

- *Firma realizada en pocas fases:* al decir «pocas» nos referimos a una (como en las firmas 319 y 326), dos (como es el caso de las números 288, 289, 314, 317 y 320) o tres, como ocurre en las 312 y 325.

Las firmas realizadas de manera continua, sin levantar el útil del papel, están expresando la fluidez de pensamiento y de acción del sujeto, sobre todo si —además— los trazos son dinámicos. También favorece este rasgo todo lo que se refiere a sociabilidad, pues tiene una indudable correlación con la unión de las letras.

- *Firma realizada en muchas fases:* entendiendo por «muchas» cuando el número de las mismas supera la decena. Tal sucede con las firmas n.º 293, 294, 297, 302, 313 y 318.

Cuando la firma se hace en un número considerable de fases, las cosas también tienden a hacerse en un número más o menos elevado de veces, expresando este rasgo las interrupciones frecuentes que estas personas establecen en sus razonamientos y acciones. Refuerza también la prevención en las relaciones sociales, así como la reflexión en general.

RELACIÓN TEXTO-FIRMA

Es muy importante, ya que nos habla de la imagen que la persona proyecta al exterior, expresada en el texto, con respecto a la más íntima y personal, simbolizada por la firma. Hay dos casos fundamentales:

- *Igualdad general texto-firma:* es el caso en que no existen diferencias significativas entre la estructura y morfología de las letras del texto y las de la firma. Y eso en todos los aspectos considerados: organización, tamaño, forma, dirección, inclinación, velocidad, presión y cohesión. Son de igual morfología que el texto adjunto a cada una de ellas las firmas 290, 291 y 302.

  Esta igualdad entre las letras del texto y las de la firma supone una enorme semejanza entre lo que podríamos denominar el «yo íntimo» y el «yo social» de la persona. Esto refuerza enormemente la credibilidad en general, siendo un punto importante a favor de la sinceridad, tanto de expresión como de comportamiento.

- *Diferencias entre texto y firma:* que pueden darse en todos los aspectos citados o en parte de ellos. Como ejemplo puede valer la firma 292 por la diferencia de dirección sobre todo y, en general, todas aquellas que son absolutamente ilegibles; es decir las que son especies de anagramas personales cuya estructura no tiene nada que ver con la de las letras del texto.

  Como puede suponerse, estas diferencias están expresando las que existen entre las dos facetas del yo consideradas (íntimo y social), indicándonos asimismo la tendencia de la persona a adoptar posturas sociales diferentes de aquellas con las se identifica de modo más personal. Naturalmente que esto no es si no un mecanismo de defensa ante las posibles presiones sociales, por lo que es frecuente en las firmas de carácter oficial y laboral, siéndolo mucho menos en las familiares o «de amigos».

RASGOS FINALES

Son muy importantes, pues indican las tendencias inconscientes del sujeto; no olvidemos que los primeros trazos siempre son realizados bajo un control consciente que va disminuyendo en intensidad a medida que se avanza. De ahí la importancia de los últimos trazos de la firma, que son los que normalmente se realizan al final de todo el escrito.

Nos interesan varias cosas, como son: la claridad, la dirección, la proyección y la unión con la rúbrica.

CLARIDAD

Rasgo que, en cualquier zona de la escritura, expresa limpieza de pensamiento y de acción, tanto más si se da en los rasgos finales. Contemplamos dos casos:

- *Firmas de finales claros:* lo que significa que la última letra es perfectamente legible, como ocurre en las número 287 B, 296, 303 y 305.
  La claridad en el final de la firma está de acuerdo con la nitidez en los pensamientos y las acciones, lo que refuerza la fiabilidad general de la persona. Por otro lado, aquello que se realiza se suele terminar de manera adecuada, completándolo en su totalidad.
- *Firmas de finales confusos:* si no pueden leerse las letras finales (o la última). Así ocurre en las n.° 298, 301 y 307.
  Aparte de la consiguiente falta de claridad, tanto en aquello que se elabora mentalmente como en su puesta en práctica, el hecho de que el último rasgo de la firma sea confuso es un síntoma de que la persona utiliza como sistema el no dar una conclusión definitiva a sus acciones. Esto puede afectar de manera desfavorable al acabado de sus trabajos.
  Representa también una tendencia de fondo hacia la huida de situaciones complicadas o que el sujeto vivencia como tales. Por otro lado, este rasgo pone de manifiesto una enorme habilidad en todo tipo de negociaciones.

DIRECCIÓN

Relacionada fundamentalmente con el estado de ánimo y la resistencia a la frustración. Hay otros dos casos extremos:

- *Firmas de final ascendente:* se trata de que el último trazo de la firma se dirija hacia arriba, no importa que sea hacia la zona izquierda o derecha del papel. Ejemplos: firmas n.° 312, 317 y 326.

El ascenso del último rasgo de la firma nos habla siempre del optimismo de fondo en consonancia con un espíritu de superación y una resistencia innata ante la dificultad. Es muy importante tener en cuenta que esta es la tendencia última del sujeto en los aspectos citados. Por otro lado también el ascenso de estos rasgos puede implicar una resistencia hacia la autoridad, así como un afán de polémica y contradicción, sobre todo si se trata de rasgos muy largos y presionados, como es el caso de la firma 307.

- *Firmas de final descendente:* tampoco consideramos aquí el sentido, sino la dirección hacia abajo del último rasgo. Son ejemplos las firmas 306 y 314.

Cuando la firma cae al final, la tendencia de la persona es a «bajar la guardia» después de haber realizado no importa qué tarea. Indica, en definitiva, el desánimo final que sucede a la realización del «trabajo de firmar», lo cual es un reflejo de esa línea general de comportamiento.

Si la caída es muy pronunciada, indicará una propensión hacia los procesos depresivos; si solamente lo es de forma puntual, la interpretación está más en consonancia con la dada en primer término.

PROYECCIÓN

Es el tercero de los aspectos a considerar, según el cual se presenta la siguiente casuística:

- *Firmas de final tasado*: es decir, de final contenido, como sucede en las n.º 287 B, 293, 309, 311 y 316.

El final tasado de la firma es un gesto gráfico de autocontrol, incluso en ambientes de gran familiaridad y confianza. Supone también una contención de la agresividad, lo que refuerza el carácter secundario de la misma.

- *Firmas de final proyectado:* si este último rasgo se lanza o proyecta de manera decidida. Ejemplos: firmas 287 A, 298, 307 y 326.

Al contrario que en caso anterior, la proyección del último rasgo de la firma es un exponente de la agresividad primaria en ambientes amistosos, familiares o de confianza en general. También es indicativo de la irreflexión de fondo que subyace en la personalidad.

UNIÓN-SEPARACIÓN DE LA RÚBRICA

Esta es otra faceta de la cohesión que conviene considerar, pues supone la vinculación o desconexión entre dos auténticos «mundos gráficos» como los que la firma y la rúbrica representan.

- *Rasgo final de la firma unido a la rúbrica:* al terminar la firma y empezar la rúbrica no se levanta el útil del papel, tal y como ocurre en las firmas 289 B y C, 299, 302 y 317. Es este un rasgo que incrementa notablemente el grado de sociabilidad de la persona y sus posibilidades de adaptación en general. Refuerza asimismo la continuidad en las acciones, así como todos los contenidos relacionados con la cohesión.

- *Rasgo final de la firma separado de la rúbrica:* evidentemente, ocurre esto cuando el útil deja de apoyarse sobre el papel al terminar de hacer la firma en sí y antes de empezar la rúbrica, valorándose más cuanto más distantes entre sí aparezcan ambos trazos. Son ejemplos las firmas 296, 298, 301, 305, 306, 310 y 312.

  Este es un gesto gráfico que implica cierta tendencia a reflexionar antes de continuar con aquello que se está llevando a cabo, pues se trata de una «parada» en la tarea de realizar la firma. Es también sintomático de algunas prevenciones a la hora de establecer contactos sociales.

Y hasta aquí este exhaustivo estudio que de todas las características de la firma hemos realizado.

A continuación hacemos un estudio similar de la rúbrica, teniendo en cuenta toda la serie de posibilidades que se encierran en la misma, considerada como un auténtico dibujo o garabato de carácter inconsciente.

ASPECTOS DE LA RÚBRICA

La *rúbrica* es, como adelantábamos al comienzo de este capítulo, un dibujo de naturaleza más o menos inconsciente que simboliza los mecanismos psicológicos de defensa del «yo íntimo» representado por la firma.

Existen multitud de rúbricas, ya que en su realización hay mucha más libertad que en la de las firmas, pues estas se encuentran más o menos sujetas a unos cánones. Sin embargo, en lo que se refiere a la rúbrica, la autonomía es total y absoluta, pudiendo ir desde no realizarla hasta llegar a hacerla de manera complicada, o bien incluir en ella rasgos, diseños o dibujos más o menos originales.

Con todo ello, la rúbrica aporta un material de estudio grafológico de enorme interés al estar lleno de espontaneidad y ser regido, sobre todo, por la parte más inconsciente de la personalidad.

Dentro de todo aquello que puede ser analizado en la rúbrica, hemos seleccionado los siguientes:

ORGANIZACIÓN GENERAL

Se tienen en cuenta aspectos tales como la constancia y la situación de la rúbrica respecto a la firma.

GRADO DE CONSTANCIA

Nos referimos aquí a la variabilidad o no que puede presentar la rúbrica dentro de un determinado tipo de firmas, ya sean estas «oficiales», «de amigos» o «visés». Según sea su grado de constancia, podemos considerar dos tipos de rúbricas:

- *Rúbricas constantes:* de trazado prácticamente igual cada vez que se realizan, sucediendo esto en períodos de tiempo considerables. Ejemplos: rúbricas de las firmas 288 A y B.
  Lo mismo que en las firmas, en las rúbricas constantes también se permiten ligeras variaciones pues, por mucha constancia que exista, nunca dos rúbricas ejecutadas por la misma persona son exactamente iguales.
  La interpretación de la constancia en la rúbrica es muy semejante a la de la firma, es decir, se trata de un síntoma de madurez y estabilidad emocional de mayor entidad si cabe, pues la rúbrica es más susceptible de prestarse a variaciones que la primera.
- *Rúbricas variables:* si presentan variaciones ostensibles perteneciendo al mismo tipo de firma y habiendo sido realizadas en intervalos de tiempo relativamente cortos. Ejemplos: rúbricas de las firmas 289 A, B y C.
  Este tipo de variaciones en la rúbrica también se corresponden con etapas infantiles o juveniles; si se presentan en adultos la interpretación resulta más benévola que en el caso de la firma, expresando no tanto inmadurez como versatilidad, variaciones de actitud, inestabilidad emotiva, etc.

SITUACIÓN RESPECTO DE LA FIRMA

Es un índice más de la distancia a la que el sujeto se siente de los demás, en especial de las personas con las que convive de manera cotidiana.

- *Rúbricas cerca de la firma:* si están muy próximas a esta, ya sea tachándola, subrayándola, envolviéndola, etc. Ejemplos: rúbricas de las firmas 297 y 303.
  Se trata de personas que conectan bien con el ambiente cercano y que, por extensión, están en predisposición de establecer relaciones sociales a otros niveles.
- *Rúbricas lejos de la firma:* lo que supone una barrera invisible entre la intimidad más profunda del sujeto y las personas con las que tiene una mayor confianza.
- *Rúbricas realizadas antes que la firma:* suelen ser la letra inicial que se proyecta y sirve de «renglón» a la firma, aunque también las puede haber con otras estructuras.
  Valgan como ejemplos la rúbrica de la firma 301, la de la 322 y las primeras partes de la 311 y la 313.

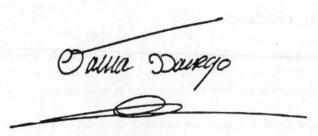

Fig. 305. *Rúbrica alejada de la firma.*
Semilegible, de letras condensadas, sobrealzadas, de tamaño variable y progresivamente inclinadas, presionadas y temblorosas. El número de fases es muy elevado, concretamente doce.
La rúbrica, claramente convexa, se sitúa alejada de la firma y presenta una punta a la izquierda a partir de la cual se proyecta decidida a la derecha; en el centro aparecen dos elipses que sirven para que sea esta la zona que prevalece. El rasgo superior que sale de la inicial también puede ser considerado parte de la rúbrica. (Otro ejemplo de rúbrica alejada de la firma se puede ver en la figura 306.)

Es este un rasgo que expresa la capacidad reflexiva del sujeto, así como sus dotes de planificación: antes de realizar la tarea que supone hacer la firma pone una «base» simbólica en forma de rúbrica.

No se estudia el caso opuesto, que sería la «rúbrica realizada después que la firma», al ser algo absolutamente normal que, por tanto, no admite una valoración específica.

- *Rúbricas invadiendo el texto:* con alguno de sus trazos superiores, lo que admite una interpretación paralela a la de la invasión por parte de la firma, es decir, ocupa-

Fig. 306. *Rúbrica invadiendo el texto.*
Ilegible, sobrealzada, decreciente, angulosa, en arcos, rectilínea, inclinada, de letras ligadas, con final descendente, tasado y separado de la rúbrica. Esta última invade el texto y rodea la firma, siendo en conjunto grande, de presión débil, temblorosa, regresiva, con puntas arriba y rasgo vertical largo descendente y proyectado al final. (Otros casos de invasión de texto por la rúbrica pueden verse en las figuras 307 y 317.)

ción del terreno de los demás. Sin embargo, en el caso de que sea la rúbrica, esta tendencia es menos acusada que cuando son las letras de la firma las invasoras.

- *Rúbricas tachando la firma:* para que estemos en este caso no es necesario que se trate de una auténtica «tachadura», basta con que la rúbrica pase uno o varios rasgos por encima de las letras o los trazos que configuran la firma. Tal ocurre en las rúbricas de las figuras 291, 293, 304, 307, 308, 313, 315, 317, 318 y 323. Dependiendo de la intensidad y profusión de los trazos que se tachen, la interpretación puede ir desde simples deseos de mejorar ciertos aspectos de la personalidad (que no se terminan de aceptar), hasta la existencia de sentimientos de culpabilidad más o menos intensos o incluso autolimitaciones que la propia persona establece de manera inconsciente.

  También es susceptible de interpretación la parte de la firma que se tache, ya sea el nombre o alguno de los dos apellidos o, si la firma es ilegible, la zona izquierda o la derecha de la misma. En cada caso hay que tener en cuenta cual es el significado de la zona tachada, pues el sujeto puede presentar algún tipo de problemática —a veces muy profunda— a ese nivel.

- *Rúbricas separando nombre y apellidos:* nos referimos a los casos en los que algún trazo de la rúbrica establece una auténtica barrera gráfica entre el nombre y los apellidos.

Fig. 307. *Rúbrica separando nombre y apellidos.*
El nombre predomina sobre los apellidos, sobre todo dado el tamaño de la mayúscula inicial, muy superior al de la segunda. Por otro lado, es semilegible, con letras deficientemente ejecutadas, presentándose una curiosa unión entre la última letra del nombre y la inicial del apellido; es también angulosa, agitada, filiforme, ascendente, sinuosa, inclinada, ligada y de final proyectado.
La rúbrica, que invade el texto y rodea la firma (a la vez que separa el nombre del apellido), es grande, angulosa, complicada, rápida, presionada, descendente, con puntas abajo y la derecha, predominando la zona central; subraya con varios trazos que se entrecruzan, siendo el final descendente y con ganchos; está realizada en dos fases. (Son también ejemplos de separación de nombre y apellidos por la rúbrica las figuras 293, 297 y 315.)

Cuando ocurre esta separación, la persona está expresando así su deseo inconsciente de separar las etapas infantiles y juveniles de su vida (representadas por
el nombre) de las adultas, simbolizadas por los apellidos. También supone una
separación psicológica de la vida familiar y la social, representadas también por
nombre y apellidos, respectivamente.

- *Rúbricas rodeando la firma:* son las llamadas «rúbricas envolventes», que engloban toda
  o alguna parte de la firma. Ejemplo: las de las figuras 306, 307, 313, 315 y 318.

El hecho de rodear la firma con la rúbrica es muy común en las primeras etapas
gráficas, pues expresa un deseo de seguridad y protección a niveles íntimos, unido
al egocentrismo que supone dibujar un óvalo (símbolo del «yo») de considerable
tamaño.

Es, por tanto, muy normal este tipo de rúbricas en adolescentes y personas jóvenes, tendiendo a desaparecer en etapas posteriores, aunque en muchas ocasiones
perdura durante toda la vida, como síntoma inequívoco de que siguen presentes
los aspectos que simbolizan.

- *Rúbrica subrayando mayor que la firma:* consiste en uno o varios rasgos que aparecen
  bajo la firma, superando la longitud de esta.

Este rasgo sobre el que la firma se apoya, siendo mayor que ella, es una especie de
«pedestal psicológico» que la persona necesita para sentir seguridad. Representa
también los deseos de reconocimiento por parte de los demás, implicando unos
anhelos más o menos aparentes de recibir la consideración por parte de la sociedad. Es también, por tanto, un síntoma que implica cierto narcisismo.

Fig. 308. *Rúbrica subrayando, mayor que la firma.*
*Destaca el dibujo en forma de «clave de sol» a la derecha de la rúbrica, que puede hacernos pensar en
aficiones musicales del autor. La rúbrica es subrayante, formada por varios trazos cuya longitud supera la de la
firma. Hay profusión de puntas a la izda. y arriba. (Podemos ver más rúbricas de este estilo en las figuras 287
A y B, 288 A y B, 297, 301, 303, 305 y 311.)*

- *Rúbrica subrayando menor que firma:* la única diferencia con el caso anterior es que
  la longitud del trazo es menor que la de la firma, como sucede en las rúbricas
  correspondientes a las firmas n.º 312 y 324.

En este caso la persona posee un mayor grado de autoconfianza, y sus deseos de reconocimiento son de menor intensidad. Supone una mayor madurez y un autoconcepto más elevado.

- *Rúbrica subrayando igual que firma:* hay veces que el trazo que subraya coincide en su longitud con la firma, como sucede —por ejemplo— en las rúbricas de las figuras 298 y 299.

En este tipo de rúbricas hay que interpretar que la persona mantiene un autoconcepto equilibrado y de acuerdo con sus propias posibilidades, aunque también se busca en parte ese apoyo del exterior.

TAMAÑO

El tamaño de la rúbrica nos expresa el grado de necesidad de protección psicológica que la persona tiene. Vamos a analizar las dos posibilidades extremas:

- *Rúbrica grande:* se dice que la rúbrica es grande cuando en su conjunto ocupa una superficie muy superior a la de la firma, o bien la profusión de sus trazos es considerable. Tal sucede en las firmas 293, 297, 306, 307, 308, 313, 315, 318 y 322.

  Si tenemos en cuenta que la rúbrica representa los mecanismos psicológicos de defensa que la persona utiliza, en el caso de que sea grande, la cantidad de artificios utilizados para protegerse será de consideración. Hay que señalar una vez más que estos mecanismos lo son en gran medida inconscientes, es decir, que la persona no los elabora mentalmente, aunque los ponga en práctica sin darse cuenta de ello.

- *Rúbrica pequeña:* si su tamaño es reducido y sus trazos no demasiado recargados ni abundantes. Así es en las firmas 287 B y 325.

  Utilizan este tipo de rúbricas las personas que —desde un punto de vista psicológico— no se autoprotegen en exceso. Serán, por tanto, más fáciles de conocer en profundidad que aquellos que usen rúbricas de mayor tamaño para salvaguardar sus firmas.

FORMA

En este apartado se contemplan varias posibilidades: el binomio gráfico ángulo-curva (apartado en el que se incluyen la presencia de bolsas o puntas en diferentes zonas), la estructura general (su sencillez o complejidad), la proyección o retracción de la rúbrica, su progresión o regresión, así como las zonas predominantes.

ÁNGULO-CURVA

En principio, es importante observar cuál de estas dos tendencias básicas de la morfología predomina en la rúbrica. Luego, según sea una u otra, trataremos casos más específicos.

- *Rúbricas curvas:* son aquellas en las cuales la curva es el elemento gráfico claramente predominante, como en las n.º 289 (A, B y C), 294, 302, 303, 319 y 321.

  La curva tiene unos significados muy definidos que cobran una especial dimensión al aparecer en un elemento tan representativo como es la rúbrica. Así pues, una rúbrica curva implica una enorme capacidad diplomática unida a considerables dotes de convicción y, en general, a un carácter extravertido que predispone hacia el establecimiento de relaciones sociales.

- *Rúbricas angulosas:* si es el ángulo lo que abunda más en su estructura.

  La interpretación es muy diferente de la anterior, pues el ángulo es un elemento de dureza y energía, las cuales están sin duda presentes en las personas que hacen este tipo de rúbricas. El predominio de la razón sobre las facetas más sentimentales también las caracteriza, así como una introversión de fondo que puede limitar sus posibilidades de relación. No obstante, el ángulo en la rúbrica supone que la persona tiene un importante potencial energético, susceptible de ser utilizado si ello es necesario.

Fig. 309. *Rúbrica angulosa.*
Firma temblorosa, ascendente, sinuosa, en la que predomina el nombre, subrayada por varios trazos de una rúbrica que presenta un dibujo con repetidas ondulaciones, formando una especie de «olas marinas», lo que hace que el número de fases de la misma sea elevado, cuatro en concreto. El propio dibujo de la rúbrica le hace ser extremadamente angulosa, con puntas hacia la izquierda y hacia arriba; estas últimas corresponden a las mencionadas «olas».

- *Rúbrica con bolsas a la izquierda:* se llaman «bolsas» a curvas cerradas sobre sí mismas, más o menos ampulosas. Por ejemplo, las que existen en las rúbricas de las firmas n.º 291, 301, 303 y 322.

  Se trata de un rasgo regresivo, pues aparece en la zona de la izquierda, por lo que se relaciona con tendencias hacia el pasado, la familia y la figura materna. Pueden ser proyectos que tienen su base en vivencias pretéritas, o bien deseos de acumular bienes que engrosen el patrimonio familiar.

- *Rúbrica con bolsas a la derecha:* como las de las firmas 289 B, 310 y 322. Este tipo de bolsas encierra proyectos que se quieren poner en práctica de forma más inmediata que los citados en el caso anterior; asimismo, puede simbolizar los deseos de enriquecimiento propio, si la zona de situación es la inferior. Es también un gesto de autoprotección, como si la bolsa a la derecha fuese una especie de «colchón» protector de la firma.
- *Rúbrica con bolsas arriba:* por ejemplo, las que existen en las firmas n.º 289 A y C, 311, 313, 315 y 322. Las bolsas en la zona superior son un claro síntoma de creatividad, de imaginación que puede verse plasmada en proyectos de índole más bien teórica (zona izquierda) o práctica (zona derecha).
- *Rúbrica con bolsas abajo:* cuando aparecen en la zona inferior, las bolsas están relacionadas con el mundo instintivo y material, expresando tanto una acentuada sensualidad como deseos de posesión de bienes materiales.

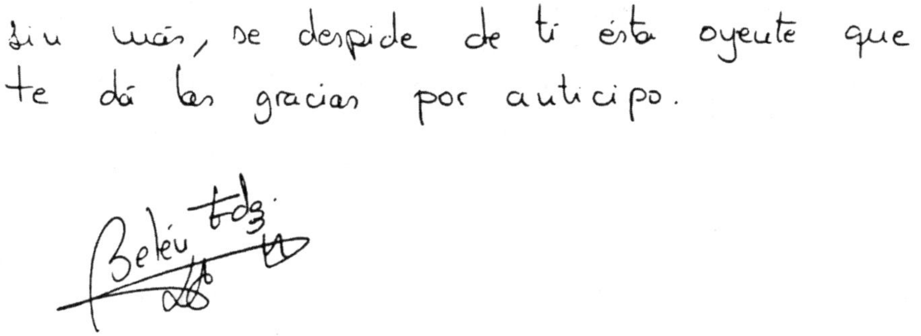

Fig. 310. *Rúbrica con bolsas abajo.*
Firma situada a la izquierda del texto, siendo espaciadas, curvas y bien ejecutadas sus letras, armónicas en su conjunto.
En la rúbrica son características las bolsas en la zona inferior y derecha que, además forman lazadas, así como las puntas arriba y a la izquierda; los cambios bruscos de dirección abundan, entrecruzándose los rasgos. (Aparecen también bolsas abajo en las figs. 289 A, 291, 294, 318, 319, 321 y 323.)

- *Rúbrica con puntas a la izquierda:* aparecen este tipo de puntas en las figuras 293, 301, 304, 305, 308, 309, 310, 313, 316, 317, 323 y 324. Las puntas siempre son sinónimo de agresividad, de dureza y resistencia; cuando van hacia la zona izquierda de la rúbrica se interpretan como una expresión de las agresiones que el sujeto ejerce sobre sí mismo, las cuales pueden ir desde simples períodos de depresión, hasta autolimitaciones de diferente índole, sentimientos de culpa, excesiva autoexigencia, etc.

- *Rúbrica con puntas a la derecha:* son ostensibles en las rúbricas de las firmas 295, 307 y 324.

En este caso la agresividad se ejerce hacia los demás, bien sea mediante una elevada exigencia o una crítica profunda de las actuaciones ajenas, no exenta de mordacidad. En muchas ocasiones, este tipo de agresividad supone en realidad un sistema de defensa ante el exterior. Las puntas a la derecha expresan también las dotes de observación y la capacidad para introducirse en los diferentes ambientes que rodeen a la persona.

- *Rúbrica con puntas hacia arriba:* como las que aparecen en las firmas de las figuras 306, 307, 308 y 313.

Es este un rasgo que expresa la agresividad de tipo primario, que frecuentemente se concreta en una irritabilidad subyacente, expresada con mayor espontaneidad en la relación del sujeto con personas allegadas.

- *Rúbrica con puntas hacia abajo:* como las que podemos observar en las firmas n.º 307, 313 y 323.

Las puntas hacia abajo son un síntoma de que la persona presenta facetas de carácter secundario en su agresividad, es decir, que existen períodos de latencia entre la situación desencadenante y la respuesta a la misma. Si esta tiene connotaciones negativas, se pueden producir situaciones en las que el resentimiento juegue un papel determinante.

ESTRUCTURA GENERAL

Nos referimos aquí al grado de sencillez o de complejidad que la rúbrica, en términos generales, presenta.

- *Rúbricas sencillas:* si los trazos son fundamentalmente simples, sin ningún tipo de adornos innecesarios o recargos en su forma. Son de este tipo las rúbricas de las firmas 287, 288, 296, 299, 303, 317 y 325.

Una rúbrica sencilla es siempre un sinónimo de autenticidad y espontaneidad por parte de la persona, así como de su capacidad para sintetizar. Nos indica también que se siente con la suficiente seguridad interior como para no necesitar excesivos «arropamientos» psicológicos.

- *Rúbricas complicadas:* cuando los trazos sufren complicaciones de consideración, como en las de las firmas 307, 308, 309, 310, 313, 315, 318, 322 y 323.

La rúbrica complicada en exceso indica un carácter algo artificioso: en el fondo se intenta esconder el «yo» de la firma, relacionándose también con la introversión, lo que supone dificultades a la hora de conocer a estas personas en profundidad.

PROYECCIÓN

- *Rúbricas proyectadas:* son aquellas en las que los rasgos se lanzan en no importa qué dirección. Son así las de las rúbricas correspondientes a las figuras 293, 298, 301, 305, 307 y 320.

  La proyección de la rúbrica es un gesto que se relaciona con una agresividad de tipo primario, lo que significa que cuando un estímulo actúa sobre la persona, esta se pone en acción de manera más o menos inmediata.

- *Rúbricas contenidas:* cuando los trazos que las forman son realizados de manera refrenada, como les pasa —por ejemplo— a las de las firmas 312 y 313.

  Al contrario que en el caso anterior, la contención en la rúbrica supone que la persona utiliza mecanismos de autocontrol que ralentizan sus actuaciones. La agresividad es, en estos casos, de naturaleza secundaria.

PROGRESIÓN

Se considera rasgos progresivos de la rúbrica a todos los trazados de izquierda a derecha; según esto se presentan dos tipos de rúbricas:

- *Rúbrica progresiva:* son aquellas en que la mayoría de sus trazos lo son, es decir, van en la dirección apuntada. Ejemplos: rúbricas de las figuras 296, 298 y 312.

  La progresión en la rúbrica supone una tendencia a la extraversión, así como dinamismo, capacidad de iniciativa, etc.

- *Rúbrica regresiva:* más frecuentes son, sin embargo, la aparición de rasgos en la rúbrica que se replieguen hacia la izquierda, zona ancestral relacionada con la figura materna, la familia de origen, etc. De ahí que, entre los ejemplos elegidos, este rasgo sea mucho más frecuente que el anterior, concretamente se presenta en las figuras 290, 291, 299, 306, 307, 309, 310, 313, 318, 321 y 322.

  Resulta lógico que, en lo más profundo de las personas, existan este tipo de sentimientos hacia el pasado, causantes de las llamadas «regresiones» psicológicas, que suponen limitaciones hacia la propia expansión y desarrollo de la persona como tal, pero que, por otra parte, son tan absolutamente humanas como frecuentes.

ZONAS PREDOMINANTES

Se tienen en cuenta las «cinco zonas del papel», a saber: superior, inferior, izquierda, derecha y central.

- *Rúbrica con predominio zona superior:* ya sea por volumen, profusión de trazos, presión o longitud de los mismos, etc. Ejemplos: rúbricas de las firmas n.° 313, 317 y 319.

Esta es la zona del idealismo, de la creatividad y de las posturas de carácter teórico, lo que —al tener lugar en la rúbrica— cobra una considerable importancia a la hora de considerarlo dentro del esquema general de aptitudes y personalidad.

- *Rúbrica con predominio de la zona inferior:* como sucede en las firmas 294, 308, 309, 310, 318 y 321.

En este caso priva lo material, los planteamientos de tipo práctico que se asientan en lo más profundo de la persona y que pueden hacerle desear fervientemente la posesión de bienes materiales, cosa que contribuye no poco a reforzar su seguridad personal.

También se asocia con este tipo de rúbricas una tendencia a vivenciar profundamente las cuestiones de carácter instintivo, enrraizadas en los sustratos más primarios de la personalidad.

- *Rúbrica con predominio zona izquierda:* lo que nos indica una fuerte atracción por todo lo que esta zona significa: el pasado, la familia de origen, la figura materna, etc. Así pues, las regresiones psicológicas de distinta índole se ven bastante favorecidas cuando existe este tipo de rúbricas.

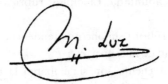

Fig. 311. *Rúbrica con zona izquierda predominante.*
La primera parte de la rúbrica ha sido realizada antes que la firma, siendo a su vez el rasgo inicial de la «M» y contribuyendo al predominio de la zona izquierda. Por otro lado, es una firma bien ejecutada, en que las letras están espaciadas y desligadas. (Otros casos de predominio de la zona izquierda de la rúbrica son las firmas 290, 301 y 303.)

- *Rúbrica con predominio zona derecha:* como sucede en las firmas 294 y 320.

La preponderancia de esta zona derecha en la rúbrica es un inequívoco síntoma de la iniciativa, la sociabilidad y la capacidad de decisión de estas personas que, si además otros rasgos lo confirman (como el margen izquierdo grande o aumentando, la firma a la derecha, etc.), pueden sentir en el fondo de su personalidad un deseo de olvidar etapas pretéritas y preferir centrarse en lo venidero.

- *Rúbrica con predominio zona central:* lo que ocurre en la de las firmas 305, 307, 319 y 323.

Como sabemos, la zona central es una de las representaciones del «yo» en Grafología, por lo que el predominio de esta parte de la rúbrica ya es, de por sí, un claro síntoma de egocentrismo de carácter narcisista.

DIRECCIÓN

En el caso de las rúbricas la dirección no siempre aparece como lineal, salvo en el caso de que se reduzcan a una recta. Hay que considerar, por tanto, la dirección dominante de la misma.

- *Rúbrica ascendente:* si la dirección predominante en la misma lo es, como en las de las figuras 293, 308, 310 y 317.

  El ascenso general de la rúbrica refuerza considerablemente los contenidos relacionados con este tipo de dirección: optimismo, capacidad de superación, deseos de cambio, nivel de aspiraciones, etc.

- *Rúbrica descendente:* si, en su conjunto, la rúbrica discurre por debajo de la horizontal. Ejemplos: las rúbricas de las firmas n.º 299, 306, 314, 315 y 316.

  Cuando la rúbrica desciende, el desánimo siempre es un enemigo potencial, incluso si la firma o las líneas son ascendentes. En este caso, la persona está intentando superar unas tendencias depresivas que subyacen en el fondo de su personalidad.

- *Rúbrica horizontal:* si la rúbrica adopta —considerada en su conjunto— una posición horizontal, como es el caso de las de las figuras 287 B, 289 A, 293, 302, 303, 309, 316, 321 y 322.

  La horizontalidad de la rúbrica hay que interpretarla como estabilidad de miras y ánimo equilibrado, al menos en lo que a este rasgo gráfico se refiere.

- *Rúbrica cóncava:* lo es cuando su comienzo es descendente hasta llegar a un mínimo a partir del cual empieza un ascenso progresivo.

  Supone la concavidad de la rúbrica una profunda capacidad de superación de las dificultades que, en un primer momento, pueden resultar agobiantes para la persona. Refleja también facetas de carácter narcisista, ya que, al igual que en las rúbricas subrayantes, se trata de una especie de «pedestal» sobre el que la persona quiere situarse.

- *Rúbrica convexa:* es así cuando después de un comienzo ascendente y, tras llegar a un máximo, comienza un descenso hasta alcanzar de nuevo la posición inicial. Eso es, precisamente, lo que ocurre en las firmas 296, 301 y 305.

  Este tipo de rúbrica simboliza que los entusiasmos del comienzo (sea cual sea la actividad) suelen dejar paso a un cierto desánimo en cuanto existen dificultades de cierta consideración.

- *Rúbrica ondulante que subraya firma:* las «ondulaciones» pueden ser más o menos simples, como las de las firmas 295 B ó 315 (en esta se da solo en la segunda parte), o bien adoptar una mayor complejidad, como es la de la firma n.º 309.

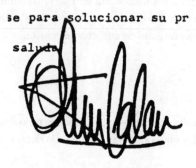

Fig. 312. *Rúbrica cóncava.*
Firma que invade el texto, semilegible (aunque con un final claro), condensada, fuerte, presionada,
sobrealzada, en sentido vertical, decreciente en el tamaño, con predominio de la zona superior, angulosa,
en guirnaldas y —sobre todo— cóncava en su dirección.
Muy cercana a ella aparece su rúbrica, que la subraya siendo menor que ella, de trazado más bien lento
y asimismo cóncava.

En cualquier caso, estas ondulaciones en la rúbrica expresan un carácter de fondo siempre dispuesto a adaptarse a las circunstancias, basándose en la cordialidad y la actitud positivista en general. Se asocian también a este tipo de rúbricas la capacidad de negociación y la habilidad para el trato, todo ello no exento de una cierta laxitud que propiciará altibajos en aquello que se realiza.

VELOCIDAD

Tendremos en cuenta los casos extremos, es decir, los que suponen un trazado rápido o lento.

- *Rúbrica de trazado rápido:* se refiere a que los rasgos que la forman hayan sido trazados con apreciable velocidad, como sucede en gran parte de las firmas de los ejemplos, particularmente en las figuras 293, 299, 305, 307, 316 y 317.
  La rapidez de la rúbrica demuestra deseos de terminar las tareas con prontitud, pues se trata de los últimos trazos de todo el escrito y/o de la firma. Refuerza todo lo relativo a velocidad elevada: rapidez de reflejos, iniciativa, dinamismo, etc.
- *Rúbrica de trazado lento:* lo que ocurre de manera ostensible en las de las firmas 295, 309, 312, 322 y 324.
  Se deduce de este tipo de rúbricas una cierta parsimonia para rematar las cosas, como si la persona se resistiese a terminar aquello que en un momento dado está realizando.

La lentitud en el trazado de la rúbrica también se relaciona con la de reflejos en general, así como con la tendencia a reflexionar antes de actuar.

PRESIÓN

La presión de la rúbrica guarda una relación directa con la energía de reserva que la persona posee, ya que aquí es la última ocasión en que el útil presiona sobre el papel al realizarse un determinado escrito y/o firma.

- *Rúbrica presionada:* aunque lo ideal sería disponer de los originales, podemos citar como ejemplos los de las firmas 305, 307, 312, 316, y 320.
  Expresa la fortaleza de base que la persona posee, pues la presión es sinónimo de energía y vitalidad; por tanto, si aparece en la rúbrica, hay que relacionarla con las reservas energéticas que pueden ser utilizadas en los casos en que ello resulte necesario.
- *Rúbrica débil:* de la que son ejemplos las correspondientes a las firmas 292, 302, 306, 309 y 321.
  Si todo el escrito es de presión débil y la rúbrica también, esto no hace sino confirmar todos las interpretaciones correspondientes a este rasgo. Por el contrario, si la presión general fuese superior a la de la rúbrica, deduciremos que la persona tiende a terminar las cosas con menos empuje que las empieza, quizá porque no posee un excesivo remanente de energía.
- *Rúbrica temblorosa:* se pueden apreciar temblores en las rúbricas de las firmas 306, 318, 322 y 324.
  La impresionabilidad como resultado de un sistema nervioso afectable es la primera interpretación de los temblores en la rúbrica. En el caso de que estos no aparezcan en el texto ni en la firma, se trataría de una característica oculta, no observable desde el exterior. También puede ser un síntoma de problemas físicos.

COHESIÓN

En el caso de la rúbrica la cohesión de los trazos de la misma se estudia en función de las fases que, como ya hemos comentado, son el número de veces que el útil se apoya sobre el papel.

- *Rúbrica realizada en una fase:* es bastante común, al ser la rúbrica un movimiento que normalmente se hace sin levantar el útil del papel. En muchas rúbricas ocurre esto, como puede verse en los ejemplos 306, 312, 317, 319, 320 o 325.
  Se trata de un rasgo que refuerza la continuidad entre el pensamiento y la acción.

• *Rúbrica realizada en varias fases:* es algo menos común, máxime si el número es considerable. En los ejemplos propuestos la rúbrica de la firma 307 consta de dos fases, la de la 294 de cuatro y la de la 291 de cinco.

Al contrario que en el caso anterior, el hecho de que la rúbrica se realice en más de una fase, resulta significativo en el sentido de suponer una tendencia a disociar pensamiento de acción.

Se interpreta también como un deseo de reafirmar la personalidad, pues el útil se aplica varias veces sobre el papel remarcando la firma.

RASGOS FINALES

Son el trazo más inconsciente del escrito, al ser los últimos de la rúbrica que, no olvidemos, es un dibujo realizado sin reglas fijas, donde se proyectan facetas inconscientes de la personalidad. Nos interesan fundamentalmente dos aspectos, la dirección y el grado de proyección de los mismos:

• *Rasgo final rúbrica ascendente:* por ejemplo, el de la firma de la figura 317.

Este rasgo nos pone de manifiesto el fondo de optimismo que preside las acciones del autor de la rúbrica. Podríamos decir que, cuando el final de la rúbrica asciende, la persona siempre tiene recursos para superar las dificultades.

Por otro lado, es también un rasgo de rebeldía que puede estar más o menos encubierta y expresarse en forma de oposicionismo en ambientes muy cercanos al sujeto, en los que se desenvuelve con espontaneidad.

• *Rasgo final rúbrica descendente:* como tiene lugar en las firmas 294, 299, 304, 306, 307 y 314.

Es un gesto de desánimo final, de tendencia a «bajar la guardia» una vez que los objetivos están cubiertos o cuando las presiones se hacen difíciles de soportar. No es excesivamente preocupante si a lo largo del escrito existen rasgos que compensen esta propensión de base.

Como todo rasgo descendente, el final de rúbrica se interpreta como gesto de defensa de las propias ideas e intereses frente a los ajenos.

• *Rasgo final rúbrica proyectado:* podemos ver ejemplos de esto en las firmas 292. 294, 300, 301, 305, 306, 307, 316, 317, 318 y 320.

Es un claro exponente de la agresividad primaria, que puede traducirse en «explosiones de genio» o bien en respuestas rápidas ante estímulos de diversa índole. Si los finales del resto del escrito fueran contenidos, este último rasgo proyectado expresaría los deseos inconscientes de liberar una energía que —en principio— se intenta controlar.

• *Rasgo final rúbrica contenido:* lo que es sintomático de que los deseos de controlar la agresividad se mantienen hasta el final, por lo que se puede calificar a esta de secundaria.

Una parte de la rúbrica, la que sale de la inicial del nombre, ha sido realizada antes que la firma; la otra la rodea y pasa a la vez por encima de ella formando puntas y bolsas, sobre todo en la zona superior (que es predominante), para terminar en las dos rayas características, situadas justo encima del rasgo final contenido.

Fig. 313. *Rúbrica con rasgo final contenido.*
Firma legible y bien ejecutada, aunque lenta en su trazado y de letras desligadas, el número de fases es muy considerable: once.

RÚBRICAS ESPECIALES

En este epígrafe agrupamos los casos de rúbricas que no se encuadran en ninguno de los anteriores.

- *Rúbrica en lazada:* cuando un rasgo se cruza volviendo sobre sí mismo, se forma una lazada. Ejemplos: rúbricas de las firmas 291, 294, 301, 303, 310 y 319.
  La lazada, máxime en la rúbrica, es un gesto gráfico en directa relación con la diplomacia y las dotes de convicción, aunque también denota un cierto narcisismo íntimo.
- *Rúbrica vertical corta y firme:* al final de la firma se hace un trazo vertical corto y presionado, a modo de rúbrica.
  Es esta una rúbrica somera, escueta, que denota la capacidad de síntesis del autor; señala también su fluidez mental (sobre todo si los trazos son rápidos), a la vez que

Fig. 314. *Rúbrica vertical corta y firme.*
Firma rápida, realizada en una sola fase, semilegible, convexa y agitada; es característica la rúbrica vertical, breve, tajante y terminada «en maza».

su deseo de ejercer el mando, de autoafirmar su personalidad, lo que le llevará a defender a ultranza sus puntos de vista frente a las opiniones ajenas. Las entrevistas con sus interlocutores terminarán muchas veces de forma brusca, tajante, sin dar pié a ningún tipo de réplica o respuesta contradictoria.

- *Rúbrica vertical larga:* el rasgo final de la rúbrica es una línea más o menos recta, vertical y de considerable dimensión. Así ocurre en la firma n.° 306.

Este tipo de rúbrica está relacionada con la independencia de la crítica que el autor esgrime en su comportamiento social. Es como una especie de protección, de barrera que sirve para establecer unas distancias que impiden a los demás acercarse a su mundo más auténtico; en el fondo es una manera de autodefensa.

- *Rúbrica vertical sinuosa:* es el caso en que la rúbrica se convierte en una especie de «culebrilla» que desciende en vertical, siendo de menor amplitud a medida que lo hace.

La adaptabilidad (por lo sinuosa), la diplomacia y el tacto sociales (por la curva), así como la tendencia a caer en estados anímicos bajos (por la caída en vertical), son las características más notables que se asocian a esta rúbrica.

Fig. 315. *Rúbrica vertical sinuosa.*
Curiosa distribución de nombre y apellido, en diferentes renglones. Las respectivas rúbricas son: la primera envolvente al principio y luego vertical sinuosa; la segunda empieza en una elipse vertical que se continúa en una «guirnalda» que tacha a la vez que subraya el apellido. Al final, en la zona derecha, aparece un símbolo en forma de asterisco.

- *Rúbrica en línea oblicua:* es bastante común que la rúbrica sea una línea recta que, saliendo de la parte derecha de la firma, se proyecte hacia la izquierda según una línea más o menos oblicua. La firma 299 es un buen ejemplo.

Se trata de un gesto tajante, por lo que se interpreta como capacidad para tomar determinaciones de forma directa.

- *Rúbrica en zig-zag:* este dinámico movimiento de vaivén produce puntas tanto a la izquierda como a la derecha, por lo que podemos asegurar que estamos ante un carácter fuerte y más o menos explosivo.

Los zigzag son también síntoma inequívoco de que la persona tiene en su manera de comportarse repentinos cambios de humor, lo que se traduce en una agresividad de tipo primario que manifiesta sobre todo en ambientes de confianza.

Fig. 316. *Rúbrica en zigzag.*

Firma «de amigos», legible, de tamaño creciente, angulosa, inclinada progresivamente y de final tasado, acompañada de una rúbrica en zigzag, con sus correspondientes puntas a derecha e izquierda y con un símbolo final en forma de aspa, aparte del pequeño gancho adyacente.

- *Rúbrica en espiral:* este tipo de curvas que se cierran sobre sí mismas podemos apreciarlas en las rúbricas de las figuras 302, 307 y 321.

  La espiral es un rasgo narcisista y egocéntrico por excelencia, por lo que estas dos valoraciones entran de lleno en su interpretación. En el fondo, estas personas tienen una marcada necesidad de sentirse psicológicamente protegidas y —por otra parte— pueden presentar tendencias de tipo obsesivo.

- *Rúbrica curva envolvente abierta por un lado:* en este tipo de rúbrica, la firma puede «asomar» por esa zona abierta, que normalmente se sitúa a la derecha. Algo semejante tiene lugar en la firma n.º 291.

  Hay en este caso un predominio de los procesos razonadores sobre los puramente sentimentales, así como una agresividad encubierta que calificaremos de secundaria. También es un reforzante del egocentrismo.

- *Rúbrica con línea recta superior:* que puede provenir de la prolongación de una de las letras de la firma (como en las figuras 305 y 312), o bien salir directamente de la rúbrica, como es el caso de la 317.

  Es este un rasgo de autocontrol de la creatividad, pues simboliza una especie de «tejado» que la persona se pone a sí misma como si quisiera controlar sus propias

Fig. 317. *Rúbrica con línea recta superior.*

Firma que invade el texto, siendo ilegible, sobrealzada, en guirnaldas, marcadamente convexa, en sentido vertical, de trazado rápido y letras ligadas (dos fases tan solo), con un final ascendente y proyectado que se une a la rúbrica que la cruza en forma de rasgo lanzado hacia arriba con punta a la izquierda, formando un aspa superior.

ideas. Hay también un deseo de proteger a las personas a las que se tiene cerca, aunque a veces esta protección esté impregnada de un cierto control.

- *Rúbrica encuadrando firma entre paralelas:* resulta relativamente común que en la rúbrica aparezcan dos líneas paralelas, una superior y otra inferior, entre las cuales se escribe la firma. Podemos verlo en la figura 292.

Estas dos líneas paralelas se asemejan a los «raíles del tren», por lo que las actuaciones de las personas que así rubrican suelen dirigirse hacia unos objetivos perfectamente marcados de los que no se alejan un ápice hasta no verlos cumplidos.

También supone una autolimitación, tanto en los aspectos creativos y teóricos como en los puramente prácticos. En el fondo existe un temor ante el medio, del que la persona se intenta proteger.

- *Rúbrica subrayando con varios trazos:* en la parte inferior de la rúbrica aparecen varios trazos, normalmente horizontales, bien como única expresión de la rúbrica o incluidos entre otros. Son ejemplos las firmas 291, 307, 308, 309 y 318.

Si una rúbrica subrayante ya implica una indudable necesidad de reconocimiento de los propios méritos por parte de los demás, en el caso de los trazos que subrayan sean varios, esta necesidad se hace imperiosa y corre el riesgo de ser incluso obsesiva.

- *Rúbrica con cambios bruscos de dirección:* tanto con carácter anguloso como curvo y en cualquier parte de la rúbrica. Como ejemplos podemos ver las figuras 293, 301, 304, 308, 309, 310 y 318.

Son una expresión clara de los cambios de actitud y comportamiento, también bruscos en mayor o menor medida. Indica asimismo carácter explosivo en ambientes de confianza como resultado de una agresividad de tipo primario.

- *Rúbrica cortada por dos pequeñas rayas:* nos referimos a ese par de rayitas que, bien por separado o unidas por un rasgo, aparecen al final de no pocas rúbricas. Esta circunstancia se da en las firmas 294, 301, 302, 303, 304, 311, 313 y 318.

Estas «dos rayitas» significan que la persona es amante de cuidar los más mínimos detalles, que se trata de un —o una— perfeccionista. También es un modo de expresar gráficamente el deseo de dejar las cosas muy bien sentadas, de rematarlas lo mejor posible; de ahí que en las conversaciones, diálogos, entrevistas, etc., estas personas se esfuercen por decir siempre la última palabra.

También la tendencia a obsesionarse es una característica personal que añadir a este cuadro general que responde a la interpretación de este pequeño pero importante detalle de la rúbrica.

- *Rúbrica con rasgos que se entrecruzan:* unos en dirección horizontal y otros en vertical. Ejemplos: figuras 288, 307, 308, 309, 310 y 318.

Los rasgos entrecruzándose en las rúbricas implican agresividad primaria y carácter rebelde en el fondo, así como un denodado espíritu de lucha, válido para superar situaciones complicadas.

- *Rúbrica con rasgo protector superior:* se trata de un rasgo curvo que, surgiendo del final de la firma, protege a esta a modo de brazo o escudo defensor. Puede verse en las firmas 293 y 313.

  Es otro símbolo más de la existencia de temores de tipo inconsciente ante los que se busca protección de personas o entidades vivenciadas como superiores.

- *Rúbrica con rasgo protector a la derecha:* caso muy semejante al anterior, salvo por la situación del rasgo que es específicamente a la derecha de la firma en lugar de en la zona superior. Como ejemplo valen las figuras 289, y 299.

  Simboliza también deseos de protección, aunque en este caso los elementos protectores están a un nivel más parejo al de la propia de la persona.

- *Rúbrica dejando espacios calculados:* la rúbrica, o una parte de ella, se utiliza para formar letras completas de la firma o partes de las mismas.

  Se trata de un rasgo que denota espíritu razonador además de capacidad organizativa y aptitud espacial; todo ello es lógico si pensamos que quien utiliza estos tipos de rúbrica piensa como organizar su firma de manera que el espacio se distribuya de antemano.

Fig. 318. *Rúbrica dejando espacios calculados.*

En este caso se utiliza una parte de la rúbrica para servir de trazo vertical de la inicial del primer apellido que, por cierto, predomina sobre el nombre y el segundo. Las letras son de tamaño variable, rebajadas, verticales, y la firma agitada, temblorosa, en sentido horizontal y convexa en su conjunto. Ha sido realizada en un número elevado de fases, 18 en concreto.

La rúbrica, tacha, rodea y separa nombre y apellidos de la firma, siendo en general grande, complicada y de trazado rápido, aunque débil y temblorosa en su presión y regresiva en su conjunto. Predominan en ella las zonas inferior —con bolsas— y derecha, subrayando con varios trazos, a la vez que hay zig-zag que propicia los cambios bruscos de dirección y el entrecruzamiento de los trazos horizontales y verticales. El rasgo final de la misma es descendente y proyectado, cortado por dos pequeñas rayas.

- *Rúbrica que vuelve para hacer la inicial de la firma:* es un tipo de rúbrica no muy frecuente, que indica también lógica y capacidad de organización, así como creatividad y una cierta tendencia exhibicionista, dada la novedad que este gesto supone.

  Por ser un rasgo regresivo, denota una reticencia inconsciente a relacionarse, así como marcadas vinculaciones con el pasado, la tradición, la familia, etc.

- *Rúbrica en prolongación horizontal de firma:* la rúbrica se convierte en un trazo más o menos prolongado de la firma en dirección horizontal.

Fig. 319. *Rúbrica que vuelve para hacer la inicial de la firma.*

Legible, de letras espaciadas, ampulosa en la zona superior, ligeramente sinuosa, rápida, ligada, realizada tan solo en una fase y con un final confuso y descendente que se une a la rúbrica, la cual vuelve a hacer la mayúscula inicial, auténtica particularidad de esta firma. Es —además— regresiva, envolvente y forma una lazada con bolsa en la zona inferior.

Teniendo en cuenta que es un rasgo proyectado, expresa capacidad de iniciativa, dinamismo y agresividad de tipo primario no exenta de impaciencia, producto de una cierta ansiedad de fondo.

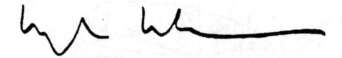

Fig. 320. *Rúbrica en prolongación horizontal de firma.*

Firma ilegible, con nombre y apellidos muy espaciados, desorganizada, angulosa, filiforme, agitada, sinuosa, en sentido horizontal, rápida, progresiva, realizada solo en dos fases y con un último rasgo que origina una rúbrica proyectada en horizontal.

- *Rúbrica con puntos innecesarios:* son aquellos que aparecen en la rúbrica sin motivo caligráfico ni ortográfico alguno, como los que pueden apreciarse en las figuras 302 y 308.

  La razones por las que se ponen este tipo de puntos pueden ser varias; la primera, por una costumbre ortográfica de situar el punto y final cuando se termina de escribir. En este caso hay que interpretar sometimiento a las normas no exento de perfeccionismo.

  Hay veces que estos puntos al final de la rúbrica responden a la fatiga psicológica que el hecho de escribir provoca sobre la persona, de manera que se acaba poniendo un punto que sería «de apoyo».

  Por último, hay personas que intentan evitar posibles falsificaciones mediante la inclusión de puntos más o menos crípticos al final o en otras zonas de su firma; ni que decir tiene que expresa desconfianza ante la posibilidad de ser engañados.

- *Rúbrica con símbolos:* que pueden ser cruces, círculos, estrellas, números, etc. Así, en la firma 315 aparece un asterisco al final, en la 316 una cruz en forma de aspa y en la 321, el n.º 25 escrito en cifras de pequeño tamaño.

Estos símbolos son un claro exponente de que se busca la originalidad, el salirse de lo corriente; son relativamente comunes en las firmas de adolescentes.

Hay que hacer una salvedad que no es otra que las firmas de estadounidenses o personas muy relacionadas con ellos, pues es costumbre «mandarse besos» mediante la inclusión de cruces en aspa al final de la firma, normalmente sin otro tipo de rúbrica.

Fig. 321. *Rúbrica con símbolos.*
Rúbrica con un «25» de carácter enigmático situado en la zona central.

- *Rúbrica con dibujos:* que pueden ser de carácter real o simbólico; por ejemplo, en la rúbrica de la firma 308 hay una especie de «clave de sol» a la derecha, en la 309 una serie de rasgos cóncavos unidos que, según su autor, simbolizan las «olas del mar, y en la 322 aparece una especie de caricatura mirando hacia la derecha. En este tipo de rúbricas se contemplan una serie de posibilidades a la hora de interpretarlas dependiendo de la naturaleza de los dibujos, por lo que cada caso debe ser estudiado de manera individualizada.

Sin embargo, y con todos los riesgos que generalizar supone, podemos decir que los dibujos que se incluyen en las rúbricas demuestran sentido artístico y aptitudes plásticas por una parte, así como un claro deseo de llamar la atención que puede obedecer a un exhibicionismo con tintes narcisistas.

Fig. 322. *Rúbrica con dibujos.*
Curiosa firma, ilegible, lenta en su trazado, descendente, de trazos verticales y ligados, con una rúbrica cuya primera parte se realiza antes que la propia firma, a la que después rodea de manera original, realizando un dibujo en la zona derecha que semeja un «mascarón» de proa de un barco.

- *Rúbrica enmarañada:* si los trazos se entrecruzan formando una auténtica «maraña», como en las figuras 308 y 323.

Cuando la rúbrica se complica de esta manera, podemos afirmar que la persona está intentando tejer una auténtica «cortina de humo» para esconder sus auténticas intenciones. Hay también luchas internas por cuestiones personales más o menos profundas que están por resolver.

Fig. 323. *Rúbrica enmarañada.*

A pesar de que la firma en realidad es legible, la rúbrica dificulta la legibilidad al ser enmarañada y situarse justo encima de ella, tachándola repetidas veces y formando bolsas en la zona inferior y puntas arriba, abajo y a la izquierda, para terminar en un rasgo final proyectado a la derecha, rematado por un punto innecesario.

- *Rúbrica con bucles al final:* lo que pone de manifiesto el carácter narcisista del autor, rasgo que podría permanecer más o menos encubierto si estos bucles aparecieran solo al final de la rúbrica.

Suponen también un predominio de los aspectos materiales y, si son muy ampulosos e inmersos en la zona inferior de la rúbrica, demuestran los deseos de acaparación de bienes como búsqueda de seguridad personal.

Fig. 324. *Rúbrica con bucles al final.*

Firma semilegible, dada la deficiente ejecución de sus letras que presentan un tamaño variable y rebajado; la dirección es sinuosa y la firma desorganizada en conjunto. La rúbrica subraya siendo menor que la firma y es contenida y de trazado lento y tembloroso, apareciendo en ellas unos característicos bucles al final.

- *Rúbrica con ganchos al final:* como los que pueden apreciarse en las firmas 298, 300, 303 y 308.

Los ganchos indican búsqueda de seguridad, pues son una expresión gráfica de los deseos del autor de «aferrarse», ya sea a las cosas —cuando aparecen en la zona inferior— o a las ideas, instituciones, religión, etc., cuando lo hacen en la superior. Al final de la rúbrica suelen darse en la parte inferior de esta, pues es la que predomina; se interpretan, por tanto, como búsqueda inconsciente de seguridad material.

- *Rúbrica reducida a un punto:* claro exponente de la capacidad de síntesis y la independencia de criterio.

La rúbrica es solo el punto al final a la derecha de la firma, en este caso en forma de pequeña línea oblicua.

Fig. 325. *Rúbrica reducida a un punto.*
Firma ilegible que invade el texto, sobrealzada, en principio curva (con círculos entrelazados) y después angulosa, sinuosa en su base y con claro predominio de la zona superior. Los trazos mantienen la verticalidad y se mantienen ligados, estando realizada en solo tres fases.

- *Rúbrica inexistente:* es norma en los países anglosajones, aunque puede darse en personas de otras latitudes donde normalmente sí se hace rúbrica.

Significa que se ha llegado a un considerable grado de madurez personal, de forma que no se hace necesaria la utilización de rúbrica que respalde la personalidad expresada en la firma. Así pues, la ausencia habitual de rúbrica es propia de personas de un nivel intelectual y personal considerable, así como de una enorme autonomía e independencia.

Fig. 326. *Rúbrica inexistente.*
Llama la atención la punta hacia abajo (tras la mayúscula inicial), así como la continuidad del trazo, que reduce al máximo las fases (solamente una). El último rasgo hacia arriba supone una protección que compensa la inexistencia de rúbrica.

Sin embargo, hay veces en que no se hace rúbrica por otros motivos, como pueden ser un cierto «snobismo» o un carácter más o menos racional que lleva a firmar simplemente con el nombre y apellidos, sin el aditamento de la rúbrica.

EVOLUCIÓN DE FIRMA Y RÚBRICA

Es un hecho que la personalidad evoluciona con el tiempo, y las formas de expresión de la misma también van cambiando en las diferentes etapas de la vida de la persona.

La escritura en general —y la firma y la rúbrica en particular— son formas de expresión personal en las que se pueden apreciar esas modificaciones que corresponden a las distintas épocas de la vida de una persona.

A veces tienen lugar cambios espectaculares en los trazos pero, aun cuando no sea así, siempre existen ligeras y continuas modificaciones en el trazado a lo largo del tiempo, de forma que se puede saber cuando ha sido realizada una determinada firma —a veces con asombrosa precisión— con tal de disponer de una serie de firmas de esa misma persona perfectamente fechadas. Este procedimiento se denomina «datación de firmas», y se usa dentro de la técnica de pericia caligráfica.

Pero volviendo a las etapas evolutivas de la firma, podemos decir que todo empieza cuando, tras una fase infantil de «garabateo», el niño aprende a escribir siguiendo las normas caligráficas de sus maestros quienes les proponen un determinado «modelo caligráfico» que ellos tratan de imitar.

El niño se limita, en principio, a copiar los rasgos que se le proponen como modelo para, posteriormente, ir escogiendo aquellos que mejor se adapten a su propia personalidad.

Lo mismo ocurre con la firma que, en una primera fase, se reduce a escribir su nombre y apellidos, para irse modificando posteriormente con aquellos rasgos y contenidos con los que la persona se identifica.

En una primera fase se suelen imitar firmas de figuras de autoridad, como pueden ser los padres, familiares, profesores, etc. Después, suelen terminar imponiéndose los rasgos más personales.

De esta manera se va elaborando una firma en la etapa adolescente (con su correspondiente rúbrica, claro), período en el que no deja de ser curiosa la preocupación por la búsqueda de «su firma» que impulsa a los jóvenes a hacer no pocas pruebas hasta encontrar aquella con la que —en ese momento— se sienten más identificados.

Por supuesto que en estas primeras etapas son frecuentes los cambios en la personalidad y —por tanto— en la escritura y en la firma (rúbrica incluida). Hay que tener en cuenta que se está empezando a formar la personalidad adulta, pero esta no se ha consolidado aún y eso hace inevitables las modificaciones en la misma.

Lo normal es que los jóvenes, después de no pocos ensayos, encuentren por fin su «firma ideal» que muchas veces ya es doble: una para los documentos oficiales (se empieza a expresar su «yo social»), y otra para los amigos, en la que pueden aparecer rasgos o adornos más o menos estrambóticos u originales.

Esta primera firma juvenil suele ir acompañada de rúbricas grandes, a veces complicadas, con rasgos que demuestran búsqueda de seguridad y deseos de autoafirmación.

Después, a lo largo de la vida de la persona, la firma se va poco a poco simplificando, y la rúbrica se hace más sencilla, perdiéndose gran parte de los rasgos de protección. Es lógico, ya que se va adquiriendo confianza en las propias posibilidades a la vez que existe un mayor grado de autoidentificación que propicia la claridad en la firma y la sencillez en la rúbrica.

Pero muchas veces la presión social es tan fuerte, que «obliga» a la persona a adoptar «medidas cautelares» en su firma, la cual se puede hacer menos legible a la vez que la rúbrica se complica, en un afán inconsciente de buscar seguridad y protección frente al medio.

Así, es frecuente la existencia de «firmas laborales» sustancialmente distintas a las que las mismas personas realizan cuando escriben a sus familiares o amigos, muchas veces limitadas al nombre propio con una sencilla rúbrica.

Aparece también la figura del «visé» o «visado», en aquellos que tienen que firmar de forma muy reiterativa en su trabajo. Se trata normalmente de rasgos breves, rápidos, a modo de rúbrica resumida, por lo que su análisis nos aporta también interesantes contenidos inconscientes.

Por todo ello, es conveniente conseguir el mayor número de estos elementos gráficos para poder analizar grafológicamente el conjunto de los mismos. Así pues, conviene pedir —si es posible— todas las firmas que la persona realiza en la etapa de su vida en la que hacemos el análisis, así como otras firmas de etapas anteriores.

Esto último se hace indispensable cuando se realiza el llamado *análisis grafológico* de Evolución de la Personalidad, en el que no solo serán necesarias las firmas de diferentes épocas, sino también muestra de escritura de cada una de ellas e incluso los dibujos y garabatos realizados en la infancia. Con todo este material gráfico convenientemente analizado, se puede tener una panorámica de la evolución de la personalidad, apreciándose tanto las épocas de regresión como de expansión de la misma, así como las más favorables, las más problemáticas, etc.

Como ejemplo de evolución de firma y rúbrica hemos seleccionado el siguiente, en el que se pueden apreciar los cambios sustanciales que han ocurrido a lo largo de la vida de esta persona, desde su adolescencia hasta alcanzar la edad adulta.

Fig. 327. *Firma de adolescencia (14 años).*
Se trata de una firma legible, ascendente, de rasgos proyectados y letras caligráficas y algo artificiosas, con una rúbrica curva, envolvente (aunque no en su totalidad) y con bucles en la zona inferior y bolsa a la izquierda. Están también presentes las «dos rayitas» finales.

Fig. 328. *Primera etapa de la juventud (18 años).*
Han pasado cuatro años muy importantes en la vida de cualquier persona; son años en los que suele haber cambios sustanciales que tienen su reflejo en la firma. Así, vemos que esta se ha hecho ilegible, quizá como respuesta a las presiones sociales. Por otra parte, existe una gran espontaneidad a la vez que los trazos se han hecho personales, abandonándose ya los cánones caligráficos.
Es notoria también la simplificación, así como el aumento de tamaño, a la vez que la rúbrica ha dejado de ser envolvente para —presionando mucho menos— acompañar a la firma en una amplia lazada.
Esta firma se ha desinhibido, se ha personalizado, está plena de idealismo, de proyectos (es más ascendente), aunque conserva la doble rayita del final que, más rápida y simplificada, se ha convertido en un pequeño trazo sinuoso.

Fig. 329. *Segunda etapa de juventud (22 años).*

Volvemos a apreciar modificaciones de importancia: la firma se ha hecho mucho más realista, es más presionada y con más «peso» en la zona inferior; presenta menor inclinación, (lo que nos indica un mayor control de los afectos) y han aparecido los ángulos de manera ostensible, tanto en las mayúsculas de la firma como en la rúbrica que, por otra parte, ha aumentado de tamaño.

Todo ello expresa una regresión en la persona —como ratifica el desplazamiento a la izquierda de la rúbrica— que se hecho más práctica y reservada, estando a la defensiva en el terreno afectivo y atacando si le dan oportunidad para ello, como demuestran las puntas hacia arriba y la zona derecha.

Existe también una mayor identificación con la figura paterna y la autoridad, al escribirse el primer apellido de manera legible; esto demuestra asimismo un sentimiento de sano orgullo hacia su posicionamiento social.

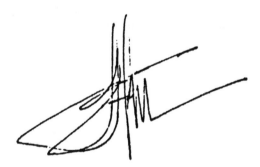

Fig. 330. *Firma del comienzo de la etapa adulta (32 años).*

Hay aquí otra serie de cambios sustanciales: lo más llamativo es la simplificación —otra vez— de los rasgos y la vuelta a la ilegibilidad. Los ángulos se imponen de forma clara, aumentando el tamaño de las teóricas minúsculas, que se hacen sobrealzadas.

La rúbrica se ha difuminado en parte, limitándose a unas bolsas a la izquierda y unas prolongaciones (una de ellas en gancho) hacia la derecha.

En conjunto, podemos afirmar que la persona —en estos diez años que separan la anterior firma de esta— ha aumentado sus cotas de autoconfianza, ha aclarado sus planteamientos y radicalizado sus posturas, a la vez que está menos dispuesto a implicarse personalmente en temas laborales (se trata de una firma de trabajo ilegible).

Fig. 331. *Firma realizada 5 años después.*
También aquí se aprecian interesantes cambios, el más llamativo de los cuales es la sustitución de los ángulos por las curvas, sobre todo en las bolsas de la izquierda y en el rasgo protector superior. La firma se ha hecho menor en su conjunto, disminuyendo también la proyección del último rasgo.
Aunque no se ha modificado sustancialmente su personalidad de hace 5 años (la estructura general de la firma es semejante), sí se han suavizado sus planteamientos, que son ahora más comedidos.

Hemos podido apreciar, por tanto, las diferentes etapas, unas más distendidas e idealistas, otras más tensas y prácticas, que han tenido lugar en la evolución de la personalidad de nuestro analizado.

Y así es como, a través de los cambios en los rasgos de la firma y la rúbrica, se pueden ir deduciendo los que suceden en la vida de una persona, a la vez que nos permite conocer los diferentes estados en que se encuentra en cada una de las épocas.

EPÍLOGO

Como habrá podido comprobar, en este libro están las claves para utilizar de forma práctica la técnica grafológica, lo que le permitirá deducir datos reales y concretos sobre la forma de ser y actuar de las personas a través del análisis de los rasgos de su escritura y de su firma.

Y seguro que ya antes de haber terminado su lectura no habrá podido resistir la tentación de empezar a analizar los rasgos de las escrituras y firmas que se hayan puesto a su alcance, empezando por la suya propia.

Enhorabuena, ya le hemos inoculado el «virus grafológico», y desde luego que le sacará un excelente rendimiento a esta «infección». Pero permítame un consejo: no se impaciente ni se apresure a sacar conclusiones; la grafología es sencilla pero no simple y, como todo, requiere de experiencia y dedicación.

Es muy recomendable acudir a cursos o seminarios, impartidos por profesionales con experiencia, hasta conseguir el nivel adecuado. Analizar escrituras es el mejor ejercicio para aprender esta técnica, pero conviene hacerlo al principio bajo la supervisión de un experto.

De hecho, la experiencia nos ha llevado a confiar sobre todo en la escritura como medio para conocer realmente a las personas, ajustándose en gran medida el perfil grafológico a la personalidad del individuo. Y no solo a la observada aparentemente, sino a la que otros profesionales de la psicología y/o psiquiatría han valorado mediante otras técnicas.

Cuando considere que ya tiene los niveles de conocimiento y experiencia necesarios, es importante que los informes o dictámenes los haga en circunstancias apropiadas. Resulta penoso ver cómo personas que saben algo de grafología se convierten en «atracciones de feria» en reuniones, cenas, fiestas, etc.

Lo mejor, cuando surja el tema, es hablar seriamente del mismo a los interesados, en lugar de hacerles apresurados «análisis» sobre la marcha. Si insisten en ser grafoanalizados, les aconsejaremos que acudan a la consulta de un profesional que no les conozca para que sea esta persona quien, de manera objetiva, pueda analizar su escritura.

Si ya estamos en disposición de elaborar dictámenes grafológicos, les aconsejo hacerlo con la mayor objetividad. Pero si el informe va a ser leído por la persona interesada, deberemos ser también muy hábiles y usar bien el lenguaje para evitar herir susceptibilidades.

Así pues, atención con los aspectos que puedan ser valorados o entendidos negativamente, que conviene siempre presentar de manera diplomática. Seamos, pues, cautos en nuestras conclusiones grafológicas, procurando que sirvan para mejorar —si es posible— a las personas analizadas, pero dando en todo momento la sensación de seriedad que el tema requiere.

Y no queremos terminar estos últimos párrafos sin hablar del futuro de la Grafología.

Por un lado creemos importante seguir con la labor de investigación, sobre todo comparando los resultados de las valoraciones matemáticas de los rasgos de la escritura con las de los aspectos de la personalidad obtenidas mediante otros tests.

En mi página web, en el apartado «Herramientas para investigar», pueden encontrar una tabla que les permitirá valorar numéricamente una escritura y extraer un esquema de personalidad donde cada rasgo tiene —a su vez— un valor porcentual.

Es importante trabajar con poblaciones de sujetos considerados «normales», ya que la mayor parte de los trabajos de investigación realizados lo han sido con personas con algún tipo de deficiencia, o bien con niños o jóvenes. Sería ideal utilizar grupos de personas con edades, culturas y tipologías diferentes, y además numerosos, cuanto más mejor.

Por otra parte, existe una evidente dificultad para el desarrollo futuro de la grafología, como es el hecho de que cada vez se escribe menos a mano. Las nuevas tecnologías han sustituido al papel por la pantalla y al bolígrafo por el teclado.

Pero no todo está perdido, porque también es verdad que se imponen los dispositivos en los que es posible escribir a mano sobre las propias pantallas. Y ahí sigue teniendo validez la función del grafólogo.

No obstante, se sigue firmando con asiduidad, aunque también las firmas digitales (en forma de archivos informáticos que se adjuntan a un documento) suponen un freno para la actividad grafológica.

Otra cosa son las llamadas «firmas biométricas», realizadas sobre una pantalla que registra todos y cada uno de los movimientos de la propia firma. De esta manera se pueden archivar datos de tamaño, forma, inclinación, velocidad, presión etc., sin olvidar el registro de los puntos en que el útil de escritura se detiene o incluso los rasgos en los que apenas se roce la pantalla.

Ese conjunto de datos que pueden ser presentados de distintas maneras: en tablas numéricas, en diagramas de barras, de círculo, etc., nos ofrece —aparte de una gran fiabilidad en cuanto a la autoría de la firma— enormes posibilidades para su interpretación grafológica.

Y algo así se puede hacer también con la escritura que, de ser un conjunto de trazos dibujados sobre el papel, pasaría a ser además una serie de parámetros informáticos, convirtiéndose en lo que podríamos llamar «escritura biométrica».

Se hace así posible la búsqueda de nuevos horizontes en torno a la grafología, tarea a la estamos dedicados no pocos grafólogos en todo el mundo y a la que pueden sumarse todos aquellos que tengan los suficientes conocimientos, la necesaria inquietud y —sobre todo— la imprescindible vocación que mueve a todo investigador.

Si ese es su caso y su inicial afición por la grafología cristaliza en algo profesionalmente más profundo, adelante, su trabajo en esta apasionante técnica siempre será bienvenido.

José Javier Simón